高等职业教育资产评估与管理专业产学研结合系列教材

机器设备评估

EVALUATION OF MACHINERY AND EQUIPMENT

（第二版）

刘淑琴　主编

东北财经大学出版社
Dongbei University of Finance & Economics Press

大连

图书在版编目（CIP）数据

机器设备评估 / 刘淑琴主编 . —2 版 . —大连 ： 东北财经大学出版社，2024.4
（高等职业教育资产评估与管理专业产学研结合系列教材）
ISBN 978-7-5654-5221-5

Ⅰ . 机…　Ⅱ . 刘…　Ⅲ . 机械设备–资产评估–高等职业教育–教材
Ⅳ.F406.4

中国国家版本馆 CIP 数据核字（2024）第 071365 号

东北财经大学出版社出版
（大连市黑石礁尖山街 217 号　邮政编码　116025）
网　　址：http://www.dufep.cn
读者信箱：dufep@dufe.edu.cn
大连天骄彩色印刷有限公司印刷　东北财经大学出版社发行
幅面尺寸：185mm×260mm　　字数：576 千字　　印张：24.25
2024 年 4 月第 2 版　　　　　2024 年 4 月第 1 次印刷
责任编辑：王天华　周　慧　　　　　责任校对：雪　园
封面设计：原　皓　　　　　　　　　版式设计：原　皓
定价：59.00 元

教学支持　售后服务　联系电话：（0411）84710309
版权所有　侵权必究　举报电话：（0411）84710523
如有印装质量问题，请联系营销部：（0411）84710711

第二版前言

机器设备是企业的重要资产之一，机器设备评估是资产评估的一个重要领域，通过对机器设备价值评估，有助于为企业编制财务报表、融资、股权转让、购买和出售提供决策支持，对维护社会公共利益和资产评估各方当事人合法权益具有重要意义。

"机器设备评估"课程是资产评估与管理专业核心课程。本书以习近平新时代中国特色社会主义思想为指导，以职业教育国家教学标准为基本遵循，立足高职人才培养特色，体现资产评估行业特点，贯彻落实党的二十大精神以及《国家职业教育改革实施方案》，结合高等职业学校资产评估与管理专业教学标准确定的人才培养目标、就业岗位要求、职业素质、知识和能力要求，根据中国资产评估协会发布的有关机器设备评估最新的评估准则、评估指南、评估指导意见，着重针对机器设备基础的认识、机器设备评估的基本要素、基本程序、评估方法选取和评估报告撰写而设计编写。

此次修订是在第一版的基础上，深入贯彻2021年国务院办公厅印发的《关于推动现代职业教育高质量发展的意见》和《高等学校课程思政建设指导纲要》文件精神，按照"习近平新时代中国特色社会主义思想进教材进课堂进头脑，全面贯彻党的教育方针，落实立德树人根本任务"教学思想，以及全国教材工作精神，在保持原有"推行项目教学、案例教学、工作过程导向教学等教学模式"基础上，主要突出以下特色：

1. 坚持立德树人，突出课程思政。本次修订以社会主义核心价值观为引领，精心提炼思政元素，着重在每个项目开篇设置素养目标，明确本项目学习要点，使学生对标清楚思政元素，实现机器设备评估理论专业知识和思政融通。同时，在每个项目中，结合教材内容以"学思践悟"的形式设计思政内容，将党的二十大报告、思政教育与知识技能点相融合，使学习者在学习中自觉接受思政教育，提高职业素养，培育"评估发现价值、诚信铸就行业"的评估精神。

2. 引进最新前沿动态，注重"课、岗、证、赛、训"融合。本书以"产教融合，校企合作，校企'双元'合作开发教材"为指引，按照"机器设备评估"课程学习逻辑关系，以技能知识等内容为主线，与机器设备评估职业岗位密切联系，结合资产评估师考试大纲及全国高职资产评估技能大赛知识与技能范围，设计体系、知识点和案例，满足"课、岗、证、赛、训"要求。本次修订秉承与时俱进的态度，严谨认真地将机器设备评估最新理论知识、法律法规、前沿动态和案例等引入本书，更新练习数据信息，以期实现最大限度呈现机器设备评估最新视角，同时增加"项目综合实训"板块。

3. 精炼专业理论知识，彰显高等职业教育育人特色。本次修订结合职业教育特点和《职业院校教材管理办法》，从高职学生实际出发，设置符合高职学生难度的理论知识。同时根据课时要求和特点，删减不必要的内容和章节，紧凑精炼内容，增强适用性。

4. 配套教学资源丰富。一是针对本书重点难点制作了38个微课和42个知识链接。二是制作了电子课件、电子教案、课程标准等数字化教学资源，登录东北财经大学出版社网站（http：//www.dufep.cn）可以免费下载。三是同步修订了《机器设备评估习题与实训》辅助用书，便于教师组织教学和学生课后强化训练和自主测试，提高教学效率和效果。此外，为方便教学，我们在书后增加了"微课索引"，以方便查找和使用。

本书此次修订由山西省财政税务专科学校刘淑琴副教授担任主编，对全书进行总纂、策划和设计，并带头组织具有丰富教学和实践经验的教师及评估行业第一线的国家首席评估师对本书进行进一步完善和提高；山西省财政税务专科学校李艳、冯婵担任副主编，对全书进行了校对；山西文化旅游职业大学武洁、邓彤、李婷、乔兵兵，山西诚泽资产评估有限公司总经理武丽萍参与编写。具体编写分工如下：李艳编写项目一和项目二；武洁编写项目三；邓彤、李婷编写项目四；乔兵兵编写项目五、项目六和项目七；刘淑琴编写项目八；冯婵编写项目九、项目十和项目十一；武丽萍参与编写项目七，并提供教材案例和实践操作案例指导。本书不仅可以作为高等职业院校资产评估与管理专业的教学用书，也可以作为评估师考试、评估行业人员业务培训及自习用书，可以帮助广大评估人员尽快理解和掌握《资产评估执业准则——机器设备评估》等准则的内涵和实际应用。

本书在此次修订过程中得到有关资产评估协会和资产评估机构的大力支持和帮助，也得到校领导和同仁帮助，在此一并感谢。虽然我们在修订过程中和在教材特色建设中尽了最大努力，但由于编者经验、水平有限，书中可能会存在一些疏漏之处，恳请各相关单位和读者在使用过程中给予关注并提出宝贵意见，以便我们进一步修订和完善。

编　者
2024年4月

目 录

上篇　机器设备评估基础

下篇   机器设备评估实务

上篇

机器设备评估基础

项目一

机器设备概述

知识目标	1.理解机器设备的概念、组成和分类; 2.掌握机器设备的传动方式; 3.掌握机器设备的制造流程。
能力目标	1.根据机器设备的传动方式理解其主要的工作原理; 2.根据机器设备的工艺流程掌握其制造原理。
素养目标	1.树立科技创新、与时俱进、开拓进取的人生观; 2.追求精益求精、卓越匠心的品质精神; 3.牢记新时代赋予青年的新使命,增强学习的紧迫感,孜孜不倦,锤炼品格。

项目导入

机器设备基本工作原理对机器设备评估的重要性

目前，我国资产评估业务已经深入到市场经济的诸多领域，服务对象包括不同经济成分的各类资产，其中，机器设备作为经济活动中不可或缺的资产，在评估行业的众多服务对象中处于十分突出的地位，从实际状况来看，机器设备价值评估在资产评估业务中占有相当大的份额，因此，机器设备评估工作开展得好坏直接影响到评估行业对国民经济各领域提供服务质量的优劣。

机器设备种类繁多、技术性强、复杂程度高、更新换代快。只有正确理解并掌握机器设备的界定、基本工作原理、结构、传动方式以及制造工艺流程等，才可能对机器设备价值的评估更加贴切并符合实际。

请思考： 在评估中，如何快速判断机器设备的基本工作原理、传动方式？并运用获得的信息资料，如何较为准确地评估机器设备的价值？

启示： 通过引导学生理解机器设备基本工作原理对机器设备评估实务的重要性，学习机器设备的基本工作原理和有关工艺，激励学生牢记新时代青年使命，勇于创新、敢于拼搏、与时俱进，在学习中增长知识、锤炼品格；在工作中增长才干、练就本领，以真才实学服务人民，以创新创造贡献国家。

任务一　机器设备的组成与分类

任务描述

机器设备是现代社会生产、工作的重要资产，是企业资产的重要组成部分。学科和领域标准要求不同，对机器设备的界定也不尽相同。只有对机器设备进行准确界定，明确其组成和分类，才能在评估时准确区分机器设备的范畴，进而顺利实现机器设备的价值评估。

相关知识

一、机器设备的定义和组成

（一）机器设备的定义

机器设备，是指人类利用机械原理以及其他科学制造的装置，将机械能或非机械能转换为便于人们利用的机械能以及将机械能转换为某种非机械能，或利用机械能来做一定工作的装备或器具。

【提示】机器设备的共同特征是：（1）由零件和部件组成；（2）零部件之间有确定的相对运动；（3）有能量的转换。

在资产评估领域，从自然属性和资产属性两方面对机器设备进行定义，即机器设备是指人类利用机械原理以及其他科学原理制造的、被特定主体拥有或控制的有形资产，包括机器、仪器、器械、装置、附属的特殊建筑物等。

微课

机器设备的
定义和组成

【注意】机器设备的内涵范围不仅包括利用机械原理制造的装置，也包括利用机械、电子、电工、光学等各种科学原理制造的装置。

（二）机器设备的组成

机器设备种类繁多，其存在形态和使用方式、功能各不相同，构造、性能和用途也千差万别，但是，大部分机器设备的基本构成都是相近的。

1.按结构分析机器设备的组成

从结构上看，机器设备是由许多零件、构件和机构组成的，如图1-1所示。

零件（一个或多个） —静联接→ 构件（一个或多个） —动联接→ 机构（一个或多个） —协调组合→ 机器

图1-1　机器设备的结构组成示意图

零件是机器设备的制造单元，机器零件根据使用范围分为通用零件和专用零件两类。通用零件是指各种机器设备中常用的零件，如螺栓、螺母、齿轮等。专用零件是指某种机器设备中特有的零件，如内燃机的凸轮轴等。

构件是机器的运动单元，或运动整体。构件可以是一个零件，也可以是几个零件的刚性组合。例如，内燃机的曲轴就是由一个零件组成的构件，而连杆是由连杆体、连杆盖、连杆轴瓦、螺栓和螺母等若干零件组合起来的构件。

机构是由许多构件组合而成的，各构件之间具有确定的相对运动，它在机器中起到传递运动或变换运动方式的作用，例如，齿轮机构等。

最简单的机器中包含一个机构，如螺旋千斤顶就是由一个螺旋传动机构组成的，大多数机器都包含若干机构。

【提示】机器与机构的区别在于：机器能够实现能量的转换或代替人的劳动去做有用的机械功，而机构则没有这种功能。

2.按功能分析机器设备的组成

机器设备的用途不同，因而组成也各不相同。但是，从功能角度分析，大部分机器都包含外界输入能量的动力部分、履行机器功能的执行部分（即工作部分）、介于动力部分和工作部分之间的传动部分及控制部分，如图1-2所示。

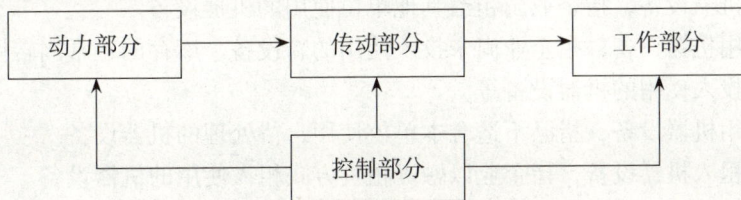

动力部分 → 传动部分 → 工作部分；控制部分

图1-2　机器设备的功能组成示意图

（1）动力部分。动力部分是指原动机及其相应的配套装置，它的作用是将非机械能转换为机械能并给机器提供动力。其中，一次动力机是将自然界的一次能源直接转化为机械能，例如，水轮机和内燃机；而二次动力机则是将二次能源，例如电能转化为机械能，如电动机等。

【提示】常用的动力机有电动机和内燃机。

（2）传动部分。传动部分是在动力部分和工作部分之间的中间装置。它的任务是将原动机提供的机械能以动力和运动的形式传递给工作部分。

（3）工作部分（执行部分）。工作部分是直接完成机器预定功能的部分，如车床的刀架；车辆的车厢；飞机的客、货舱等。工作部分是机器直接进行生产的部分，是机器用途、性能综合体现的部分，是机器设备分类的依据。

【提示】动力部分、传动部分和控制部分都应该根据工作部分的功能要求和动力参数的合理范围进行设计和选择。不少机器的原机和传动部分大致相同，但由于其工作部分不同，而构成了用途、性能不同的机器。

（4）控制部分。控制部分完成操作和控制机器的工作，有些机器的控制系统很简单，有些则很复杂。控制系统是由控制器和控制对象组成的，不同控制器组成的系统也不一样。

【提示】控制器要完成被控参数的调节，应有四个基本部件，即给定值发生器、比较器、驱动和执行机构、检测变换元件。

二、机器设备的分类

机器设备种类繁多，根据资产评估的要求和企业管理的需要，对机器设备按照不同原则、标准进行分类：

（一）按设备用途进行分类

（1）通用机器设备，是指适用于一般机械制造企业生产和各类企业维修、生产性服务的设备，如各种金属切削机床，锻压、铸造、运输、动力设备等。

（2）专用机器设备，是指适用于不同行业或产品特点的各种企业的专用设备。如纺织、冶金、石油化工专用设备等，它们具有较强的行业特点和工程技术要求。

（二）按使用性质进行分类

机器设备按其使用性质分为六类，包括：

（1）生产用机器设备，指直接为生产经营服务的机器设备，包括生产工艺设备、辅助生产设备、动力能源设备等。

（2）非生产用机器设备，指在企业所属的福利部门、教育部门等使用的设备。

（3）租出机器设备，指企业出租给其他单位使用的机器设备。

（4）未使用机器设备，指企业尚未投入使用的新设备、库存的正常周转用设备、正在修理改造尚未投入使用的机器设备等。

（5）不需用机器设备，指已不适合本单位使用，待处理的机器设备。

（6）融资租入机器设备，指企业以融资租赁方式租入使用的机器设备。

（三）按机器设备的组合形式进行分类

按常见的机器设备组合形式进行的分类见表1-1。

表1-1　　　　　　　　　　　常见的机器设备组合形式分类

组合形式	含义
机组	由两台以上的机器组成的一组机器，配合起来共同完成某项特定工作。如柴油发电机组；制冷机组；水轮发电机组
自动生产线	由工件传送系统和控制系统将一组自动机床（或其他工艺设备）和辅助设备，按工艺顺序联接起来，完成产品全部或部分制造过程的生产系统。联接方式有柔性和刚性两种
柔性制造系统	由统一的信息控制系统、物料储运系统和一组数字控制加工设备组成，能适应加工对象变换的自动化的机械制造系统，简称FMS
车间	企业内部在生产过程中完成某些工序或单独生产某些产品的单位

【提示】机器设备的评估对象分为单台机器设备和机器设备组合。机器设备组合的价值不必然等于单台机器设备价值的简单相加。在进行机器设备评估时，经常是以机器设备组合作为评估对象的。

（四）按可移动性进行分类

按不动产、动产，以及无形资产等来划分资产，也是经常采用的资产分类方法。不动产是指土地及土地上建筑物等附属设施，是不能移动并且有形的实体资产。动产指不是永久地固定在不动产上的、可以被移动的、有形的实体资产。

机器设备有些属于动产，有些属于不动产。另外很大一部分是介于两者之间的，称之为"固定装置"或"固置物"。

【提示】我国的评估准则规定，评估师应当根据机器设备的预期用途，明确评估假设，具体包括：原地使用假设和移地使用假设。在进行企业搬迁评估，以及被评估的设备在未来的使用中可能因工艺调整等因素发生移动时，判断被评估的设备是否可以移动，以及移动资产可能导致的损坏，是评估师必须考虑的因素。

上述分类并不是独立的，分类之间可以有不同程度的关联。因此，在评估中，评估人员应根据评估目的、评估要求和评估对象的特点，选择不同的分类方法，灵活进行分类处理。

任务二　机器设备的传动

任务描述

机器设备的设计过程，是根据使用要求，对机器设备的工作原理、结构、运动方式、力和能量传递、各个零件的材料和形状尺寸等进行构思、分析和计算，并将其转化为具体的描述以作为制造依据的工作过程，其中，传动装置以机械传动的应用最为广泛。通过学习，使学生认识并熟悉机器设备常见的传动方式、工作原理以及各自的优缺点，从而深刻理解机器设备是如何设计制造的。

相关知识

在传动装置中，机械传动的应用最为广泛，机械传动的主要作用在于：传递运动、改变运动速度和方向以及改变运动形式。机器设备中常用的机械传动形式有：螺旋传动、蜗杆传动、带传动、链传动、齿轮传动、连杆传动、凸轮传动以及间歇传动等。

一、螺旋和蜗杆传动机构

（一）螺旋传动机构

螺旋传动机构常见的有普通螺旋传动机构和滚珠螺旋传动机构两种。而广泛意义上说的螺旋传动机构是指普通螺旋传动机构。

1.普通螺旋传动机构

普通螺旋传动机构是用内、外螺纹组成的螺旋副来传递运动和动力的装置。它主要是将回转运动变为直线运动，同时传递运动和动力，如图1-3所示。

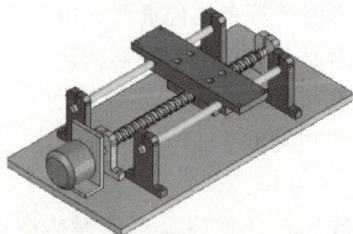

图1-3 普通螺旋传动机构

（1）螺纹牙形剖面形状分类。在螺旋传动机构的组成中，螺纹是重要的结构。螺纹按牙形剖面可分为矩形、三角形、梯形和锯齿形等，如图1-4所示。

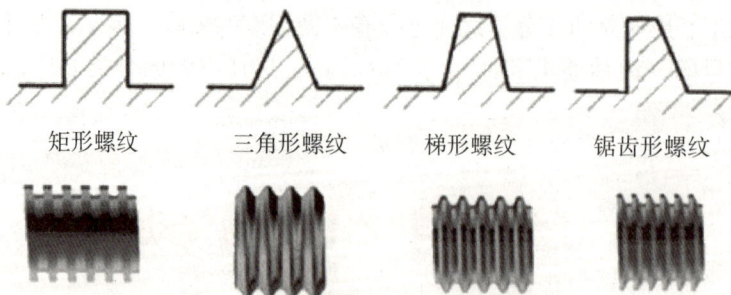

矩形螺纹   三角形螺纹   梯形螺纹   锯齿形螺纹

图1-4 普通螺旋传动机构螺纹牙形剖面

（2）螺旋线的方向及数量。根据螺旋线旋转方向，螺纹可分为右旋和左旋两种。当螺纹轴线垂直于水平面时，正面的螺旋向右上方倾斜上升为右旋螺纹，如图1-5（a）、图1-5（c）所示；反之为左旋螺纹，如图1-5（b）所示。一般机器设备中都采用右旋螺纹。

根据螺旋线的数目，螺纹可分为单线、双线、三线和多线等。图1-5中，（a）为单线螺纹；（b）为双线螺纹；（c）为三线螺纹。

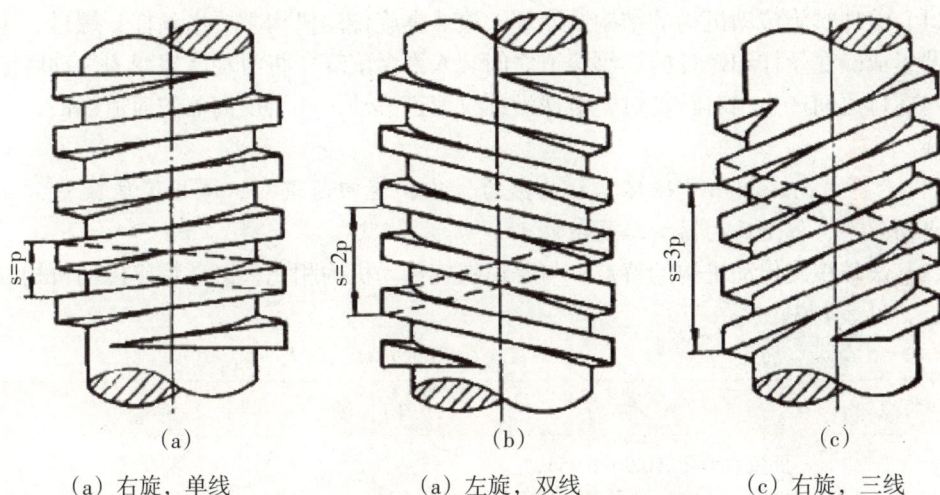

(a) 右旋，单线　　　　(a) 左旋，双线　　　　(c) 右旋，三线

图1-5 普通螺旋传动机构螺旋线方向及数量

【提示】对于右旋螺纹而言，顺时针旋转，螺杆进入螺母；对于左旋螺纹而言，逆时针旋转，螺杆进入螺母。

（3）普通螺旋传动机构的特点。螺旋传动机构与其他将回转运动变为直线运动的机构相比具有以下特点，见表1-2。

表1-2　　　　　　　　　　　普通螺旋传动机构的特点

特点	内　容
优点	结构简单，仅需内、外螺纹组成螺旋副即可； 降速比大，可以实现微调和降速传动； 省力，在主动件作用一个不大的扭矩，在从动件上能获得很大的推力，如千斤顶； 在一定条件下可实现逆向自锁； 工作连续、平稳，无噪声
缺点	摩擦大，效率低（如果有自锁要求，效率低于0.5）

2.滚珠螺旋传动机构

为了克服普通螺旋传动机构效率低的缺点，采用以滚动摩擦代替滑动摩擦的滚珠螺旋传动机构，如图1-6所示。

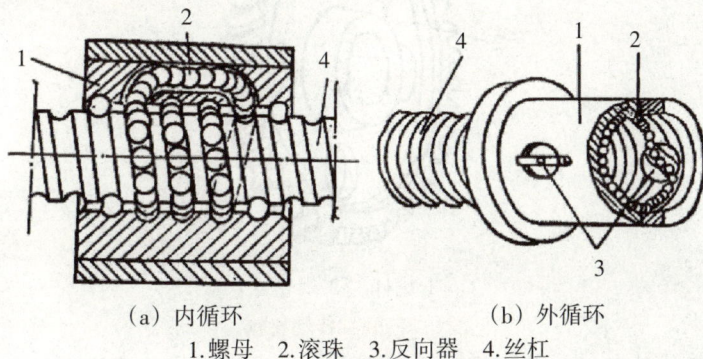

(a) 内循环　　　　　　(b) 外循环

1.螺母　2.滚珠　3.反向器　4.丝杠

图1-6 滚珠螺旋传动机构

（1）滚珠螺旋传动机构的结构及原理。滚珠螺旋传动机构主要由丝杠、螺母、滚珠和反向器组成。在丝杠和螺母的螺纹滚道之间装入许多滚珠，将滑动摩擦变为滚动摩擦。当丝杠与螺母之间产生相对转动时，滚珠沿螺纹滚道滚动，并沿反向器的通道返回，构成封闭循环。

【提示】内循环相比外循环，结构更为紧凑，返回通道短，减少滚珠数量，减少摩擦，提高效率，但是反向器加工复杂。

（2）滚珠螺旋传动机构的特点。与普通螺旋传动机构相比，滚珠螺旋传动机构具有以下特点，见表1-3。

表1-3   滚动螺旋传动机构的特点

特点	内　容
优点	机械效率高（0.90~0.95）； 摩擦小，能长时间保持精度，使用寿命长； 启动转矩接近于运动转矩，传动灵敏，磨损小； 给予适当预紧，可以消除螺杆与螺母螺纹间隙，提高传动精度和轴向刚度
缺点	不能逆向自锁，传动具有可逆性，故需采用防逆转措施； 制造工艺复杂，成本较高

【提示】由于滚珠螺旋传动机构具有以上特点，因此在要求高效率、高精度的场合已广泛应用，如数控机床、精密机床的进给机构；重型机械的升降机构及自动控制装置等。

（二）蜗杆传动机构

1.蜗杆传动机构的工作原理与结构

蜗杆传动机构是通过蜗杆与蜗轮间的啮合，传递运动和动力的机构。蜗杆传动机构如图1-7所示，主要由蜗杆和蜗轮组成。其两轴线在空间相错，既不平行，又不相交，最常见的是蜗杆与蜗轮的轴心线在空中互相垂直。

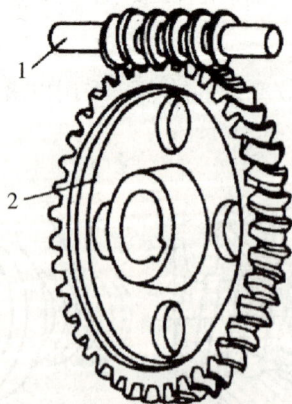

1.蜗杆   2.蜗轮

图1-7　蜗杆传动机构

【提示】蜗杆传动中，一般情况下蜗杆为主动件，蜗轮是从动件。

2.蜗杆传动机构的特点

蜗杆传动机构的主要特点，见表1-4。

表1-4 蜗杆传动机构的特点

特点	内 容
优点	降速效果好，由于蜗杆传动机构中蜗杆线数可以小到1，比起蜗轮齿数少得多，蜗杆传动可获得较好的降速效果，但它的结构却很紧凑； 传动平稳，由于蜗杆的齿形是连续的螺旋形，故与蜗轮啮合时传动较为平稳； 可自锁，在蜗杆传动机构中，蜗杆外观如同螺杆，因此在一定条件下蜗杆传动可以自锁，即只能蜗杆带动蜗轮，蜗轮不能带动蜗杆
缺点	效率低，蜗杆传动机构工作时，因蜗杆与蜗轮的齿面之间存在着剧烈的滑动摩擦，所以发热严重，效率低（一般为0.7~0.8；要求自锁时，效率小于0.5）

【提示】由于蜗杆传动机构的缺点，需要连续工作时，要求有良好的润滑与散热。

（三）螺旋和蜗杆传动机构的联系和区别

1.螺旋和蜗杆传动机构的联系

普通圆柱蜗杆传动可看作螺旋结构的演变。其中，蜗杆为一个具有梯形截面或接近梯形截面的螺杆，它只能绕自身轴线转动，而不能沿轴向移动，蜗轮则为一个变形螺母。因此蜗杆与螺纹一样，有单线、多线、左旋、右旋之分。

微课

螺旋传动和蜗杆传动的区别

【提示】由齿轮啮合原理可知，蜗杆传动也可看作由螺旋齿轮传动演变来的。

2.螺旋和蜗杆传动机构的区别

螺旋传动机构和蜗杆传动机构相比，各自的特点对比见表1-5。

表1-5 螺旋传动和蜗杆传动机构特点对比

传动方式	优点	缺点
普通螺旋传动	结构简单； 降速比大，可以实现微调和降速传动； 省力； 可逆行自锁； 工作连续、平稳，无噪声	摩擦大，效率低（如果有自锁要求，效率低于0.5）
滚珠螺旋传动	机械效率高（0.90~0.95）； 摩擦小，能长时间保持精度，使用寿命长； 启动转矩接近于运动转矩，传动灵敏，磨损小； 给予适当预紧可以消除间隙，提高传动精度和轴向刚度	不能逆向自锁； 制造工艺复杂，成本较高
蜗杆传动	降速效果好； 传动平稳； 可自锁	效率低（一般为0.7~0.8，要求自锁时，效率小于0.5）

二、带传动机构

（一）带传动机构的工作原理及分类

带传动机构利用胶带与带轮之间的摩擦作用将主动带轮的转动传到另一个被动带轮上去。根据传动带的截面形状，带传动分为平带传动、三角带传动、圆形带传动和齿形带传动，如图1-8所示。

   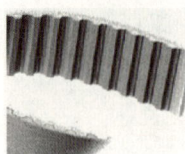

（a）平带传动　　　（b）三角带传动　　　（c）圆形带传动　　　（d）齿形带传动

图1-8　传动带截面形状分类

（二）平带传动

平带传动有下列几种形式（如图1-9所示）：

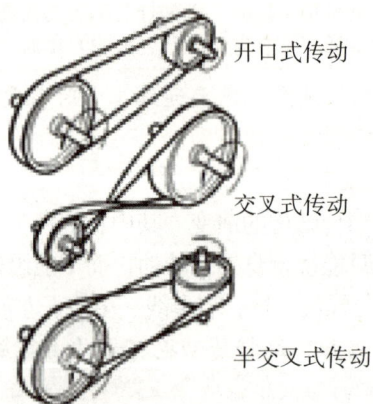

开口式传动

交叉式传动

半交叉式传动

图1-9　平带传动形式

（1）开口式传动，用于两轴轴线平行且旋转方向相同的场合；

（2）交叉式传动，用于两轴轴线平行且旋转方向相反的场合；

（3）半交叉式传动，用于两轴轴线互不平行且在空间交错的场合。

（三）三角带传动

目前带传动中用得最多的是三角带传动，它具有梯形截面的无头胶带，通常几根同时使用。三角带传动与平带传动相比，优点主要是传动能力强（在相同条件下，约为平带传动的3倍）。因为平带传动的工作面是内表面，而三角带传动的工作面是两个侧面。

【提示】三角带的截面为梯形。

（四）带传动机构的特点

由于带传动是以传动带作为中间挠性件来传递运动和动力的，因而具有以下特点（见表1-6）。

表1-6　　　　　　　　　　　　带传动机构的特点

特点	内　容
优点	传动平稳，可以缓冲冲击； 结构简单； 维护方便，制造和安装简单，无须润滑； 传递距离比较远，具有吸振和过载保护能力（当机器发生过载时，传动带会发生打滑，对整机可起到保护作用）
缺点	外廓尺寸大，效率较低，传动带寿命较短，传动精度不高

三、齿轮传动机构和轮系

微课

机器设备的带
传动、齿传动
和链传动

（一）齿轮传动机构

1.齿轮传动机构的工作原理及分类

齿轮传动机构是机器中应用最广泛的传动机构之一。齿轮传动是一种啮合传动，当一对齿轮相互啮合而工作时，主动轮的轮齿通过力的作用逐个地推动从动轮的轮齿，使从动轮转动，因而将主动轴的动力和运动传递给从动轴。

齿轮传动的种类很多，按照两轴相对位置的不同，齿轮传动可分为两大类，如图1-10所示。

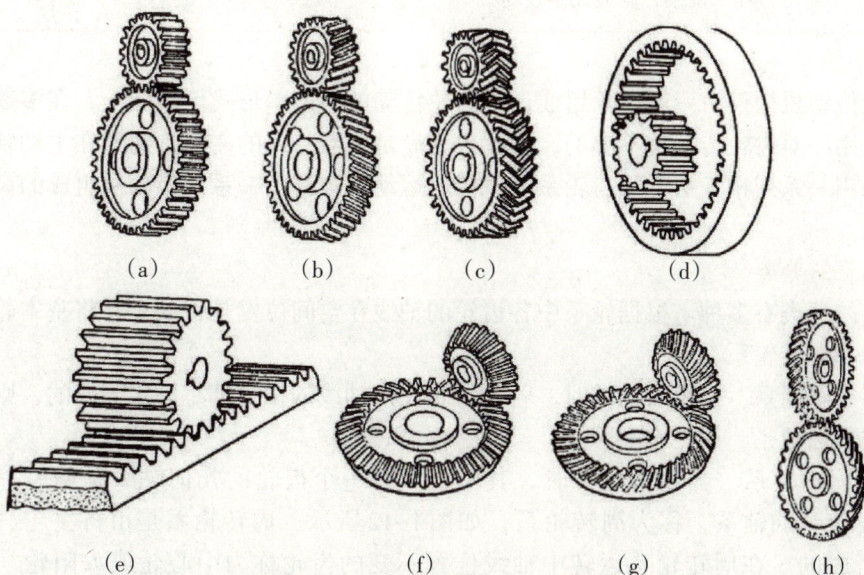

（a）　　　　（b）　　　　（c）　　　　（d）

（e）　　　　（f）　　　　（g）　　　　（h）

图1-10　齿轮传动机构的基本类型

（1）两轴平行的齿轮机构（平面齿轮机构）。常见的是圆柱齿轮。根据齿形可分为直齿（如图1-10（a）所示）、斜齿（如图1-10（b）所示）和人字齿（如图1-10（c）所示）。图1-10（a）、图1-10（b）、图1-10（c）均为外啮合齿轮，传动时两轮回转方向相反。图1-10（d）为内啮合齿轮，大齿轮的齿分布在圆柱体内表面，称为内齿轮，传动时大小齿轮的回转方向相同。图1-10（e）为齿轮与齿条传动，这种传动相当于大齿轮直径为无穷大的外啮合圆柱齿轮。传动时，齿轮做回转运动，齿条做直线运动。

（2）两轴不平行的齿轮机构（空间齿轮机构）。两轴不平行的齿轮机构根据两轴空间位置的不同可分为两轴相交（多数为垂直相交）的圆锥齿轮传动（如图1-10（f）所示）、螺旋（曲线）圆锥齿轮传动（如图1-10（g）所示）和两轴相错的螺旋齿轮传动（如图1-10（h）所示）。

2.齿轮传动机构的特点

齿轮传动机构的主要特点见表1-7。

表1-7 齿轮传动机构的特点

特点	内 容
优点	传递运动可靠，瞬时传动比恒定； 适用载荷和速度范围大； 机械效率高，寿命长，结构紧凑，外廓尺寸小； 可传递在空间任意配置的两轴之间的运动
缺点	振动和噪声较大，且不可无级调速； 传动轴之间的距离不能过大； 加工复杂，制造成本较高

（二）轮系

齿轮传动机构仅由一对齿轮组成，是齿轮传动的最简单形式。实际上，在多数齿轮传动中，只用一对齿轮传动是不够的，因此，为满足机器工作的需要，通常在主动轴和从动轴之间采用一系列相互啮合的齿轮系统来传递运动。这种由一系列齿轮所组成的齿轮系统称为轮系。

1.轮系的分类

轮系的分类有多种。根据轮系中各齿轮的轴线在空间位置是否固定，将基本轮系分为定轴轮系和周转轮系。

（1）定轴轮系。当轮系运转时，若各齿轮几何轴线的位置都是固定不变的，则称为定轴轮系或普通轮系，如图1-11所示。

（2）周转轮系。当轮系运转时，其中至少有一个齿轮的几何轴线是绕另一齿轮的几何轴线转动的轴系，称为周转轮系，如图1-12所示，周转轮系是由行星轮、中心轮及转臂组成的。在周转轮系运转中轴线位置不变的齿轮称为中心轮或太阳轮。支撑行星轮并使行星轮的轴线能绕中心轮轴线回转的支承件 H 称为转臂（又称系杆或行星架）。

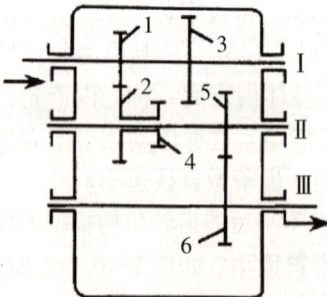

图1-11 定轴轮系   图1-12 周转轮系

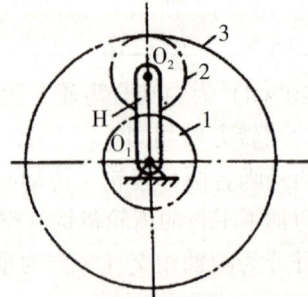

周转轮系又分差动轮系和行星轮系两大类。若周转轮系中有一个中心轮是固定不动的，如图1-13（b）所示的轮系中，中心轮3固定不动，这种轮系称为行星轮系。若周转轮系中没有固定的中心轮，如图1-13（a）所示的轮系，中心轮1、中心轮3都能转动，这样的轮系称为差动轮系。

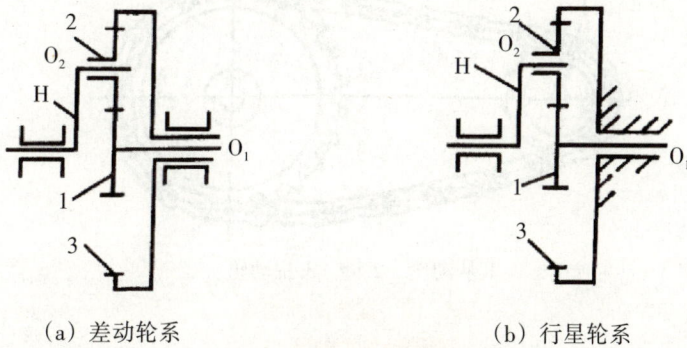

(a) 差动轮系   (b) 行星轮系

图1-13 周转轮系类型

实际应用中，有的轮系是由定轴轮系和周转轮系组合而成的，这种轮系称为混合轮系，如图1-14所示。虚线方框以内部分为周转轮系，方框以外部分为定轴轮系。

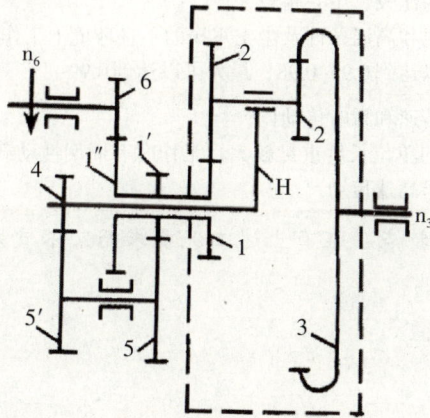

图1-14 混合轮系

2.轮系的作用

（1）通过轮系可使主动轴与从动轴之间的速度有较大的变化；

（2）可连接相距较远的两轴，而避免单级传动时外廓尺寸过大；

（3）通过若干齿轮适当组合，从动轴可获得几种不同的传动比；

（4）通过改变轮系中参加工作的轮数，可获得从动轴不同旋向；

（5）实现运动的合成或分解。

四、链传动机构

（一）链传动机构的工作原理

链传动机构是由一个具有特殊齿形的主动链轮，通过闭合链条带动另一个与主动链轮具有相同齿形的从动链轮，传递运动和动力的机构，如图1-15所示。

（二）链传动机构的特点

链传动是啮合传动的一种，它利用挠性零件工作，有一定的缓冲吸振作用。它与带传动机构和齿轮传动机构相比，具有下列特点，见表1-8。

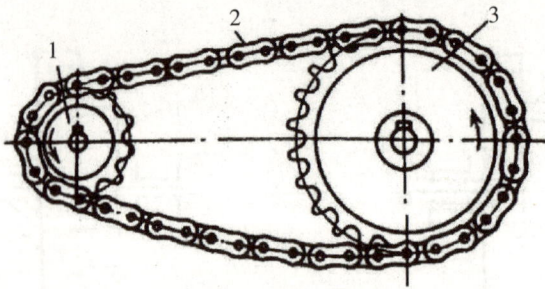

1.从动轮 2.链 3.主动轮

图1-15   链传动的组成

表1-8   链传动机构的特点

特点	内　容
优点	与带传动机构比较，传递功率大，能保证准确的平均传动比并且外廓尺寸比较小； 与齿轮传动机构比较，中心距较大； 可在低速、重载和高温条件及尘土飞扬的不良环境下工作； 效率较高，可以达到0.95~0.98，最大可以达到0.99
缺点	不能保证瞬时转速和瞬时传动比； 噪声较大（链的单位长度重量较大，工作时有周期性动载荷和啮合冲击），急速反向性能差，不能用于高速传动

【提示】基于链传动的特点，在有上述工况要求而又不宜采用带传动、齿轮传动处，多采用链传动。

五、其他传动机构

（一）平面连杆机构

连杆机构是用铰链、滑道等方式将构件相互联接而成的机构，用以实现运动变换和传递动力。连杆机构按各构件相对运动的性质不同，可分为空间连杆机构和平面连杆机构。

平面连杆机构各构件间的相对运动均在同一平面或相互平行的平面内。平面连杆机构中各构件形状大都是杆状，然而因实际结构及要求不同，并非都为杆状，但从运动原理来看，非杆状件可由等效的杆状件代替，所以通称为平面连杆机构。在平面连杆机构中，有一种由四个杆件相互用铰链联接而成的机构，简称四杆机构，如图1-16所示。

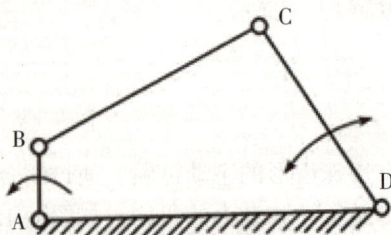

图1-16   四杆机构

（二）凸轮机构

机器的原动机或主动轴通常是连续的等速转动，而机器上的某些工作机构却往往要求间歇地移动或摆动，在这种情况下，就可以采用凸轮机构。

凸轮机构的作用是将凸轮（主动件）的连续转动转化成从动件的往复移动或摆动。按照凸轮的形状可以分为盘形（平板）凸轮、移动凸轮和圆柱凸轮，如图1-17所示。凸轮机构广泛地应用于各种机器和自动机床上。

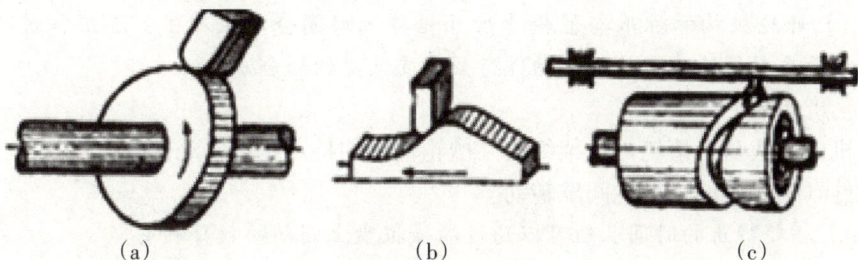

| (a) | (b) | (c) |

图1-17　凸轮的类型

【提示】正确选择凸轮轮廓，可以实现复杂的运动规律。由于凸轮与从动件是点接触或线接触，所以容易磨损，不适宜于传递动力，而主要用于控制和调节机构中。

（三）间歇运动机构

在生产和生活所使用的机器中，经常需要某些机构的主动件连续运动时，从动件能产生"动作-停止-动作"的运动。我们把这种机构称为间歇运动机构。实现间歇运动的机构种类很多，常见的有棘轮机构（如图1-18所示）和槽轮机构（如图1-19所示）两种。

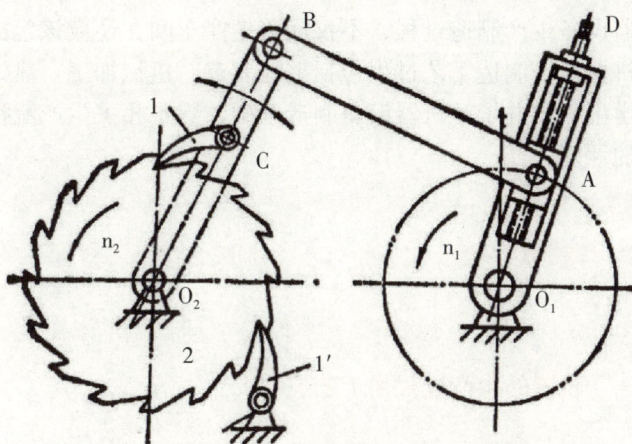

1.棘爪　1'.止退棘爪　2.棘轮

图1-18　棘轮机构

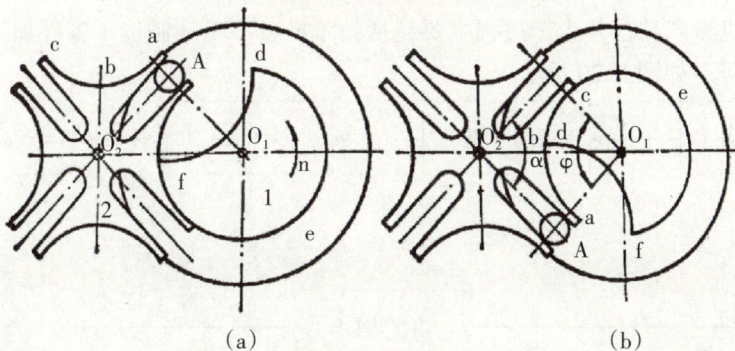

| (a) | (b) |

1.拨盘　2.槽轮

图1-19　槽轮机构

1. 棘轮机构

棘轮机构主要由棘爪、棘轮与机架组成，为了防止棘轮自动反转，采用了止退棘爪。棘轮机构的特点是将摇杆的往复摆动转换为棘轮的单向间歇运动。

【提示】棘轮机构的棘爪与棘轮牙齿开始接触瞬间会发生冲击，在工作过程中有噪声，一般用于主动件速度不快、从动件行程需要改变的场合。

2. 槽轮机构

槽轮机构由拨盘、槽轮与机架组成。槽轮机构的特点是将原动件（拨盘）的连续转动变为从动件（槽轮）的周期性间歇转动。

【提示】槽轮静止的时间长短可以通过增减拨盘上圆销的数目确定。

任务三   机器设备的制造

任务描述

一个完整的机器设备生产制造过程，不仅涵盖生产车间，还应该包括生产准备和生产服务的有关部门。机器设备制造工艺过程包括毛坯制造、机械加工、热处理以及装配等过程。通过学习，使学生认识并了解机器设备制造基础，熟悉相关生产流程的基本知识，并掌握机器设备质量的评定。

相关知识

知识链接

机器设备的
生产组合

一、机器的生产过程和工艺过程

（一）机器的生产过程

机器的生产过程是指将原材料转变为成品的全部过程。结构比较复杂的机械产品，其生产过程主要包括技术准备、毛坯制造、零件加工、产品装配以及生产服务等，如图1-20所示。

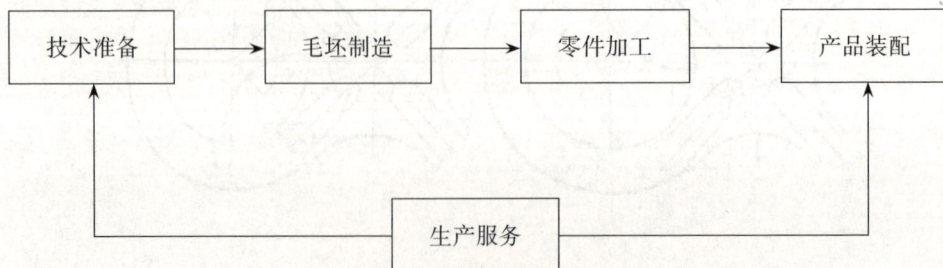

图1-20   机器的生产过程

（1）各种生产服务过程。这个过程包括原材料和半成品的供应、运输和保管，产品的包装和发运等。

（2）生产技术准备过程。这是指产品投入生产前的各项生产和技术准备工作，如产品的试验研究和设计；工艺设计和专用工装设备的设计与制造；各种生产资料的准备以及生产组织方面的工作。

（3）毛坯制造过程。如铸造、锻造、冲压、切割下料、焊接等。

（4）零件的加工过程。如机械加工、焊接、热处理和其他表面处理等。

（5）产品的装配过程。这个过程包括部件装配和总装配，调试、检验和油漆等。

一台机器往往是由几十个、几百个甚至几千个零件组合而成的。为了使产品达到优质、高产、低消耗，一台机械产品的生产过程往往由许多工厂联合完成。这样做也有利于零部件的标准化和组织专业化生产。

一个完整的机器生产过程，除了生产厂（车间）外，还应该包括为生产准备和为生产服务的有关部门，如原材料和半成品供应，成品品质检测，工夹具和刀具的制造、管理和准备，设备维护等部门。

（二）机器的制造工艺过程

1.工艺过程

在产品生产过程中按照一定顺序改变生产对象的形状、尺寸、相对位置或性质等使其成为成品或半成品的过程称为工艺过程。机械制造中的工艺过程包括毛坯制造、机械加工、热处理以及装配等过程。

【提示】工艺过程是由一系列的工序组合而成的。

2.工序

工序是指一个或一组工人，在一个工作地点对同一个或同时对几个工件所连续完成的那一部分工艺过程。原材料依次通过这些工序变为成品。

【提示】工序是工艺过程最基本的组成单位。在生产管理上工序又是制定定额、计算劳动量、配备工人、核算生产能力、安排生产作业计划、进行质量检验和班组经济核算的基本单位。

3.工艺规程

一个零件往往可以采用不同的加工方法或不同的加工过程进行加工。工程技术人员可以从几个不同的方案中选择在具体生产条件下最合理的一个，并编制工艺文件，用表格或文字形式确定下来，作为组织生产、指导生产、编制生产计划的依据。这一工艺文件即是该零件的加工工艺规程。

【提示】工艺规程是组织车间生产的主要技术文件，是生产准备和计划调度的主要依据。

4.工艺过程卡片

工艺过程卡片是按工序填写的表格，用以说明零件各工序的加工内容、所需设备、加工车间及各工序的先后次序。工艺过程卡片是生产中一种常用的工艺文件，其格式见表1-9。

由此可见，有了工艺规程，在产品投入生产之前就可以根据它进行一系列的准备工作。如原材料供应；机器的调整；专用工艺装备的设计与制造；生产作业计划的编排；劳

知识链接

工艺规程在新建和扩建工厂、车间时的作用

动力的组织以及生产成本的核算等。

表1-9 工艺过程卡片

工 厂	工艺过程卡片	产品名称及型号		零件名称			零件图号			
		材料	名称	毛坯	种类		零件	毛重		第 页
			牌号		尺寸		重量	净重		共 页
		性能		每台件数				每批件数		
工序号	工序内容	加工车间	设备名称及编号	工艺装备名称及编号			技术等级	时间定额		
				夹具	刀具	量具		单件	准备与终结	
更改内容										
编制		校对			审核			会签		

二、毛坯生产

根据零件或产品所需要的形状、工艺尺寸而制成的,供进一步加工用的生产对象叫毛坯。铸造、压力加工及焊接是获得毛坯的主要手段。

(一) 铸造

1. 铸造的原理

铸造是将熔化的液体金属浇注到和机械零件形状相似的铸型型腔中,经过凝固冷却之后,获得毛坯(或零件)的加工方法。

用于铸造的金属统称铸造合金。常用的铸造合金有铸铁、铸钢和铸造有色金属,其中铸铁,特别是灰口铸铁使用最普遍。

2. 铸造的方法

铸造方法很多,但任何铸造方法都包括以下几步:

(1) 制造具有和零件形状相适应空腔的铸型;

(2) 制备成分、温度都合格的液态金属;

(3) 将液态金属浇注入铸型空腔内;

(4) 凝固后取出铸件并清理它的表面和内腔。

【提示】铸造中最常用的方法是砂型铸造,用于机器造型的造型机和熔化金属用的设备在铸造中必不可少，在现代化工厂中广泛使用铸造自动化生产线。

3.铸造的特点

铸造生产在工业中应用广泛。在一般机器中，铸件占整个机器重量的40%~90%；在农业机械中为40%~70%；金属切削机床中为70%~80%；重型机械、矿山机械、水力发电设备中为85%以上。

铸造是最常用的毛坯生产方法，它是液态成型，因此能生产从几克到数百吨、形状复杂的各类零件，对于一些要求耐磨、减振、承压、廉价的零件（如机床床身、机架、活塞环等）以及一些形状复杂、用其他方法难以成型的零件（如各类箱体、泵体等），只能用铸造法取得毛坯。但是，一般铸件精度低，加工余量大，其力学性能特别是抗冲击性能较差。

（二）压力加工

压力加工是利用外力使金属材料产生永久性变形，以制成所需形状和尺寸的毛坯或零件的加工方法。压力加工的主要生产方法有锻造和冲压。

1.锻造

锻造可分为自由锻造（简称自由锻）和模型锻造（简称模锻）两大类，锻造时金属材料需加热。

【提示】钢的始锻温度为1 200℃左右，终锻温度为800℃左右。

（1）自由锻造。自由锻造是把加热好的金属坯料放在自由锻造设备的平砧之间，使其受锻击力或压力作用，而产生塑性变形的加工方法，如图1-21（a）所示。自由锻造精度低、生产率不高，适用于生产单件、小批量、形状简单的零件，如轴类零件、齿轮坯等。

（2）模锻。模锻是把加热好的金属坯料放入锻模模腔内，由模腔限制金属变形，从而获得与模腔一致的锻件，如图1-21（b）所示。模锻可锻制比自由锻件形状复杂的零件，精度较高，加工余量小，生产率高。但由于受锻模的影响，只适用于生产大批量中小型锻件。

2.冲压

冲压是利用冲模对板料、条料加压，使其产生分离或变形，从而获得所需零件的加工方法，如图1-21（c）所示。

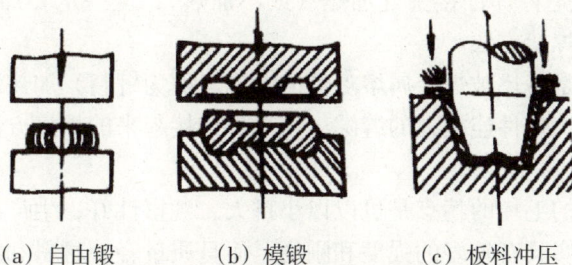

（a）自由锻　　（b）模锻　　（c）板料冲压

图1-21 锻压生产主要类型

冲压件主要适用于塑性良好的板料、条料制品。冲压可冲制出形状复杂、尺寸精度较高的薄壁件、空心件。其冲压精度高，一般不需机械加工即可使用。

3.压力加工的特点

根据以上两种压力加工的分类，其特点总结见表1-10。

表1-10 压力加工生产方法的特点

特点		内　容
锻造	自由锻	精度低、生产率低；适用于生产单件、小批量、形状简单的零件
	模锻	精度高、复杂，加工余量小，生产率高，需要锻模，只适用于生产大批量中小型零件
冲压		主要应用于加工塑性良好的板材或其他薄壁的型材。可以冲制出形状复杂、尺寸精度较高的零件，一般不经机械加工即可使用

【提示】锻造需要对毛坯加热，然后施加外力使之变形；而冲压则在常温下进行。

压力加工是机械行业中另一种常用的毛坯制造方法。由于用此方法获得的毛坯是塑性变形的结果，因而力学性能好，所以一些要求强度高、耐冲击、抗疲劳的重要零件大多采用压力加工方法制造毛坯。但它是在固态下塑性成型的，难以获得复杂的形状，特别是一些复杂内腔的零件。

（三）焊接

1.焊接的原理

焊接是通过加热或加压（或两者并用），使两个分离的物体借助内部原子之间的扩散与结合作用，连接成一个整体的加工方法。

2.焊接的分类

焊接的分类方法很多，按结构特点可分成以下三大类（见表1-11）：

表1-11 焊接的分类

方式	方法	典型应用
熔焊	焊接接头处加热至熔化状态，凝固后连接成一个整体	气焊、电弧焊、电渣焊、等离子焊
压焊	接头处加热（或者不加热），但一定要加压，使之紧密接触，连接成一个整体	摩擦焊、电阻焊
钎焊	被焊金属不熔化，利用熔点较低金属作为钎料熔化后将焊件连接起来	铜导线的焊接

（1）熔焊。熔焊是将焊件接头处加热至熔化状态，不加压力，凝固后连接成为一个整体的焊接方法。

（2）压焊。压焊是将焊件接头处加热（或不加热），但一定要加压，使之紧密接触，连接成为一个整体的焊接方法。

（3）钎焊。钎焊是将比被焊金属熔点低的金属（称为钎料）加热熔化，但被焊金属不熔化，钎料熔化后填满焊件连接处的缝隙，使焊件连接起来的焊接方法。

3.焊接的特点

用焊接方法制造的毛坯的特点是可以以小拼大，气密性好，生产周期短，不需要重型和专用设备，可以生产具有较好的强度和刚度，而且质量轻、材料利用率高的毛坯。缺点是抗振性差，易变形。

三、切削加工

由于现代机器的性能要求较高，所以对组成机器各部分的零件的加工质量也相应地提出了很高的要求。目前，除了很少一部分零件是采用精密铸造或精密锻造方法直接获得以外，绝大部分零件要靠切削加工的方法来获得。

（一）切削加工的原理

切削加工是用刀具从金属材料（毛坯）上切去多余的金属层，从而获得几何形状、尺寸精度和表面粗糙度都符合要求的零件的加工方法。

（二）切削加工的分类

切削加工可分为钳工和机工两大部分。但是，随着科学技术的日益发展，对机器设备的要求不断提高，各种新材料不断出现，各种复杂形状的零件也日益增多，用通常的切削加工方法往往不能满足要求甚至无法加工，于是出现了特种加工，并且随着科学技术的发展而发展，见表1-12。

表1-12　　　　　　　　　　　　　　切削加工分类

分类	内　容
钳工	使用手持工具加工，为了减轻劳动强度和提高生产率，钳工操作已逐渐向机械化方向发展
机工	使用机床加工，常见的加工方法有车削、钻削、刨削、铣削、镗削、磨削及齿轮的齿形加工等
特种加工	直接利用电能、声能、光能、化学能或与机械能组合等形式将坯料或工件上多余的材料去除

四、热处理

（一）热处理的原理

热处理是一种改善金属材料及其制品（如机器零件、工具）性能的工艺。根据不同目的，将材料或其制件加热到适当的温度，保温，随后用不同的方法冷却，改变其内部组织（有时仅使表面组织改变或使表面成分改变），以获得所要求的性能。

【提示】　在机械制造中，所有重要的工具和零件都要进行热处理，而且有的零件在整个工艺过程中要处理两次以上。除了合金化以外，热处理方法是改变金属材料性能的主要途径。

【注意】　热处理和其他加工工序不同，它的目的不是改变零件的形状和尺寸，而是改变其内部组织和性能。它是保证零件内在质量的重要工序。

（二）热处理的分类

根据热处理的目的要求和工艺方法的不同，钢的热处理分类如图1-22所示。

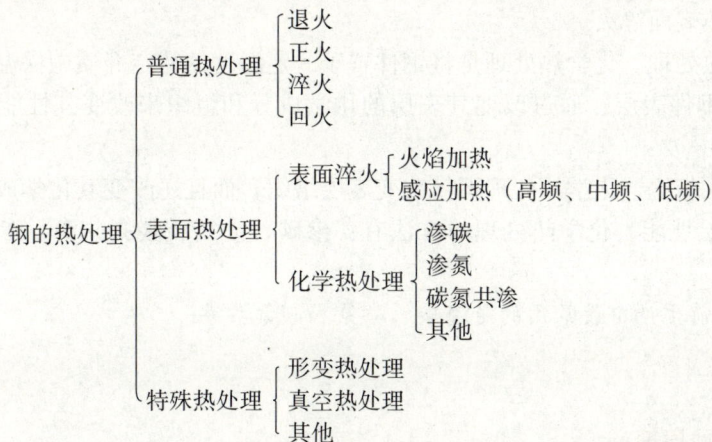

图1-22　钢的热处理分类

下面介绍普通热处理和表面热处理的相关内容。

1.普通热处理

（1）退火。把钢加热到一定温度，保温一定时间，然后缓慢冷却（随炉冷、坑冷、砂冷、灰冷）的热处理工艺叫退火。

（2）正火。把钢加热到相变温度以上30℃~50℃，保温一定时间，然后在静止的空气中冷却的热处理工艺叫正火。

【提示】退火与正火主要用于钢的预先热处理，其目的是消除铸、锻、焊等工序所造成的组织缺陷与内应力，也为后续的加工及热处理做好组织与性能上的准备。对于一般铸件、焊接件以及一些性能要求不高的工件，退火与正火也可以作为最终热处理。

正火与退火的区别是冷却速度不同：正火冷速较大，强度和硬度也较高；正火比退火生产周期短，设备利用率高，比较经济。若零件尺寸较大或形状较复杂，正火可能产生较大的内应力变形，甚至开裂。

（3）淬火。淬火是指把钢加热到相变温度以上的某一温度，然后快速冷却至室温（油冷或水冷），从而提高钢的硬度和耐磨性。

微课

普通热处理的
生产过程

（4）回火。将淬火后的工件加热至低于相变点某一温度，保持一段时间，然后冷却，使组织成为较稳定的状态称为回火。回火的目的是降低淬火钢的脆性，减少或消除内应力，防止工件变形和（或）开裂，使不稳定的组织趋于稳定，以保持工件的形状尺寸精度，并获得所要求的组织和性能。

【提示】钢淬火后的硬度虽高，但脆性过大，组织不稳定，不宜直接使用。经过回火硬度下降，但韧性有较大改善。淬火和回火必须配合使用，单独进行任何一项操作都是没有意义的。

2.表面热处理

（1）表面淬火。有些零件在使用中须承受弯曲、扭转、摩擦或冲击载荷，一般要求其表面具有很高的强度、硬度、耐磨性及抗疲劳强度，而心部在保持一定强度、硬度下，具有足够的塑性和韧性。对这类零件进行表面淬火是满足上述性能要求的有效方法之一。

表面淬火指在不改变钢的化学成分及心部组织的情况下，利用快速加热将表面层奥氏体化后进行淬火，以强化零件表面的热处理方法。目前生产中广为应用的是感应加热表面淬火和火焰加热表面淬火。

（2）化学热处理。化学热处理是将钢件置于一定温度的特定介质中保温，使介质中的活性原子渗入钢件表层，通过改变其表层的化学成分和组织来改变其性能的一种热处理工艺。

与表面淬火相比，化学热处理不仅改变表层组织，而且还改变其化学成分，因此能更有效地改变表层性能。化学热处理的方法有：渗碳、渗氮、碳氮共渗、渗铬、卷铝、渗硼等。

【提示】目前生产中最常用的是渗碳、渗氮和碳氮共渗。

五、装配

（一）装配的原理

机器的装配是整个机器制造过程中的最后一个过程。它包括安装、调整、检验、试验、油漆及包装等。装配工作的好坏，对产品的质量起着决定性作用。若相配零件之间的配合精度不符合要求、相对位置不准确，将会影响机器的工作性能，严重时会使机器无法工作。若在装配过程中不重视清洁工作，粗心大意和不按工艺要求装配，也不可能装配出好的产品，而装配质量差的机器的精度低、性能差、功耗大且寿命短。

（二）装配的过程

机器装配过程一般分为组件装配、部件装配和总装配。

（1）组件装配，指将两个以上的零件连接组合成为组件的过程；

（2）部件装配，指将组件、零件连接组合成为独立部件的过程；

（3）总装配，指将部件、组件、零件连接组合成为整台机器的过程。

【提示】机器装配后要进行调整、精度检验和试车。

六、零件加工质量

一台机器的质量主要取决于组成机器各个零件的加工质量和产品的装配质量；反过来，零件加工的质量也反映零件加工中的机器质量、工艺水平和工人技术水平。

应当如何来评定零件的加工质量呢？尽管机械零件的种类繁多，结构形状各异，但任何零件都是由一些具有一定尺寸和形状的简单表面（平面、圆柱面、圆锥面、成型面等）按一定相互位置关系构成的。

零件表面的尺寸、形状和相互位置以及表面粗糙度反映了零件的几何特征；材料的强度、硬度、弹性、刚度等反映了零件的物理机械特征。在评定零件的加工质量时，应当全面考虑这些因素。现仅就零件的几何特征来阐述零件的加工质量。零件加工质量的主要指标包括加工精度和表面粗糙度两个方面。

（一）加工精度

1.加工精度的概念

经机械加工后的零件，其实际几何参数（尺寸、形状和位置）与理想几何参数相符合的程度称为零件加工精度。由于加工过程中的种种原因，不可能把零件做得绝对准确并同理想的几何参数完全相符，实际上总会产生一些偏离，这种偏离就是"加工误差"。

事实上，在实际应用中，也没有必要把每个零件都做得绝对准确。只要能保证零件在机器中的功用，把零件的加工误差控制在一定范围内是完全允许的，这个允许的误差范围就叫公差，国家给机械工业规定了各级精度和相应的公差标准。只要零件的加工误差不超过零件图上按零件的设计要求和公差标准所规定的偏差，就可以保证零件加工精度的要求。

【提示】"加工精度"和"加工误差"这两个概念在评定零件几何参数中的作用是等同的。零件加工精度高，加工误差就小，零件加工质量就好；反之加工精度低，加工误差就大，零件加工质量就差。

2.加工精度的内容

零件的加工精度包括如下三个方面：

（1）尺寸精度。尺寸精度指零件表面本身的尺寸（如圆柱面的直径）和表面间相互的距离尺寸（如各孔之间的距离）的精度。与尺寸精度有关的术语如下：

①基本尺寸，指设计时根据使用要求，通过强度、刚度计算或结构方面考虑确定的尺寸。

②极限尺寸，指允许尺寸变化的两个极限值，其中较大的一个称为最大极限尺寸，较小的一个称为最小极限尺寸。

③尺寸偏差，是某一尺寸减去其基本尺寸所得的代数差。最大极限尺寸减去其基本尺寸所得的代数差称为上偏差，最小极限尺寸减去其基本尺寸所得的代数差称为下偏差。

知识链接

尺寸公差的计算

④尺寸公差，是尺寸的允许变动量。公差数值越小，则尺寸精度越高；公差数值越大，则尺寸精度越低。

⑤公差带，代表上、下偏差的两条直线所限定的区域。尺寸公差带由"公差带大小"和"公差带位置"两个要素来决定。

尺寸公差已经标准化，按国家标准，尺寸公差分为20级，即：IT01、IT0、IT1、IT2~IT18，IT表示标准公差。

【提示】数字越大，精度越低，加工误差越大，加工越容易，制造成本越低。IT7~IT6在机床和一般较精密的机器制造中用得最普遍。

（2）形状精度。随着生产的发展，对机械制造产品的要求愈来愈高，为了在机器零件中实现正确装配，有时单靠尺寸精度来控制零件的几何形状已不够，还要对零件表面的几何形状及相互位置提出技术要求。

知识链接

零件表面的尺寸、形状、位置精度之间的关系

零件的形状精度是指加工后零件表面实际测得的形状和理想形状的符合程度。理想形状是指几何意义上绝对正确的圆、直线、平面、圆柱面及其他成型面等。按照国家标准的规定，形状精度用形状公差等级表示。

（3）位置精度。位置精度是指加工后零件有关要素相互之间的实际位置和理想位置的符合程度。理想位置是指几何意义上绝对的平行、垂直、同轴和绝对准确的角度关系等。

形位公差特征项目共有14种，其名称和符号见表1-13。其中形状公差4种，位置公差8种，形状或位置公差2种。

表1-13　　　　　　　　　形位公差项目及符号

公差	项目	符号	公差	项目	符号
形状	直线度	—	位置	平行度	//
	平面度	▱	（定向）	垂直度	⊥
	圆度	○		倾斜度	∠
	圆柱度	⌭	（定位）	同轴（同心）度	◎
				对称度	＝
形状或位置	线轮廓度	⌒		位置度	⊕
	面轮廓度	⌓	（跳动）	圆跳动	↗
				全跳动	↗↗

为便于形状和位置公差的测量和标注，通常用形状和位置的公差带表示限制形状与位

置变动的区域。一个完全确定的形状和位置公差带由公差带形状、公差带大小、公差带方向和公差带位置四个要素来确定。主要公差带的形状及实用示例见表1-14。

表1-14　　　　　　　　　　　　　　形状和位置公差带的形式及实用示例

序号	公差带形状名称	形式	实用示例
1	两平行线		给定平面内线的直线度
2	两等距曲线		线轮廓度
3	两同心圆		圆度
4	一个圆		平面内点的位置度
5	一个球		空间内点的位置度
6	一个圆柱		轴线的直线度、垂直度
7	一个四棱柱		给定两个方向的轴线位置度
8	两同轴圆柱		圆柱度
9	两平行平面		面的平面度
10	两等距曲面		面的轮廓度

形状和位置公差带的大小即为公差值。按照公差值的大小，除圆度、圆柱度外，各类形状和位置公差均分为12级，最高为1级，最低为12级。而圆度与圆柱度为适应高精度零件的需要，增加了0级。

（二）表面粗糙度

无论采用何种切削加工方法加工，在经过加工的零件表面总会留下微细的凹凸不平的痕迹，出现交错起伏的峰谷现象，粗加工后的表面用肉眼就能看到，精加工后的表面用放大镜或显微镜仍能观察到，这就是零件加工后的表面粗糙度。

【提示】表面粗糙度对机器零件的配合性质、耐磨性、工作精度、抗腐蚀性均有较大影响。

评定表面粗糙度的标准有六种。目前我国主要采用轮廓算术平均偏差 R_a，它是指在一定测量长度范围内，轮廓上各点至中线距离绝对值的平均算术偏差，单位为微米（μm）；R_a值越小，表面越光滑，零件质量越高。

【提示】通常，尺寸公差、表面形状公差小时，表面粗糙度参数值也小。但表面粗糙度参数值和尺寸公差、表面形状公差之间并不存在确定的函数关系，如手轮、手柄的尺寸公差值较大，表面粗糙度参数值却较小。

（三）配合

1.配合的基本概念

配合是指由零件组装成机器时，相互结合的零件形成一定的合作协作关系，共同协调一致完成工作。配合的选择是否正确，对机器的质量和寿命有较大影响。以轴和孔的配合为例，基本尺寸相同、互相配合的轴与孔公差带之间的关系称为配合。根据使用要求的不同，配合有三种类型。

（1）间隙配合。在孔与轴的配合中，孔的公差带在轴的公差带之上，任取加工合格的一对轴和孔相配合都具有间隙（包括最小间隙为零）。

（2）过盈配合。在孔与轴的配合中，孔的公差带在轴的公差带之下，任取加工合格的一对轴和孔相配合都具有过盈（包括最小过盈为零）。

（3）过度配合。孔的公差带和轴的公差带互相交叠，任取加工合格的一对轴和孔相配合，可能具有间隙，也可能具有过盈的配合称为过度配合。

【提示】不论是计算间隙还是过盈，一律是用孔的尺寸减去轴的尺寸（小减大、大减小）。差值为正时是间隙，反之是过盈。

配合的种类见表1–15。

2.配合的选择

以轴和孔为例，两者之间的配合要求有三种情况：

（1）轴和孔配合后有相对运动（转动或移动）的要求，应选用间隙配合。用作滑动轴承的间隙配合，其间隙的大小与旋转速度、旋转精度、载荷大小、载荷特性、润滑方式、工作温度、材料、轴承结构、支撑距离、尺寸精度、形状位置精度以及表面粗糙度等许多因素有关。用作导向或往复运动的间隙配合，其间隙大小取决于导向精度要求、往复运动频率以及速度等因素。

（2）轴和孔靠配合面传递载荷时，应选用过盈配合。过盈的大小取决于最小过盈量能否承受所要传递的最大力矩。载荷增大或承受冲击载荷时，过盈量应该增大，但最大过盈应以零件承受的内应力不超过其屈服极限为准。

（3）轴和孔配合后要求有定位精度，而且经常拆卸的，主要选用过度配合，但也可以根据情况选用较小间隙的间隙配合或较小过盈的过盈配合。

表1–15　　　　　　　　　　配合的种类

种类	公差带图
间隙配合	
过盈配合	
过度配合	

七、机器设备完好的主要评价内容

（一）主要性能

机器设备的各项主要性能指标应符合技术要求。考核的主要性能指标有生产性、可靠性、节能性、维修性、耐用性、环保性等。

1.生产性

生产性是指机器设备的生产效率，又称设备的生产率，通常表现为功率、行程、速率等一系列技术参数。效率高就是指机器设备在单位时间内能生产更多的产品或提供更多的服务。生产性是对机器设备的基本要求。

2.可靠性

可靠性是指机器设备在规定的条件下和规定的时间内，完成规定功能的能力。可靠性主要指设备的精度、准确度的保持性及零件的耐用性、安全可靠性等。

3.节能性

节能性是指机器设备节约能源的能力，节能性好的机器设备表现为热效率高，能源利用率高。节能性一般以机器设备在单位时间内的能源消耗量来表示，如每小时耗电量、耗油量等，有的则以生产单位产品的能耗量来表示，如每吨合成氨的耗电量、汽车每吨百千米的耗油量等。

4.维修性

维修性是指设备维修的难易程度。设备维修的难易程度直接影响着设备维修工作量的大小和费用的高低。

5.耐用性

耐用性是指设备在使用过程中所经历的自然寿命时间。设备的使用寿命越长，则分摊到每年的折旧费就越少，有利于降低产品成本。但设备除有自然寿命外，还有技术寿命和经济寿命，因此，设备的自然寿命并非越长越好，应结合技术寿命和经济寿命综合考虑设备的耐用性。

6.环保性

机器的噪声影响正常的工作环境，危害人的身心健康。机器工作时的振动等因素会产生噪声，特别是现代化机器功率增大，自动化功能增多，其噪声污染问题越来越严重。此外，机器的油污、粉尘和腐蚀介质都是对人体有害的。考核机器质量时机器的环保状况必须引起足够的重视，评定环保性可将 ISO 14000 环境管理标准作为衡量依据。

（二）精度要求

机器设备必须具有满足生产需要的综合精度，设备综合精度可用设备精度指数来衡量。

设备精度指数是将设备各项精度的检查实测值（T_p）和规定的允许值（T_s）在测定项数（n）内通过以下公式计算而得到的：

$$T = \sqrt{\frac{\sum (T_p/T_s)^2}{n}}$$

式中：T 为精度指数；T_p 为设备的单项实测值；T_s 为设备的单项允许值；n 为实测项

数目。

【提示】精度指数T是评价机器设备有形磨损造成各部件之间相互位置变动的一个重要数据，设备的精度指数T值越小，说明其精度越高。

精度指数是在机床精度检查中运用数理统计方法求得的，故经常应用于机床设备评价中，对于其他设备，如果对所有技术质量要求都能定出定量标准，同样可利用此法评定。根据实践经验：

当T≤0.5时，可作为新设备验收条件之一；

当0.5＜T≤1时，可作为大修和重点修理后的验收标准；

当1＜T≤2时，设备仍可继续使用，但需注意调整；

当2＜T≤2.5时，设备需要重点修理或大修；

当T＞2.5时，设备需要大修或更新。

（三）运动系统

在规定的速度或载荷下机器运行平稳、无故障，噪声、振动和温升等不超过规定范围。

（四）操作系统

操作系统应灵活、可靠，手动操作机构的空程量，以及转动手轮、手柄所需的力不超过规定值。

（五）液压系统

（1）液压、润滑、冷却系统完整、正常，油液清洁，管路畅通，油标醒目；压力表指示正确，应无明显泄漏现象，油质符合技术要求。

（2）液压传动部分不发生振动，无显著噪声、冲击和停滞；各项主要精度和超程量应符合有关技术标准。

（3）液压系统工作时的油温符合规定。

（六）电气系统

（1）电气部分接触和绝缘良好，配线整齐，接地牢固，不受其他有害物的影响；

（2）信号、仪器和仪表指示正确，自动保护装置、监控系统动作准确可靠，定期进行各项预防性的试验和检查。

（七）动力系统

（1）动力系统应安全可靠，其输出功率和效率应达到原设计标准；

（2）燃料、油料等消耗正常，经济合理。

（八）环境保护和工业卫生

（1）机器设备工作时无异常振动和较大噪声；

（2）机器设备排放的废气、废渣、污水应配备相应的治理和配套工程；

（3）机器设备的排放物不应污染环境和妨碍工业卫生。

（九）安全可靠

（1）各种保险、安全、防护装置应完整可靠；

（2）制动装置操纵应灵活、安全可靠；

（3）对高压容器、安全阀门等装置应定期进行各项预防性试验。

（十）维护保养

（1）使用合理，定期开展良好的维护保养工作；

（2）各导轨滑动表面不应有严重的腐蚀、碰伤、划伤、拉毛等现象；

（3）机器设备内外整洁，无明显的积尘和油垢，应漆见本色、铁见光。

（十一）配套齐全

（1）一般机器设备的随机附件齐全可用；

（2）精密机器设备的全部附件完整无缺；

（3）说明书和有关技术资料齐备。

八、机器设备质量评定中应注意的问题

在资产评估工作中所遇到的机器设备大部分都是正在使用或已经使用的设备，由于作为固定资产的机器设备多次反复地进入生产过程，其实物状态与功能都已经发生变化或正在发生变化，从而影响估价的因素十分复杂。在对这些设备质量评定时，除依据机器设备完好标准的主要内容对设备进行检查外，还要注意以下几个问题：

（一）机器设备的主要质量指标劣化程度

在机器设备的主要质量指标中，输出参数是根据机器设备的用途对其提出的不同要求而制定的。输出参数确定了机器设备的状态，它可以是工作精度、运动参数、动力参数和经济指标。例如，内燃机的主要输出参数是功率、耗油率，机床的主要输出参数是精度，工艺设备的主要输出参数为质量和生产率。

机器设备在使用过程中，输出参数是变化的，但它容易检测，同时技术文件中又规定了其极限值，因此，输出参数是判断机器设备质量的重要依据之一。

（二）机器设备的可靠度

如前所述，机器设备的可靠性是指机器设备在规定的条件下和规定的时间内，完成规定功能的能力。可靠性是体现机器设备耐用和可靠程度的一种性能。可靠性是一项时间性质量标准，随着时间的推移，设备的可靠性将越来越低，设备只能在某一时限范围内是可靠的，不可能永远可靠，因此，在评估机器设备时应注意其时间性指标，如使用期、有效期、行驶里程、作用次数等。

可靠性是个定性概念，可用可靠度来定量表示。机器设备的可靠度是指在规定的条件下和规定的时间t内完成规定功能的概率，用R（t）表示。

可靠度的最大值为1，称为100%可靠，最小值为0，称为完全不可靠。由此可见：$0 \leqslant R$（t）$\leqslant 1$。可靠度也可理解为在规定的条件下和规定的时间内不发生任何一个故障的概率，所以，可靠度又可称为无故障工作概率。

机器设备可靠度的大小主要取决于设计、制造，此外，使用、维修、周围环境、运输和保管等因素也影响其可靠度。由于机器设备种类繁多，用途各异，对可靠度要求又各不相同，因此，应根据不同机器设备的可靠度要求和实际无故障工作概率来考核机器设备的质量。

（三）机器设备的经济性指标

在评定机器设备质量时，应考虑其经济性指标，主要有：

（1）机器设备在使用过程中是否能以最小的消耗获取尽可能大的效益；

（2）机器设备在使用过程中维持费的高低。

【学思践悟】习近平总书记在党的二十大报告中指出：必须坚持科技是第一生产力、人才是第一资源、创新是第一动力，加快实施创新驱动发展战略，加快实现高水平科技自立自强。

随着科技的不断发展，机械制造业也面临着新的技术趋势和创新方向。数字化制造是一项重要技术趋势，其通过采用先进的数字化技术和软件，实现生产流程的优化和效率提升。例如，通过数字化技术可以实现对自动化生产线的监督和控制，提高生产效率并降低成本。另外，人工智能在机械制造业中也逐渐发挥重要作用。机器学习和自动化技术的应用使得机械设备具备智能化的能力，可以实现自主决策、故障预测和优化调整。物联网技术的引入，使得机械设备能够互相连接和交互，实现更智能、高效的生产和管理。

科技兴则民族兴，人才强则国家强。习近平总书记强调，年轻一代成为奋力拼搏、振兴中华的一代，实现第二个百年奋斗目标就充满希望。青年学子要树牢科技报国志，刻苦学习钻研，勇攀科学高峰，在推进强国建设、民族复兴伟业中绽放青春光彩。

资料来源：佚名. 创新技术助推机械制造业智能化转型迎接4.0时代［EB/OL］.［2023-09-18］. https://baijiahao.baidu.com/s?id=1777388492498734816&wfr=spider&for=pc.

项目小结

在资产评估领域，从自然属性和资产属性两方面对机器设备进行定义，即机器设备是指人类利用机械原理以及其他科学原理制造的、被特定主体拥有或控制的有形资产，包括机器、仪器、器械、装置，以及附属的特殊建筑物等资产。

在传动装置中，机械传动的应用最为广泛，机械传动的主要作用在于：传递运动、改变运动速度和方向以及改变运动形式。机器设备中常用的机械传动形式有：螺旋传动、蜗杆传动、带传动、链传动、齿轮传动、连杆传动以及凸轮传动等。

一个完整的机器设备生产制造过程，不仅涵盖生产车间，还应该包括生产准备和生产服务的有关部门。机器设备制造工艺过程包括毛坯制造、机械加工、热处理以及装配等过程。

本项目框架结构如图1-23所示。

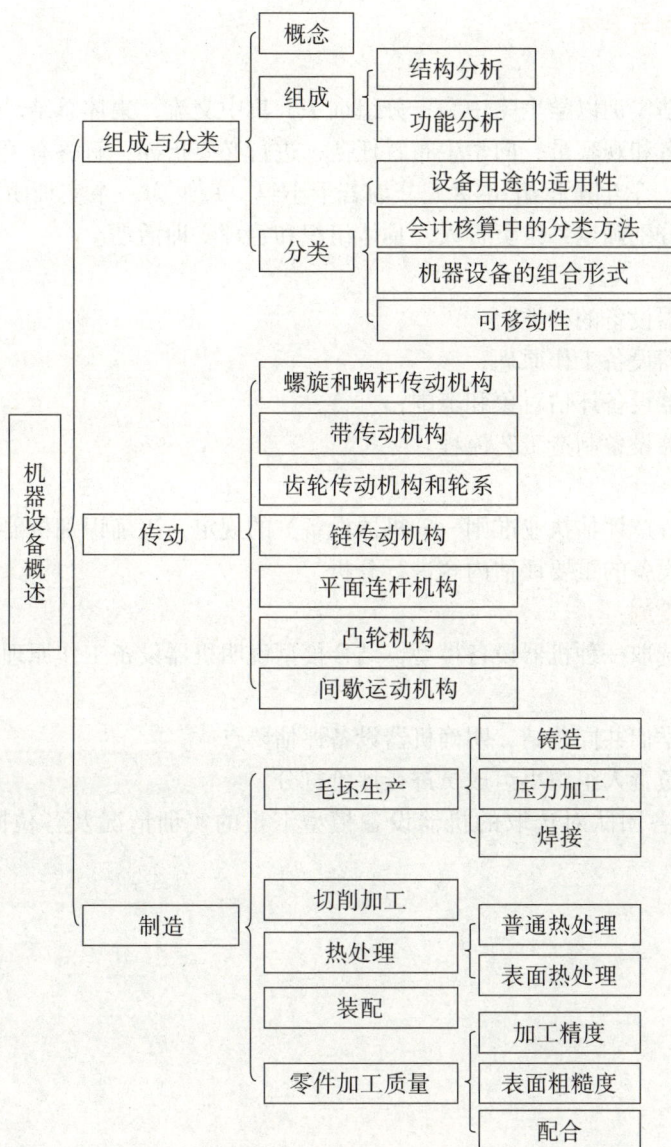

图1-23　本项目框架结构

项目综合实训

一、实训目标

机器设备是资产评估的重要评估对象。通过对机器设备基本工作原理和工艺流程的认知训练，使学生明确机器设备评估重点和主要评价内容，能准确界定机器设备的类型，熟悉机器设备的工作原理，为机器设备评估奠定理论基础。

二、实训项目与要求

1.实训组织

机器设备评估实训以学生为中心，分组训练，集中交流，集体总结。教师主要担任辅导者、具体组织者和观察员，向学生布置任务，进行必要指导；解答有关问题；进行进度控制与质量监督。学生按每组6~8人分为若干小组，每组为一个实训团队开展实际操作训练，每个团队分别确定一位负责人，具体组织和管理实训活动。

2.实训项目

（1）判识机器设备的种类；

（2）掌握机器设备工作原理；

（3）界定机器设备评估对象和范围；

（4）熟悉机器设备制造工艺流程。

3.实训要求

（1）依照《资产评估执业准则——机器设备》的规定，正确识别机器设备的种类。

（2）对机器设备的重要评估内容进行分析。

三、成果与检测

1.每个团队选取一种机器设备模型，结合模型说明机器设备工作原理和制造流程，在班级进行交流。

2.教师与同学们共同总结，明确机器设备评估要点。

3.由各团队负责人组织小组成员进行评价打分。

4.教师根据各团队对选取的机器设备模型汇报的实训情况及各位同学的表现予以评分。

项目二
金属切削机床

知识目标
1. 理解机床的概念、分类与型号编制；
2. 掌握常见机床的工作原理、基本结构及特点；
3. 熟悉数控机床的加工原理、组成、分类及特点；
4. 了解工业机器人的组成、分类及技术指标。

能力目标
1. 能准确识别机床的名称并理解名称含义；
2. 能准确判断机床类别及其工作原理；
3. 能对数控机床的应用有深刻理解；
4. 能对智能化工业机器人有初步认识。

素养目标
1. 树立开拓进取、勇于创新的价值观；
2. 强化时代担负使命的责任感；
3. 恪守职业操守，认真分析评估对象的作用原理。

项目导入

机床在生产中的重要意义

在工农业生产中，广泛使用着各种类型的机器，如拖拉机、飞机、轧钢机、推土机等。这些被广泛应用的机器为了满足不同的用途，而形成了复杂的传动和工作系统。但分析一下，这些机器都是由一些轴类、套类、盘类、齿轮类、箱体类、机架及一些联结件等零件集合组成的，而这些形状各异的零件都是由机床加工而成的。因此，把用来制造这些机器零件的设备通称为"金属切削机床"，简称为"机床"。由于机床是加工机器零件的主要设备，故有"工作母机"或"工具机"之称。

在机械制造过程中，技术装备一般包括：金属切削机床、铸造机械、锻压机械和木工机械等。铸造、锻压机械属于毛坯生产机械，而金属切削机床则不同于铸造、锻压机械，它是用切削、特种加工等方法加工工件，使之获得所要求的几何形状、尺寸精度和表面质量的机器。

由此可见，金属切削机床是加工机器零件的主要设备。一般在机器制造的装备中，金属切削机床占机械行业所有技术装备总台数的60%~80%。

请思考： 在实际的评估中，如何看待金属切削机床的重要意义？如何评估才能更贴近实际？

启示： 金属切削机床作为机械行业的主体机床，具有重要地位。在进行机器设备评估时，需要对机床的工作原理进行深入理解，随着高新技术大量应用和普及，金属切削机床也有了更多的创新模式和特殊功能，在社会价值创造、技术优化升级、品质精益求精等方面有巨大贡献。

任务一 机床概论

任务描述

用机床生产机器是目前现代化机械制造工业的主要手段，因此，通过对机床技术经济指标、运动与传动的学习，深刻认识与理解机床的分类，并掌握机床型号的编制，具有十分重要的意义。

相关知识

一、机床的技术经济指标

机床本身质量的优劣，直接影响所造机器的质量和劳动生产率。衡量一台机床的质量是多方面的，但主要要求工艺性好，系列化、通用化、标准化（简称三化）程度高，结构简单，重量轻，工作可靠，生产率高等。这些要求组成了机床的技术经济指标，具体指标如下：

（一）工艺范围

工艺范围是指机床适应不同生产要求的能力，具体包括以下内容：（1）在机床上可以完成的工序种类；（2）被加工零件的类型、材料和尺寸范围；（3）毛坯的种类；（4）加工精度和表面粗糙度；（5）适用的生产规模（批量）等。

【提示】工艺范围主要回答能干什么样的活，是否广泛。

一台通用机床可以完成一定尺寸范围内各种零件多工序加工，通用机床工艺的可能性较宽，在同一机床上要完成多种多样的工作，还要适应不同使用部门的需要，因而结构相对复杂，适用于单件小批量生产。

专用机床只能完成一个或几个零件的特定工序，其工艺范围主要根据用户的实际需要、工件的特点和生产批量等决定。专用机床多用于大批量生产，是针对特定工序设计的，故其工艺的可能性较窄，但这样可以提高生产率，保证加工质量，简化机床结构，降低机床成本。

（二）加工精度和表面粗糙度

机床应保证所加工零件达到规定的精度和表面粗糙度。工件的精度和表面粗糙度是由机床、刀具、夹具、切削条件和操作者诸方面因素决定的。但就机床方面来说，要保证被加工零件的精度和表面粗糙度，机床本身必须具备一定的精度。

【提示】只有高精度机床才可能加工出尺寸精度、形状精度、位置精度高和表面粗糙度参数值小的零件。当然，精度高的机床的制造成本必然高。

（三）生产率

在保证加工质量的基础上，机床的生产率应尽可能提高。衡量生产率高低的方法很多，可用单位时间内机床所能加工的工件数表示。

$$Q = \frac{1}{T_{总}} = \frac{1}{T_{切削} + T_{辅助} + \frac{T_{准结}}{n}}$$

式中：Q为单位时间内机床生产产品的数量；$T_{总}$为加工每一个工件的平均总时间；$T_{切削}$为每个工件的切削加工时间；$T_{辅助}$为每个工件的辅助时间，如上下料回程等；$T_{准结}$为每批工件的准备和结束时间，如装卸、夹具调整等；n为每批工件的数量。

由公式可看出，机床在单位时间内生产的产品数越多，机床的生产率就越高。要想提高机床的生产率，可以采取措施减少切削加工时间、每个工件的辅助时间和每批工件的准备和结束时间。如采用高速切削、多刀切削等措施，并且在机床结构上考虑采取减少加工的准备和结束时间的措施。

【提示】生产率主要回答干活的快慢问题。

（四）系列化、通用化、标准化程度

机床系列化工作包括系列型谱的制定和产品系列的设计。系列化的目的是在选择一个合理的方案时确定同一类型机床应有哪些规格和型式来满足各种生产的需要。

机床部件通用化后，可以扩大零件制造批量，既便于生产管理，又可降低生产成本和缩短生产周期，还能提高结构的可靠性。

机床零件标准化，有利于组织零件的集中成批或大批生产，在降低生产成本和缩短生产周期、提高材料的利用率等方面有着显著的经济、技术效果。

【提示】准确地说，三化是产品品种系列化、部件通用化、零件标准化。

机床的系列化、通用化和标准化是密切联系的，品种系列化是部件通用化和零件标准化的基础，而部件的通用化和零件的标准化又促进和推动品种系列化工作。

【提示】系列化、通用化、标准化程度回答制造是否方便，成本是否能降低的问题。

（五）机床的寿命

机床寿命的长短是标志一台机床好坏的重要指标之一。如果机床零部件磨损很快，则机床就会很快失去原有的精度，因此必须十分注意机床结构的可靠性和耐磨性。对于导轨、轴承、齿轮等易损零件，要根据使用条件合理地进行设计，并采取必要的工艺措施以增加、延长使用寿命。

（六）机床的效率

机床的效率是指消耗于切削的有效功率与机床输入功率之比。两者的差值即为损失，该损失转化为热量。若损失过大，不仅浪费能源，而且将使机床产生较大的热变形，影响加工精度。

除此以外，机床操作必须方便、省力、安全，同时要考虑到维修的方便及外形美观大方、机床重量轻、占地面积小等因素。

二、机床的运动与传动

（一）机床的运动

机床主要用来加工各种机器零件，由于机器的类型和性能是多种多样的，因而被切削零件的材料性质、形状、尺寸精度和表面粗糙度的要求也就千差万别，这样就出现了各种各样的加工方法和与之相适应的各种机床。

【提示】一切机床加工的共性就是把刀具和工件安装在机床上，由机床产生刀具与工件间的相对运动，从而切削出合乎要求的零件。

1.运动分析

尽管各种机器零件的形状很多，但分析起来不外乎由平面、圆柱面、圆锥面及成型面组成。如能加工出这几种表面，那么也就可以实现各种形状零件的加工。

【提示】圆柱面和圆锥面是以某一直线为母线，以圆为轨迹，做旋转运动时所形成的表面；平面是以直线为母线，以另一直线为运动轨迹做平移运动时所形成的表面；成型面是以曲线为母线，以圆或直线为运动轨迹，做旋转或平移运动时所形成的表面。

在各种切削加工方法中，母线多数情况下是靠运动体现的。从几何成型的角度出发，分析刀具与工件之间相对运动的作用，目的是把相对运动与形成零件表面的关系联系起来。在具备几何知识后，根据刀具形状和运动轨迹的关系不难分析出各种加工方法的表面形成规律。

2.工作运动

要进行切削，刀具与工件之间必须有相对运动，就是工作运动（亦称切削运动）。根据在切削过程中所起的作用来区分，工作运动分为主运动和进给运动。

主运动是形成机床切削速度或消耗主要动力的工作运动。如车削工件时，工件的旋转；钻削、铣削和磨削时刀具的旋转；牛头刨床刨削时刀具的直线运动。

进给运动是使工件的多余材料不断被去除的工作运动。如车削外圆时，刀具沿工件轴向的直线移动；牛头刨床刨平面时，工件横向的直线运动。

【提示】应该注意，切削过程中主运动只有一个，进给运动可以多于一个。主运动和进给运动可由刀具或工件分别完成，也可由刀具单独完成。

机床的运动除工作运动外，还有一些实现机床切削过程的辅助工作而必须进行的辅助运动。如退刀、上料、下料、转位、排除切屑等均属辅助运动。

【提示】运动分为工作运动和辅助运动，前者的目的是切削，又可以分为主运动和进给运动，后者是进行准备、整理的工作。

（二）机床的传动

机床的传动机构指的是传递运动和动力的机构，简称机床的传动。

机床要实现切削加工，就必须有所需的各种运动，有提供动力的动力装置和使工件与刀具做相对运动的工作执行机构，此两者必须按一定规律联系起来。正是各种传动机构把动力装置和工作执行机构联系起来，才使工作执行机构能进行必要的运动。

【提示】按传动速度调节变化特点，传动可分为有级传动和无级传动。

三、机床的分类

为了适应切削加工的需要，设计并制造了各种不同类型的机床，其中最基本的机床有车床、钻床、刨床、铣床、镗床和磨床。为了便于使用和管理，就必须对它们进行科学的分类。

（一）按机床加工性质和所用刀具进行分类

目前，机床主要是按机床的加工性质和所用刀具的不同进行分类的。根据国家制定的《金属切削机床型号编制方法》（GB/T 15375-2008），目前将机床分为11大类：车床、钻床、镗床、磨床、齿轮加工机床、螺纹加工机床、铣床、刨插床、拉床、锯床及其他机床。每一类机床划分为若干组，每个组又划分为若干系列，见表2-1。

表2-1　　　　　　　　按机床加工性质和所用刀具分类

类别	车床	钻床	镗床	磨床			齿轮加工机床	螺纹加工机床	铣床	刨插床	拉床	锯床	其他机床
代号	C	Z	T	M	2M	3M	Y	S	X	B	L	G	Q
读音	车	钻	镗	磨	二磨	三磨	牙	丝	铣	刨	拉	割	其他

（二）按机床工作精度进行分类

（1）普通机床。它指的是普通级别的机床，包括：普通车床、钻床、镗床、铣床、刨插床等。

（2）精密机床。它主要包括：磨床、齿轮加工机床、螺纹加工机床和其他各种精密机床。

（3）高精度机床。它主要包括：坐标镗床、齿轮磨床、螺纹磨床、高精度滚齿机、高精度刻线机和其他高精度机床等。

（三）按机床加工工件尺寸的大小和机床自身重量进行分类（见表2-2）

表2-2 　　　　　　　　按机床加工工件尺寸的大小和机床自身重量分类

类　别	机床自身重量（吨）
仪表机床	加工小型工件的机床
中、小型机床（一般机床）	<10
大型机床	10~30
重型机床	30~100
特重型机床	≥100

（四）按机床通用性进行分类

1.通用机床（万能机床）

这类机床的加工范围广泛，可以加工多种零件的不同工序。由于其通用范围较广，它的结构往往比较复杂，适用于单件、小批量生产。例如，普通车床、卧式镗床、万能升降台铣床等均属于通用机床。

2.专门化机床（专门机床）

这类机床专门用于加工不同尺寸的一类或几类零件的某一特定工序，如精密丝杠车床，凸轮轴车床，曲轴、连杆轴颈车床等都属于专门化机床，它适用于成批、大量生产场合。

3.专用机床

专门用以加工某一种零件的特定工序的机床称为专用机床。这类机床加工范围窄，被加工零件稍有一点变动就不能适应。结构较通用机床简单，但生产率高，机床自动化程度往往也比较高。所以，专用机床一般在成批、大量生产中选用。

【提示】组合机床是将预先制造好的标准件、通用零部件与少量专用件组合而成的机床。各种组合机床实质上也是专用机床。

四、机床的型号编制

微课

机床的型号
编制规则

金属切削机床的类别形式很多，为了便于生产和管理，不但要给每一种机床赋予一个型号，而且还要能从型号上看出机床的名称、主要规格、性能和结构特点，例如，一台最大磨削直径为320mm的高精度、半自动、万能外圆磨床，可以用型号MGB1432来表示，显得十分简便。

为便于评估工作的进行，以现行的GB/T15375-2008为依据，介绍各类通用机床型号的编制方法。

《金属切削机床型号编制方法》（GB/T15375-2008）中规定，机床型号由汉语拼音字母和数字按一定的规律组合而成。通用机床的型号由基本和辅助部分组成，中间用"/"隔开，读作"之"。基本部分统一管理，辅助部分纳入型号与否由生产厂家自定。机床型号的构成如图2-1所示。

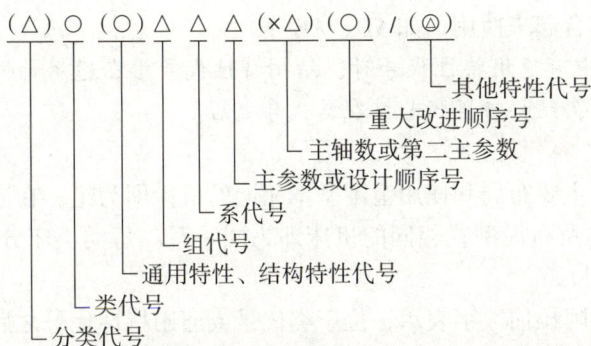

```
(△) ○ (○) △ △ △ (×△) (○) / (◎)
```

其他特性代号
重大改进顺序号
主轴数或第二主参数
主参数或设计顺序号
系代号
组代号
通用特性、结构特性代号
类代号
分类代号

其中：①有"（ ）"的代号或数字，当无内容时则不表示，若有内容则不带括号；
②有"○"符号者，为大写的汉语拼音字母；
③有"△"符号者，为阿拉伯数字；
④有"◎"符号者，为大写的汉语拼音字母，或阿拉伯数字，或两者兼而有之。

图2-1　机床型号表示方法（GB/T15375-2008）

【提示】机床型号表示方法中，最重要的是类代号、组代号、主参数，以及通用特性代号、结构特性代号。

为了全面了解机床型号表示方法，下面再做简要说明。

（一）机床的类代号

按加工性质和所用刀具的不同，目前我国把机床分为十一大类，各类代号见表2-1。型号的第一个字母表示机床的类别，采用汉语拼音的第一个字母大写。这里的汉语拼音字母，一律按照它的名称读音。例如，"车床"的汉语拼音是"chechuang"，所以用"C"表示，读作"车"。

【提示】每一大类机床根据需要又可分为若干类别，用阿拉伯数字1、2、3……顺序表示在类代号的前面，称为分类代号。目前在十一类机床中只有磨床有分类代号。

（二）机床通用特性、结构特性代号

1.通用特性代号

当某类型机床（除普通型外）还有某种通用特性时，则在类代号之后加通用特性代号予以区分。如某机床仅有某通用特性，而无普通型，则通用特性不予表示。机床通用特性代号用汉语拼音字母来表示，见表2-3。

表2-3　　　　　　　机床通用特性代号

通用特性	高精度	精密	自动	半自动	数控	加工中心（自动换刀）	仿形	轻型	加重型	简式或经济型	柔性加工单元	数显	高速
代号	G	M	Z	B	K	H	F	Q	C	J	R	X	S
读音	高	密	自	半	控	换	仿	轻	重	简	柔	显	速

2.结构特性代号

对于主参数值相同，而结构、性能不同的机床，在型号中增加结构特性代号予以区分，并用汉语拼音字母表示。结构特性代号可以依各类机床的具体情况赋予一定含义，在型号中没有固定的统一含义，只起到区分同类机床结构、性能异样的作用。结构特性代号用汉语拼音字母表示，如A、D、E、L、P、R、S、T、U、V、W、X、Y等字母。当不够用时可将两个字母组合起来使用，如 AD、AE 等。

【提示】当型号中有通用特性代号时，结构特性代号排在通用特性代号之后；当型号中无通用特性代号时，结构特性代号排在类代号之后。

（三）机床的组、系代号

在同类机床中，主要布局和使用范围基本相同的机床即为组；在同一组机床中，其主参数相同，主要结构及布局型式相同的机床即为同一系。每类机床分为10个组，每个组又分为10个系（系列）。

机床的组用一位阿拉伯数字表示，位于类代号或通用特性代号之后；机床的系用一位阿拉伯数字表示，位于组代号之后。各类机床组的代号及划分见表2-4。

表2-4　　　　　　　　　　　　　金属切削机床类、组划分表

类别＼组别		0	1	2	3	4	5	6	7	8	9
车床C		仪表车床	单轴自动车床	多轴自动、半自动车床	回轮、转塔车床	曲轴及凸轮轴车床	立式车床	落地及卧式车床	仿形及多刀车床	轮、轴、辊、锭及铲齿车床	其他车床
钻床Z			坐标镗钻床	深孔钻床	摇臂钻床	台式钻床	立式钻床	卧式钻床	铣钻床	中心孔钻床	其他钻床
镗床T				深孔镗床		坐标镗床	立式镗床	卧式铣镗床	精镗床	汽车、拖拉机修理用镗床	其他镗床
磨床	M	仪表磨床	外圆磨床	内圆磨床	砂轮机	坐标磨床	导轨磨床	刀具刃磨床	平面及端面磨床	曲轴、凸轮轴、花键轴及轧辊磨床	工具磨床
	2M		超精机	内圆珩磨机	外圆及其他珩磨机	抛光机	砂带抛光及磨削机床	刀具刃及研磨机床	可转位刀片磨削机床	研磨机	其他磨床
	3M		球轴承套圈沟磨床	滚子轴承套圈滚道磨床	轴承套圈超精机		叶片磨削机床	滚子加工机床	钢球加工机床	气门、活塞及活塞环磨削机床	汽车、拖拉机修磨机床
齿轮加工机床Y		仪表齿轮加工机		锥齿轮加工机	滚齿机及铣齿机	剃齿及珩齿机	插齿机	花键轴铣床	齿轮磨齿机	其他齿轮加工机	齿轮倒角及检查机
螺纹加工机床S					套丝机	攻丝机		螺纹铣床	螺纹磨床	螺纹车床	
铣床X		仪表铣床	悬臂及滑枕铣床	龙门铣床	平面铣床	仿形铣床	立式升降台铣床	卧式升降台铣床	床身铣床	工具铣床	其他铣床
刨插床B			悬臂刨床	龙门刨床			插床	牛头刨床		边缘及模具刨床	其他刨床
拉床L				侧拉床	卧式外拉床	连续拉床	立式内拉床	卧式内拉床	立式外拉床	键槽、轴瓦及螺纹拉床	其他拉床
锯床G				砂轮片锯床	卧式带锯床	立式带锯床	圆锯床	弓锯床	锉锯床		
其他机床Q		其他仪表机床	管子加工机床	木螺钉加工机床	刻线机床	切断机床	多功能机床				

（四）机床主参数的代号

反映机床规格大小的主要数据称为第一主参数，简称主参数，如反映普通车床所能加工的最大工件直径尺寸，用"床身上最大工件回转直径"来表示。不同的机床，主参数内容各不相同，如铣床类机床的主参数多用"工作台工作面的宽度"来表示，它反映铣床所能加工零件最大宽度的尺寸；又如钻床的主参数一般都用"最大钻孔直径"来表示，用以反映钻床所能装夹刀具的最大尺寸等。

机床主参数的代号是用阿拉伯数字来表示的，在表示机床组别和系别两个数字后面的数字，一般表示机床的主参数或主参数的1/10或1/100。常见机床的主参数及折算系数见表2-5。

表2-5　　　　　　　　　　　　　常见机床主参数及折算系数

机床名称	主参数名称	主参数折算系数
普通车床 自动（六角）车床 立式车床	床身上最大工件回转直径 最大棒料直径或最大车削直径 最大车削直径	1/10 1/1 1/100
立式（摇臂）钻床 卧式镗床	最大钻孔直径 主轴直径	1/1 1/10
牛头刨床、插床 龙门刨床	最大刨削或插削长度 工作台宽度	1/10 1/100
卧式及立式升降台铣床 龙门铣床	工作台工作面宽度 工作台工作面宽度	1/10 1/100
外圆（内圆）磨床 平面磨床 砂轮机	最大磨削外径或孔径 工作台工作面的宽度或直径 最大砂轮直径	1/10 1/10 1/10
齿轮加工机床	（大多数是）最大工件直径	1/10

（五）主轴数及第二主参数

机床主轴数应以实际数据列入型号，位于主参数之后，用乘号分开。第二主参数是指最大跨距、最大工件长度、最大模数等。在型号中表示的第二主参数，一般折算成两位数为宜。

【提示】凡属长度（包括跨距、行程等）的采用"$\frac{1}{100}$"的折算系数；凡属直径、深度、宽度的则采用"$\frac{1}{10}$"的折算系数；属于厚度的，则以实际值列入型号。

以轴数和最大模数表示的第二主参数的表示方法与以长度单位表示的第二主参数相同，并以相应数值列入型号。

（六）机床的重大改进顺序号

当机床的结构、性能有重大改进和提高，并需按新产品重新设计、试制和鉴定时，才在机床型号之后按A、B、C等字母的顺序选用（但I、O两字母不得选用），加入型号的尾部，以区别原机床型号。

【提示】重大改进设计不同于完全的新设计，它是在原有的机床基础上进行改进设计，因此，重大改进后的产品应代替原来的产品。

（七）其他特性代号

其他特性代号置于辅助部分，其中同一型号机床的变型代号，一般应放在其他特性代号之首位。

微课

机床的型号
编制

其他特性代号主要用以反映各类机床的特性，如对于数控机床，可用来反映不同控制系统；对于一般机床，可用来反映同一型号机床的变型等。

【提示】其他特性代号可用汉语拼音字母表示，也可用阿拉伯数字表示，还可用两者组合表示。

【提示】随着机床工业的发展，我国机床型号编制方法至今已变动多次，对过去已定型号、目前正在生产的机床，其机型一律不变，仍保持原来型号。

任务二　常见机床

任务描述

为了适应切削加工的需要，设计并制造了各种不同类型的机床，其中，最常见的机床有车床、钻床、刨床、铣床、拉床、镗床、磨床以及特种加工机床，每种机床都有其各自的工作原理、工作运动、加工精度以及加工范围。通过学习，有助于学生全面掌握常见机床的结构特征与工作原理，使其加深对比，形成深刻理解。

相关知识

一、车床

（一）车床的工作原理及工作运动

车床类机床主要是指用车刀加工工件上旋转表面的机床，它是各类机床中生产历史最长、应用最广的一类机床，各类车床占金属切削机床总数的一半左右，所以它是机械制造行业中最基本的常用机床。

车床指的是做进给运动的车刀对做旋转主运动的工件进行切削加工的机床。车削时工件装夹在与主轴相连的卡盘或顶尖上，由主轴带着卡盘或顶尖连同工件一起做旋转运动；车刀装在刀架上，由刀架的纵向或横向移动（平行于床身导轨方向为纵向，垂直于床身导轨方向为横向），使车刀获得进给运动，从而对工件进行车削加工，如图 2-2 所示。

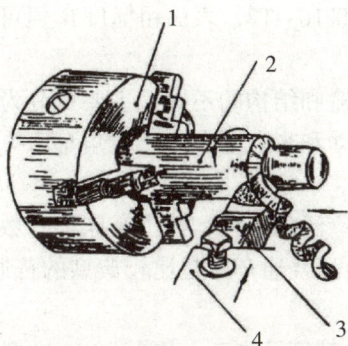

1.卡盘　2.工件　3.车刀　4.刀架

图2-2　车削加工简图

（二）车床的加工范围及加工精度

车床的加工范围较广，在车床上主要加工回转表面，其中包括：车外圆、车端面、切槽、钻孔、镗孔、车锥面、车螺纹、车成型面、钻中心孔及滚花等。图2-3表示适于在车床上加工的零件，图2-4表示在车床上能完成的工作。

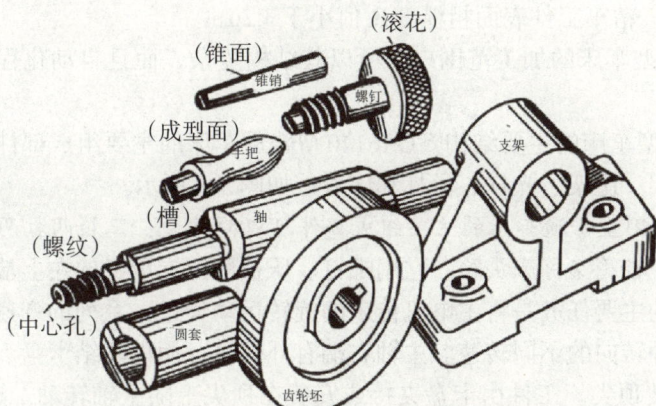

图2-3　车床加工的零件举例

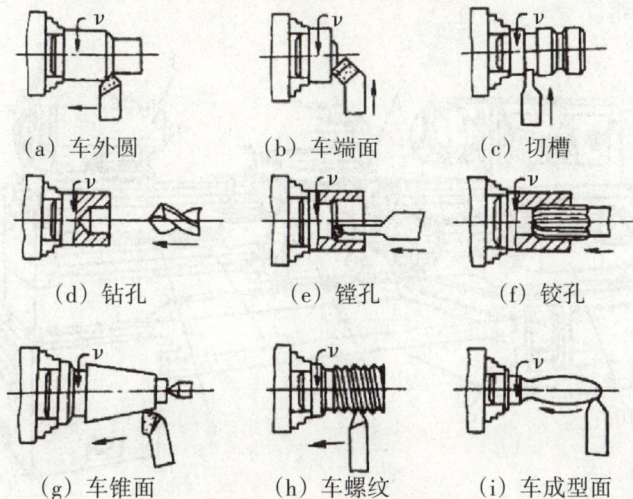

（a）车外圆　　　　（b）车端面　　　　（c）切槽

（d）钻孔　　　　（e）镗孔　　　　（f）铰孔

（g）车锥面　　　　（h）车螺纹　　　　（i）车成型面

图2-4　车床加工范围

一般车床的加工精度可达IT10~IT7，表面粗糙度 R_a 值可达 $1.6\mu m$。

（三）车床的分类

车床的种类繁多，按其用途和结构的不同，主要可分为：普通车床、立式车床、仪表车床、单轴自动车床、多轴自动和半自动车床、六角车床等。

1.普通车床

普通车床是车床中应用最广泛的一种，约占车床类总数的65%，因其主轴以水平方式放置，故为卧式车床。CA6140型普通车床是比较典型的普通车床，故现以CA6140型车床为例进行阐述。

（1）CA6140型车床的加工精度及加工范围。CA6140型车床属普通机床，根据车床的精度标准，本机床应达到的加工精度为：

精车外圆的圆度为0.01mm；

精车外圆的圆柱度为0.01mm/100mm；

精车端面的平面度为0.025mm/400mm；

精车螺纹的螺距精度为0.04mm/100mm、0.06mm/300mm；

精车工件表面粗糙度 R_a 值小于 $3.2\mu m$。

由于CA6140型车床的加工范围广，所以其结构复杂，而且自动化程度低，适用于单件、小批生产。

（2）CA6140型车床的主要结构。CA6140型普通车床的主要组成部件有主轴箱、进给箱、溜板箱、刀架、尾架、光杠、丝杠和床身，如图2-5所示。

【提示】CA6140型普通车床的主要组成部件可以简称为：三箱两杠两架一床身。

①主轴箱。主轴箱又称床头箱，它用螺钉、压板固定在床身的左上端，内装主轴和主轴变速机构，它的主要任务是将主电机传来的旋转运动经过一系列的变速机构使主轴得到所需的正、反两种转向的不同转速。主轴右端有外螺纹，用以联结卡盘、拨盘等附件，内部有锥孔用以安装顶尖。工件由卡盘夹持或安装在顶尖上随主轴转动。这样当电机启动，经过一系列的传动后，使工件做旋转的主运动，以实现切削加工，同时主轴箱分出部分动力将运动传给进给箱。

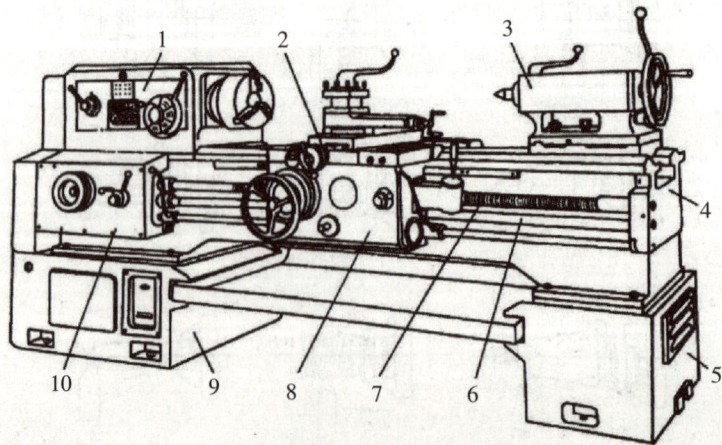

1.主轴箱　2.刀架　3.尾架　4.床身　5、9.床腿　6.光杠　7.丝杠　8.溜板箱　10.进给箱

（a）CA6140型卧式车床结构图

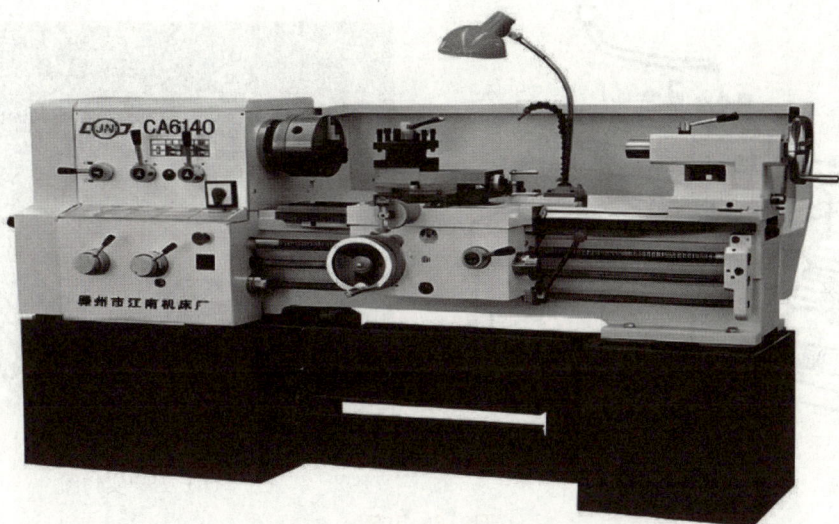

（b）CA6140型卧式车床实物图

图2-5 CA6140型卧式车床

【提示】主轴箱中的主轴是车床的关键零件，它支承在滚动轴承上，切削时承受切削力。主轴在轴承上运转的平稳性直接影响工件的加工质量，所以要求主轴及其轴承应有很高的精度和刚性，一旦由于各种原因降低了车床主轴的旋转精度，则机床的使用价值就会降低。

②进给箱。进给箱又称走刀箱。它固定在床身左前侧，是为了适应不同的加工情况，合理地选择进给量或指定的螺距而设置的。

【提示】进给箱中装有进给运动的变速机构，调整其变速，可得到所需的进给量或螺距，通过光杠或丝杠将运动传至刀架以进行切削。

③丝杠与光杠。丝杠与光杠装在床身前侧，用以联接进给箱与溜板箱，并把进给箱的运动和动力传给溜板箱，使溜板箱获得纵向直线运动。

【提示】丝杠是专门用来车削各种螺纹而设置的，在进行工件的其他表面车削时，只用光杠，不用丝杠。

④溜板箱。溜板箱装在床身的前侧面，上面装有溜板。溜板箱实际上是车床进给运动的操纵箱，其内装有将丝杠和光杠的旋转运动变成刀架直线运动的机构，通过光杠传动实现刀架的纵向进给运动、横向进给运动和快速移动，通过丝杠带动刀架上的车刀做纵向直线移动，以便车削螺纹。

⑤刀架。如图2-6所示，刀架是用来装夹车刀并使其做纵向、横向或斜向进给运动的。刀架分为三层，最下层与溜板箱用螺钉紧固在一起，称为纵溜板。它可在床身导轨上做纵向移动。第二层为横溜板，它可沿着纵溜板上的导轨，做垂直于床身导轨的横向移动。第三层上装有转盘，用螺栓与横溜板紧固，当松开螺母后，它可以在水平面内旋转任意角度。转盘上面装有小溜板，它可沿转盘上面的导轨做短距离移动。小溜板上面装有方刀架，车刀借螺钉夹紧在方刀架上，最多可同时安装四把车刀。换刀时，松开手柄即可转动方刀架，把所需要的车刀转到工作位置上。

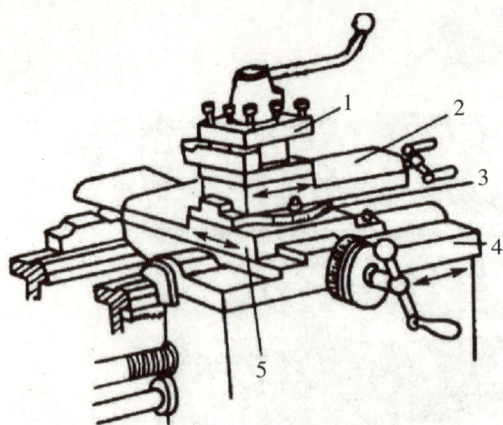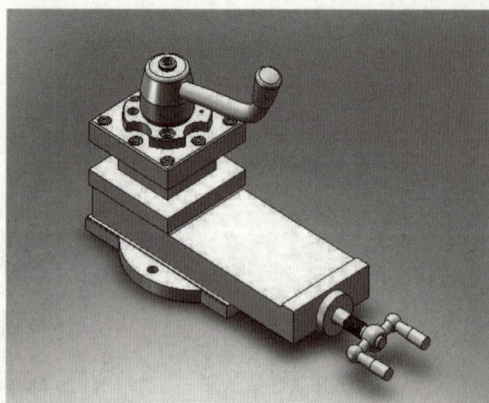

1.方刀架　2.小溜板　3.转盘　4.纵溜板　5.横溜板

（a）刀架结构图　　　　　　　　　（b）刀架实物图

图2-6　刀架

【提示】工作时必须旋紧手柄把方刀架固定住。

⑥尾架。尾架又称尾座，它安装在床身右端导轨面上，其位置可以根据加工时的需要进行调节。它的主要用途是在加工细长工件时，在尾架内安装顶尖来支承工件的一端，若把顶尖拿掉，装上钻头或铰刀等孔加工工具，可实现车床上钻孔、扩孔、铰孔和攻螺纹等加工。

⑦床身。床身装在左右床腿上，共同构成了车床的基础，用以支承车床上的三箱（主轴箱、进给箱、溜板箱），二杠（光杠、丝杠），二架（刀架、尾架）。机床的左床腿内装有润滑油箱及驱动电机，右床腿内装有冷却液箱及冷却液泵。

（3）CA6140型普通车床的技术规格。机床的技术规格是反映不同品种、不同类别机床的工作性能的技术资料，是选择机床的重要参考依据。一般机床的技术规格由五部分组成。

①技术参数。其主要是反映机床加工能力的参数，包括主参数和第二主参数。

②机床工作速度级数及调整范围。其指的是机床主运动和进给运动的速度级数及调整范围，包括机床主轴和刀架（或工作台）的工作运动速度级数及调整范围。

③机床主电机功率。其指机床动力部分功率。

④机床外形尺寸。其指的是机床有关运动部件处于中间位置部分的长、宽、高的外形轮廓尺寸，不包括独立的电气柜、液压油箱及特殊附件等的机床最大轮廓尺寸。

⑤机床的重量。其指的是机床的总重量，但不包括独立的电气柜、液压油箱及特殊附件的重量。

CA6140型普通车床的技术规格见表2-6。

2.其他车床

（1）立式车床。

立式车床主要用于加工直径大、长度短的大型和重型工件的外圆柱面、端面、圆锥面、圆柱孔或圆锥孔等，也可借助辅助装置完成车螺纹、车球面、仿形、铣削和磨削等加工。

与卧式车床相比，立式车床的主要特征是主轴是直立的，工作台台面处于水平平面内，工件装夹在由主轴带动做旋转运动的大工作台上。由于工件装在水平工作台上，所以装夹工件比较方便。

表2-6　　　　　　　　　　　　CA6140型普通车床的主要技术规格

序号	项　目	规　格
1	床身上最大工件回转直径	400毫米
	中心高	205毫米
	最大工件长度	750毫米、1 000毫米、1 500毫米、2 000毫米
	主轴内孔直径	48毫米
	主轴前端锥度	莫氏6号
2	主轴转速正转24级	10~1 400转/分
	主轴转速反转12级	14~1 580转/分
	进给量纵向（64级）	0.028毫米~6.33毫米/转
	进给量横向（64级）	0.014毫米~3.16毫米/转
	溜板及刀架纵向快移速度	4米/分
3	主电动机功率	7.5千瓦
	溜板快移电动机功率	0.37千瓦
4	机床轮廓尺寸（长×宽×高，工件长度为1 000毫米时）	2 668毫米×1 000毫米×1 267毫米
5	机床重量（工件长度为1 000毫米时）	2 070千克

【提示】工件的质量和切削力由工作台和底座间的回转导轨承受，减轻了主轴及其轴承的负荷，工作平稳性好，较易保证加工精度，可较长时间保证车床的工作精度。

【提示】立式车床的工作运动：工件装在工作台上，由主轴带动做主运动，进给运动由垂直刀架和侧刀架来实现。

立式车床分单柱式和双柱式两类，如图2-7所示。单柱式立式车床的加工直径较小（最大直径小于1 600mm）；双柱式立式车床加工直径较大（最大的加工直径超过2 500mm），可装夹80吨重的重型工件。

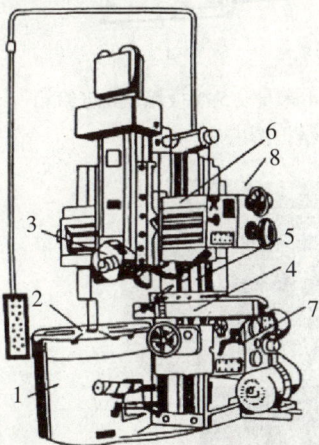

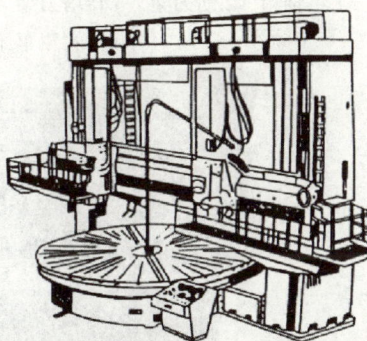

（c）单柱式立式车床结构图　　　　（d）双柱式立式车床结构图
1.底座　2.工作台　3.垂直刀架　4.侧刀架　5.立柱　6.横梁　7.侧刀架进给箱　8.垂直刀架进给箱

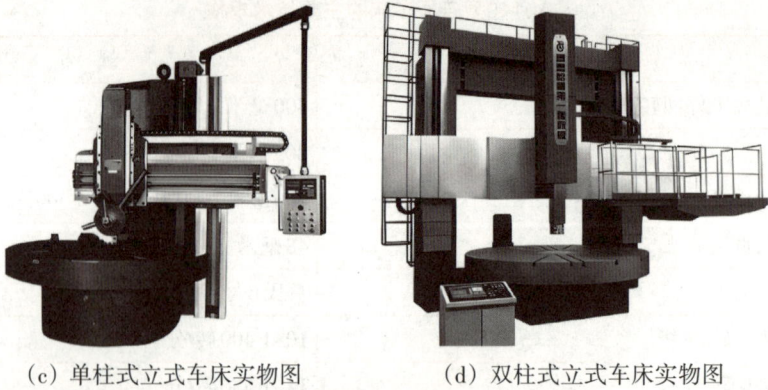

（c）单柱式立式车床实物图　　　（d）双柱式立式车床实物图

图2-7　立式车床

　　立式车床的主要特点是：工作台在水平面内，工件的安装调整比较方便，而且安全；工作台由导轨支承，刚性好，切削平稳，主轴的受力情况好；有多个刀架，可用多刀切削，并能快速换刀，立式车床的加工精度可达IT8~IT7，表面粗糙度 R_a 值可达 $1.6\mu m$~$0.8\mu m$。立式车床的主参数为最大车削直径D。

　　（2）六角车床。

　　六角车床又称回轮、转塔车床，如图2-8所示。六角车床适用于加工成批的轴、套、台阶轴等工件。

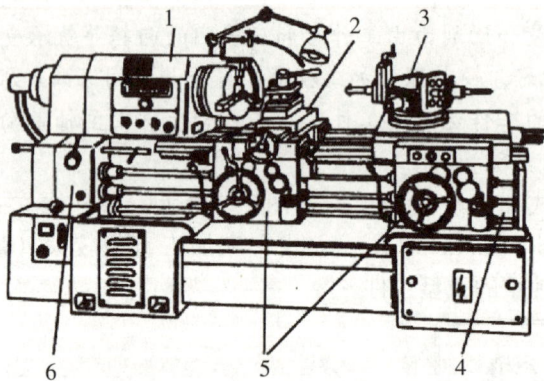

1.主轴箱　2.前刀架　3.转塔刀架　4.床身　5.溜板箱　6.进给箱

（a）六角车床结构图

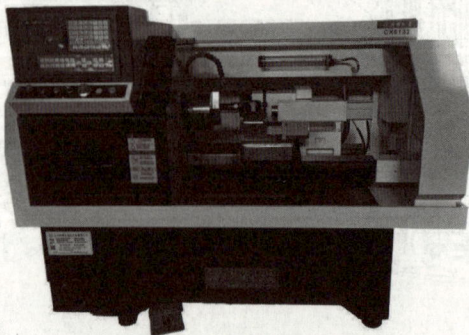

（b）六角车床实物图

图2-8　六角车床

　　六角车床与普通车床相似，它由床身、主轴箱和溜板箱等组成，不同的是它没有丝杠和尾架，而是装一个转塔刀架。

　　转塔刀架上可以装夹六把（组）刀具或刀排，既能加工孔又能加工外圆和螺纹。这些刀具按零件加工顺序安装，转塔刀架每回转60°便换一把（组）刀具，亦可用四方刀架上安装的刀具进行切削。

　　这种机床弥补了普通车床安装刀具较少的缺点，在加工形状复杂的工件时，尤其是孔加工，需用多把刀具顺次进行切削，普通车床则需经常装卸刀具，影响车床的生产效率，在六角车床上，可以根据工件的加工工艺规程预先将所用的全部刀具依次安装在车床上，并调整其位置尺寸，每组刀具的行程终点位置可由机床床身上的挡块加以控制。机床调整完毕后，加工每个工件时，不必再反复地装卸刀具、调整刀具位置及测量工件尺寸。六角车床操作方便迅速，可节约辅助时间，生产率较高。

　　根据六角车床六角刀架形式的不同，六角车床可分为两大类：六角刀架绕垂直轴线旋转（即转塔刀架）的车床，称为立式转塔车床；刀架绕水平轴旋转的称为回轮车床（如图2-9所示）。

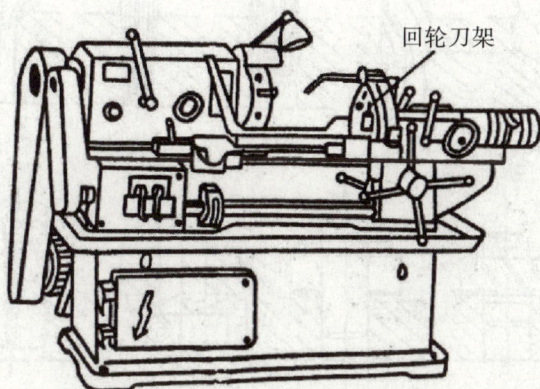

（a）回轮车床结构图

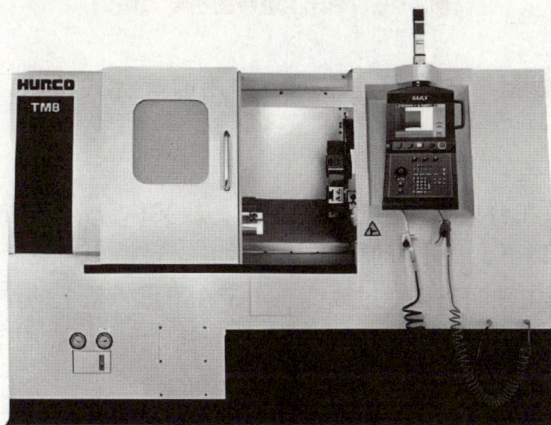

（b）数控回轮车床

图2-9　回轮车床结构图和数控回轮车床

微课

车床的工作
原理及组成

二、钻床

(一)钻床的工作原理及工作运动

钻床主要是用钻头在工件上加工孔的机床,通常,钻头旋转为主运动,钻头轴向移动为进给运动。无论哪种钻床,它们共同的特点是工件固定不动,刀具做旋转运动,并沿主轴方向进给,操作可以手动,也可机动。

【提示】孔加工的常用方法是用钻头钻孔、用扩孔钻扩孔、用铰刀铰孔和用镗刀镗孔。

(二)钻床的加工范围及加工精度

在钻床上可以进行钻孔、扩孔、铰孔、攻丝、锪孔和锪凸台等,如图2-10所示。钻孔的加工精度可达IT12,表面粗糙度 R_a 值可达 $12.5\mu m$。钻床的主参数是最大钻孔直径。

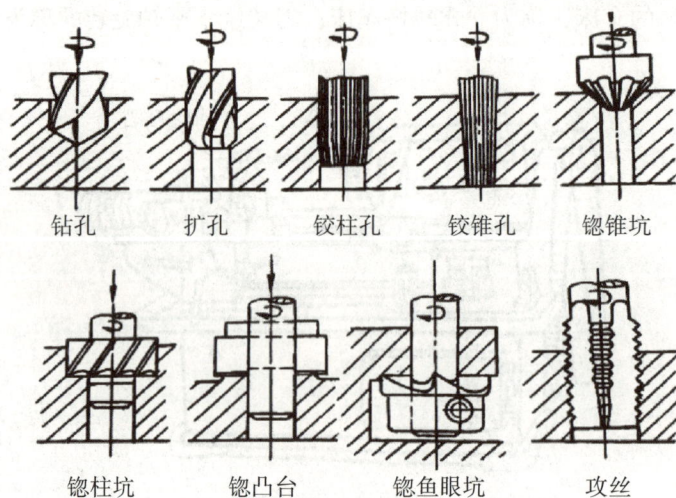

| 钻孔 | 扩孔 | 铰柱孔 | 铰锥孔 | 锪锥坑 |

| 锪柱坑 | 锪凸台 | 锪鱼眼坑 | 攻丝 |

图2-10 钻床上进行的主要工作

(三)钻床的分类

钻床种类很多,根据结构和用途不同,常用的有台式钻床、立式钻床和摇臂钻床等。

1.台式钻床

台式钻床是一种放在台桌上使用的小型钻床,故又称台钻,如图2-11所示。台钻的钻孔直径一般在13mm以下,最小可加工0.1mm的孔。台钻小巧灵活,使用方便,是钻小直径孔的主要设备,其主轴变速是通过改变三角带在塔形带轮上的位置来实现的。主轴进给是手动的,为适应不同工件尺寸的要求,在松开锁紧手柄后,主轴架可以沿立柱上下移动。

2.立式钻床

立式钻床的组成如图2-12所示,它由主轴、主轴变速箱、进给箱、立柱、工作台和底座等部件组成。主轴变速箱和进给箱的传动由电动机经带轮传动,通过主轴变速箱使主轴旋转,并获得需要的各种转速。一般钻小孔时,选用较高转速;钻大孔时,转速较低。

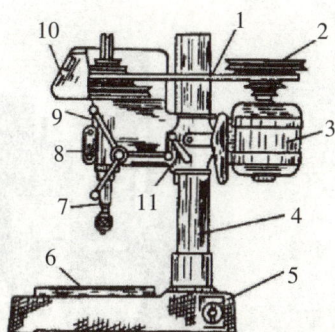

1.三角胶带 2.塔形带轮 3.电动机 4.立柱 5.底座 6.工作台 7.主轴
8.主轴架 9.钻头进给手柄 10.带罩 11.锁紧手柄

(a) 台式钻床结构图   (b) 台式钻床实物图

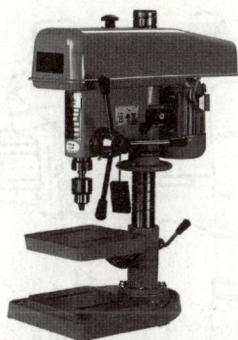

图2-11 台式钻床

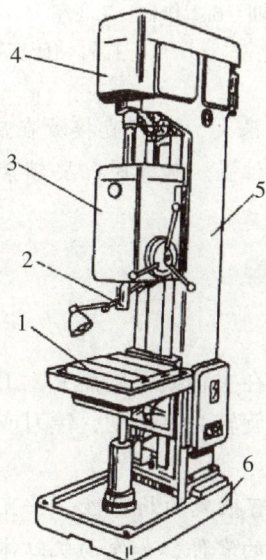

1.工作台 2.主轴 3.进给箱 4.主轴变速箱 5.立柱 6.底座

(a) 立式钻床结构图   (b) 立式钻床实物图

图2-12 立式钻床

　　主轴在主轴套筒内做旋转运动，同时通过进给箱，驱动主轴套筒做直线运动，从而使主轴一边旋转，一边随主轴套筒按所选的进给量，自动做轴向进给；也可利用手柄实现手动轴向进给。进给箱和工作台可沿立柱上的导轨调整上下位置，以适应不同高度工件的加工。

　　【提示】立式钻床的主轴不能在垂直其轴线的平面内移动，钻孔时要使钻头与工件孔的中心重合，就必须移动工件。因此，立式钻床只适用于加工中小型工件。

3.摇臂钻床

　　摇臂钻床与立式钻床比较，适用于加工大型工件和多孔工件，如图2-13所示。摇臂钻床有一个能绕立柱做360°回转的摇臂，其上装有主轴箱，主轴箱还可沿摇臂的水平导轨移动。摇臂钻床由于具备上述两种运动，故可将主轴调整到机床加工范围内的任何一个位置。

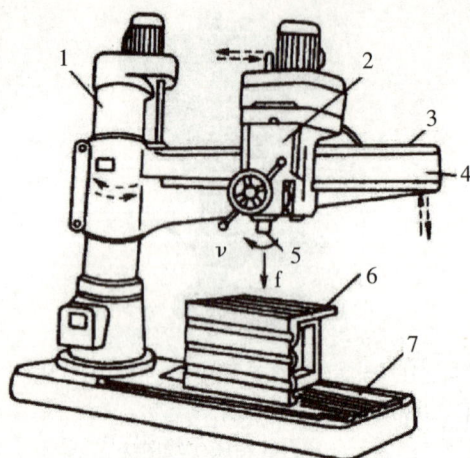

→进给运动　⇢直线调整　↶旋转运动　↷旋转调整

1.立柱　2.主轴箱　3.水平导轨　4.摇臂　5.主轴　6.工作台　7.底座

(a)摇臂钻床结构图　　　　　　　　　　(b)摇臂钻床实物图

图2-13　摇臂钻床

【提示】工件通常安装在工作台上加工，如果工件很大，也可直接放在底座上加工。根据工件高度不同，摇臂可沿立柱上下移动来调整加工位置。加工时，要锁紧摇臂及主轴箱，以免加工中由于振动而影响零件加工质量。

三、镗床

(一)镗床的工作原理及工作运动

镗床主要是用镗刀在工件上镗孔的机床，镗刀安装在主轴或平旋盘上，工件固定在工作台上，可以随工作台做纵向或横向运动。通常，镗刀旋转为主运动，镗刀或工件的移动为进给运动。

【提示】在钻床上虽然可以进行零件的孔加工，但有很大的局限性，并且加工精度和表面质量不高。特别是对于一些箱体类零件和形状复杂的零件，如发动机缸体、机床变速箱等上面孔数较多，孔径较大，精度要求较高。这类孔系的加工如要在一般机床上完成是比较困难的，而用镗床加工则比较容易。

(二)镗床的加工范围

在镗床上不仅可以镗孔，还可铣平面、沟槽、钻孔、扩孔、铰孔和车端面、车外圆、车内外环形槽以及车螺纹等，如图2-14所示。

(三)镗床的分类

由于镗床的万能性较强，它甚至能完成工件的全部加工，因此镗床是大型箱体零件加工的主要设备，按照结构和用途的不同，镗床可分为深孔镗床，坐标镗床，立式镗床，卧式镗床，金刚镗床和汽车、拖拉机修理用镗床六种。

1.卧式镗床

卧式镗床是镗床类机床中应用最广泛的一种机床。加工时，刀具装在主轴或平旋盘上，由主轴箱获得各种转速和进给量。主轴箱可沿立柱上的导轨上下移动。工件安装在工作台上，可与工作台一起随下滑座或上滑座做纵向或横向移动，并可随工作台一起绕工作

（a）镗孔　　　　　　（b）镗大孔　　　　　　（c）车端面

（d）铣平面　　　　　（c）钻孔　　　　　　（f）车螺纹

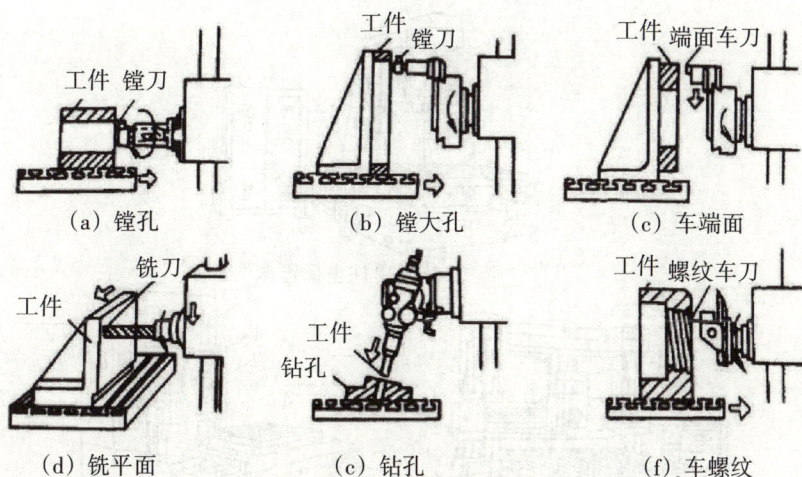

图2-14 镗床加工范围

台下面的圆形导轨旋转至所需要的角度，以便加工成一定角度的孔或平面。

【提示】由于镗床运动部件很多，为了保证工作可靠性和加工精度，各运动部件都设有夹紧机构。

卧式镗床由主轴和平旋盘、工作台、主轴箱、前立柱、机身、后立柱、尾架等几部分组成。它主要加工孔，特别是箱体零件上的许多大孔、同心孔和平行孔等。用镗孔方法很容易保证这些孔的尺寸精度和位置精度，镗孔精度可达IT7，表面粗糙度 R_a 值为1.6μm~0.8μm。卧式镗床的主参数为主轴直径。常见的卧式镗床如图2-15所示。

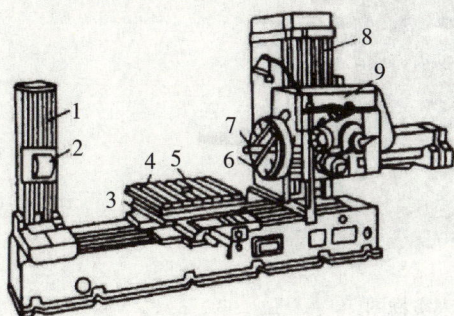

1.后立柱　2.尾架　3.下滑座　4.上滑座　5.工作台　6.平旋盘　7.主轴　8.前立柱　9.主轴箱

（a）卧式镗床结构图　　　　　　　　　　（b）卧式镗床实物图

图2-15 卧式镗床

2.坐标镗床

坐标镗床的结构特点是具有坐标位置的精密测量装置，机床本身制造精度很高，并要在恒温条件下装配和使用，所以它主要用于镗削精密孔，此外还可以进行钻孔、扩孔、铰孔、刮端面、切槽、精铣平面以及精密刻度、样板的精密刻线等工作，并可当作测量设备检验其他机床加工工件的坐标尺寸。

坐标镗床按总体布局不同分为单柱坐标镗床、双柱坐标镗床和卧式坐标镗床，如图2-16所示。

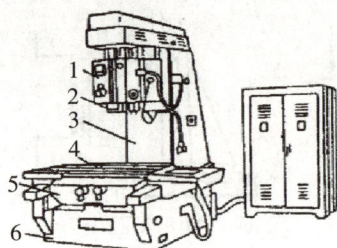

（a）单柱坐标镗床

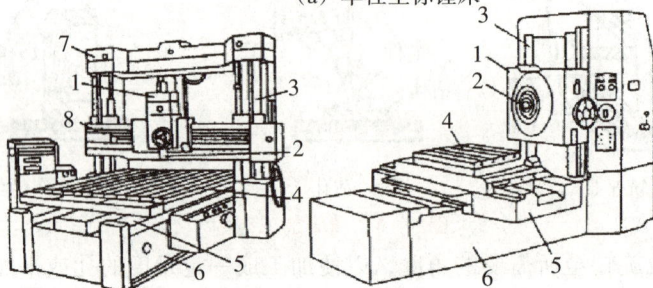

（b）双柱坐标镗床　　　（c）卧式坐标镗床

1.主轴箱　2.主轴　3.立柱　4.工作台　5.滑座　6.床身　7.顶梁　8.横梁

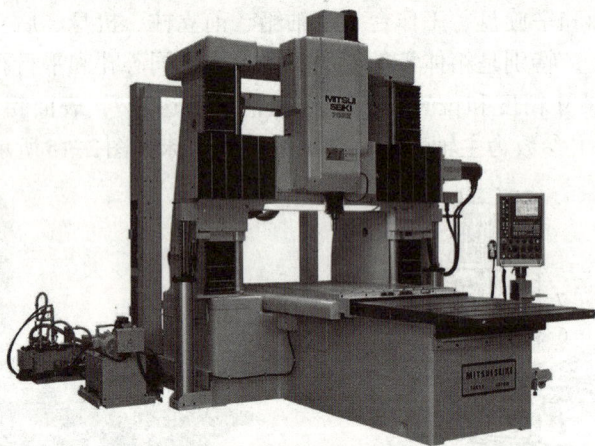

（d）双柱坐标镗床实物图

图2-16　坐标镗床

坐标镗床具有以下几个特点：结构刚性好，能在实体工件上钻、镗精密孔；主轴转速高，进给量小；设有纵、横向可移动的工作台，它们的微调整量可达1μm，并有精确坐标测量系统，所以适用于加工孔距误差小的孔系。

知识链接

坐标镗床的分类

3.金刚镗床

金刚镗床是一种高速镗床，因以前采用金刚石镗刀而得名，其特点是以很小的进给量和很高的切削速度进行加工，因而加工出的工件具有较高的尺寸精度（IT6），表面粗糙度R_a可达0.2μm。金刚镗床有卧式和立式、单轴和多轴之分，如图2-17所示为卧式双面金刚镗床示意图。卧式金刚镗床的主参数是工作台面宽度；立式金刚镗床的主参数是最大镗孔直径。

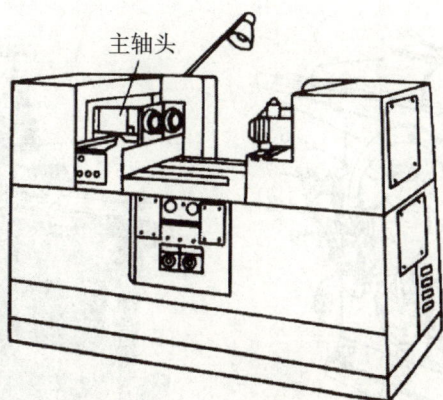

图2-17 卧式双面金刚镗床

四、刨床

（一）刨床的工作原理及工作运动

在刨床上加工平面是由刀具或工件做往复直线的主运动，由工件和刀具做垂直于主运动方向的间歇进给运动来完成的。

【提示】平面是组成零件的主要表面之一，加工平面的方法多种多样。在车床上加工平面是由工件做旋转的主运动，由刀具做横向的进给运动来完成的。

（二）刨床的加工范围

刨床主要加工非旋转体，如板类、箱体类及机座等平面，此外在刨床上还可加工斜面沟槽等，如图2-18所示。

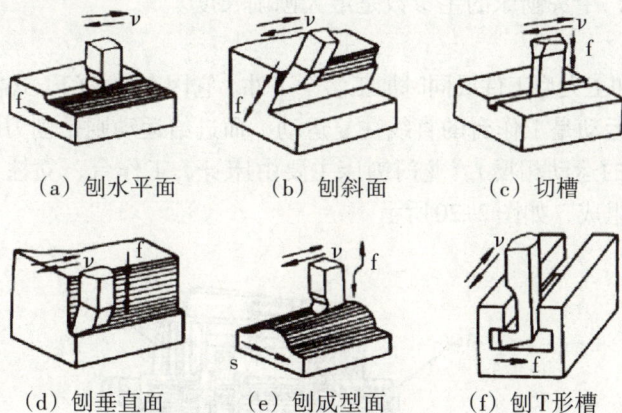

(a) 刨水平面　　(b) 刨斜面　　(c) 切槽

(d) 刨垂直面　　(e) 刨成型面　　(f) 刨T形槽

图2-18 刨床加工范围

【提示】车床主要加工旋转体，如轴类、盘类等零件的端面及台阶等平面。

（三）刨床的分类

常用的刨床有：牛头刨床、龙门刨床和单臂刨床。

1.牛头刨床

牛头刨床是刨削类机床中应用较为广泛的一种，因其滑枕、刀架形似牛头而得名。牛头刨床主要由床身、滑枕、刀架、工作台、滑板、底座等部分组成，如图2-19所示，它适用于刨削长度不超过1 000mm的中小型零件。

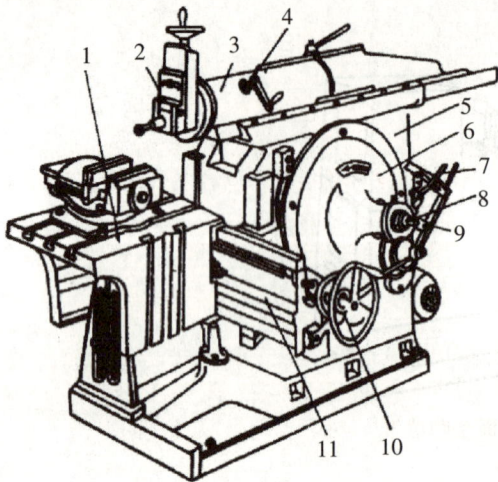

1.工作台 2.刀架 3.滑枕 4.行程位置调整手柄 5.床身 6.摆杆机构
7.变速手柄 8.行程长度 9.调整方榫 10.进给机构 11.横梁

（a）牛头刨床结构图   （b）牛头刨床实物图

图2-19 牛头刨床

工作时，滑枕在床身上的水平导轨上做往复运动（主运动），工作台在横梁的导轨上做水平横向的间歇进给运动，横梁和工作台一起可沿床身的垂直导轨运动，以适应对不同厚度工件的加工，调整切削深度，刨垂直面时的垂直进给则靠刀架的移动来实现。

牛头刨床调整方便，但由于是单刃切削，而且切削速度慢，回程时不工作，所以生产率低，适用于单件小批量生产。刨削精度一般为IT9~IT7，表面粗糙度 R_a 值为 $6.3\mu m \sim 3.2\mu m$，牛头刨床的主参数是最大刨削长度。

2.龙门刨床

龙门刨床主要加工大型工件或同时加工多个工件。它因有"龙门"式框架结构而得名。

龙门刨床的主运动是工作台的直线往复运动，而进给运动则是刨刀的横向或垂直间歇运动（与牛头刨床的运动相反）。龙门刨床主要由床身、工作台、立柱、顶梁、横梁、垂直刀架、侧刀架等组成，如图2-20所示。

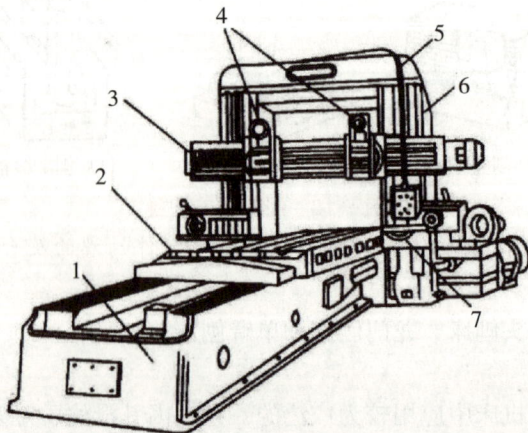

1.床身 2.工作台 3.横梁 4.垂直刀架 5.顶梁 6.立柱 7.侧刀架
（a）龙门刨床结构图

（b）龙门刨床实物图

图2-20 龙门刨床

【提示】龙门刨床和牛头刨床相比，从结构上看，龙门刨床形体大、结构复杂、刚性好。

龙门刨床主要用来加工大平面，尤其是长而窄的平面，一般龙门刨床可刨削的工件宽度达1m，长度在3m以上，还可用来加工沟槽。应用龙门刨床进行精刨，可得到较高的尺寸精度和良好的表面粗糙度。龙门刨床的主参数是工作台宽度。

知识链接

龙门刨床工作台的往复运动程序

五、插床

（一）插床的工作原理及工作运动

插床实际上是一种立式刨床，如图2-21所示。插床在结构原理上与牛头刨床同属一类。在插床上加工工件，插刀随滑枕在垂直方向上的直线往复运动是主运动，工件沿纵向、横向及圆周三个方向分别所做的间歇运动是进给运动。

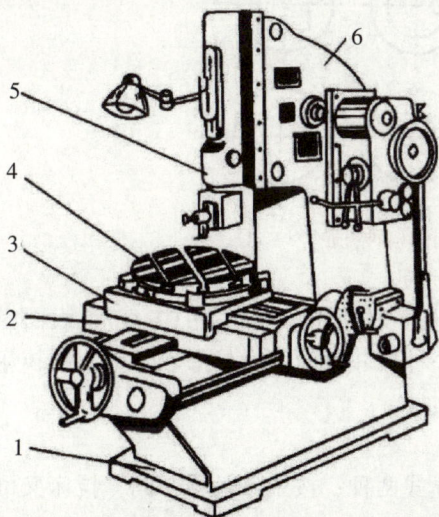

1.床身 2.下滑座 3.上滑座 4.圆工作台 5.滑枕 6.立柱

（a）插床结构图   （b）插床实物图

图2-21 插床

插床主要由床身、下滑座、上滑座、工作台、滑枕和立柱等组成。

（二）插床的加工范围及加工精度

插床的主要用途是加工工件的内部表面，如方孔、长方孔、各种多边形孔和内键槽等，生产效率较低。加工表面粗糙度 R_a 值为 $6.3\mu m \sim 1.6\mu m$，加工面的垂直度为 $0.025/300mm$。插床的主参数是最大插削长度。

六、拉床

（一）拉床的工作原理及工作运动

拉床是用拉刀加工工件各种内、外成型表面的机床，拉削时机床只有拉刀的直线移动，它是加工过程的主运动。进给运动则靠拉刀本身的结构来实现。拉刀是由许多刀齿组成的，后面刀齿比前面一个刀齿高出一个齿升量 S_z，加工中每个刀齿依次切去一层很薄的金属，当全部刀齿通过工件后，即可完成工件的加工。拉床一般都是液压传动，又因为它只有主运动，所以结构比较简单。

拉床床身上装有液压驱动系统，活塞拉杆的一端装有随动支架和刀架，用来夹持活塞杆和拉刀，工件靠在床身的支撑上，当活塞拉杆向左做直线运动时，带动拉刀完成零件的加工。拉刀的运动速度和行程都可调节。

【提示】液压拉床的优点是运动平稳，无冲击振动，拉削速度可无级调节，拉力可通过液压系统压力来控制。

（二）拉床的加工范围及加工精度

拉床可以加工各种孔（内拉），也可以加工平面、半圆弧面以及一些不规则表面（外拉）。拉削孔径一般为 $10mm \sim 100mm$，孔的深度一般不超过孔径的 $3 \sim 5$ 倍。图2-22列出了适合拉削的各种孔形。

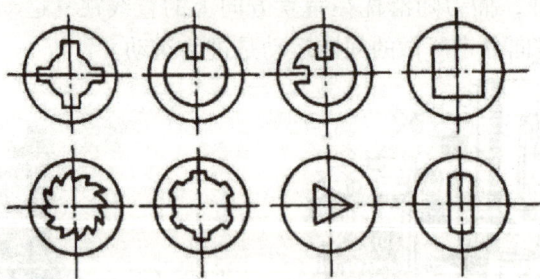

图2-22　适合拉削的各种孔形

【提示】拉床不能加工台阶孔、不通孔和特大孔。

用拉床进行拉削加工时，生产率高，加工质量好，加工精度为IT9~IT7，表面粗糙度 R_a 为 $1.6\mu m \sim 0.8\mu m$。但由于一把拉刀只能加工一种尺寸表面，且拉刀较昂贵，故拉床主要用于大批量生产。拉床的主参数是额定拉力。

（三）拉床的分类

按照结构形式的不同，拉床可分为卧式和立式两种；按工作性质不同，拉床又可分为内拉床和外拉床。

所谓内拉床是用各种内表面拉刀拉削内表面的拉床；所谓外拉床是用外表面拉刀拉削外表面的拉床。图2-23为卧式拉床示意图。

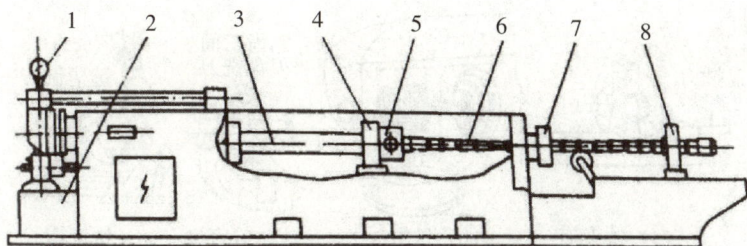

1.压力表　2.液压部件　3.活塞拉杆　4.随动支架　5.刀架　6.拉刀　7.工件　8.随动刀架

（a）卧式拉床结构图

（b）卧式拉床实物图

图2-23　卧式拉床示意图

七、铣床

（一）铣床的工作原理及工作运动

铣床是利用铣刀在工件上加工各种表面的机床。铣刀旋转为主运动，工件或（和）铣刀的移动为进给运动。

用铣床进行铣削加工具有以下特点：铣刀是一种多齿刀具，铣削时，几个刀齿同时参加铣削，铣刀上的每个刀齿都是间歇地参加工作的，因而使得刀齿冷却条件好，刀具耐用度高，切削速度也可以提高，所以有较高的生产率。因此，在单件小批和成批大量生产中，铣削都得到了广泛的应用。

（二）铣床的加工范围及加工精度

铣床的加工范围很广，可以加工水平面、垂直面、斜面、各种沟槽或成型面，如果再配备一些附件（如分度头）还可加工螺旋槽、凸轮等，如图2-24所示。铣床的加工范围与刨床相近，但比刨床加工范围广，因此在很大程度上取代了刨床。

铣床加工精度为IT9~IT7，表面粗糙度R_a能达到$6.3\mu m \sim 1.6\mu m$。

（三）铣床的分类

铣床的种类很多，主要类型有：卧式铣床、立式铣床、圆工作台及工作台不升降铣床、龙门铣床及双柱铣床、工具铣床等。

(a) 铣平面　　(b) 铣方头　　(c) 铣直槽　　(d) 铣键槽

(e) 铣成型面　　(f) 铣螺旋槽　　(g) 铣齿轮　　(h) 切断

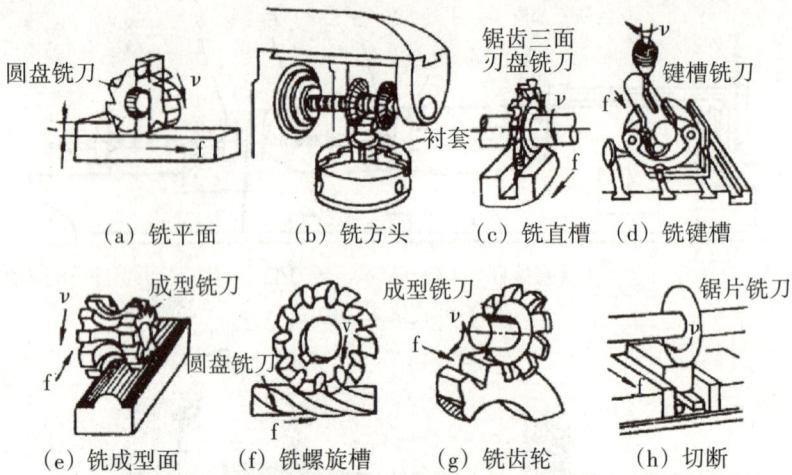

图2-24　铣床加工范围

1.卧式铣床

卧式铣床是铣床中应用最多的一种，其外形如图2-25所示，它的特点是主轴为水平布置。卧式万能铣床由床身、横梁、主轴、升降台、横向溜板、转台（没有转台的铣床叫卧式铣床）、工作台组成。

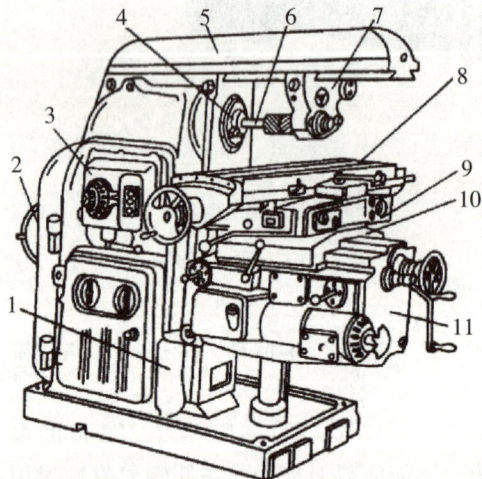

1.床身　2.电动机　3.主轴变速机构　4.主轴　5.横梁　6.刀杆
7.吊架　8.工作台　9.转台　10.横向溜板　11.升降台

（a）卧式铣床结构图　　　　　　　　　　（b）卧式铣床实物图

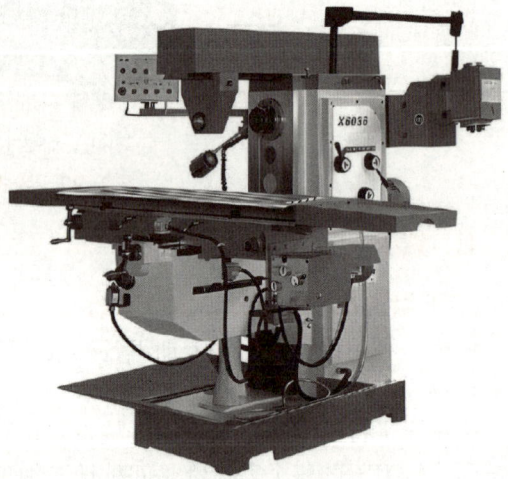

图2-25　卧式铣床

加工时，工件安装在工作台上，铣刀装在主轴上，铣刀旋转为主运动，工件随工作台做纵向或横向进给运动，升降台沿床身导轨升降使工件做垂直方向运动。

卧式铣床用途较广，若安装上立铣头附件也能当作立式铣床使用。卧式铣床的主参数为工作台面宽度。

2.立式铣床

立式铣床与卧式铣床比较，其主要区别是主轴垂直布置，如图2-26所示。

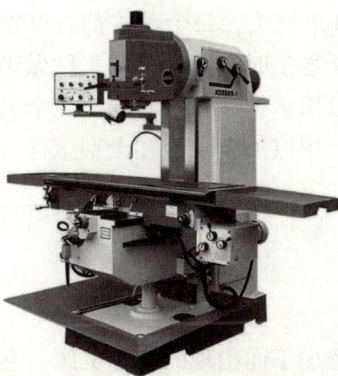

图2-26 立式铣床

立式铣床安装主轴的部分称为铣头，铣头与床身连成整体的称为整体立式铣床，其主要特点是刚性好；铣头与床身分为两部分，中间靠转盘相连的称为回转式立式铣床。其主要特点是根据加工需要，可将铣头主轴相对于工作台台面扳转一定的角度，使用灵活方便，应用较为广泛。立式铣床的其他部分结构与卧式铣床基本相同，其工作原理与卧式铣床也相同。

立式铣床适合于加工较大平面及利用各种带柄铣刀加工沟槽及台阶平面，生产率要比卧式铣床高。立式铣床的主参数为工作台面宽度。

3.龙门铣床

龙门铣床与龙门刨床的外形相似，其区别在于它的横梁和立柱上装的不是刨刀架，而是带有主轴箱的铣刀架，并且龙门铣床的纵向工作台的往复运动不是主运动，而是进给运动；而铣刀的旋转运动是主运动。龙门铣床的外形如图2-27所示。

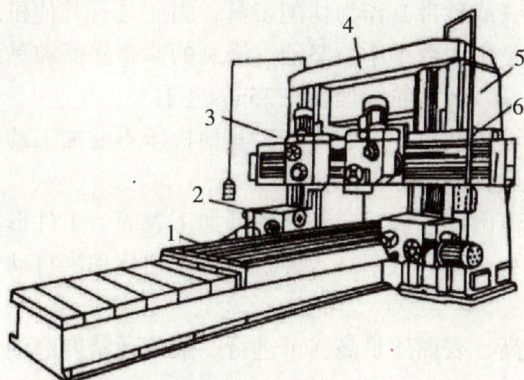

1.工作台 2.水平主轴铣头 3.垂直主轴铣头 4.顶梁 5.立柱 6.横梁

（a）龙门铣床结构图

（b）龙门铣床实物图

图2-27 龙门铣床

常用的龙门铣床一般有3~4个铣头，每个铣头都有单独的驱动电动机变速机构、传动机构、操纵机构和主轴等部分。加工时工作台带动工件做纵向进给运动，横梁可沿立柱导轨上下移动。在龙门铣床上可以用多把铣刀同时加工几个表面。所以龙门铣床的生产率比较高，适用于成批和单件生产，用以加工中型和大型工件。龙门铣床的主参数为工作台面宽度。

八、磨床

（一）磨床的工作原理及工作运动

磨床是为了适应工件的精密加工而出现的一种机床，它是精密加工机床的一种，通常磨具旋转为主运动，工件的旋转与移动或磨具的移动为进给运动。

常用的磨具有砂轮、砂带、油石、研磨料等。磨料有氧化铝、碳化硅等磨粒。通常把使用砂轮加工的机床称为磨床，如外圆磨床、平面磨床；把用油石、研磨料作为切削工具的机床称为"精磨机床"（超精加工机床、抛光机等）。

【提示】车床、钻床、刨床、铣床都是用金属刀具对工件进行车削、钻削、刨削、铣削的，而磨床是用非金属的磨具或磨料加工工件各种表面的机床。

（二）磨床的加工精度

工件经过一般（普通）磨削后的精度可达IT6，表面粗糙度 R_a 为 $0.8\mu m$~$0.2\mu m$；经精密磨削后的精度可达IT6~IT5，表面粗糙度 R_a 可达 $0.1\mu m$~$0.08\mu m$；经高精度（超精磨和镜面磨）磨削后精度可达IT5以上，表面粗糙度 R_a 可达 $0.04\mu m$~$0.01\mu m$。

（三）磨床的特点

由于磨床使用砂轮（或砂带）作为切削工具，因此具有其他机床所没有的特点：

（1）切削工具砂轮是由无数细小、坚硬、锋利的非金属磨粒黏结而成的多刃工具，并且做高速旋转的主运动（一般砂轮线速度在35m/s左右）。

（2）万能性更强、适应性更广。它能加工其他机床不能加工的材料和零件，如能磨削特硬材料和经过热处理后变硬的零件。

（3）磨床种类多、范围广，能适应磨削各种加工表面、工件形状及生产批量的要求。

（4）磨削加工余量小，生产效率高，容易实现自动化和半自动化，可广泛应用于流水线和自动线中。

（5）磨削加工精度高，表面质量高，可进行一般普通精度磨削，也可进行精密磨削和高精度磨削加工。

（四）磨床的分类

磨床的种类很多，按加工性质和用途不同可分为三类：

（1）普通磨床。主要用砂轮进行磨削加工的磨床是普通常用的磨床，如外圆磨床、内圆磨床、平面磨床等。

（2）精加工磨床。精加工磨床主要是用油石或研磨料进行精密或高精度加工用的磨床，如超精加工磨床、无心磨床、工具磨床等。

（3）专门化磨床。专门化磨床主要是专门磨削某一类零件的磨床，如曲轴磨床、花键轴磨床、叶片磨床等。

（五）外圆磨床

外圆磨床分为普通外圆磨床和万能外圆磨床，在普通外圆磨床上可磨削工件的外圆柱面和外圆锥面，在万能外圆磨床上不仅能磨削外圆柱面和外圆锥面，而且能磨内圆柱面、内圆锥面及端面。外圆磨床是由床身、工作台、头架、尾架和砂轮架以及液压操纵系统组成的，如图2-28所示。

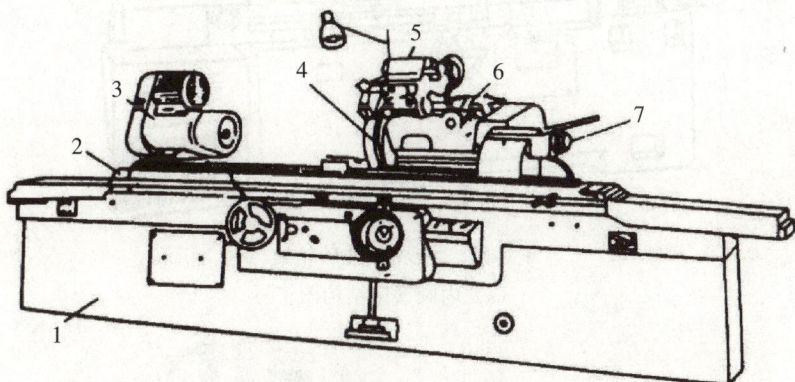

1.床身 2.工作台 3.头架 4.砂轮 5.内圆磨头 6.砂轮架 7.尾架
（a）外圆磨床结构图

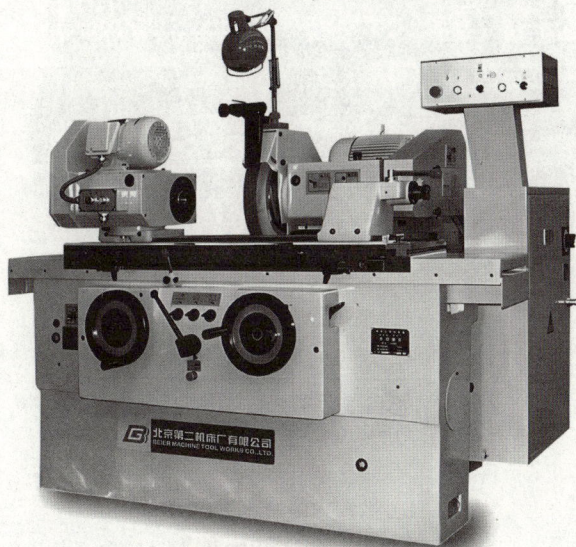

（b）外圆磨床实物图
图2-28 外圆磨床

万能外圆磨床与普通外圆磨床基本相同，所不同的是它的砂轮架上、头架上和工作台上都装有转盘，能回转一定角度，并增加了内圆磨具等附件，因此在它上面还可以磨削内圆柱面及锥度较大的内外圆锥面。外圆磨床的主参数为最大磨削直径。

（六）内圆磨床

内圆磨床主要用于磨削内圆柱面、内圆锥面及端面等，内圆磨床的主要类型有普通内圆磨床、行星式内圆磨床、坐标磨床及专门用途内圆磨床等。普通内圆磨床由床身、工作台、头架、砂轮架、滑台等组成，如图2-29所示。

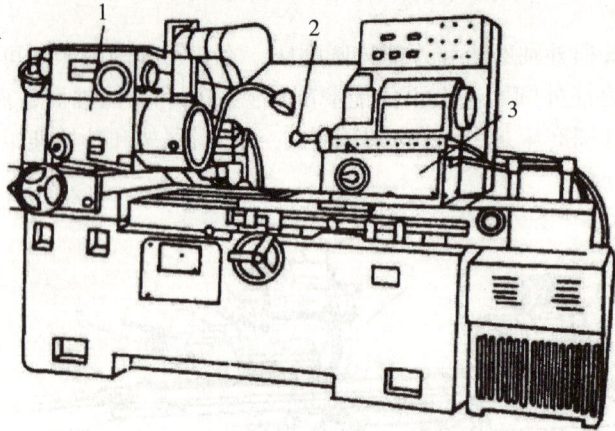

1.头架　2.砂轮　3.砂轮架
（a）内圆磨床结构图

（b）数控内圆磨床实物图
图2-29　普通内圆磨床

内圆磨床的砂轮直径受工件孔径的限制，为了达到有利磨削的线速度，其砂轮主轴转数较高，一般为1万~2万 r/min。内圆磨床的主参数为最大磨削孔径。

（七）平面磨床

平面磨床主要由床身、工作台、立柱、滑座、砂轮架等部件组成。平面磨床用于磨削工件的平面，它的工作原理与内、外圆磨床相似，工件一般安放在电磁工作台上，靠电磁吸引力吸住工件。

根据工作台形状的不同，平面磨床又可分为矩形工作台磨床和圆形工作台磨床两类，如图2-30和图2-31所示，每类又分卧轴、立轴两种形式。矩台平面磨床的主参数为工作台面宽度。圆台平面磨床的主参数为工作台面直径。

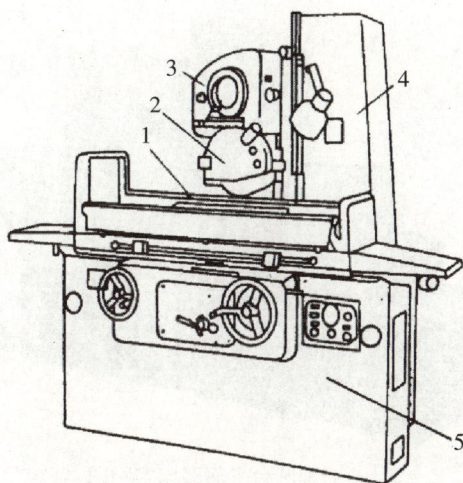

1.矩形电磁工作台　2.砂轮架　3.滑座　4.立柱　5.床身

（a）平面磨床结构图

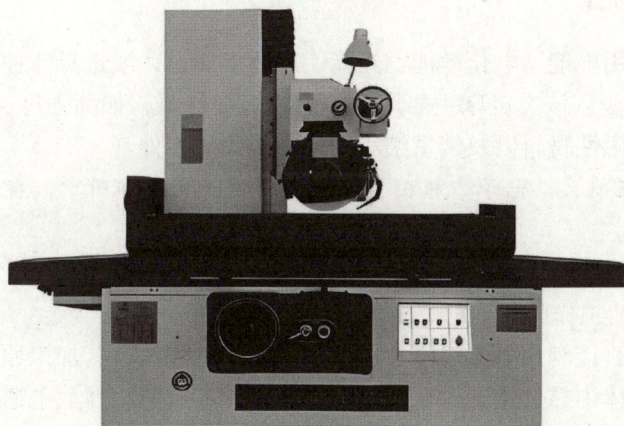

（b）平面磨床实物图

图2-30　卧轴矩台平面磨床

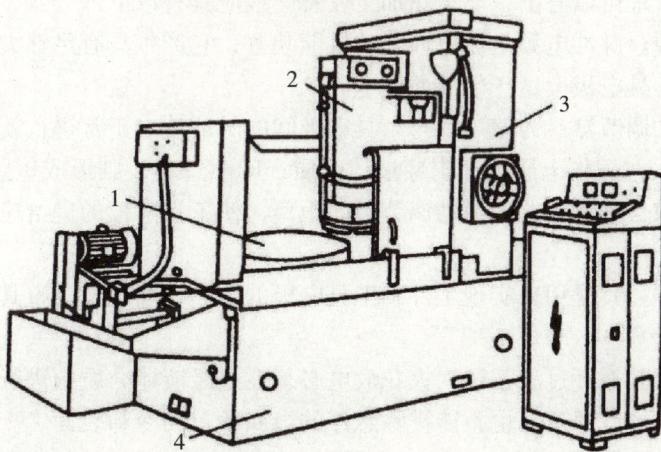

1.圆形工作台　2.砂轮架　3.立柱　4.床身

（a）立轴圆台平面磨床结构图

（b）立轴圆台平面磨床实物图

图2-31 立轴圆台平面磨床

九、特种加工机床

特种加工是利用电能、电化学能、光能、声能等能量，或选择几种能量的复合形式对材料进行加工的方法。该类机床主要用于加工难切削材料，如高强度、高韧性、高硬度、高脆性、耐高温、磁性材料以及精密细小和复杂形状的零件。

【提示】目前在航天、电子、机械、电机、电器等工业部门中，特种加工已经成为不可或缺的加工方法。

（一）电火花加工

1.电火花加工的工作原理

电火花加工是直接利用电能对零件进行加工的一种方法。其加工原理是：当工具电极与工件电极在绝缘体中靠近达到一定距离时，形成脉冲放电，在放电通道中瞬时产生大量热能，使工件局部金属熔化甚至汽化，并在放电爆炸力的作用下，把熔化的金属抛出，达到蚀除金属的目的。

由上述加工原理可以看出，电火花加工设备一般应具有以下部分：

（1）脉冲电源。脉冲电源是放电蚀除的供能装置，它产生具有足够大能量密度的电脉冲，加在工件与工具电极上，产生脉冲放电。

（2）间隙自动调节器。为使工件与工具电极间的脉冲放电正常进行就必须使其保持一定间隙。间隙过大，工作电压无法击穿液体介质；间隙过小，则形成短路，也无法放电。因此，必须用间隙自动调节器，自动调节极间距离，使工具电极的进给速度与电蚀速度相适应。

（3）机床本体。其是用来实现工件和工具电极的装夹、固定及调整其相对位置精度等的机械系统。

（4）工作液及其循环过滤系统。火花放电必须在绝缘液体介质中进行，否则，不能击穿液体介质，形成放电通道，也不能排除悬浮的金属微粒和冷却表面。

2.电火花加工的分类

电火花加工的方式很多，常见的有成型加工、穿孔加工、电火花切割加工、电火花磨削以及电火花雕刻花纹等。

（1）电火花成型加工机床。电火花成型加工机床主要由脉冲电源箱、工作液箱和机床本体组成，如图2-32所示。

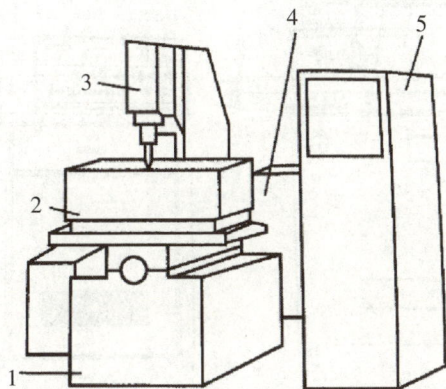

1.床身　2.工作液槽　3.主轴头　4.工作液槽　5.电源箱

（a）电火花成型加工机床结构简图

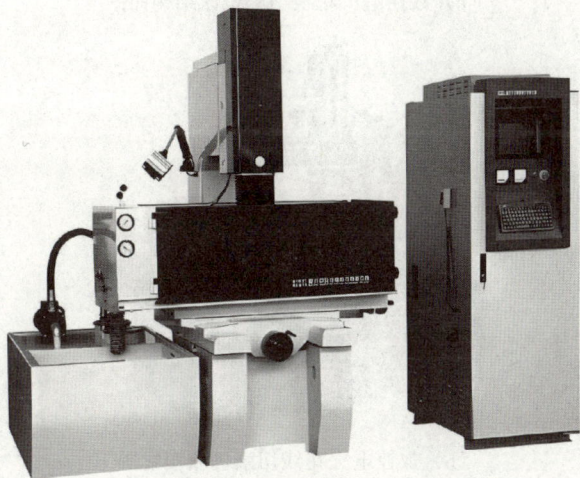

（b）电火花成型加工机床实物图

图2-32　电火花成型加工机床

① 脉冲电源箱。它是电火花加工机床的能源系统，用以供给工具电极和工件之间具有一定频率的火花放电脉冲。

② 工作液箱。它由泵、过滤器、阀等组成。泵用于输送工作液和将放电间隙中电蚀产物用强迫循环方式加以排除，并采用过滤装置净化工作液。

③ 机床本体。机床本体由主轴头、工作台、床身和立柱组成。

（2）电火花切割加工机床。电火花切割加工机床是利用一根运动着的金属丝（钼丝或硬性黄铜丝）作为工具电极，在工具电极和工件电极之间通以脉冲电流，使之产生电腐蚀，工件被切割成所需要的形状。它由机床本体、数控装置、脉冲电源和工作液循环系统四大部分组成。机床本体由床身、坐标工作台和运丝系统组成。如图2-33所示为数控电火花线切割机床图。

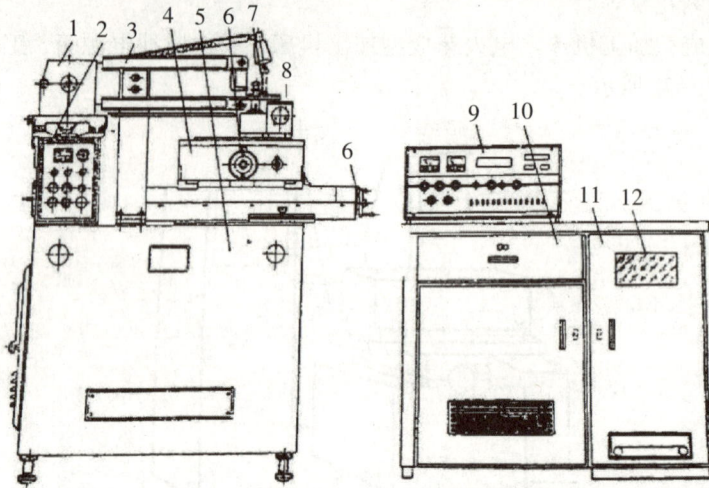

1.贮丝筒 2.按钮板 3.线架 4.工作台 5.床身 6.进给手轮 7.夹具
8.转台 9.数控装置 10.抽屉 11.机架 12.光电输入机
（a）数控电火花线切割机床结构简图

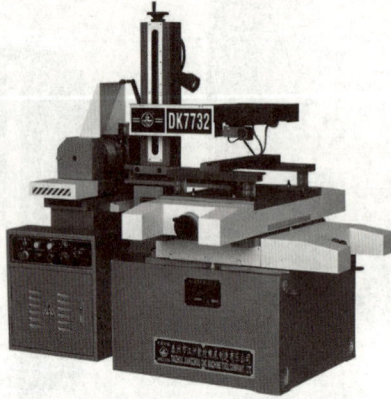

（b）数控电火花线切割机床实物图
图2-33 数控电火花线切割机床

3.电火花加工的特点

（1）可以加工任何硬、脆、韧、软、高熔点、高纯度的导电材料，如不锈钢、钛合金、淬火钢、工业纯铁等；

（2）加工时"无切削力"，有利于小孔、薄壁、窄槽及具有复杂截面零件的加工；

（3）加工中几乎不受热的影响，因此可以减少热影响层，提高加工后的工件质量；

（4）由于脉冲参数可调节，因此同一台机床可进行粗、半精、精加工；

（5）直接使用电能加工，便于实现自动化。

（二）超声波加工

1.超声波加工的工作原理

超声波加工是利用工具做超声频振动，冲击磨料进行撞击和抛磨工件，从而达到加工的目的。

在工具和工件之间加入液体磨料（水和磨料的混合物），并在工具进给方向施加一定的压力。超声换能器产生的超声频纵向振动，借助于变幅杆把振幅放大，驱使工具振动，高频振动的端面锤击工作表面的磨料，通过磨料把工件加工区域的材料粉碎成微粒，并被循环流动的液体带走，工具则逐渐伸入工件中去，工具形状便复现在工件上，如图2-34所示。

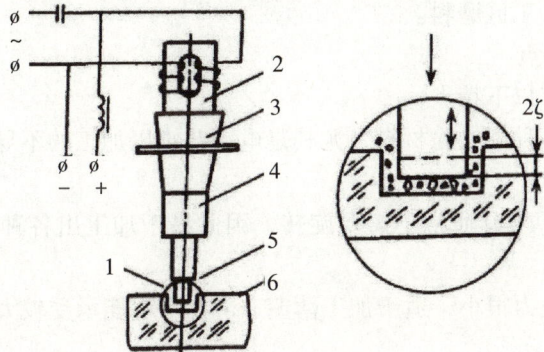

1.磨料悬浮液　2.超声换能器　3、4.变幅杆　5.工具　6.工件

图2-34　超声波加工装置

2.超声波加工机床的组成

超声波加工机床主要包括超声电源（超声发生器）、超声振动系统及加工机床本体三部分。

（1）超声电源。超声电源（超声发生器）是超声波加工的动力源，它将50Hz的交流电变为15kHz~30kHz的高频振荡（超声波）电源，供给超声换能器，其功率为20W~4 000W。

（2）超声振动系统。超声振动系统由超声换能器和变幅杆组成。换能器的作用是将高频电振荡变为高频机械振动。变幅杆的作用是改变（扩大）换能器高频机械振动的振幅，提高振速比。

（3）超声波加工机床本体。超声波加工机床本体由工作头、工作台、立柱、磨料、工作液循环系统组成，如图2-35所示。

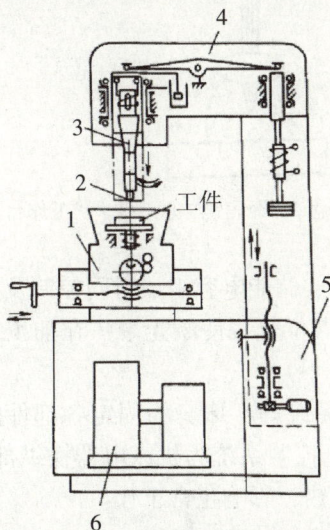

1.工作台　2.工具　3.工具振动系统　4.工作头　5.立柱　6.液体循环系统

（a）超声波加工机床结构图　　　　　　　　　　（b）超声波加工机床实物图

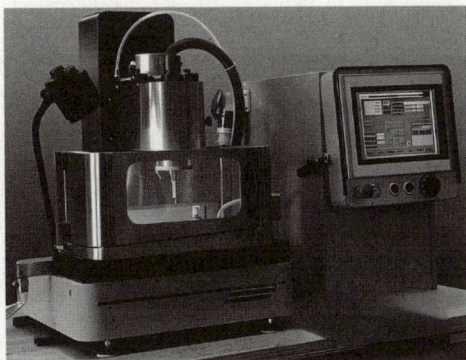

图2-35　超声波加工机床示意图

工件放在工作台上，随工作台可做纵横调节。工作台带有盛磨料悬浮液的工作槽。磨料悬浮液在循环装置的带动下能在加工区域内得到良好的循环。

立柱可带动工作头上、下运动，工作头可用来调节工具的进给压力和进给速度，并定期地上升，以便更换加工区磨料。

3.超声波加工的特点

超声波加工主要有以下特点：

（1）适用于加工各种硬、脆材料，尤其是电火花难以加工的不导电材料，如玻璃、陶瓷、金刚石等；

（2）由于在加工中工具通常不需要旋转，因此易于加工出各种复杂形状的型孔、型腔、成型表面等；

（3）加工过程中受力很小，适于加工薄壁、薄片等不能承受较大机械应力的零件。

（三）激光加工

激光是一种亮度高、方向性好、单色性好的相干光，它可以把能量高度集中在特定的小面积上，激光加工就是利用这一特性实现的。

1.激光加工的工作原理

激光加工装置由激光器、电源、光学系统和机械系统四大部分组成，如图2-36所示。激光器的作用是将电能变成光能，产生所需要的激光束。当工作物质（如红宝石）受到氙灯发出的光能激发并通过全反射镜和部分反射镜之间多次来回反射，互相激发，产生光的振荡，通过部分反射镜和光阑输出激光。

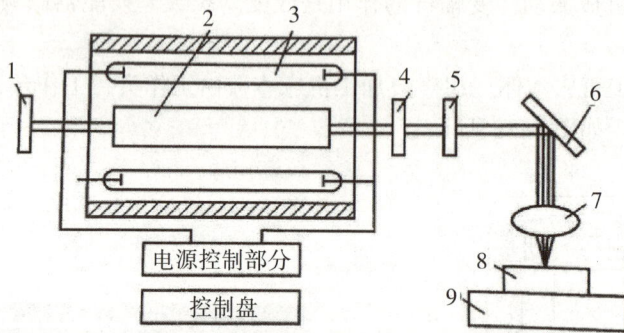

1.反射镜 2.激光器 3.氙灯 4.部分反射镜 5.光阑 6.反射镜 7.聚焦镜 8.工件 9.工作台

图2-36 激光加工装置示意图

电源为激光器提供所需要的能量，其中包括电压控制、储能电容组、时间控制及触发器等。光学系统的作用在于把激光引向聚焦镜，调整焦点位置，使激光聚焦在加工工件上。它由显微镜瞄准，加工位置可在投影仪上显示。

机械系统包括床身、工作台、机电控制系统、冷却系统等。床身为固定各部件的基准，工作台能在三坐标范围内移动以调整加工位置。机电控制系统为机床电器操纵部分，控制加工过程。冷却系统用循环水冷却激光器，以防止过热，影响正常工作。

2.激光加工的特点

（1）不受材料性能限制，几乎所有金属材料和非金属材料都能加工；

（2）加工时不需用刀具，属于非接触加工，无机械加工变形；

（3）加工速度极快，热影响区小，易实现自动化生产和流水作业；

（4）可通过透明介质（如玻璃）进行加工，这对某些特殊情况（例如在真空中加工）是十分有利的。

任务三　数控机床

任务描述

随着电子信息技术的发展，世界机床业已进入以数字化制造技术为核心的机电一体化时代，其中数控机床就是代表产品之一。数控机床是制造业的加工母机和国民经济的重要基础。它为国民经济各个部门提供装备和手段，具有无限放大的经济与社会效应。通过学习，使学生们深刻认识理解数控机床的概念、工作原理、组成、分类及特点，并广泛运用到实践中。

相关知识

一、数控机床的概念

所谓数控，即数字控制（Numerical Control，NC）。数控技术即NC技术，是指用数字化信息（数字量及字符）发出指令并实现自动控制的技术。计算机数控（Computerized Numerical Control，CNC）是指用计算机实现部分或全部基本数控功能。采用数字控制技术的自动控制系统称为数字控制系统，采用计算机数控技术的自动控制系统则为计算机数控系统，其被控对象可以是各种生产过程或设备。如果被控对象是机床，则称为数控机床（计算机数控机床）。数控机床是一种采用计算机，利用数字化信息进行控制，具有高附加值的技术密集型机电一体化产品。

二、数控机床的工作原理

数控机床加工零件是将加工过程所需要的各种操作（如主轴的起停、换向及变速，工件或刀具的送进，刀具选择，冷却液供给等）以及零件的形状、尺寸按规定的编码方式写成数控加工程序，输入到数控装置中，再由数控装置对这些输入的信息进行处理和运算，并控制伺服驱动系统，使坐标轴协调移动，从而实现刀具与工件间的相对运动，完成零件的加工，如图2-37所示。

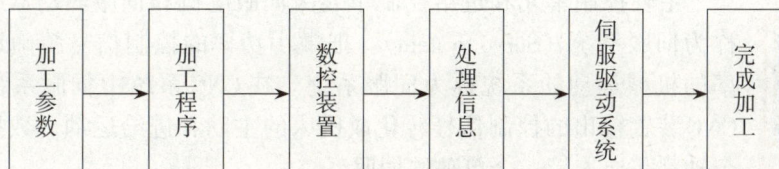

加工参数 → 加工程序 → 数控装置 → 处理信息 → 伺服驱动系统 → 完成加工

图2-37　数控机床的工作原理

【提示】当被加工工件改变时，除了重新装夹工件和更换刀具外，还需更换零件加工程序。

由上述可知，要实现数控加工，数控机床必须包括：

（1）能够接受零件加工所需的各种信息，并能进行运算和各种必要的处理，实时发出各种控制命令及坐标轴控制指令的数控装置；

（2）能够快速响应并具有足够功率的伺服驱动装置；

（3）能够满足加工要求的机床主机、辅助装置及刀具等。

三、数控机床的组成

如图2-38所示为数控机床的组成框图。可以把数控机床分成两大部分，即CNC系统和机床主机（包括辅助装置）。

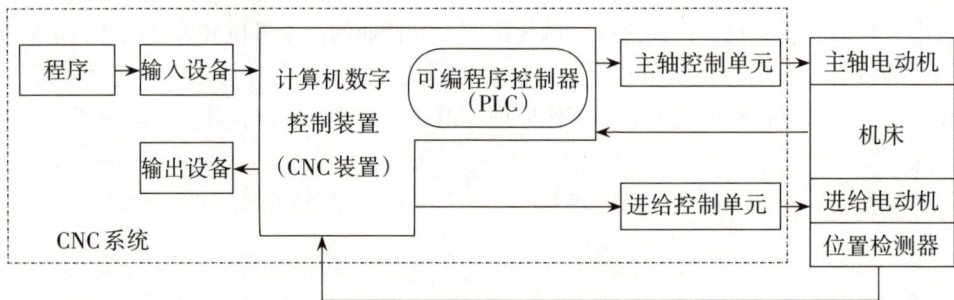

图2-38　数控机床组成框图

（一）CNC系统

CNC系统由程序、输入输出（I/O）设备，CNC装置及主轴、进给控制单元组成。

1.程序

数控机床是按照预先编写好的零件加工程序进行自动加工的。零件加工程序中既包含零件的全部几何尺寸和精度信息，又包含加工的全部工艺信息，是数控机床的重要组成部分。

【提示】复杂零件（例如螺旋桨）的加工程序具有很高的价值。

2.输入输出（I/O）设备

知识链接

控制功能和插补功能

输入输出（I/O）设备包括显示器、键盘、磁光盘机、通用网络接口等，与普通计算机用的I/O设备基本相同。

3.CNC装置

CNC装置是CNC系统的核心部件，它由三部分组成，即计算机（包括硬件和软件）、可编程序控制器（PLC）和接口电路。

知识链接

CNC装置构成

4.主轴控制单元和进给控制单元

主轴控制单元和进给控制单元由伺服电机和伺服驱动器组成，通常统称为伺服系统（Servo System）。把微小功率的控制信号精确地放大成大功率的机械运动的系统称为伺服系统。在CNC系统中伺服系统的任务是将CNC装置输出的控制信号转化成机床的主动和进给运动。数控机床的每一个轴都需要连接一个单独的伺服系统。

（二）主机

主机是数控机床的主体，是用于完成各种切削加工的机械部分。根据不同的零件加工要求，有车床、铣床、钻床、镗床、磨床、重型机床、电加工机床以及其他类型机床。数控机床是一种高度自动化的机床，零件加工完全按照零件加工程序自动完成。数控机床应能同时进行粗加工和精加工，既可以进行大切削量的粗加工，以获得高效率；也可以进行半精加工和精加工，以获得高的加工精度。

知识链接

伺服系统分类

这就要求数控机床具有大功率和高精度。数控机床的主轴转速和进给速度远高于同规格的普通机床。高速度是数控机床的最大特点。高速化的趋势在中、小型数控机床中表现得尤为明显。数控机床应能在高负荷下长时间无故障工作，因而须具有高可靠性。可靠性对于用于柔性制造单元（FMC）和柔性制造系统（FMS）的数控机床尤其重要。

（三）辅助装置

辅助装置是保证数控机床功能充分发挥所需要的配套部件，包括：电器、液压、气动元件及系统；冷却、排屑、防护、润滑、照明、储运等装置；交换工作台；数控转台；数控分度头；刀具及其监控检测装置等。

四、数控机床的分类

数控机床的种类很多，为了便于了解和研究，可以从不同的角度对其进行分类。

（一）按照能够控制刀具与工件间相对运动的轨迹分类

按照此种分类方法，数控机床可以分为两大类：

1.点位控制（或位置控制）数控机床

这类数控机床只能控制工作台（或刀具）从一个位置（点）精确地移动到另一个位置（点），在移动过程中不进行加工，各个运动轴可以同时移动，也可以依次移动。数控镗床、钻床、冲床都属此类。这类数控机床工作台（或刀具）运动控制示意图如图2-39（a）所示。

2.轮廓控制数控机床

这类数控机床的控制系统能够同时对两个或两个以上的坐标轴进行连续控制，不仅控制轮廓的起点和终点，而且还要控制轨迹上每一点的速度和位置，因而能够加工直线、曲线（或曲面）。属于这类数控机床的有数控车床、铣床、磨床、电加工机床和加工中心等。这类数控机床工作台（或刀具）运动轨迹控制示意图如图2-39（b）所示。

（二）按照伺服驱动系统的控制方式分类

数控机床的伺服驱动系统为典型的自动控制系统。被控对象是机床工作台（或刀具），控制装置是CNC装置及伺服驱动器。自动控制有闭环控制和开环控制两种基本控制方式，相应的有两种控制系统，即闭环控制系统和开环控制系统。

闭环控制系统的优点是控制精度高，抗干扰能力强，适用范围宽；其缺点是结构复杂，所用元件较多，成本高，系统稳定性要求高。开环控制系统的优点是系统结构及控制过程简单，成本低，稳定性好；其缺点是抗干扰能力差，没有自动调节能力。

按照伺服驱动系统控制方式的不同，数控机床有三种基本类型：

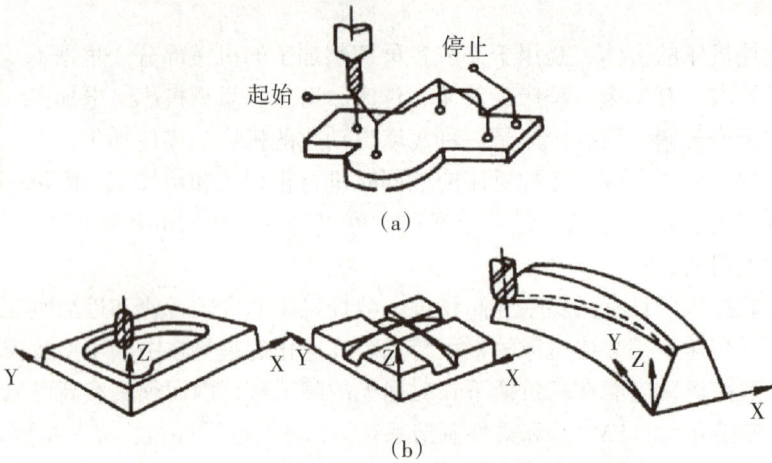

(a)

(b)

图2-39　工作台（或刀具）运动轨迹控制示意图

1.闭环控制数控机床

这类数控机床带有位置检测反馈装置。位置检测反馈装置安装在机床工作台上，用以检测机床工作台的实际运行位置，并与CNC装置的指令位置进行比较，用差值进行控制，其控制示意图如图2-40所示。

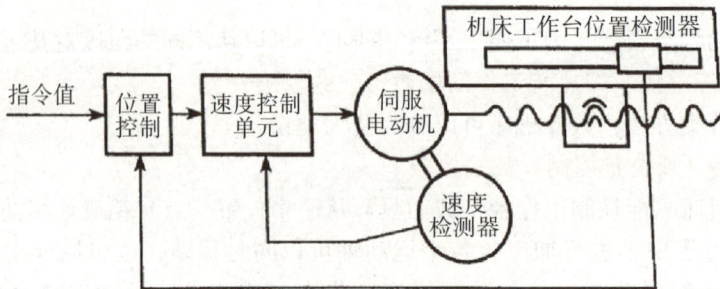

图2-40　数控机床闭环控制示意图

闭环控制数控机床由于能够减小乃至消除由于传动部件制造、装配所带来的误差，因而可以获得很高的加工精度。值得注意的是，环路内包含的机械传动环节比较多，如丝杠、螺母副、工作台等。丝杠与螺母间、工作台与导轨间的摩擦特性，各部件的刚性都是可变的，这些都直接影响伺服系统的调节参数，而且有一些是非线性参数。如果设计、调整得不好，将会造成系统的不稳定。因此，这类数控机床伺服系统的设计和调试都具有较大的难度（系统稳定性要求高），如果不是精度要求很高的数控机床，一般不采用这种控制方式。

2.半闭环控制数控机床

检测元件不是安装在工作台上，而是安装在电动机的轴端或丝杠的端头，则为半闭环控制数控机床，如图2-41所示。由于环路内不包括丝杠、螺母副及工作台，所以可以获得比较稳定的控制特性。其控制精度虽不如闭环控制数控机床那样高，但调试比较方便，因而被广泛采用。

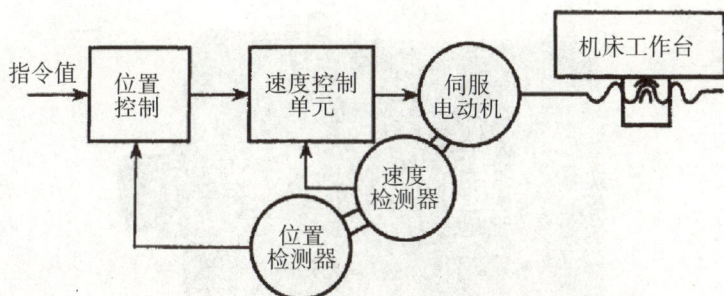

图2-41 数控机床半闭环控制示意图

3.开环控制数控机床

这类数控机床不带位置检测反馈装置。CNC装置输出的指令脉冲经驱动电路的功率放大,驱动步进电动机转动,再经传动机构带动工作台移动,如图2-42至图2-45所示。开环控制的数控机床工作比较稳定,反应快,调试方便,维修简单,但控制精度和速度都比较低,这类数控机床多为经济型。

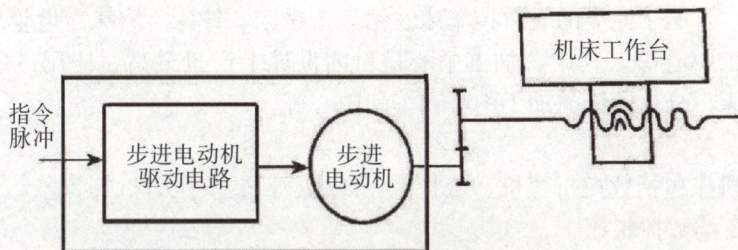

图2-42 数控机床开环控制示意图

图2-43 数控车床实物图

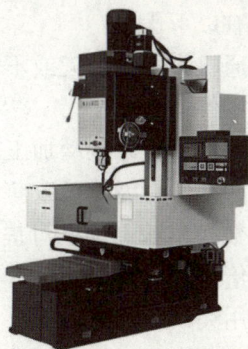

图2-44 数控立式钻床实物图

图2-45　数控铣床实物图

（三）按照加工方式分类

按其加工方式的不同，数控机床可以分为以下几类：

1.金属切削类数控机床

属于此类的有数控车床、钻床、铣床、镗床、磨床、齿轮加工机床及加工中心等。其中，加工中心是目前世界上产量最高、应用最广泛的数控机床，分为镗铣类加工中心和车削中心等。

2.金属成型类数控机床

该类数控机床包括数控折弯机、弯管机、冲床、回转头压力机等。

3.特种加工类数控机床

数控特种加工机床包括数控线切割机床、电火花加工机床及激光切割机等。

4.其他类数控机床

该类数控机床包括数控火焰切割机床、三坐标测量机等。

（四）按照CNC装置的功能水平分类

按照CNC装置的功能水平不同，数控机床可分为高、中、低（经济型）三档。应该说，三个档次的数控机床之间没有严格的界限，而且不同的时期划分的标准也不尽相同。就目前的发展水平，大体上可从分辨力、进给速度、伺服系统、同时控制轴数（联动轴数）、通信功能、显示功能、有无PC及主CPU水平等几方面加以区分。

五、数控机床的特点

与普通机床相比，数控机床具有以下优点：

（1）采用数控机床能加工出普通机床难以加工或不能加工的复杂型面，如复杂型面模具、整体涡轮、发动机叶片等复杂零件；

（2）数控机床按预先编写的零件加工程序自动加工，加工过程中没有人为干扰，而且加工精度还可以利用软件进行校正和补偿，因此可以获得高的加工精度和重复精度；

（3）与普通机床加工相比，在数控机床上加工可提高生产率2~3倍，对于一些复杂零件，生产率可提高十几倍甚至几十倍；

（4）数控机床加工一般借用通用夹具，几乎不需要专用的工装夹具，只需更换零件加工程序，即可适应不同零件的加工，具有广泛的适用性和较大的灵活性，因而可大大缩短生产周期；

（5）采用数控机床加工可以实现一机多用，特别是可自动换刀的加工中心，工件一次装卡几乎能完成其全部加工部位的加工，可以替代5~7台普通机床，既节省了劳动力，也节省了工序间的运输、测量和装卡等辅助时间，还节省了厂房面积；

（6）采用数控机床加工可以大大减少在制品数量，从而可加速流动资金的周转，提高经济效益；

（7）采用数控机床加工可以改善生产环境，大大减轻操作者的劳动强度；

（8）采用数控机床加工可实现精确的成本核算和生产进度安排。

数控机床与普通机床的性能比较见表2-7。

表2-7　　　　　　　　　　数控机床与普通机床的性能比较

序号	项　目	数控机床	普通机床
1	加工异型复杂零件的能力	强	弱
2	改变加工对象的柔性程度	高	低
3	加工零件质量和加工精度	高	低
4	加工效率	高	低
5	设备利用率	高	低
6	产品优化设计与CAD（计算机辅助设计）连接功能	高	低
7	前期投资	高	低
8	对操作人员素质的要求	高	低
9	对生产计划、生产准备和生产调度的要求	高	低
10	运行费	低	高
11	维修技术与维修费	高	低
12	对不合格产品再加工（即回用）的费用	低	高

由表2-7可以看出，数控机床的前期投资费用以及维修（技术）费用比较高，对管理及操作人员素质的要求也比较高。但是采用数控机床不仅可以节约劳动力，提高劳动生产率，还可以提高产品质量，对开发新产品和促进老产品更新换代，加速流动资金周转和缩短交货期都有很大作用。

合理选用数控机床可以降低企业的生产成本，提高企业的经济效益与竞争力。因此，普通机床正在逐步被数控机床取代。数控机床已经是现代工业生产必不可少的设备。采用数控机床，提高机械工业的数控化率是当前机械制造业技术改造和技术更新的必由之路。

任务四　工业机器人

任务描述

工业机器人是提高生产过程自动化，改善劳动条件，提高产品质量和生产效率的有效手段之一，是柔性制造和工厂自动化技术的重要组成部分。通过学习，使学生深刻认识工业机器人的概念、组成、分类、特性参数、技术要求以及简单的编程方式，这在互联网＋与人工智能时代是十分必要的。

相关知识

一、工业机器人的概念

工业机器人是20世纪70年代以来在自动操作机基础上发展起来的一种能模仿人的某些动作，并按照可变的预定程序、轨迹和其他要求操纵工具，实现多种操作的自动化机电系统。

GB/T12643-2013《机器人与机器人装备词汇》是我国机器人领域的重要参考标准，该标准规定了机器人及其装备的术语和定义。随着机器人技术的快速发展，机器人已经广泛应用于工业、医疗、服务等领域，成为数字化、智能化时代的重要产物。

根据GB/T12643-2013标准，机器人可以分为多个类别，包括：工业机器人、服务机器人、特殊机器人、教育机器人等。其中，工业机器人是指用于自动化生产过程中的各种操作和作业的机器人；服务机器人是指用于提供服务的机器人，如餐饮机器人、清洁机器人等；特殊机器人则是指用于特殊场景下的机器人，如水下机器人、火星车等；教育机器人则是指用于教育领域的机器人，如编程机器人、智能积木等。

【提示】工业机器人不同于机械手。工业机器人具有独立的控制系统，可以通过编程实现动作程序的变化；而机械手只能完成简单的搬运、抓取及上下料工作，它一般作为自动机或自动线上的附属装置，工作程序固定不变。

二、工业机器人的组成和分类

（一）工业机器人的组成

工业机器人一般由操作机、驱动装置、控制系统和传感器系统等部分组成（如图2-46所示）。

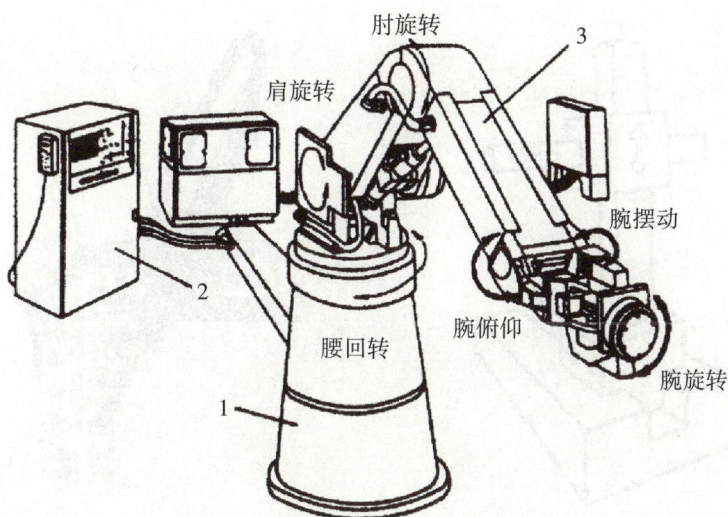

1.机座 2.控制装置 3.操作机

（a）工业机器人结构图

（b）工业机器人实物图

图2-46 工业机器人组成

（二）工业机器人的分类

工业机器人有多种分类方法。下面主要介绍按坐标形式、驱动方式和控制方式的分类方法。

1.按坐标形式分类

坐标形式是指操作机手臂运动所取参考坐标系的形式。操作机手臂运动参考坐标系有四种形式：

（1）直角坐标式（代号PP）。机器人末端执行器（手部）空间位置的改变是通过沿着三个互相垂直的直角坐标（x，y，z）的移动来实现的，即沿x轴的纵向移动，沿y轴的横向移动和沿z轴的升降，如图2-47所示。

知识链接

工业机器人的组成

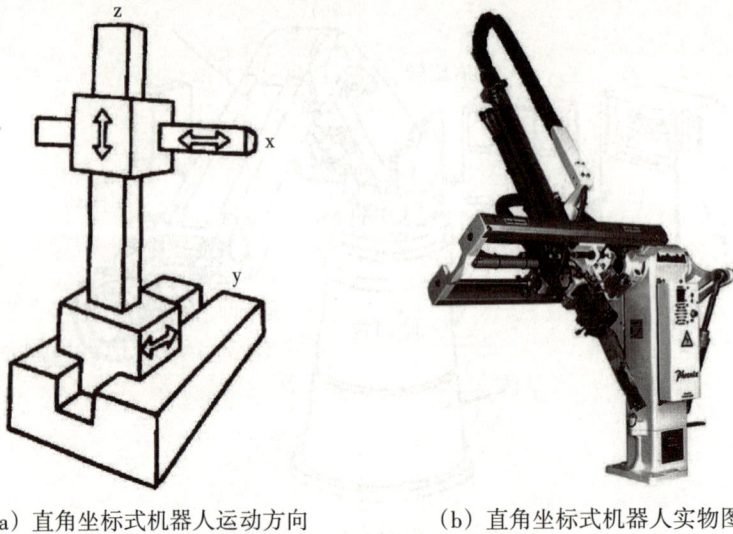

（a）直角坐标式机器人运动方向　　　　（b）直角坐标式机器人实物图

图2-47　直角坐标式机器人

（2）圆柱坐标式（代号RPP）。机器人末端执行器空间位置的改变是由两个移动坐标和一个旋转坐标实现的，如图2-48所示。

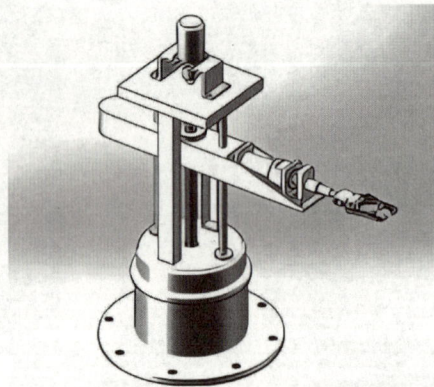

图2-48　圆柱坐标式机器人

（3）球坐标式（代号RRP），又称极坐标式。机器人手臂的运动由一个直线运动和两个转动组成，即沿x轴的伸缩，绕y轴的俯仰和绕z轴的回转，如图2-49所示。

（a）球坐标式机器人运动方向

（b）球坐标式机器人实物图

图2-49 球坐标式机器人

（4）关节坐标式（代号RRR），又称回转坐标式，分为垂直关节坐标和平面（水平）关节坐标。如图2-50所示为垂直关节坐标式机器人。机器人由立柱和大小臂组成，立柱与大臂通过臂关节相连接，立柱绕z轴旋转，形成腰关节，大臂与小臂形成肘关节，可使大臂做回转和俯仰，小臂做俯仰。

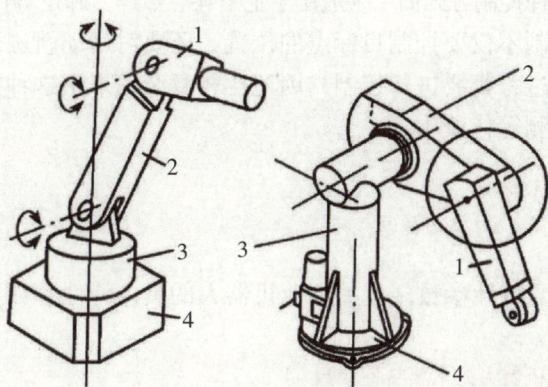

1.小臂 2.大臂 3.立柱 4.机座

（a）垂直关节式机器人运动方向　　　　（b）垂直关节式机器人实物图

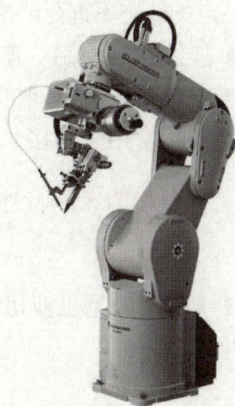

图2-50 垂直关节坐标式机器人

图2-51所示为平面关节坐标式机器人。这类机器人采用两个回转关节控制前后、左右运动，采用一个移动关节控制上下运动。

2.按驱动方式分类

工业机器人有三种驱动方式，即电力驱动、液压驱动和气压驱动。

（1）电力驱动。电力驱动在工业机器人的驱动中使用最多，驱动元件可以是步进电动机、直流伺服电动机或交流伺服电动机。目前交流伺服电动机是主流。驱动元件或与操作机直接相连，或通过谐波减速器与操作机相连，结构比较简单紧凑。

（2）液压驱动。采用液压驱动的机器人有很大的抓取能力（可高达上千牛），液压力可达7MPa，液压传动平稳，防爆性好，动作也较灵敏，但对密封性要求高，不宜在高、低温现场工作，需配备一套液压系统。

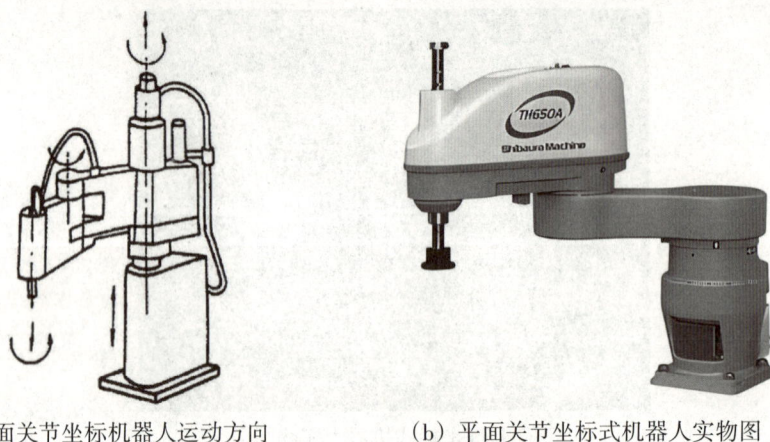

（a）平面关节坐标机器人运动方向　　　（b）平面关节坐标式机器人实物图

图2-51　平面关节坐标式机器人

（3）气压驱动。采用气压驱动的机器人结构简单、动作迅速、价格低，但由于空气可压缩而使工作速度稳定性差，气压一般为0.7MPa，因而抓取力小（几十牛至上百牛）。

3.按控制方式分类

（1）点位控制。点位控制只控制机器人末端执行器目标点的位置和姿态，而对从空间的一点到另一点的轨迹不进行严格控制。该种控制方式简单，适用于上下料、点焊、卸运等作业。

（2）连续轨迹控制。连续轨迹控制不仅要控制目标点的位置，还要对运动轨迹进行控制。由于对机器人在空间的整个运动过程都要进行控制，因此比较复杂。采用这种控制方式的机器人，常用于焊接、喷漆和检测等作业中。

三、工业机器人的特性参数和技术要求

（一）特性参数

表2-8列出的是工业机器人的主要特性参数。有关工业机器人的具体特性参数可参考相关标准。

表2-8　　　　　　　　　　　工业机器人的主要特性参数

项目名称	说　明
坐标形式	常用的坐标形式有直角坐标、圆柱坐标、球坐标、关节坐标等
运动自由度数	自由度数表示机器人动作的灵活程度；机器人的自由度一般少于6个，也有多于6个的（3个移动3个转动）
各自由度的动作范围	各自由度的动作范围是指各关节的活动范围；各关节的基本动作范围决定了机器人操作机工作空间的形状和大小
各自由度的动作速度	各自由度的动作速度是指各关节的极限速度
额定负载	额定负载是指在规定性能范围内，在手腕机械接口处所能承受的最大负载允许值
精度	精度主要包括位姿精度、位姿重复性、轨迹精度、轨迹重复性等

（二）技术要求

1.外观和结构

工业机器人要求布局合理、操作方便、造型美观、便于维修；其液压、气动系统不应有漏油、漏气现象；润滑冷却情况良好；机构运动应灵活、平稳、可靠；外表颜色应美观、协调，油漆表面应光洁，不应有漏漆、起皮、脱落等缺陷。

2.电气设备

在电气设备中动力线与信号线应尽可能分开、远离，信号线应采用屏蔽、双绞等抗干扰技术；在运动中突然停电后，恢复供电时不得自行接通；非接地处的绝缘电阻不得小于5MΩ；电子元器件一般应进行老化处理；控制柜应具有良好的通风、散热措施；电源电压波动允许±10%，频率允许50±1Hz。

3.可靠性

采用平均无故障工作时间（MTBF）及可维修时间（MTTR）作为衡量可靠性的指标。具体数值由产品标准规定。

4.安全性

安全性要求应满足《工业机器人安全实施规范》（GB/T 20867-2007）的规定。

四、工业机器人的编程方式

当前，工业机器人有两种编程方式。对于重复操作型机器人，所面对的作业任务比较简单，一般采用示教编程方式编程。对于动作复杂，操作精度要求高的工业机器人（如装配机器人），由于其操作程序数量大，条件语句多，一般不采用示教编程方式编程，而是采用工业机器人语言编程方式编程。

知识链接

工业机器人的编程方式

【学思践悟】数控机床是现代工业制造领域不可或缺的重要设备之一。随着科技的不断发展，数控机床不断升级改良，已经成为高精度、高效率、高稳定性的工具，广泛应用于各种机械零部件加工中。目前，数控机床已经广泛应用于各个领域，包括汽车、航空航天、医疗器械、光学仪器、电子设备等。而且，随着各行各业对精密加工质量和效率的要求越来越高，数控机床的应用也将越来越广泛。

现代数控机床采用了先进的控制系统，具有高度自动化、高精度、高可靠性等特点，能够实现多种复杂加工任务，大大提高了生产效率和产品质量。现代数控机床还可以实现自适应加工，通过在线检测和反馈控制，能够自动调整切削参数和轴向运动，保证了加工精度和表面质量。

另外，现代数控机床的快速换刀技术也为工业生产带来了很大的便利。通过自动换刀装置，数控机床能够在短时间内完成刀具的快速更换，大大提高了加工效率。此外，数控机床还可以通过在线检测技术，实现对加工过程的实时监控和调整，避免了加工过程中出现的一些问题。

综上所述，现代数控机床在制造业中的应用越来越广泛，其高效率、高精度、高稳定性的特点为各行各业的加工任务提供了强大的支持。未来，数控机床的发展方向将更加智能化和自动化，为生产制造带来更多的变革和进步。

资料来源：佚名. 现代数控机床及其应用：加工领域的革新［EB/OL］.［2023-04-24］. https://baijiahao.baidu.com/s?id=1764067038720179992&wfr=spider&for=pc.

项目小结

机床本身质量的优劣，直接影响所造机器的质量和劳动生产率。衡量一台机床的质量是多方面的，但主要是要求工艺性好，系列化、通用化、标准化（简称三化）程度高，结构简单，重量轻，工作可靠，生产率高等。机床的运动与传动把动力装置和工作执行机构联系起来，才使工作执行机构能进行必要的运动。

为了适应切削加工的需要，设计并制造了各种不同类型的机床，其中，最常见的机床有车床、钻床、刨床、铣床、拉床、镗床、磨床以及特种加工机床，每种机床都有其各自的工作原理、工作运动、加工精度以及加工范围。

数控机床是制造业的加工母机和国民经济的重要基础。数控机床是一种采用计算机，利用数字化信息进行控制，具有高附加值的技术密集型机电一体化产品。

工业机器人是一种能自动进行定位控制，可重复编程，多功能、多自由度的操作机，能搬运材料、零件或操持工具，用以完成各种作业。

本项目框架结构如图2-52所示。

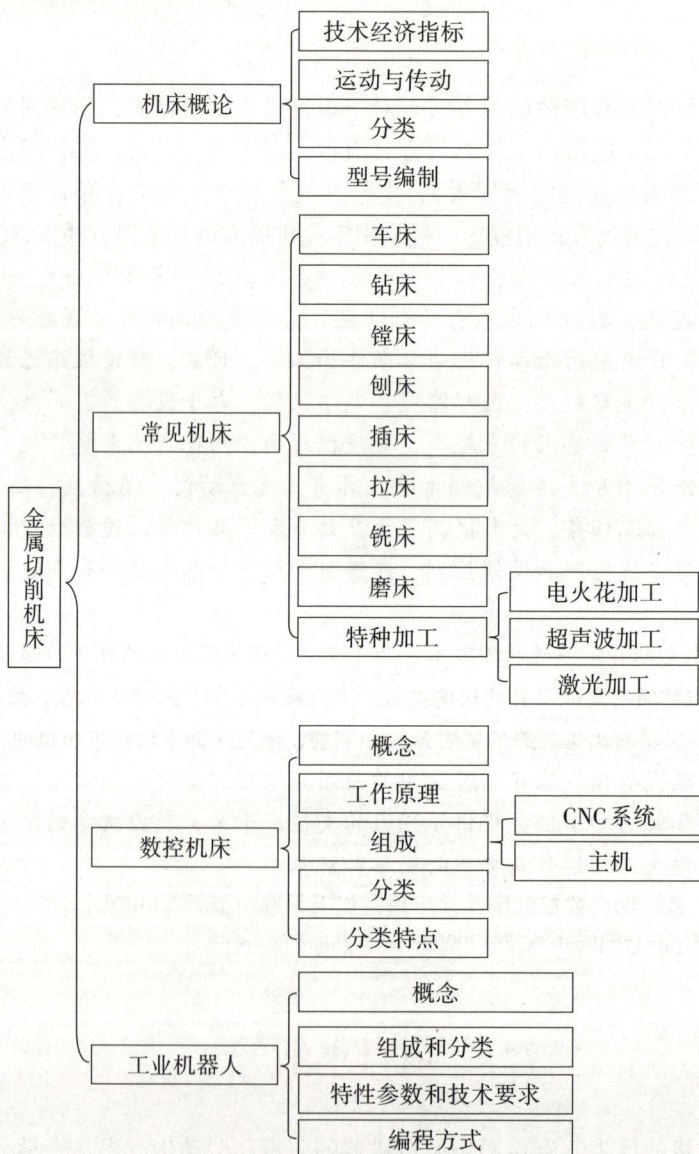

图2-52 本项目框架结构

项目综合实训

一、实训目标

金属切削机床是机床的重要组成部分。通过对机床工作原理、分类和特点的认知训练，使学生明确金属切削机床的评估对象，能准确判断影响价值的各项因素。

二、实训项目与要求

1.实训组织

机器设备评估实训以学生为中心，分组训练，集中交流，集体总结。教师主要担任辅导者、具体组织者和观察员，向学生布置任务，进行必要指导；解答有关问题；进行进度控制与质量监督。学生按每组6～8人分为若干小组，每组为一个实训团队开展实际操作训练，每个团队分别确定一位负责人，具体组织和管理实训活动。

2.实训项目

（1）判识金属切削机床的种类。

（2）掌握各种金属切削机床的工作原理和特征。

（3）对比各种机床的特点。

3.实训要求

（1）依照《资产评估执业准则——机器设备》的规定，正确识别机器设备中金属切削机床的种类、命名和工作原理。

（2）识别各种金属切削机床的特征。

三、成果与检测

1.每个团队自由选取一种金属切削机床模型，结合模型分析结构、原理和特征，在班级进行交流。

2.教师与同学们共同总结实训中存在的问题，明确今后教学过程中应当改进的方面。

3.由各团队负责人组织小组成员进行评价打分。

4.教师根据各团队汇报的实训情况及各位同学的表现予以评分。

项目三
其他常见机器设备

知识目标

1. 了解内燃机、熔炼设备、压力加工设备、压力容器、锅炉、起重设备和变压器的用途及分类;
2. 熟悉内燃机、熔炼设备、压力加工设备、压力容器、锅炉、起重设备和变压器的基本结构及相关技术参数;
3. 了解内燃机、熔炼设备、压力加工设备、压力容器、锅炉、起重设备和变压器的发展现状;
4. 掌握内燃机、熔炼设备、压力加工设备、压力容器、锅炉、起重设备和变压器的工作特点。

能力目标

1. 能够熟练掌握内燃机、熔炼设备、压力加工设备、压力容器、锅炉、起重设备和变压器的基本结构、相关技术参数和功能;
2. 能够熟练运用相关的技术参数判断某机器设备的性能等级。

素养目标

1. 培养青年学生以敬业、精益、专注、创新为内容的工匠精神;
2. 培养青年学生为祖国的繁荣、富强、独立而自强不息的爱国主义精神。

项目导入

了解常见机器设备对机器设备评估具有重要的影响作用

随着社会主义市场经济的不断发展，我国机器设备行业取得了较大的进步，机器设备的广泛应用以及各项技术水平的提升对于整个机器设备行业的发展都具有非常重要的推动作用。因此，在开展机器设备的管理工作过程中，了解常见机器设备类别、结构和工作原理有利于对各种机器设备的状态实施准确的评估，对于机器设备管理水平的提升具有非常重要的作用。

请思考： 公路上川流不息的汽车，原野里奔驰的火车，蓝天上翱翔的飞机等，它们的动力来自什么？在繁忙的石油化工厂里，随处可见的罐体是主要的生产工艺设备，在使用过程中对其的技术性能有怎样的要求？无论在港口、码头，还是在工厂车间，我们对常见起重机械的结构是否了解？在掌握常见机器设备相关知识后，如何快速、准确评估其价值？

启示： 通过项目导入的思考，使青年学生对其他常见机器设备有所了解，正确引导、激发青年学生为我国未来科技发展事业勇于探索和创新的精神。

任务一　内燃机

● 任务描述 ●●●

近年来，随着市场经济的快速发展，我国城市交通越来越便捷。家住苏州的小王，每天都需要跨城去上海上班，为了方便自己工作，于是他决定购买一辆汽车。在销售人员的介绍下，他不知道选有自然吸气发动机的汽车还是选带涡轮增压发动机的汽车，你能帮他分析这两种发动机的不同吗？

● 相关知识 ●●●

一、概述

热机是将燃料燃烧所释放的热能转变为机械功的热力发动机，汽车、火车、飞机和轮船都是使用热机作为动力的现代交通工具。热机又分为内燃机和外燃机。燃料燃烧后的产物直接推动机械装置做功的发动机称为内燃机，如轮船用的柴油机、飞机用的燃气轮机等；燃料对某一中间物质加热，再利用中间物质产生的气体推动机械装置做功的热力发动机称为外燃机，如蒸汽机、汽轮机等。内燃机与外燃机相比，具有热效率高、体积小、启动迅速等优点，因而广泛应用于飞机、舰船、汽车、内燃机车、摩托车、拖拉机等。

（一）内燃机分类

内燃机根据其将热能变为机械能的主要构件的型式，可分为活塞式内燃机和燃气轮机等，前者按活塞运动的方式分为往复活塞式内燃机和旋转活塞式内燃机两种。

【提示】旋转活塞式内燃机在实际应用中尚未推广，因此本任务将介绍应用广泛的往复活塞式内燃机和燃气轮机。在实际工作和生活中，人们往往把往复活塞式内燃机简称为内燃机。

往复活塞式内燃机种类繁多，大致分类如下：

（1）按所用燃料分类，可分为柴油机、汽油机、煤气机、酒精（甲醇、乙醇）发动机、天然气发动机和双燃料发动机等。

（2）按工作循环冲程数分类，可分为四冲程和二冲程内燃机。

（3）按气缸数及排列方式分类，可分为单缸和多缸内燃机。多缸内燃机按气缸排列方式分为直立式、卧式、V型、X型、星型和对动活塞式内燃机等。

（4）按进气方式分类，可分为非增压（自然吸气）和增压内燃机。

（5）按冷却方式不同分类，利用水做冷却介质的称为水冷内燃机；利用空气做冷却介质的称为风冷内燃机。

（6）按着火方式分类，可分为利用火花塞产生的电火花点燃燃料的内燃机，称为点燃式内燃机（如汽油机）；利用气缸内空气被压缩后产生的高压、高温，使燃料自行着火燃烧的内燃机，称为压燃式内燃机（如柴油机）。

（二）内燃机基本名词术语

如图3-1所示为内燃机的示意图。

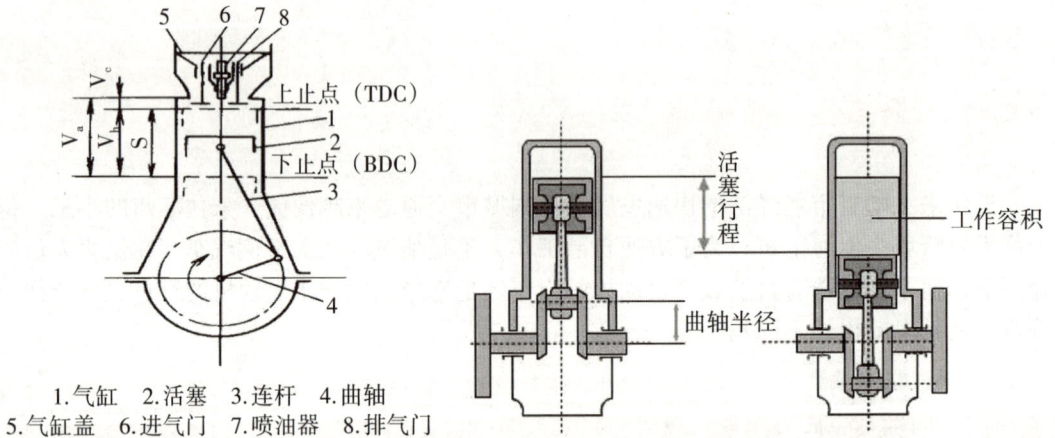

1.气缸 2.活塞 3.连杆 4.曲轴
5.气缸盖 6.进气门 7.喷油器 8.排气门

图3-1 内燃机示意图

（1）工作循环。在内燃机内部，每次完成将热能转变为机械能，都必须经过进气、压缩、燃烧膨胀和排气过程，这一系列连续的过程为内燃机的工作循环。

（2）上、下止点。活塞在气缸内做往复运动时的两个极端位置称为止点。活塞离曲轴旋转中心最远的位置称为上止点；离曲轴旋转中心最近的位置称为下止点。

（3）活塞行程。上、下止点间的距离称为活塞行程，通常用S表示。曲轴每转动半圈，相当于一个活塞行程，即：

$$S = 2r$$

式中：r为曲轴半径。

（4）气缸工作容积。活塞从上止点移动到下止点所走过的气缸容积，称为气缸工作容积（气缸排量），用V_h表示。

$$V_h = \frac{\pi D^2}{4} \cdot S(m^3) = \frac{\pi D^2}{4} \cdot S \times 10^3 (L)$$

式中：D为气缸直径（m）；S为活塞行程（m）。

【提示】若V_h的单位为升时，则用10^3（L）表示。

（5）气缸总容积。活塞位于上止点时，活塞顶部与气缸盖间的容积，称为燃烧室容积，用V_c表示。活塞位于下止点时，活塞顶部与气缸盖、气缸套内表面形成的空间，称为气缸总容积，用V_a表示，它等于气缸工作容积V_h与燃烧室容积V_c之和，即：

$$V_a = V_h + V_c$$

【提示】多缸内燃机各气缸工作容积的总和称为内燃机工作容积或内燃机的排量。

（6）压缩比。气缸总容积V_a与燃烧室容积V_c的比值，称为压缩比，用ε表示，即：

$$\varepsilon = \frac{V_a}{V_c} = 1 + \frac{V_h}{V_c}$$

【提示】压缩比表示气体在气缸内被压缩的程度。

（7）工况。工况指内燃机在某一时刻的工作状况，一般用功率和曲轴转速表示，也可用负荷与转速表示。

（三）内燃机型号

为了便于内燃机的生产管理和使用，国家标准《内燃机产品名称和型号编制规则》（GB/T725-2008）中，对内燃机的名称和型号作了统一的规定。

1. 内燃机型号表示方法

内燃机型号由阿拉伯数字、汉语拼音字母或国际通用的英文缩写字母组成，依次包括四部分，如图3-2所示。

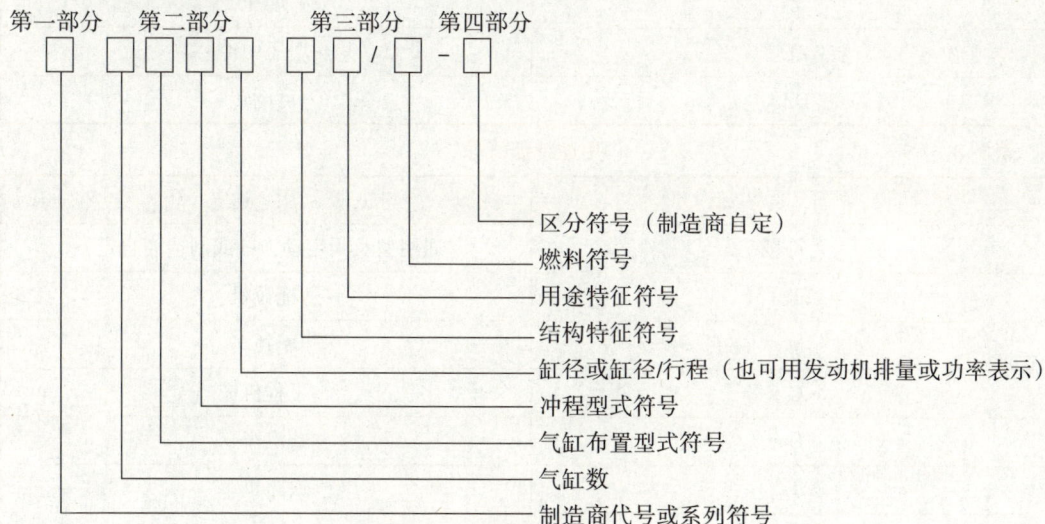

图3-2　内燃机型号表示方法

第一部分：由制造商代号或系列符号组成，本部分代号可由制造商根据需要选择相应1～3位字母表示。

第二部分：由气缸数、气缸布置型式符号、冲程型式符号和缸径符号等组成。

（1）气缸数用1～2位数字表示。

（2）气缸布置型式符号按表3-1的规定列示。

表3-1 气缸布置型式符号

符　号	含　义
无符号	多缸直列及单缸
V	V型
P	卧式
H	H型
X	X型

（3）冲程型式为四冲程时符号省略，二冲程用E表示。

（4）缸径符号一般用缸径或缸径/行程数表示，也可用发动机排量或功率数表示，其单位由制造商自定。

第三部分：由结构特征符号、用途特征符号、燃料符号组成。结构特征符号、用途特征符号分别按表3-2、表3-3的规定列示，燃料符号参见表3-4。

表3-2 结构特征符号

符　号	结构特征
无符号	冷却液冷却
F	风冷
N	凝气冷却
S	十字头式
Z	增压
ZL	增压中冷
DZ	可倒转

表3-3 用途特征符号

符　号	用　途
无符号	通用型及固定动力（或制造商自定）
T	拖拉机
M	摩托车
G	工程机械
Q	汽车
J	铁路机车
D	发电机组
C	船用主机、右机基本型
CZ	船用主机、左机基本型
Y	农用三轮车（或其他农用车）
L	林业机械

表3-4　　　　　　　　　　　　　　　　　燃料符号

符号	燃料名称	备注
无符号	柴油	
P	汽油	
T	天然气（煤层气）	管道天然气
CNG	压缩天然气	
LNG	液化天然气	
LPG	液化石油气	
Z	沼气	各类工业化沼气（农业有机废弃物、工业有机废水物、城市污水处理、城市有机垃圾）允许用1～2个字母的形式表示，如"ZN"表示农业有机废弃物产生的沼气
W	煤矿瓦斯	浓度不同的瓦斯允许用1个小写字母的形式表示，如"Wd"表示低浓度瓦斯
M	煤气	各类工业化煤气如焦炉煤气、高炉煤气等，允许在M后加1个字母区分煤气的类型
S	柴油/天然气双燃料	其他双燃料用两种燃料的字母表示
SCZ	柴油/沼气双燃料	
M	甲醇	
E	乙醇	
DME	二甲醇	
FME	生物柴油	

第四部分：区分符号。同系列产品需要区分时，允许制造商选用适当符号表示，第三部分与第四部分用"–"分隔。

【提示】其他布置型式符号详见GB/T 1883.1。

【提示】内燃机左机和右机的定义参照GB/T 726的规定。

【提示】一般用1～3个拼音字母表示燃料，亦可用成熟的英文缩写字母表示；其他燃料允许制造商用1～3个字母表示。

2.内燃机型号示例

（1）柴油机。

示例1：型号YZ6103Q——六缸、直列、四冲程、缸径103mm、冷却液冷却、车用（其中YZ为扬州柴油机厂代号）。

示例2：型号12V135ZG——12缸、V型、四冲程、缸径135mm、水冷增压、工程机械用。

（2）汽油机。

示例3：型号IE65F/P——单缸、二冲程、缸径65mm、风冷、通用型。

示例4：型号492QA——四缸、直列、四冲程、缸径92mm、水冷、汽车用（其中A为区分符号）。

【提示】（1）最重要的是气缸数、气缸直径，是必不可少的；（2）结构特征符号省略表示水冷；（3）四冲程不标，二冲程用E表示；（4）用途特征符号省略表示通用型、固定动力。

二、内燃机基本工作原理

（一）四冲程内燃机工作原理

四冲程内燃机每个工作循环都由进气、压缩、做功和排气四个冲程组成，其工作原理如图3-3所示。

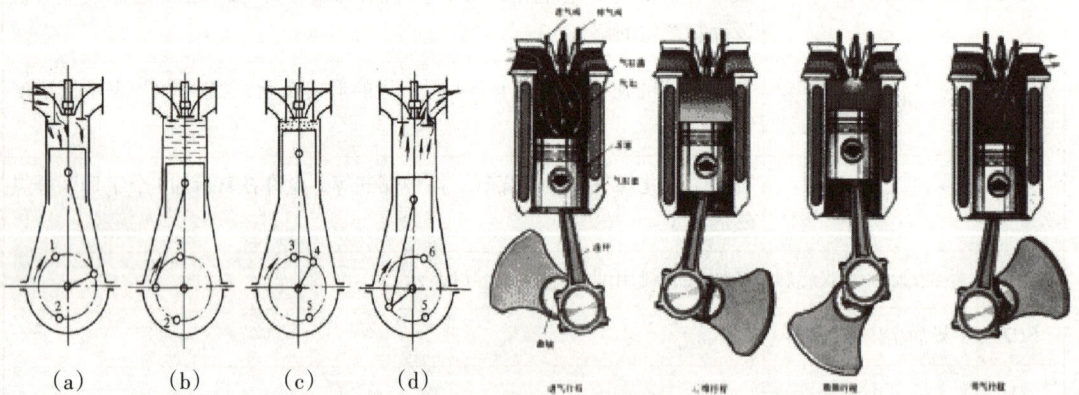

图3-3　四冲程内燃机工作原理

（1）进气冲程。工作时进气门打开，排气门关闭，活塞由上止点运动到下止点，曲轴旋转180°，新鲜空气吸入气缸，如图3-3（a）所示。

（2）压缩冲程。进气终了，内燃机的进、排气门均关闭，气缸形成封闭系统，活塞开始向上运动，活塞由下止点运动到上止点，曲轴旋转180°，将气缸内的气体压缩，使缸内气体的压力和温度均有很大提高，如图3-3（b）所示。

（3）做功冲程。内燃机燃料燃烧，使缸内气体压力和温度急剧提高。气缸内高温高压气体膨胀做功，推动活塞由上止点运动到下止点，曲轴旋转180°，同时，膨胀功经连杆由曲轴输出，从而把燃料的热能变为机械功，如图3-3（c）所示。

（4）排气冲程。为了使能量转换过程连续地进行下去，缸内气体在膨胀做功以后，排气门打开，活塞由下向上运动，将废气从排气门排出，内燃机经过了进气、压缩、膨胀和排气过程，完成了一个工作循环。当活塞再次由上向下运动时，又开始了下一个工作循环，如图3-3（d）所示。

由此可见，四冲程内燃机在一个工作循环的四个行程中，只有一个行程是做功的，其余三个行程是做功的准备行程。因此，单缸内燃机曲轴每转两周只有半周是由膨胀气体的作用使曲轴旋转，其余一周半则靠惯性维持转动，所以曲轴转速是不均匀的。在多缸四冲程内燃机中，每个气缸的工作过程都是相同的，但是所有气缸的做功行程并不同时发生，如四缸内燃机，曲轴每转半周便有一个气缸在做功。这样，内燃机气缸数增多，不仅功率增加，工作转速也更加平稳。

四冲程柴油机和汽油机的工作过程都包括上述四个冲程，两者在工作原理上的主要差别是：柴油机压缩的主要是空气和上循环剩余的废气，当活塞到达上止点附近时，缸内气体的压力、温度很高，适时地喷入柴油，在缸内形成可燃混合气并自行着火燃烧；对于汽油机，其可燃混合气是在压缩终了时靠火花塞打火点燃的。

微课

内燃机四冲程
工作原理

（二）柴油机增压

柴油机增压是将新鲜空气在进入气缸之前进行压缩，提高进气密度，增加进气量，从而达到提高功率的目的。

增压器的种类很多，按增压程度不同，可以分为低增压器、中增压器、高增压器和超高增压器；按驱动增压器的动力不同，可以分为废气涡轮增压器、机械增压器和复合增压器。目前使用最广泛的是废气涡轮增压器。

废气涡轮增压柴油机工作原理如图3-4所示。废气涡轮增压器由涡轮和压气机组成，涡轮与压气机装在同一轴上。柴油机排气管与涡轮壳相接，而进气管与压气机相接。当排气门打开时，废气经排气管流进涡轮叶轮，使涡轮产生高速旋转。废气压力、温度越高，涡轮旋转越快。通过涡轮的废气，最后排入大气中。因压气机与涡轮装在同一轴上，所以压气机也同涡轮一起旋转，将空气吸入压气机。高速旋转的压气机将空气甩向叶轮外缘，使其速度和压力增加。进气门打开时，高压的空气经进气道、进气门进入气缸。这样使进气量增加，可以多喷入柴油，达到提高功率的目的。

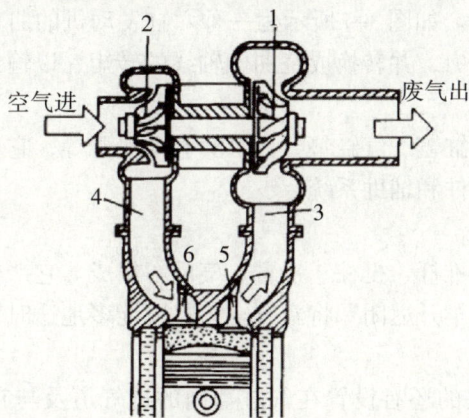

1.废气涡轮　2.压气机　3.排气管　4.进气管　5.排气门　6.进气门

图3-4　废气涡轮增压柴油机工作原理

废气涡轮增压内燃机与非增压内燃机相比，其优点是在相同气缸尺寸及行程条件下，可以增大功率。由于压气机消耗的功率由废气供给，不消耗内燃机本身的功率，因此增压以后降低了耗油率，提高了经济性。增压还有利于改善内燃机的排放。但是内燃机增压后增加了内燃机机械负荷和热负荷；在性能上要求内燃机与增压器有良好的配合；同时由于增压器转速很高，对其材料和制造工艺的要求也较高。

【提示】单就效率而言，涡轮增压系统能以"倍数"来提升引擎动力输出，在1988年F1赛车禁止使用增压发动机之前，排量1.5升的涡轮增压发动机可以产生1 200匹马力。远远超过了如今F1赛车3升自然吸气式发动机的900匹马力。

三、内燃机总体结构

内燃机是比较复杂的机器，它是由许多机构和系统组成的。

如图3-5所示为单缸柴油机构造简图，下面我们对内燃机的总体构造作简单介绍。

（一）曲柄连杆机构

曲柄连杆机构包括活塞组、连杆组、曲轴飞轮组等，构成内燃机的主要运动部件。

它的作用是将活塞的往复直线运动转变为曲轴的旋转运动，将作用在活塞上的燃气压力变为扭矩，通过曲轴输出。

（1）活塞组。活塞组由活塞、活塞环（包括气环和油环）、活塞销等机件组成，如图3-6所示。

活塞顶部与气缸盖、气缸共同组成燃烧室。活塞的主要作用是承受气缸中气体的作用力，并将此力通过活塞销传给连杆，以推动曲轴旋转。

（2）连杆组。连杆组主要由连杆、连杆盖、连杆轴瓦及连杆螺栓等组成。连杆的功用是将活塞承受的力传给曲轴，并使活塞的往复运动转变为曲轴的旋转运动。

（3）曲轴飞轮组。曲轴飞轮组主要由曲轴、飞轮及附件组成。其附件的种类和数量取决于发动机的结构和要求。如图3-7所示为一种六缸发动机的曲轴飞轮组的分解图。曲轴的功用是承受连杆传来的力，并转换成绕曲轴轴线的转矩，以输出所需的动力。

（二）固定件

固定件包括机体、气缸盖、气缸垫、气缸套和油底壳等，它们是内燃机的骨架，用以安装和支承所有的运动部件和辅助系统。

（三）配气机构

配气机构由凸轮轴、推杆、挺柱、摇臂、气门等组成。它严格按照柴油机既定工作循环的要求，通过气门的"早开迟闭"将新鲜空气尽可能多地适时充入气缸，并及时将废气从气缸中排出。

与配气机构直接相关的还有设置在气缸盖内的进气道及与它们连接的进气管和排气管、空气滤清器、消声灭火器等构件，增压式柴油机还专门设置了利用废气带动涡轮的增压器。

（四）燃料供给系统

（1）柴油机燃料供给系统。由于柴油机和汽油机所需燃料不同，其燃料供给系统也有差异。柴油机燃料供给系统主要由油箱、输油泵、柴油滤清器、喷油泵、喷油器等组成，其功用是定时、定量、定压地向燃烧室喷入柴油，并创造良好的燃烧条件，满足燃烧过程的需要。

（2）汽油机燃料供给系统。汽油机燃料供给系统主要有两种：化油器式燃料供给系统和电控燃料供给系统。

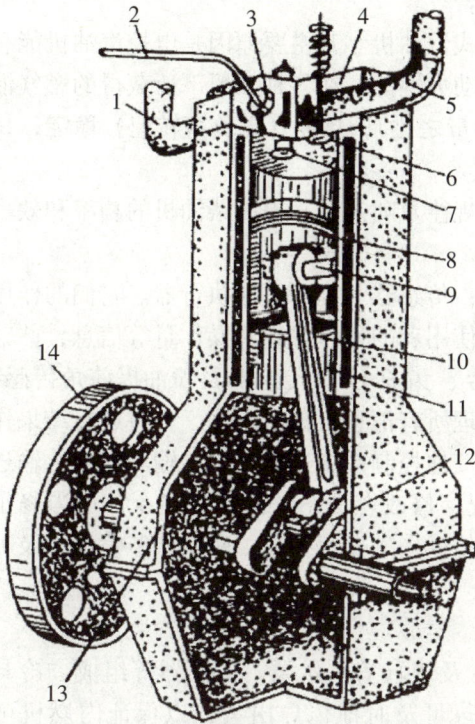

1.进气管 2.进油管 3.燃烧室 4.气缸盖 5.排气管
6.排气门 7.进气门 8.活塞 9.活塞销 10.连杆
11.气缸 12.曲轴 13.曲轴箱 14.飞轮

图3-5 单缸柴油机构造简图

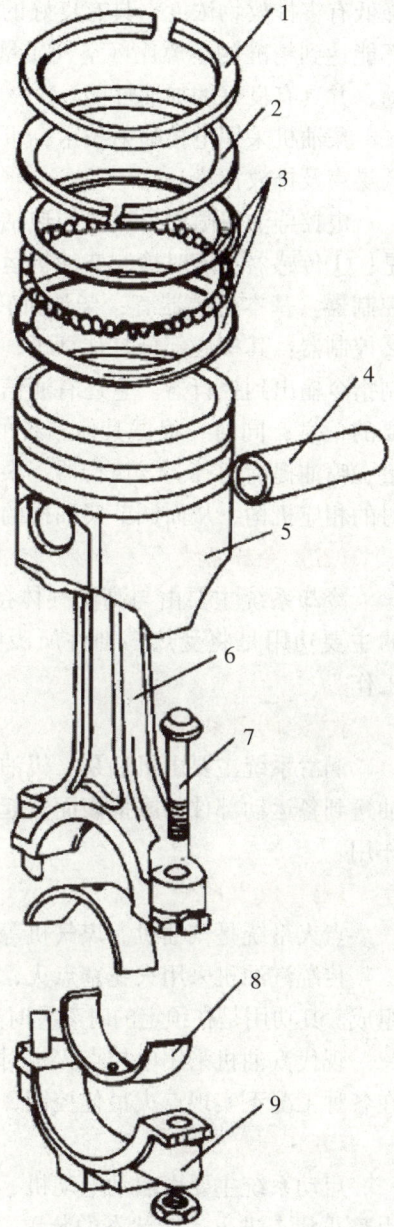

1.第一道气环 2.第二道气环 3.组合油环
4.活塞销 5.活塞 6.连杆体 7.连杆螺栓
8.连杆轴瓦 9.连杆盖

图3-6 发动机活塞连杆组分解图

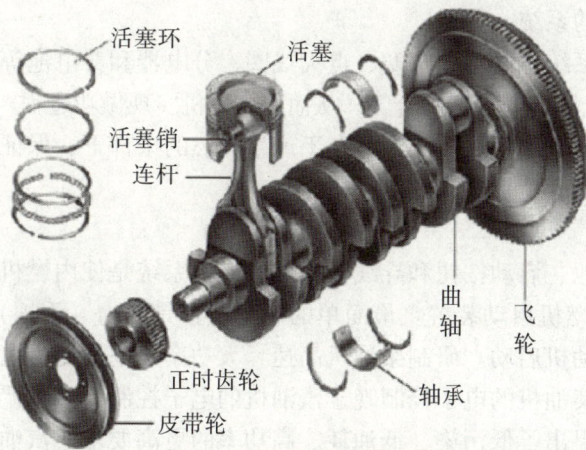

图3-7 曲轴飞轮组分解图

化油器式燃料供给系统主要由油箱、输油泵、滤清器、化油器等组成。其功用是将汽油和空气按比例形成的可燃混合气连续地供给气缸,以满足混合气的形成及燃烧过程的需要。汽油机电控燃料供给系统通过喷油器,定时、定量地把汽油喷入进气道或气缸中,使发动机在各种情况下都能获得最佳浓度的混合气。

目前，电控汽油机已替代传统的化油器式汽油机。其主要原因是电控汽油机能有效地降低有害排放物浓度；具有良好的经济性和动力性能；在各种工况下所获得的燃气混合气都能达到精准的空燃比（空气质量与燃料质量之比）；怠速（无负荷转速）稳定，易于启动，并具有良好的加速性能。

柴油机采用电控喷射技术，可优化喷油规律及喷油量，提高柴油机的功率和效率，降低噪声及排放污染。

电控柴油机喷射系统总体包括三大部分：传感器、控制器和执行器。它们的作用分别是：①传感器：实时检测柴油机运行状态、使用者的操作思想及操作量等信息，并输送给控制器。基本传感器有：柴油机转速传感器、齿杆位移传感器及喷油提前角传感器等。②控制器：其核心部分是计算机，它负责处理所有消息，执行程序，并将运行结果作为控制指令输出到执行器。它还有通信功能，与其他控制系统进行数据传输和交换，输送出必要的信息；同时，根据其他系统的实时情况，修改燃油系统的执行指令，适当修正喷油量、喷油提前角等。③执行器：根据控制器传送来的执行指令，驱动调节喷油量及喷油定时的相应机构，从而调节柴油机的运行状态。

（五）冷却系统

冷却系统主要由与高温气体接触的气缸及气缸盖、水泵、散热器等组成。冷却系统的主要功用是将受热零部件所吸收的多余热量及时地传导出去，以保证内燃机可靠地工作。

（六）润滑系统

润滑系统主要由机油泵、机油滤清器、机油散热器、各种阀等组成，它的功用是将机油送到各运动部件的摩擦表面，起到减少摩擦、磨损和冷却的作用，也具有密封和防腐蚀作用。

（七）点火系统

点火系统是汽油机、煤气机等特有的系统。

传统汽油机采用火花塞点火，点火系统主要由火花塞、点火线圈、分电器和蓄电池等组成。其功用是在预定的时刻及时点燃气缸内的可燃混合气，从而使内燃机实现做功过程。

现代汽油机采用电控点火定时和爆燃控制，可使汽油机在不产生爆燃的条件下，保证在各种工况下实现点火最佳控制，最大限度地提高汽油机的扭矩和功率。

（八）启动系统

启动系统主要由启动电动机、蓄电池、启动按钮和导线等组成。启动系统是使内燃机由静止状态进入运转状态的装置，即内燃机启动装置。最简单的启动装置是人力（手摇）启动，对较大功率的内燃机必须采用电动机启动。研制柴油机高速、大功率、高性能的电控执行器技术要求高、难度大，因此，柴油机的电子控制晚于汽油机的电子控制。日益严格的排放法规及能源的紧缺，向柴油机提出了低污染、低油耗、高功率的更高要求。汽油机电控技术的成功应用，充分显示出电控的优越性，从而推动和加速了柴油机电控的发展，并获得了显著的效果。

四、汽油机与柴油机的主要区别

微课

汽油机与柴油
机的区别

汽油机与柴油机在结构与原理方面有很多相同之处，其主要不同点在于所用燃料、燃料供给方式和燃料点火方式等。

汽油机以汽油为燃料，柴油机以柴油为燃料。柴油机进气冲程进入气缸的是空气，绝大多数的汽油机进气冲程吸入的是汽油和空气的混合气。汽油在进入气缸前须先被喷散成雾状和蒸发，并与空气按一定比例混合成均匀的可燃混合气。

目前汽油机广泛采用电控燃油喷射技术，根据汽油机不同的工况要求，配制出一定数量和浓度的可燃混合气输入气缸，保证了对燃油量的精确控制，提高输出功率。汽油机设有点火系统。汽油机采用电控点火定时，保证汽油机在各种工况下实现最佳控制。

表3-5所列各项为汽油机与柴油机主要不同点的比较。

表3-5　　　　　　　　　汽油机与柴油机主要不同点的比较

项　目	柴油机	汽油机
进气	纯空气	汽油与空气的混合气
点火方法	利用压缩空气的高温自燃点火（压燃）	现代汽油机广泛采用电控点火定时技术（点燃）
燃料的雾化与混合气的形成方式	柴油在燃烧室内由喷油器雾化，与被压缩的高温空气混合；采用电控喷射，可优化喷油规律及喷油量	采用电控喷射技术，定时、定量地把汽油喷入进气道或气缸中，可获得最佳浓度的混合气
压缩比	较高	较低
扭矩	低速时扭矩较大	高速时扭矩较大
机体结构	因燃烧压力高，机件强度大，构造坚固，较笨重	因燃烧压力低，机件强度低，构造轻巧
热效率	较高	较低
适用功率范围	适用于大、中和小功率	适用于中、小及微型功率
转速	较低	较高

五、内燃机主要性能指标

内燃机的性能通常用动力性能和经济性能指标表示。动力性能是指内燃机在能量转换中输出功率的大小，标志动力性能的参数有扭矩和功率等。经济性能是指发出一定功率时燃料消耗的多少，表示能量转换中质的优劣，标志经济性能的参数有热效率和燃料消耗率。

（一）输出扭矩

内燃机曲轴上对外输出的扭矩，称为输出扭矩（或称为转矩），用 T_{tq} 表示，单位为牛顿·米（N·m）。

（二）有效功率

内燃机在单位时间内对外做的功，称为有效功率，用 P_e 表示，单位为千瓦（kW）。

$$P_e = \frac{\pi n}{30} T_{tq} \times 10^{-3} = \frac{T_{tq}n}{9\,550} (kW)$$

式中：T_{tq}——输出扭矩（N·m）；

　　　n——转速（r/min）。

有效功率是内燃机的主要性能指标之一。

内燃机功率标定是制造企业根据内燃机的用途、寿命、可靠性及使用条件等要求，人为规定的该产品在大气条件下所输出的有效功率及相应的转速，也被称为标定功率及标定转速。各国或地区标定方法不尽相同，我国国家标准规定，内燃机功率分为以下四级：

（1）15分钟功率。该功率为内燃机允许连续运行15分钟的最大有效功率，适用于较大功率储备或需要瞬时发出最大功率的汽车、军用车辆、快艇等用途的内燃机。

（2）1小时功率。该功率为内燃机允许连续运行1小时的最大有效功率，适用于需要一定功率储备，以克服突增载荷的工程机械、内燃机车、大型载货汽车、船舶等用途的内燃机。

（3）12小时功率。该功率为内燃机允许连续运行12小时的最大有效功率，适用于在12小时内连续运转，而且要充分发挥功率的拖拉机、农业排灌、内燃机车、移动式发电机组等用途的内燃机。

（4）持续功率。该功率为内燃机允许长时间连续运行的最大有效功率，适用于需要长期连续运转的固定动力、排灌、船舶、电站等的内燃机。

【提示】除持续功率外，其他几种功率均具有间歇性工作的特点，故被称为间歇功率。在标定任一种功率时，必须同时标出相应的标定转速。

（三）有效燃料消耗率

内燃机每发出1千瓦的功率，在1小时内所消耗的燃料量（克），称为有效燃料消耗率（比油耗），用b_e表示，单位为克/千瓦·小时。比油耗越低，内燃机的经济性越好。

$$b_e = \frac{B}{P_e} \times 10^3 （克/千瓦·小时）$$

式中：B为内燃机每小时的燃料消耗量（千克/小时）。

（四）有效热效率

转换成内燃机有效功的热量与所消耗燃料热量的比值，用η_e表示。

$$\eta_e = \frac{3.6 \times 10^3}{BH_u} P_e$$

式中：H_u为所用燃料的低热值（千焦/千克）。

知识链接

内燃机排放及相应标准简介

低热值是指燃料完全燃烧时放出的热量，但不包括燃烧物中水蒸气的潜热。内燃机的热效率越高，表示燃料的热量利用越好，内燃机的燃料经济性越好。一般高速柴油机的η_e值在0.36~0.40；中速柴油机的η_e值在0.38~0.45；低速柴油机的η_e值在0.40~0.48；汽油机的η_e值在0.25~0.36；增压内燃机的η_e值偏于高值。

【提示】柴油机的热效率比汽油机的高；对于柴油机来说，低速的比高速的高；增压的比非增压的高。

六、燃气轮机

（一）燃气轮机的特点及用途

燃气轮机是一种动力机械。燃气轮机具有功率大、重量轻、体积小、振动小、噪声小、维修方便等优点，但也存在热效率低的缺点。

在航空上，燃气轮机已占据绝对优势，在其他领域也有比较广泛的应用，常用于电站、机车和坦克等。燃气轮机是新型舰船动力装置，更能满足大中型水面舰艇的技术要求。

（二）燃气轮机的基本结构及工作原理

燃气轮机主要由压气机、燃烧室和涡轮三大部分组成，结构如图3-8所示。

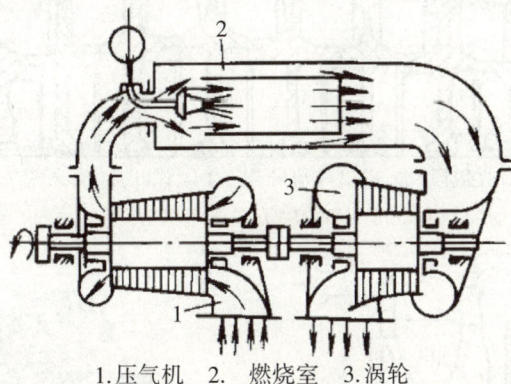

1.压气机　2.　燃烧室　3.涡轮
图3-8　燃气轮机简图

燃气轮机工作时，压气机把空气从大气中吸入并压缩，使之具有一定的压力，然后把空气送入燃烧室，与喷入的燃料混合，点火燃烧，产生高压、高温的燃气。高压高温的燃气进入涡轮，进行膨胀做功，推动涡轮转动，并带动与之同轴的压气机一起高速旋转，从而把燃料的化学能部分地转换为机械功。

燃气在膨胀做功以后，其压力和温度都降低，可直接排入大气，或经过回收部分热量以后排入大气。

在压气机中进行的是吸气及压缩过程；在燃烧室中进行的是燃料的燃烧过程；在涡轮中进行的是膨胀做功以及排气过程。各工作过程连续循环地进行，以维持燃气轮机的做功能力。

（三）压气机

压气机是燃气轮机的一个重要组成部分。它的作用是完成燃气轮机热力循环中的空气压缩过程，提高工质（气体）的压力。压气机有轴流式和离心式两种基本型式。它们的工作过程类似，但是流道形状及空气流动特点有所不同。

1.轴流式压气机

在轴流式压气机中，空气沿与轴线平行的方向流动，其特点是空气流量大，但单级增压压力比较低，所以通常轴流式压气机都由多级组成，以获得较高的压力比。另外由于它的迎风面积小，空气流动不急剧转向，效率较高，因此，轴流式压气机在航空及大型燃气轮机中广泛应用。图3-9所示为多级轴流式压气机剖面图。

2.离心式压气机

在离心式压气机中，空气大致沿着与旋转轴线垂直的半径方向流动，因而也称为径流式压气机。它与轴流式压气机相比，空气流量小，效率较低；但单级离心式压气机具有结构简单、外形短、重量轻等优点，对于小尺寸的压气机，离心式压气机的效率反而高于轴流式压气机的效率。因此，离心式压气机多用于小型的燃气轮机。如图3-10所示为两级离心式压气机。

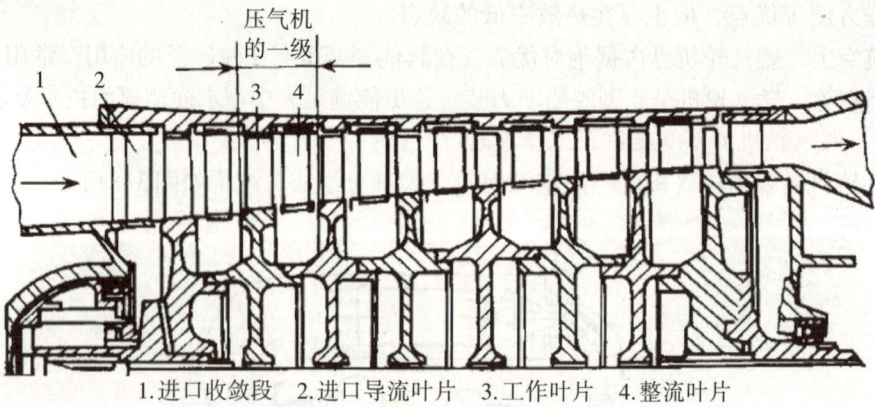

1.进口收敛段　2.进口导流叶片　3.工作叶片　4.整流叶片

图3-9　多级轴流式压气机剖面图

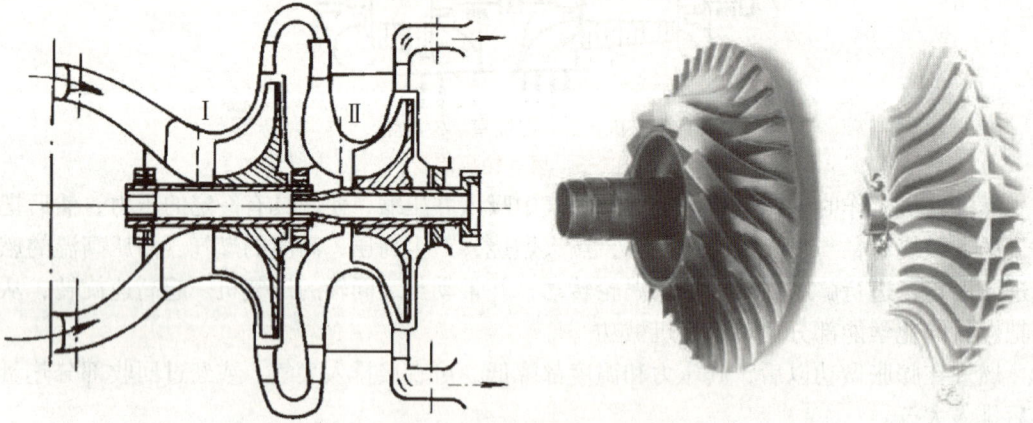

图3-10　两级离心式压气机

（四）涡轮

涡轮与压气机相反，它是将燃气的热能和压力能转变为轴上的机械功的一种叶轮式机械。

装有一列喷嘴环的定子和其后装有动叶片的工作轮组成涡轮的一个级。同压气机一样，涡轮也可由多个级组成，称为多级涡轮。

在燃气轮机中采用的涡轮分为两类：轴流式涡轮和径流式涡轮。两种涡轮机的结构简图如图3-11和图3-12所示。工质流动方向与轴大致平行的称为轴流式涡轮，工质流动方向与轴大致垂直的称为径流式涡轮。径流式涡轮又分为径流向心式和径流离心式。轴流式涡轮和径流式涡轮虽然在结构上有较大差别，但工作原理基本相同。因为轴流式涡轮在大流量的情况下具有较高的效率，所以轴流式涡轮应用广泛，多在大型燃气轮机中采用。

（五）燃烧室

在燃气轮机中，燃烧室位于压气机和涡轮之间。其作用是将压气机送来的增压后的空气同燃料进行混合和燃烧，通过燃烧，把燃料的化学能以热的形式释放出来，使燃气的温度大大提高。工质的热能在涡轮中转变为机械功，所以燃烧室是燃气发生器。它是燃气轮机的一个重要部件。

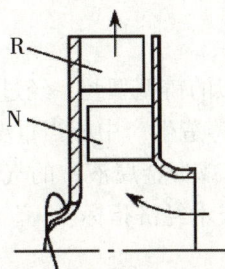

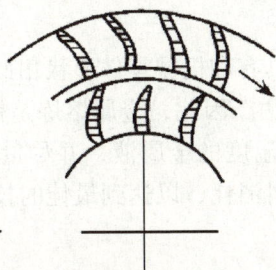

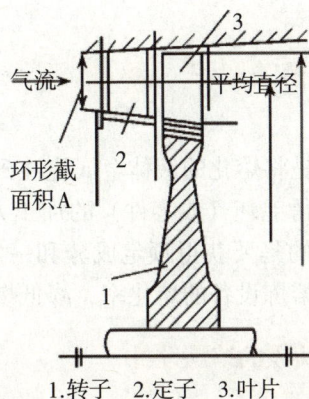

N.喷嘴环　　　　　R.工作轮　　　　　1.转子　2.定子　3.叶片

图3-11　轴流式涡轮机简图　　　图3-12　径流离心式涡轮机简图

　　如图3-13所示为燃烧室的简图。燃烧室主要由燃烧室外壳、火焰管、涡流器、喷油嘴、混合器以及为点燃燃料与空气形成的混合物而设置的点火器等组成。

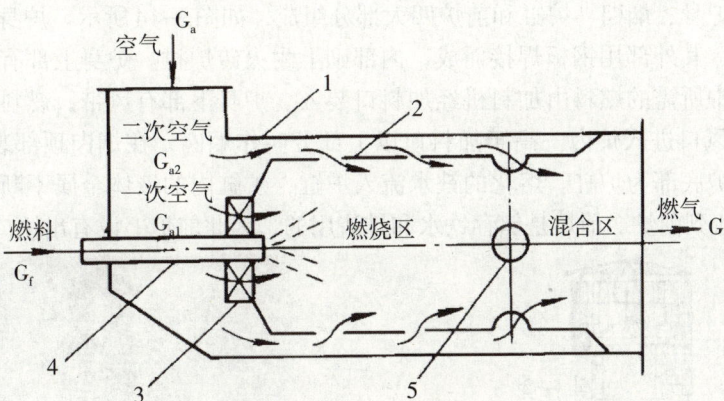

1.外壳　2.火焰管　3.涡流器　4.喷油嘴　5.混合器

图3-13　燃烧室简图

　　燃烧室从总体结构上分为三大类：圆筒形燃烧室、管形燃烧室和环形燃烧室。

　　燃气轮机中的燃料为液体和气体燃料。常用的液体燃料有煤油、轻柴油、重柴油、重油及原油。常用的气体燃料有天然气、炼油厂气、焦炉煤气等。

任务二　金属熔炼设备

任务描述

　　将熔化的液体金属浇注到具有和机械零件形状相似的铸型型腔，经过凝固冷却之后，获得毛坯（或零件）的加工方法，即为铸造。那么熔化的液体金属是怎么熔炼出来的呢？在熔炼过程中应该注意哪些事项，又有哪些技术经济指标呢？下面我们通过以下内容的学习来解答这个问题。

相关知识

铸造是将熔化的液体金属浇注到具有和机械零件形状相似的铸型型腔，经过凝固冷却之后，获得毛坯（或零件）的加工方法。因此，金属熔炼是铸造生产中相当重要的环节。熔炼的目的是要获得预定成分和一定温度的金属液，并尽量减少金属液中的气体和夹杂物，提高熔炼设备的熔化率，降低燃料消耗，以达到最佳的技术经济指标。

一、铸铁的熔炼设备

铸铁的熔炼设备有许多种，如冲天炉、反射炉、工频感应炉等。由于冲天炉具有结构简单、操作方便、熔化率高、成本低的特点，目前得到广泛应用。

（一）冲天炉的结构

冲天炉由炉身、烟囱、炉缸和前炉四大部分组成，如图3-14所示。炉身为直筒形，是冲天炉的主体，其外部用钢板焊接而成，内部砌上耐火砖炉衬。炉身上部有加料口，冲天炉在工作过程中所需的燃料由加料机经加料口装入。炉身下部有风带，燃料燃烧时所需的空气从风带经风口进入炉内。高于加料口以上部分叫作烟囱，在烟囱顶部装火花捕集器。主风口以下至炉底部为炉缸。熔化的铁水流入炉缸，炉缸内的液体金属不断地沿着倾斜炉底，经过过道流到前炉。前炉是储存铁水和排渣用的，因此前炉上设有出铁口和出渣口。

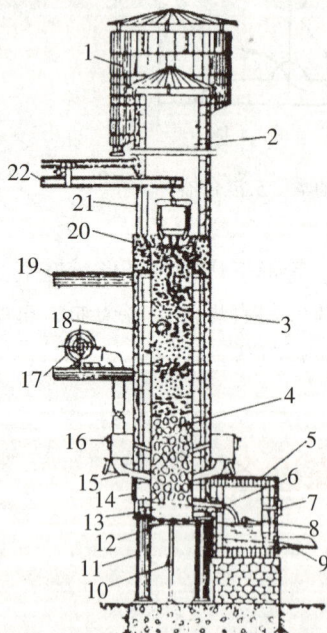

1.火花罩 2.烟囱 3.层焦 4.底焦 5.前炉 6.过道
7.窥视口 8.出渣口 9.出铁口 10.支柱 11.炉腿
12.炉底门 13.炉底 14.工作门 15.风口
16.风带 17.鼓风机 18.炉身 19.加料台
20.铸铁砖 21.加料口 22.加料机

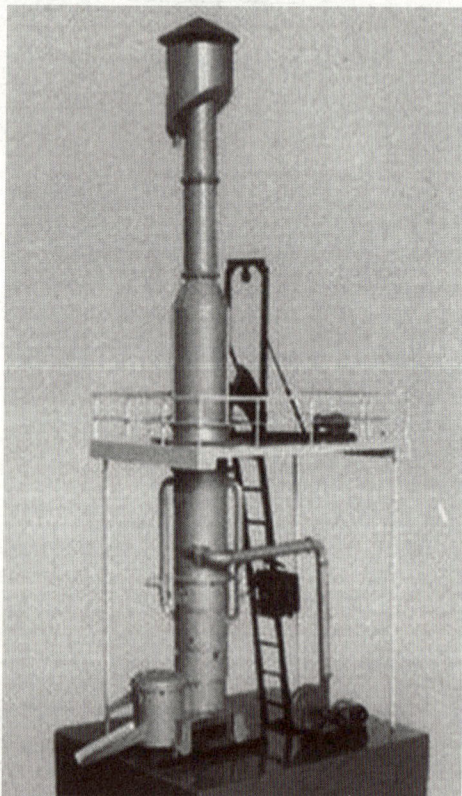

图3-14 冲天炉构造

冲天炉的生产率用每小时能熔化多少吨铁水表示，通常为0.5～30吨/小时（t/h），最常用的为1.5～10吨/小时（t/h），炉子内径越大，其生产率越高。

（二）节能降耗冲天炉及淘汰产品

冲天炉是铸造生产中能耗大、对环境污染严重的设备。冲天炉产生的污染主要是其排放物——烟尘、炉渣及热量。冲天炉产生的烟尘中含SO、CO、CO_2及氮氧化物等有害气体，未燃烧的碳粒及SiO_2、MgO、CaO、Fe_xO_y等固态污染物，粒径为$0.1\mu m$～$1\mu m$的颗粒可长久存留于空气中并形成气溶胶，粒径为$1\mu m$～$10\mu m$的颗粒可以尘雾形态在流动的空气中飘浮很长时间，粒径为$10\mu m$～$100\mu m$的颗粒，虽然在空气中易于沉降，但在上升气流中也会较长时间悬浮和飘散，大于$100\mu m$的颗粒，被烟气吹出烟囱后，降落在冲天炉附近。因此，应重视冲天炉的选型并根据技术进步水平，适时淘汰落后的冲天炉。

我国要求冲天炉应具有节能减排、安全环保的特点，国家三部委联合推荐的外热风冲天炉符合上述要求。所谓外热风就是利用冲天炉烟气中一氧化碳的化学热加热空气，再将预热的空气送入冲天炉。其基本配置是水冷无衬单排插入式风口。这种冲天炉的铁液过热能力强，冶金性能好，炉渣渣量少，烟气中CO含量几乎为零。采取适当技术措施后，5吨/小时以上的冲天炉也能克服开炉初期炉温低、铁液升温慢、出铁温度低和质量差的缺陷。

对于产量小、不足以采用外热风冲天炉的工厂，可采用薄衬冲天炉。所谓薄衬是指熔化带和过热带耐火材料炉衬厚度相当于无衬炉凝渣自生衬。这种冲天炉在熔炼过程中，炉膛截面积变化很小，能在稳定的工艺条件下实现炉况稳定，与无衬炉一致；开炉伊始即有炉衬保护，避免开炉初期的过度散热，炉内升温快，从开炉到进入正常熔炼的时间短。因此较小熔化率的冲天炉也可实现长炉龄操作，从而具备环保特点。水冷薄衬可用于常温送风或自热送风的两排风口炉型，也可用于单排风口外热风炉型。

对于经适当技术改造，仍不能满足节能减排、安全环保的冲天炉，就应坚决淘汰。如：300立方米及以下的炼铁高炉；300立方米以上、400立方米及以下的炼铁高炉；200立方米及以下的专业铸铁管厂高炉；100立方米及以下的锰铁高炉；2015年淘汰小吨位（≤3吨/小时）铸造冲天炉。

（三）生产技术经济指标

衡量冲天炉的技术经济指标主要有：

（1）铁水出炉温度。在燃料消耗相同的条件下，铁水出炉温度越高，则炉子经济效果越好。目前一般冲天炉铁水出炉温度可达1 400℃左右，较好的炉子可达1 450℃～1 500℃。

（2）熔化率。熔化率是指冲天炉每小时能熔化出多少吨的铁水，单位为吨/小时（t/h）。熔化率反映了冲天炉熔化能力的大小。目前，冲天炉公称熔化率系列为2、3、5、8、10。为了比较不同大小熔炉的熔化能力，常常需要计算冲天炉的熔化强度，即每平方米炉膛面积每小时熔化金属炉料的重量。其计算公式如下：

$$q = \frac{Q}{A}$$

式中：q——熔化强度（$t/m^2 \cdot h$）；

Q——熔化率（t/h）；

A——冲天炉内熔化带处断面面积（m²）。

冲天炉的熔化强度一般在6~9t/m²·h，也有超过10t/m²·h的。

（3）燃料消耗率。冲天炉熔炼时，其燃料消耗的多少，一般用铁焦比α表示。其计算公式如下：

$$\alpha = \frac{m_{铁}}{m_{焦}}$$

式中：α——铁焦比；

　　　$m_{铁}$——铁料重量（kg）；

　　　$m_{焦}$——焦炭重量（kg）。

有时也用焦炭消耗率β来表示焦炭消耗的多少，计算公式如下：

$$\beta = \frac{m_{焦}}{m_{铁}}$$

目前，国内冲天炉铁焦比α一般为8~10，即焦炭消耗率β为10%~12.5%。在保证铁液质量的前提下，为了节约能源，应努力提高铁焦比，降低焦炭消耗率。

二、铸钢的熔炼设备

由于钢的含碳量比铸铁低，熔点高，且对硫及磷等杂质元素和有害气体含量要求较严，因此，其熔炼过程比较复杂。炼钢过程包括钢液内、炉渣内、钢液与炉渣间、炉渣与炉气间以及炉渣与炉衬间一系列氧化还原反应，都是在高温下发生的复杂物理、化学过程。目前炼钢厂炼钢的方法有氧气顶吹转炉炼钢法和电弧炉炼钢法。然而绝大多数工厂所需要的钢液是为了生产铸钢件，生产铸钢件比炼钢厂需要的钢液量少得多，生产上要求熔炼设备有较大的灵活性，故一般工厂所用的熔炼设备主要是电弧炉（容量为0.5t~20t）和感应电炉。

（一）电弧炉

电弧炉的构造如图3-15所示，炉盖上有三个电极孔，三根石墨电极插入炉内。通电后，电极与炉料间产生电弧发热进行冶炼，炉温可达2 000℃。电弧炉的大小用每炉炼钢重量表示，一般为3t~20t。

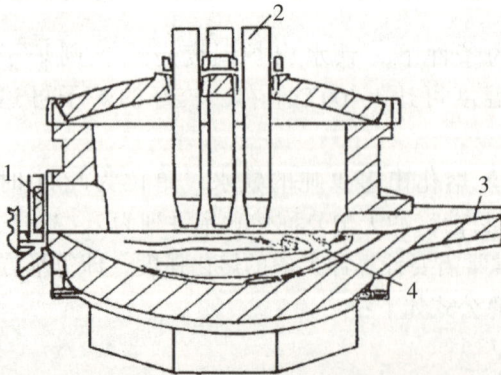

1.炉门　2.电极　3.出钢槽　4.熔池

图3-15　电弧炉构造示意图

电弧炉按炉衬材料和炉渣特点可分为碱性电弧炉和酸性电弧炉。碱性电弧炉可去硫、磷，对炉料无特殊要求，可炼出各种优质钢，是目前铸钢工业中使用甚广的冶炼设备。酸性电弧炉与碱性电弧炉相比，生产率高，炉衬的价格便宜，使用寿命长。但酸性炉不能去硫、磷。如金属炉料条件较好时，采用酸性炉的技术经济意义较大。

电弧炉作为炼钢设备的最大优点是热效率高，特别是在熔化炉料方面，其热效率高达75%，是其他设备所不能比拟的。缺点是钢液容易吸收氢气，在电弧的高温作用下，空气中的水分离解为离子氢和离子氧，在炉渣覆盖不严密的条件下，离子氢容易侵入钢液，而使钢液增氢。

（二）感应电炉

近年来，感应电炉在铸造生产中的应用得到了迅速发展。常用炼钢感应炉可分为中频炉（频率 1 000Hz 左右）和工频炉（频率 50Hz），如图 3-16 所示为工频炉构造图。炉衬用石英砂等耐火材料捣制而成，炉衬外面绕有铜管制成的感应线圈，当工频电流通过感应线圈时，炉膛内金属炉料在交变磁场作用下产生感应电势，从而在炉料表面层产生感应电流（称为涡流）而发热，使金属熔化并过热达到所需温度。

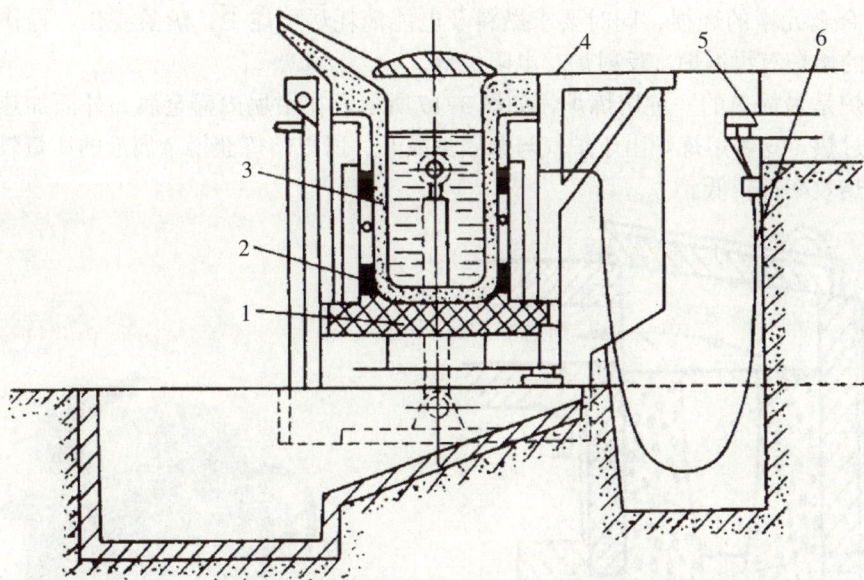

1.隔热板　2.线圈　3.炉衬　4.工作台　5.铜板　6.电源线

图3-16　工频炉构造图

感应电炉熔炼的热量是由炉料和钢液内部发出的，故加热能力较强，但由于温度比电弧炉中高温电弧低，故熔化炉料阶段的热效率比电弧炉低，但仍能达到60%左右。感应电炉的优点在于钢中元素烧损率较低，可以制得含气少、非金属夹渣少、含碳低、合金元素损失少的各种优质钢；其熔炼速度快，能源损耗少，易于实现真空熔炼，适用于中、小型铸钢件熔炼。缺点是炉渣的温度较低，故其冶金化学反应能力较差，使得炼钢中的一些冶金反应（如脱磷、脱硫、脱氧等）进行得不充分，另外其电气设备价格较贵，对炉衬材料要求较高。

（三）炼钢设备淘汰产品

在国家已公布的淘汰目录中，属于炼钢设备的有：生产地条钢、普碳钢的工频和中频感应炉（机械铸造用钢锭除外）；20吨及以下炼钢转炉；20吨以上、30吨及以下炼钢转炉；9 000千伏安以上、15 000千伏安及以下（公称容量20吨以上、30吨及以下）炼钢电炉；5 000千伏安及以下（公称容量10吨及以下）高合金钢电炉。属于铁合金熔炼设备的有：6 300千伏安及以下铁合金矿热电炉；3 000千伏安及以下铁合金半封闭直流电炉和精炼电炉；1 500千伏安及以下铁合金硅钙合金电炉和硅钙钡铝合金电炉；5 000千伏安及以下铁合金硅钙合金电炉和硅钙钡铝合金电炉；单产5吨/炉以下的钛铁熔炼炉、用反射炉焙烧钼精矿的钼铁生产线。

三、有色金属熔炼

除了由铁和它的合金所组成的黑色金属外，其他金属称为有色金属。常用于铸造的有色金属有铜、铝、镁、锡、铅、锌等。

有色金属熔炼中合金元素容易氧化烧损，因此有色金属熔炼炉应保证金属炉料快速熔化，以免合金元素的烧损，同时要求燃料及电能消耗尽可能少，炉龄要长，操作力求简便。常用的熔炉有坩埚炉、反射炉、电阻炉等。

坩埚炉是最简单的一种熔炼炉，如图3-17所示。在坩埚内盛金属，外面加热，使金属熔化和过热。这种熔炼炉由于炉气与金属液隔开，所以熔炼获得金属液的质量较高，但生产率和热效率都较低。

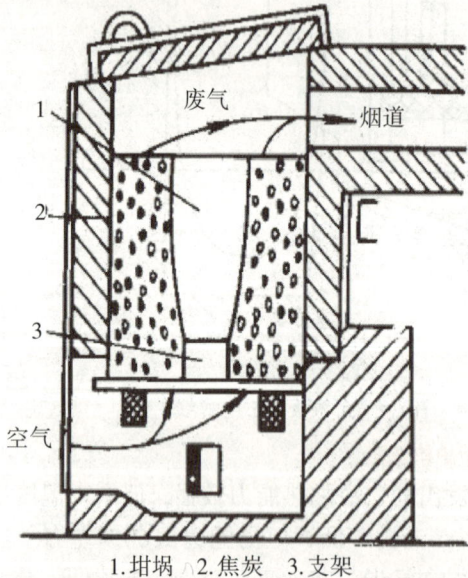

1.坩埚　2.焦炭　3.支架

图3-17　坩埚炉示意图

为节能减排及环境保护，国家对技术落后的有色金属熔炼设备加大了淘汰力度，在国家已公布的产品淘汰目录中，属于有色金属熔炼设备的有：用反射炉还原、煅烧红矾钠、铬酐生产金属铬的生产线；以焦炭为燃料的有色金属熔炼炉；无磁轭（≥0.25吨）铝壳无芯中频感应电炉；无芯工频感应电炉；密闭鼓风炉、电炉、反射炉炼铜工艺及设备；采用烧结锅、烧结盘、简易高炉等落后方式炼铅工艺及设备；未配套制酸及尾气吸收系统的烧结机炼铅工艺；烧结——鼓风炉炼铅工艺；采用马弗炉、马槽炉、横罐、小竖罐（单日单罐产量8吨以下）等进行焙烧、简易冷凝设施进行收尘等落后方式炼锌或生产氧化锌制品；采用地坑炉、坩埚炉、赫氏炉等落后方式炼锑；采用铁锅和土炉、蒸馏罐、坩埚炉及简易冷凝收尘设施等落后方式炼汞；采用土坑炉锅或坩埚炉焙烧、简易冷凝设施收尘等落后方式炼制氧化砷或金属砷制品；无烟气治理措施的再生铜焚烧工艺及设备；坩埚炉再生铝合金、再生铅生产工艺及设备；直接燃煤反射炉再生铝、再生铅、再生铜生产工艺及设备；50吨以下传统固定式反射炉再生铜生产工艺及设备；4吨以下反射炉再生铝生产工艺及设备。

任务三　金属压力加工设备

任务描述

日常生活中，我们常见或使用的是有具体形状和尺寸的金属制品，小到一颗螺丝钉，大到一块金属薄板，这是运用哪些不同的金属压力加工设备将金属坯料加工成我们所需的工件呢？让我们一起来认识一下吧。

相关知识

金属的压力加工包括锻造和冲压两大类加工方法。锻造是利用锻压机械对金属坯料施加压力，使其产生塑性变形以获得具有一定机械性能、形状和尺寸的锻件的加工方法。冲压是靠压力机和模具对板材、带材、管材和型材等施加外力，使之产生塑性变形或分离，从而获得所需形状和尺寸的工件（冲压件）的加工方法。锻压的坯料主要是棒料和铸锭，冲压的坯料主要是热轧和冷轧的钢板和钢带，冲压件与锻件相比，具有薄、轻、均、强的特点。锻造和冲压都属于塑性加工性质，统称为锻压。

锻压设备包括各种锻锤、各种压力机和其他辅助设备。其主要有成型用的锻锤、机械压力机、液压机、螺旋压力机和平锻机，以及校正机、剪切机、锻造操作机等辅助设备。

知识链接

锻压机械分类

一、锻造设备

（一）锻锤

锻锤是锻造设备的作业部件。锻造是由锻锤下落或强迫其高速运动产生动能对坯料做功，使之塑性变形的工艺过程。锻锤设备结构简单、工作灵活、通用性强、使用面广、易于维修，适用于自由锻和模锻，但振动较大，较难实现自动化生产。

1.空气锤

空气锤的工作原理如图3-18（a）所示，空气锤是生产小型锻件的常用设备，其外形结构如图3-18（b）所示。由电动机通过减速器带动曲柄-连杆机构，使压缩活塞在压缩缸中做上下往复运动。当压缩活塞向上运动时，压缩空气经过操纵机构的上旋阀进入工作缸内工作活塞上部，使锤头向下运动，实现对坯料的锻打；压缩活塞向下运动时，压缩空气通过下旋阀进入工作活塞下部使锤头提起。这样，通过控制机构（手柄或踏杆）对上、下旋阀位置的控制，能使锤头完成上悬、连续打击、单下打击和下压等动作。

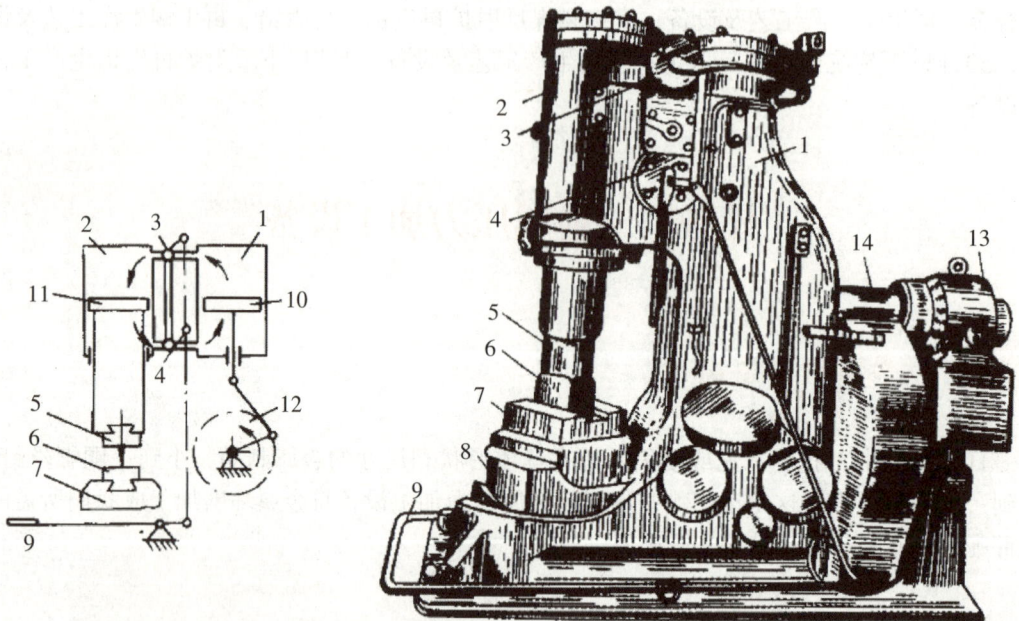

（a）工作原理示意图　　　　　　　　　　　（b）外形

1.压缩缸　2.工作缸　3.上旋阀　4.下旋阀　5.上抵铁　6.下抵铁　7.砧垫　8.砧座　9.踏杆
10.压缩活塞　11.工作活塞　12.曲柄-连杆机构　13.电动机　14.减速器

图3-18　空气锤

空气锤的规格以空气锤落下部分（工作活塞、上抵铁）的质量来表示。现国内生产和常用的空气锤规格为65kg～750kg。锻锤产生的打击力，一般是落下部分质量的1 000倍左右。

2.蒸汽-空气锤

蒸汽-空气锤是通过将压力为600kPa～900kPa的蒸汽或压缩空气由操纵阀送入气缸，从而驱动锤头上下运动的锻锤。它具有较大的打击能量，蒸汽和压缩空气一般由动力站集中供给，是生产大、中型锻件常用的设备。蒸汽-空气锤可分为自由锻锤和模锻锤，如图3-19和图3-20所示。

（1）蒸汽-空气自由锻锤。蒸汽-空气自由锻锤为了获得大的操作空间，一般把砧座与机身分开，砧座质量一般为落下部分的10～15倍。图3-19为双柱拱式蒸汽-空气锤。其主要工作部分有气缸、落下部分（上抵铁、锤头、锤杆和活塞）、带有下抵铁的砧座、带导轨的左右机架和操纵手柄等。

其工作原理是通过操纵手柄控制滑阀，使蒸汽或压缩空气进入气缸上、下腔，推动活塞上下往复运动，可使锤头实现上悬、下压、连续打击和单次打击等基本动作。蒸汽-空气锤规格也是以锤落下部分的质量来表示的，一般为1 000kg～5 000kg，小于1 000kg的可用相应的空气锤，大于5 000kg的可用水压机。这种锻锤可锻的最大锻件质量约为5t。

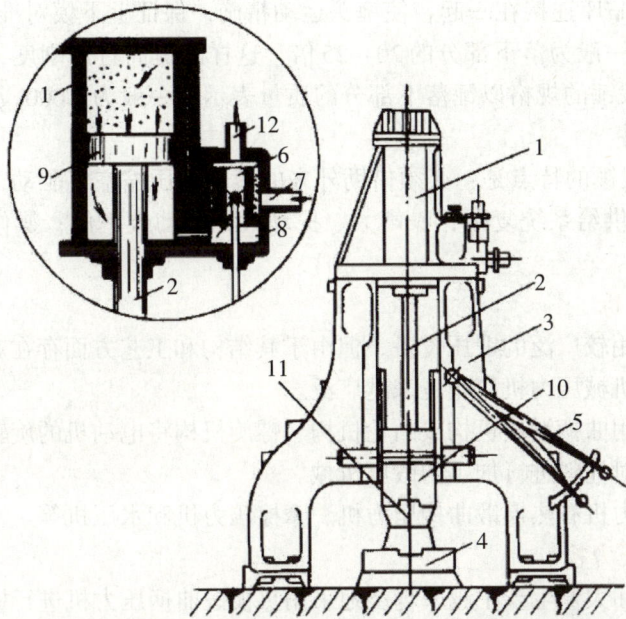

1.气缸 2.锤杆 3.机架 4.砧座 5.操纵手柄 6.滑阀 7.进气管 8.配气缸
9.活塞 10.锤头 11.上抵铁 12.排气管

图3-19 蒸汽-空气锤

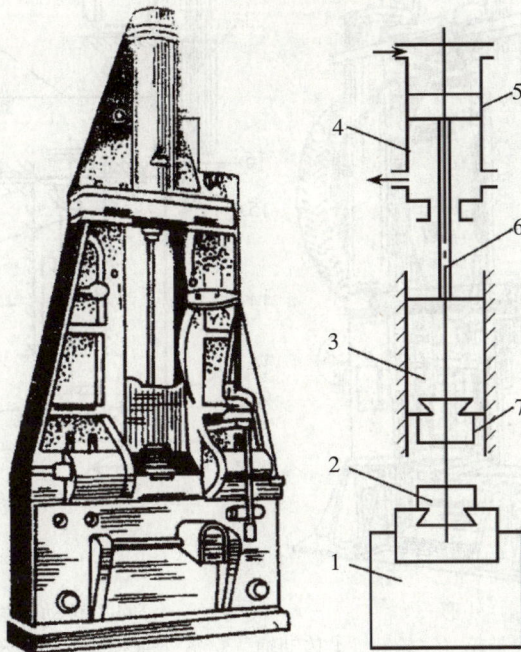

（a）模锻锤外形 （b）模锻锤结构

1.砧座 2.下模 3.锤头 4.气缸 5.活塞 6.锤杆 7.上模

图3-20 蒸汽-空气模锻锤外形及结构

（2）蒸汽-空气模锻锤。蒸汽-空气模锻锤的工作原理与蒸汽-空气自由锻锤基本相同，但是，模锻锤的锤头与导轨的间隙比自由锻锤的间隙小，以满足模锻生产精度较高的要求，机身直接与砧座连接在一起，使锤头运动精确，保证上下模对准，确保导向良好，且砧座质量很大，一般为落下部分的20～25倍，这样能提高打击刚度，减小工作时的振动。蒸汽-空气模锻锤的规格以锤落下部分的质量表示，一般为1 000kg～16 000kg，可以模锻约250kg的工件。

蒸汽-空气模锻锤的特点是：必须借助外来的蒸汽或压缩空气驱动，因而一般由动力站集中供应，动力供给系统复杂；噪声大、振动大；驱动效率低；操作强度大，劳动条件差。

（二）机械压力机

锻锤是目前应用较广泛的锻压设备，但由于其结构和工艺方面存在难以克服的缺点而限制其发展，因而机械压力机应用越来越广泛。

机械压力机是用曲柄滑块机构或凸轮机构、螺旋机构将电动机的旋转运动转换为滑块的直线往复运动，对坯料进行加工的锻压机械。

常见的机械压力机有热模锻曲柄压力机、摩擦压力机和水压机等。

1.热模锻曲柄压力机

近年来在成批和大量生产中越来越多地采用热模锻曲柄压力机进行模锻生产。热模锻曲柄压力机的外形与传动系统如图3-21所示。

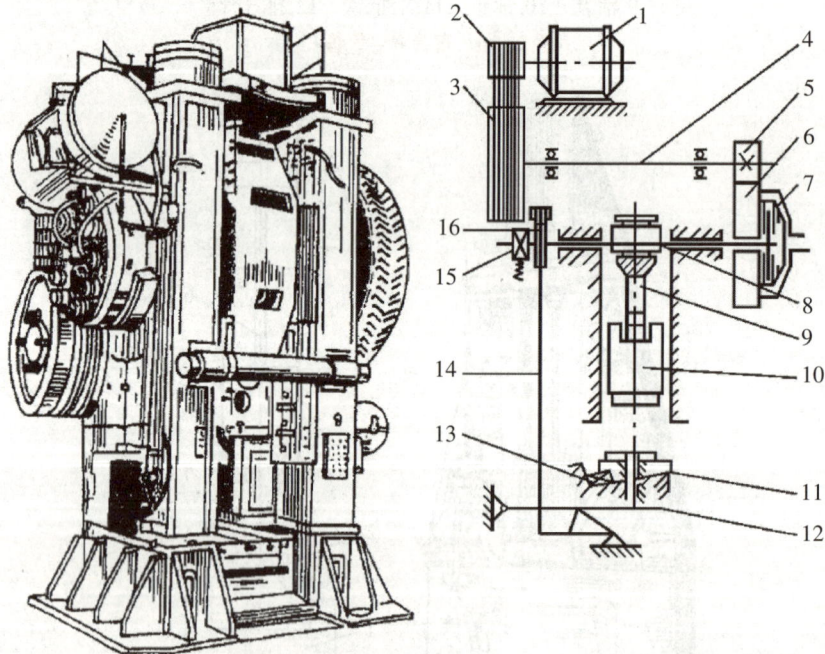

（a）外形　　　　　　　　（b）传动系统

1.电动机　2.小带轮　3.大带轮（飞轮）　4.传动轴　5、6.变速齿轮　7.圆盘摩擦离合器　8.偏心轴　9.连杆　10.滑块　11.工作台　12.下顶杆　13.楔铁　14.顶出机构　15.带式制动器　16.凸轮

图3-21　热模锻曲柄压力机的外形与传动系统

工作时，电动机通过带传动和齿轮传动把动力传到偏心轴，通过连杆使滑块沿导轨做上下往复运动，完成锻压工作。热模锻曲柄压力机上设有带式制动器，它可将滑块和上模固定在上止点位置。工作时靠圆盘摩擦离合器控制操作。滑块到下止点位置时速度最慢，所产生

的压力最大，压力机的能力即以此时的压力表示，一般为2MN～120MN（200t～12 000t）。国产热模锻曲柄压力机的吨位及能锻制锻件的重量及尺寸见表3-6。

表3-6　　　　　　　　　　热模锻曲柄压力机的吨位、锻件重量和尺寸

项　目	指标数值					
设备吨位MN（t）	10（1 000）	16（1 600）	20（2 000）	31.5（3 150）	40（4 000）	80（8 000）
锻件最大重量（kg）	2.5	4.0	7.0	18	30	80
在分模面上的投影面积（cm²）	150	240	310	570	800	1 810
能锻齿轮直径（mm）	130	175	200	270	320	480

热模锻曲柄压力机的结构有以下特点：

（1）热模锻曲柄压力机作用于锻件上的是静压力而不是冲击力，且变形力由机架承受，不传给地基；

（2）热模锻曲柄压力机是机械传动，工作时滑块行程大小不变，行程取决于曲柄的尺寸；

（3）机身刚度大，导轨与滑块的间隙小，装配精度高，因此能保证上、下模准确地合在一起，不产生错动；

（4）工作台设有顶料装置，模锻结束后，锻件被自动顶出。

由于热模锻曲柄压力机的结构具有以上特点，因而在工作时振动小、噪声小、加工精度高。又因为曲柄压力机在滑块的一次行程中即可完成工件的一个变形，因此生产率高。但曲柄压力机结构复杂、造价高。

模锻曲柄压力机适用于大批量生产，目前我国只有大、中型工厂才有条件采用。

2.摩擦压力机

摩擦压力机是以螺杆、螺母作为传动机构，靠螺旋运动将飞轮的正反向回转运动转变为滑块的上下往复运动的锻压机械。图3-22所示为摩擦压力机的构造图，电动机经皮带轮带动可做轴向往复移动的两个同轴摩擦盘旋转，交替压向飞轮，使其正反向旋转，并通过飞轮连接的螺杆推动滑块上下移动。当滑块接触工件时，飞轮被迫减速至完全停止，储存在飞轮中的旋转动能转变为冲击能，通过滑块打击工件。打击结束后，电动机使飞轮反转，带动滑块上升，回到原始位置。

摩擦压力机的规格用公称工作压力来表示。一般摩擦压力机的工作压力小于3.5MN（350t），最大的可达25MN。

摩擦压力机无固定的下死点，对较大的模锻件，可以多次打击成型，可以单打、连打和寸动。打击力与工件的变形量有关，在这些方面与锻锤相似。但它的滑块速度低，约0.5m/s，仅为锻锤的1/10，打击力通过机架封闭，故工作平稳，振动比锻锤小得多，不需要很大的基础。

一般摩擦压力机下部都装有锻件顶出装置，摩擦压力机兼有模锻锤、曲柄压力机等多种锻压机械的作用。

摩擦压力机的优点是结构简单；制造、维修费用低；对基础、厂房建筑要求低；工艺可能性大。缺点是生产率低。

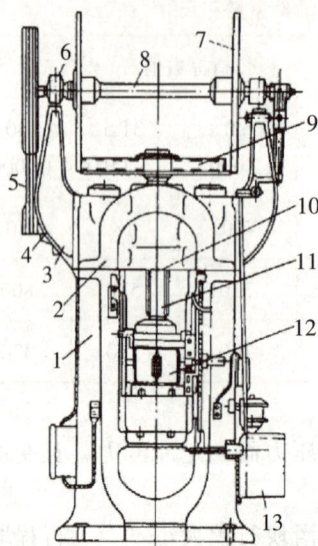

1.床身 2.横梁 3.支架 4.电动机 5.三角胶带 6.轴承
7.摩擦盘 8.主轴 9.飞轮 10.螺母 11.螺杆
12.滑块 13.液压装置

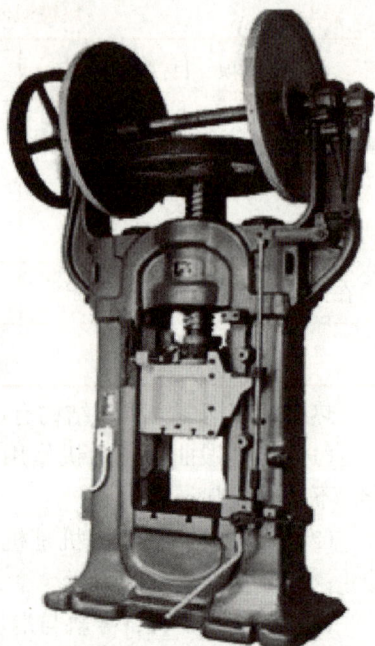

图3-22 摩擦压力机构造图

3.水压机

水压机是以水基液体为工质的液压机，水压机在现代工业的各个部门都得到了广泛的采用。如在自由锻、模锻、冲压弯曲、塑料压制、粉末冶金和装配工艺过程中，都可采用水压机。锻造水压机主要用于大型工件的锻压工艺。

自由锻造水压机机构如图3-23所示。它主要由三梁（上横梁、下横梁和活动横梁）、四根立柱、工作缸、回程缸和操作系统所组成，水压机还需要一套供水系统和操纵系统。

水压机的工作原理是帕斯卡液静压定理，即当20MPa～40MPa的高压水通入工作缸时，推动工作活塞，使活动横梁沿立柱下压；回程时，高压水通入回程缸，由回程柱塞和拉杆把活动横梁沿立柱提起，立柱起导向作用。活动横梁上下往复运动即实现对坯料加压变形。

由于水压机作用在坯料上的是静压力，故其规格以水压机的静压力大小来表示，一般为8 000kN～120 000kN（即800t～12 000t）。

水压机的优点是工作行程大，在全程中都能对工件施加最大工作压力，能有效地锻透大断面工件；静压力作用在工件上，没有巨大的冲击和噪声，避免了地基及建筑物基础的振动；劳动条件好，环境污染小。

二、冲压设备

（一）剪板机

用剪切方法使板料分离的机器称为剪板机（又称剪床）。剪板机用于在生产中剪切直线边缘的板料、条料和带料，为下一步冲压工序提供毛坯。

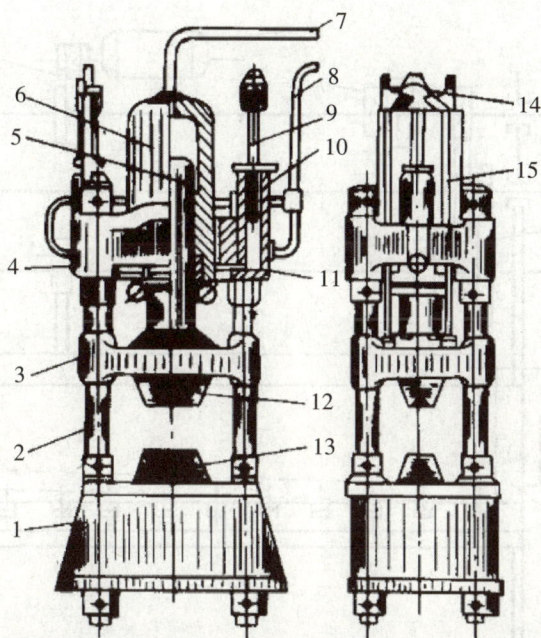

1.下横梁 2.立柱 3.活动横梁 4.上横梁 5.工作活塞 6.工作缸 7、8.导管
9.回程柱塞 10.回程缸 11.密封圈 12.上砧 13.下砧 14.回程横梁 15.拉杆

图3-23 自由锻造水压机

1.剪板机的分类

剪板机可按其工艺用途和结构类型分类，如图3-24所示。

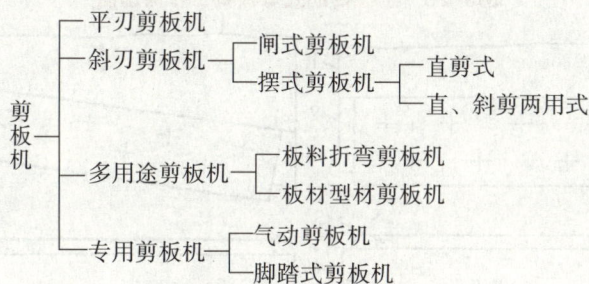

图3-24 剪板机分类

剪板机按传动方式不同，分为机械传动式和液压传动式。剪切厚度小于10mm的剪板机多为机械传动，剪切厚度大于10mm的多为液压传动。如图3-25所示为机械传动的剪板机工作原理图。

电动机通过皮带驱动飞轮轴，再通过离合器和齿轮减速系统驱动偏心轴，然后通过连杆带动上刀架，使其做上下往复运动，进行剪切工作。偏心轴左端的凸轮驱动压料油箱的柱塞，将压力油送回压料脚，在剪切之前压紧板料。回程时由弹簧力使压料脚返回。

剪板机按上刀片对下刀片的位置不同可分为平刃剪切和斜刃剪切，如图3-26所示。

平刃剪切时，板料与上下刃口全长同时接触，剪切力大，消耗功率大，振动也大。但是剪切质量较好，剪切的板料比较平直，无扭曲变形。平刃剪切剪板机的传动方式多为机械传动，多用于小型剪板机和薄板下料。

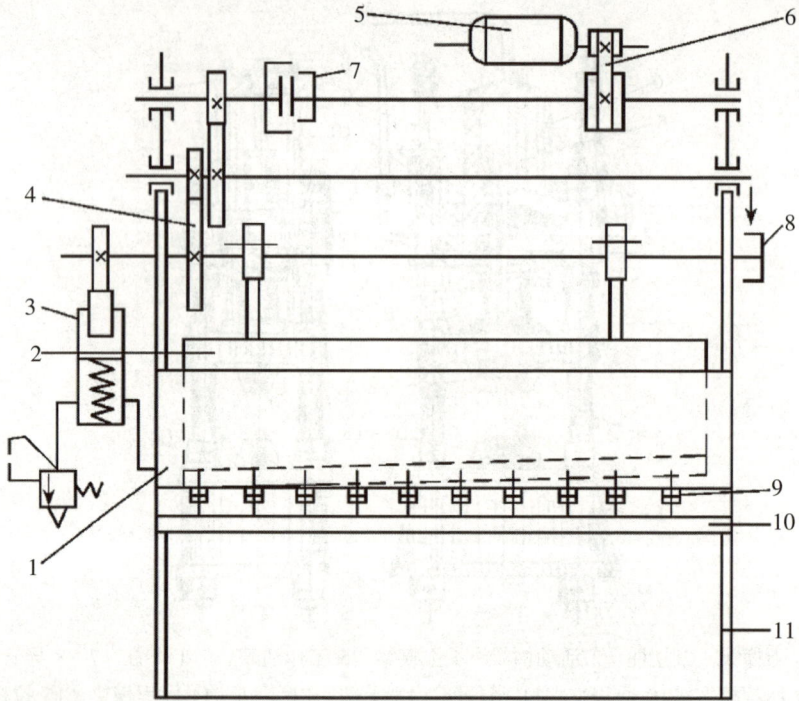

1.压料架　2.上刀架　3.压料油箱　4.齿轮减速系统　5.电动机　6.皮带
7.离合器　8.制动器　9.压料脚　10.下刀架　11.机身

图3-25　机械传动式剪板机工作原理图

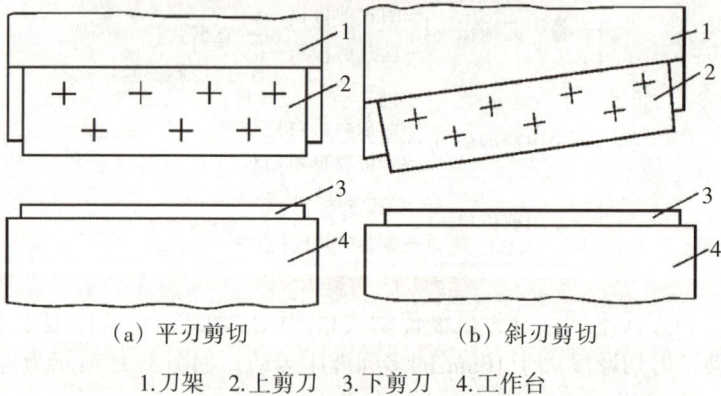

（a）平刃剪切　　　　　　　　（b）斜刃剪切

1.刀架　2.上剪刀　3.下剪刀　4.工作台

图3-26　平刃剪切与斜刃剪切

斜刃剪切是采用渐入剪切的方式，故瞬间剪切尺寸小于板料宽度。斜刃剪切质量不如平刃剪切，有扭曲变形。但是剪切力和能量消耗比平刃剪切要小，故在大、中型剪板机中采用。

剪板机按其刀架运动方式不同分为直线式和摆动式。

直线式剪板机的结构比较简单（状如闸门，故又称闸式剪板机），制造方便，刀片截面为矩形，四个边均可做刀刃，故较耐用。

摆动式剪板机的刀架在剪切时围绕一固定点做摆动运动，如图3-27所示，工作时，剪刃以偏心支轴为中心做大半径摆动。

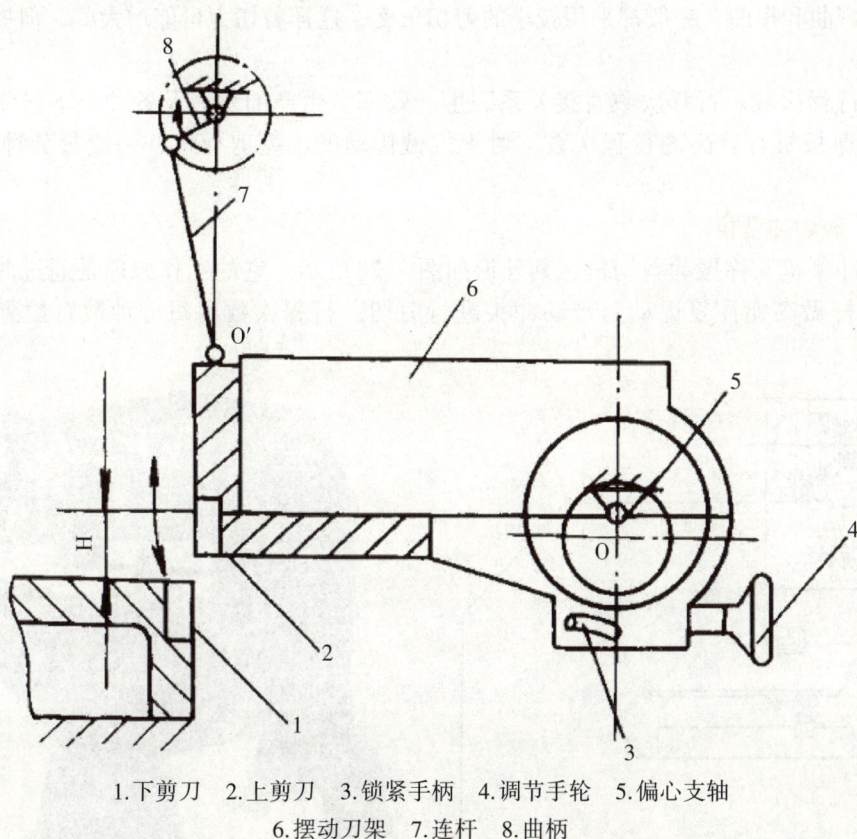

1.下剪刀 2.上剪刀 3.锁紧手柄 4.调节手轮 5.偏心支轴
6.摆动刀架 7.连杆 8.曲柄
图3-27　摆动式剪板机的刀架工作原理图

摆动式剪切的优点是上、下剪刃之间的摩擦及磨损较小，刀片变形小，剪切精度高。但摆动刀架在剪切过程中承受正、反交替扭矩，故刀架宽度不能过大。因而摆动式结构主要用于板厚大于6mm，板宽不大于4 000mm的剪板机。

多用途剪板机有板料折弯剪板机和板料型材剪板机。板料折弯剪板机在同一台剪板机上可以完成两种工艺，剪板机下部进行板料剪切，上部进行折弯；也有的剪板机前部进行剪切，后部进行板料折弯。板材型材剪板机在剪板机刀架上，一边装有剪切板材的刀片，另一边装有剪切型材的刀片。

2.剪板机的技术参数

剪板机的主参数以剪切厚度和剪切板料宽度来表示。剪板机的主要技术参数有：

（1）可剪板厚。剪板机可剪板厚主要受剪板机构件强度的限制，最终取决于剪切力。目前国内外剪板机的最大剪切厚度多为32mm以下，从设备的利用率和经济性来看，剪板机的剪切厚度过大是不可取的。

（2）可剪板宽。可剪板宽是指沿着剪板机剪刃方向，一次剪切完成板料的最大尺寸，它参照钢板宽度和使用厂家的要求而制定。随着工业的发展，剪板宽度不断增大，目前剪板宽度为6 000mm的剪板机已经比较普遍，有的剪板机最大剪板宽度已达10 000mm。

（3）剪切角度。剪板机上下刃口间的夹角称为剪切角，一般为 $0.5° \sim 4°$。为了减少剪切板料的弯曲和扭曲，一般都采用较小的剪切角度，这样剪切力可能增大些，但提高了剪切质量。

（4）行程次数。行程次数直接关系到生产效率。生产的发展及各种上下料装置的出现，要求剪板机有较高的行程次数。对于机械传动的小型剪板机，一般每分钟达50次以上。

（二）剪切冲型机

剪切冲型机又称振动剪切机，其外形如图3-28所示。它的工作原理是通过曲柄连杆机构使刀杆做高速往复运动，带动冲头进行剪切。行程次数由每分钟数百次到数千次不等。

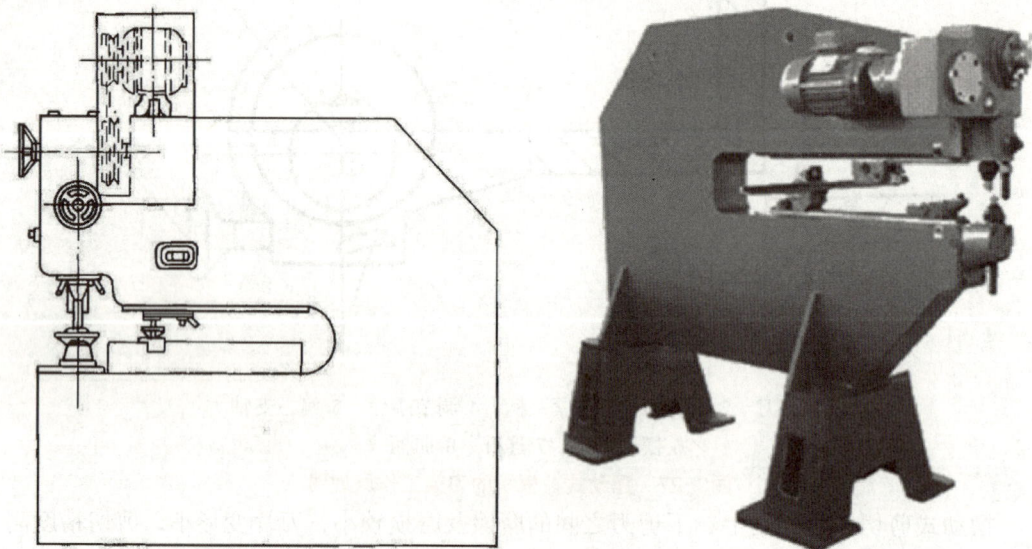

图3-28　剪切冲型机

剪切冲型机是一种万能板料加工设备，它在进行剪切下料时，先在板料上划线，然后刀杆上的冲头能沿着划线或板样对被加工板料逐步进行直线或曲线剪切。此外，剪切冲型机增加行程和闭合高度调整机构，换上相应的模具，还可以进行折边、冲槽、压筋、切口、成型、翻边等工作。

（三）通用压力机

通用压力机按机身结构形式分为开式压力机和闭式压力机。

1.开式压力机

开式压力机也称冲床，应用最为广泛。配以不同的冲压模具，可用于切断、冲孔、落料、弯曲、拉深、成型等冲压工序。如图3-29所示为单柱冲床的外形和传动简图。

电动机带动飞轮转动，当踩下踏板时，离合器使飞轮与曲轴连接，可使曲轴转动，通过连杆带动滑块做上下往复运动，进行冲压工作。当松开踏板时，离合器脱开，曲轴就不随飞轮旋转，同时制动器使曲轴停止运动，并使滑块停留在上面位置处。

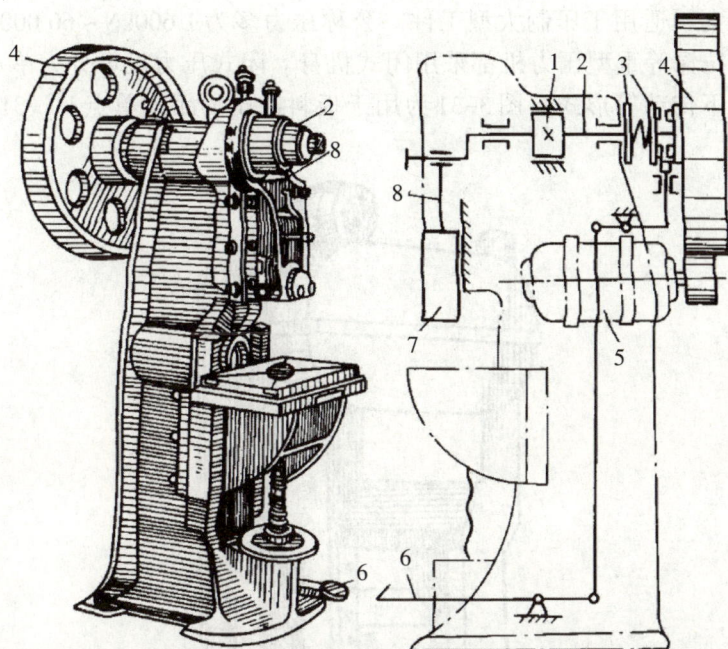

（a）外形图　　　　　　（b）传动示意图

1.制动器　2.曲轴　3.离合器　4.飞轮　5.电动机
6.踏板　7.滑块　8.连杆

图3-29　单柱冲床

开式压力机床身是C型，工作台三面敞开，便于操作。缺点是受力时产生变形，影响模具寿命，因此一般为小吨位压力机。压力机工作台面尺寸大小有所不同，为了保证滑块的运动良好，分别有一个连杆、两个连杆、四个连杆的压力机，简称为单点、双点、四点压力机。此外，压力机按曲轴位置可分为纵放式和横放式；按工作台结构可分为固定台、可倾式和升降台等形式，如图3-30所示。开式固定台压力机的刚性和抗振稳定性好，适用于大吨位。可倾式压力机的工作台可倾斜20°～30°，工件或废料可靠自重滑下。升降台压力机适用于模具高度变化较大的冲孔、切边及弯曲。

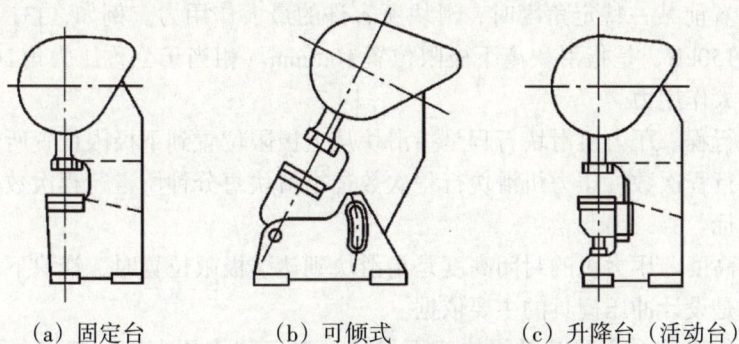

（a）固定台　　　　　（b）可倾式　　　　　（c）升降台（活动台）

图3-30　开式压力机工作台的形式

2.闭式压力机

闭式压力机机身呈框架型，如图3-31所示，机身前后敞开，刚性好，精度高，工作台面的尺寸较大，适用于压制大型工件。公称压力多为 1 600kN～60 000kN。冷挤压、热模锻和双动拉深等重型压力机都采用闭式机身。闭式压力机可分为单点、双点和四点；上传动和下传动等形式。图 3-31 为用于板料冲压的闭式单点 J31-315 型压力机外形图。

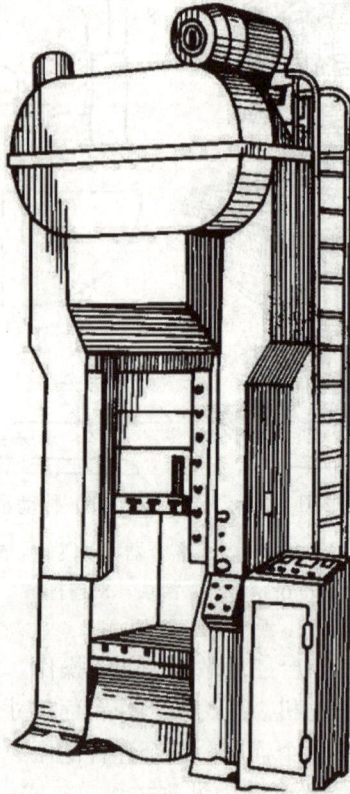

图3-31　J31-315型压力机外形图

3.通用压力机的主要技术参数

（1）公称压力。压力机公称压力是指滑块到达下极限位置前某一特定距离，或曲轴旋转到下极限位置前某一特定角度时，滑块所容许的最大作用力。例如，J31-315 型压力机公称压力为 3 150kN，是指滑块离下极限位置 10.5mm（相当于公称压力角 20°）时，滑块上所容许的最大作用力。

（2）滑块行程。压力机滑块行程是指滑块从上极限位置到下极限位置所走的距离。

（3）滑块行程次数。压力机滑块行程次数是指滑块每分钟所走行程次数，是反映压力机生产率的指标。

（4）封闭高度。压力机的封闭高度是指滑块到达下极限位置时，滑块下表面到工作台面的距离，它是设计冲压模具的主要依据。

（5）压力机工作台面尺寸及滑块底面尺寸。对于闭式压力机，工作台面尺寸 A×B 与滑块底面尺寸 J×K 大体相同，而开式压力机则（J×K）＜（A×B）。

任务四　压力容器和锅炉

任务描述

在快节奏的都市生活当中，人们为了在短时间内作出松软的米饭和味道鲜美的菜肴，常常用到一种厨房用具——压力锅。而在繁忙的石油化工厂里罐体林立（如图3-32（a）所示），这些罐体就是压力容器，压力容器在化学工业和石油生产中，是重要的生产设备之一，那么压力容器的使用、设计有哪些条件，基本结构又是怎样的呢？

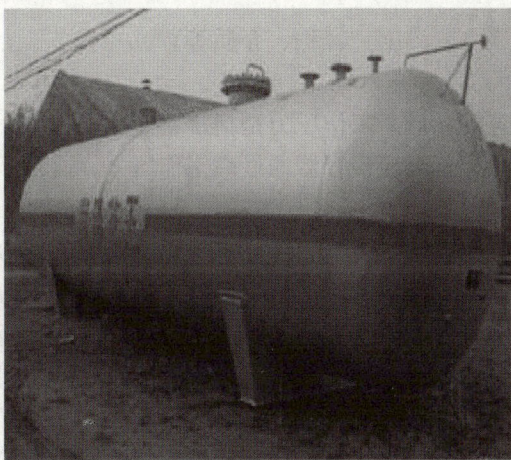

（a）　　　　　　　　　　　　　　　　　　　（b）

图3-32　石油化工厂罐体和火力发电厂烟囱

在我国内陆或沿海城市的火力发电厂中都能看到大烟囱（如图3-32（b）所示），事实上，大烟囱就是火力发电厂的锅炉，火力发电厂利用发电锅炉将工业用煤等燃料燃烧，把水加热成水蒸气，再用水蒸气带动发电机组进行发电。那么，发电锅炉是如何将燃料的热能转换成水蒸气的热能的？

带着以上问题，我们来学习压力容器和锅炉。

相关知识

一、压力容器

压力容器是指对安全性有一定要求，其内部或外部承受气体或液体压力的密封容器。它主要用于化学工业和石油部门，在国民经济的其他领域，如航空、航海、原子能、冶金、机械制造、轻工、交通等领域也有广泛使用。在化工和石油化工生产中，压力容器是重要的生产设备之一；它在设备总数中占有很大比例，有的单台重量可达数千吨。

（一）压力容器的使用条件

在许多压力容器使用单位，特别是石油、化工等行业，压力容器是主要的工艺设备，其结构与性能必须满足生产工艺要求。由于生产工艺的多样性，压力容器只能是多品种、非标产品，并且由于需要连续性工作，对其运行的可靠性要求越来越高。

压力容器常需要在易燃、易爆、高温、低温、高压、强腐蚀等苛刻条件下工作，或因容器内盛装有毒、有害介质，故对压力容器的安全性要求很高。对于承受表压0.1MPa以上压力的各种压力容器，国家实行压力容器安全技术监察制度：

（1）设计单位应持有压力容器设计单位批准书；设计图纸上应盖有压力容器设计单位资格印章；审查人员应经资格认可，并持有审查人员资格证书。

（2）制造单位应持有压力容器制造许可证。

（3）使用单位应实行严格的压力容器定期检验制度。

（二）压力容器的使用工艺条件

压力容器的主要使用工艺条件是指压力、温度、容积、介质等。

1.压力

（1）最高工作压力。对承受内压的容器，最高工作压力是指正常使用过程中，容器顶部可能出现的最高表压力。容器的操作压力不得高于容器的最高工作压力，通常压力容器的最高工作压力不大于压力容器的设计压力。

（2）设计压力。设计压力是指在相应的设计温度下用于确定容器壁厚度的压力，亦即标注在容器铭牌上的容器设计压力。容器的设计压力不得低于容器的最高工作压力，对装有安全泄放装置的压力容器，其设计压力不得低于安全泄放装置的开启压力或爆破压力；对盛装液体、气体介质的容器，视其介质在规定温度下的饱和蒸汽压确定。容器制成后，设计压力就是安全泄压装置调整的依据。

（3）最大允许工作压力。最大允许工作压力是在一些特殊要求容器中使用的概念，在该容器的图样及铭牌上都做了注明。最大允许工作压力是指在设计温度下容器顶部允许承受的最大表压力，它是根据容器受压元件的有效厚度计算并取其最小值得到的。

2.温度

（1）金属温度。金属温度是指沿金属截面温度的平均值。在任何情况下金属表面温度都不得超过金属材料的允许使用温度。

（2）设计温度。设计温度是指在正常工作条件下，设定的受压元件的金属温度。标注在容器铭牌上的设计温度是指壳体的设计温度。

（3）使用温度。使用温度一般是容器运行时，通过测温仪表测得的介质温度。由于隔热层及散热的影响，壳体金属温度与介质温度并不相同，故对于高温容器往往采用内保温措施，以保证壳壁温度不超过壳体材料的允许使用温度。

（4）试验温度。试验温度指压力试验时，容器壳体的金属温度。

3.容积

压力容器主要是为不同生产工艺提供承压空间，容积取决于生产工艺需要。对于圆筒形压力容器，决定容积大小的关键是直径与长度；对于球形压力容器，决定容积大小的关键是直径。

压力容器的容积通常以其内直径为基准，为适应容器标准化、系列化的需要，采用公称直径。所谓公称直径是经标准化、系列化后的内径尺寸。

4.介质

压力容器内的工作介质多种多样，介质的性质不同，对容器的材料、制造要求也不相同。通常，介质按其易燃程度进行分类。

介质按易燃程度可分为易燃介质与非易燃介质两种。易燃介质是指与空气混合的爆炸下限小于10%（体积百分比，下同），或爆炸上限和下限之差值大于等于20%的气体，如烷、烯、氢等。

（三）压力容器设计的基本要求

在结构设计、强度计算、材料选用、技术条件等方面，压力容器的设计应满足以下几个方面的要求：

（1）强度要求。强度是指容器在外力作用下，受压元件不发生过度塑性变形引起断裂的能力。压力容器的受压元件应具有足够的强度，以保证在压力、温度和其他外载荷作用下不发生过度的塑性变形、破裂或爆炸等事故。

（2）刚度要求。刚度是指容器在外力作用下，受压元件不发生过度弹性变形的能力。由于过度的变形会使容器丧失正常的工作能力，即使容器未破坏，也可能发生泄漏。

（3）稳定性要求。稳定性是指容器在外力作用下，保持其几何形状不发生改变的能力。例如，在外部压力作用下薄壁圆筒可能突然失去其原来的几何形状，称之为失稳，这种现象并不是结构强度不足而引起的失效。

（4）密封要求。压力容器的介质一般是易燃、易爆或有毒介质，一旦泄漏，会造成环境污染、财产损失、人员伤亡等，因此压力容器的密封性能应达到规定的相关要求。

（5）使用寿命。压力容器通常应具有一定的使用寿命。压力容器的设计使用寿命一般为10~15年，重要的压力容器设计使用寿命为20年。压力容器的设计使用寿命与实际使用寿命不同，操作使用、检验、维修、保养都会影响压力容器的实际使用寿命。

（6）结构要求。压力容器的结构不仅要满足工艺要求，有良好的承载特性，还要方便加工、检验、运输、安装、操作及维修。

（四）压力容器的分类

为适应不同的生产需要，压力容器的类型多种多样，其分类的方法也较多。以下为几种主要的分类方法：

1.按安装方式进行分类

压力容器按安装方式分为两大类，即固定式容器和移动式容器。固定式容器有固定的安装和使用地点，工艺条件及操作人员相对固定，容器一般不是单独装设，而是用管道与其他设备相连；移动式容器（如液化气体罐车）则无固定安装和使用地点。

2.按设计压力进行分类

按设计压力（p）的高低，压力容器可分为低压、中压、高压及超高压四个等级。其划分的范围及代号见表3-7。

表3-7　　　　　　　　　　　压力容器的压力等级划分范围及代号

压力等级	代　号	设计压力范围（MPa）
低压容器	L	$0.1 \leqslant p < 1.6$
中压容器	M	$1.6 \leqslant p < 10$
高压容器	H	$10 \leqslant p < 100$
超高压容器	U	$p \geqslant 100$

【拓展】液压系统的压力分级，见表3-8。

表3-8　　　　　　　　　　　液压系统的压力分级

压力分级	低压	中压	中高压	高压	超高压
压力范围（MPa）	0～2.5	>2.5～8	>8～16	>16～32	>32

3.按压力容器在生产工艺过程中的作用原理进行分类

按压力容器在生产工艺过程中的作用原理，压力容器可分为反应压力容器、换热压力容器、分离压力容器和储存压力容器四种。具体划分如下：

（1）反应压力容器（代号R）。其主要是用于完成介质的物理、化学反应的压力容器，如反应器、反应釜、煤气发生炉等。

（2）换热压力容器（代号E）。其主要是用于完成介质的热量交换的压力容器，如管壳式余热锅炉、热交换器、冷却器、冷凝器、蒸发器、加热器等。

（3）分离压力容器（代号S）。其主要是用于完成介质的流体压力平衡和气体净化分离等的压力容器，如分离器、过滤器、集油器、缓冲器、洗涤器、吸收塔、干燥塔等。

（4）储存压力容器（代号C，其中球罐代号B）。其主要是用于盛装生产用的原料气体、液化气体等的压力容器，如各种形式的储罐。

【提示】当某种压力容器同时具备两个以上的工艺功能时，其品种划分应按主要功能来进行。

4.按压力容器壁厚进行分类

按压力容器壁厚，压力容器可分为薄壁容器和厚壁容器两种。容器壁厚小于等于容器内径的1/10者为薄壁容器；容器壁厚大于容器内径的1/10者为厚壁容器。也可按公式$K = D_o/D_i$计算（式中D_o为容器的外径；D_i为容器的内径）：当$K \leqslant 1.2$时为薄壁容器；当$K > 1.2$时为厚壁容器。

5.按压力容器的压力等级、品种及介质的危害程度进行分类

为了便于安全监督和管理，压力容器按其设计压力、介质的危害程度以及生产过程的作用原理分为第一类压力容器、第二类压力容器及第三类压力容器。具体划分如下：

（1）第一类压力容器：低压容器（第二类、第三类压力容器中规定的除外）。

（2）符合下列情况之一者为第二类压力容器：①中压容器（第三类压力容器中规定的除外）；②易燃介质为中度危害介质的低压容器；③低压管壳式余热锅炉；④搪玻璃压力容器。

（3）符合下列情况之一者为第三类压力容器：①易燃介质为中度危害介质且$p \cdot v \geq$ 0.5MPa·m³的中压反应容器和$p \cdot v \geq 10$MPa·m³的中压储存容器；②高压、中压管壳式余热锅炉；③高压容器。

（五）压力容器的基本结构

1.压力容器的结构形式

由于压力容器的用途不同，其结构形式也多种多样，最常见的结构形式有球形和圆筒形。另外还有一些特殊的结构形式，如箱形、锥形等，但较少使用。

球形容器的本体是一个球壳，受力时其应力分布均匀。在相同的压力载荷下，球壳体的应力仅为直径相同的圆筒形壳体的1/2，即如果容器的直径、工作压力、制造材料相同，球形容器所需的计算壁厚仅为圆筒形容器的1/2。另外，相同的容积，球形的表面积最小。球形容器与相同容积、工作压力和材料的圆筒形容器相比，可节省材料30%～40%，如图3-33所示。

图3-33 球形压力容器

球形容器制造复杂、拼焊要求高，并且在作为传质、传热或反应的容器时，因工艺附件难以安装，介质流动困难，故一般用作大型储罐。

圆筒形容器的受力状态虽不如球形容器，但与其他形式容器相比，受力状态要理想得多。圆筒形容器因其几何形状轴对称，外观没有形状突变，受载时应力分布也较为均匀，承载能力较强。同时，它制造方便，质量易得到保证，且工艺附件易于安装、拆卸，故可用于任何用途。圆筒形容器是目前使用最广泛的一种。

2.压力容器的组成

常见的压力容器一般由筒体、封头（管板）、法兰、接管、人（手）孔、支座等部分组成，如图3-34所示。压力容器的结构一般比较简单，主要由一个能承受一定压力的壳体及必要的联结件、密封件和内件构成。另外，由于各种工艺用途不同，有时还需配置相应的工艺附件，但这些附件一般不承受介质的压力，对容器安全影响很小。

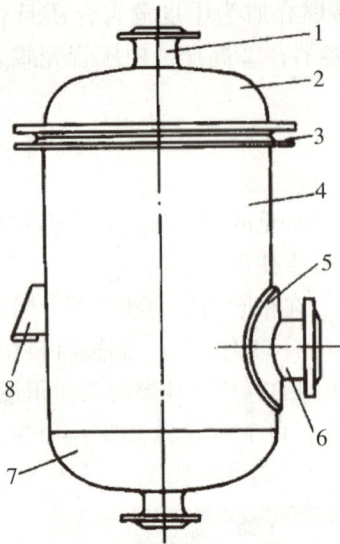

1.接管　2.端盖　3.法兰　4.筒体
5.加强圈　6.人孔　7.封头　8.支座

图3-34　压力容器的组成及外形图

3.安全附件

为了确保压力容器正常使用和安全运行，防止超温、超压、超载及静电积聚等原因而引发事故，压力容器应设置相关安全附件。

安全附件按其功能可分为三大类：

（1）监控类安全附件。此类安全附件有就地和遥控之分，主要起监测和控制工艺操作条件的作用，主要包括压力表、温度计和液面计。

（2）保护类安全附件。此类安全附件主要包括安全阀、爆破片和紧急切断阀。安全阀和爆破片都是起超压泄放作用的，以保护容器在许可工作压力范围内运行。在使用性能上，安全阀和爆破片都要保证工作时严密不漏，超压时能自动、迅速地动作，达到安全排放、快速降压的作用，其泄放能力要设计成大于等于容器的安全泄放量。爆破片是一次性使用的安全附件，每次爆破或超压动作后都必须及时更换新片。爆破片的泄放动作时间短，常用于反应温度快速升高、容积急剧增加、压力迅速上升的容器上。紧急切断阀通常用于输送物料的管道上，在管道发生泄漏事故时起紧急止漏作用，以及时控制有害介质的进一步泄漏。紧急切断阀要求动作灵活，应能在10秒钟内准确闭合，主要用于储罐和槽车。

（3）静电接地装置。为了防止压力容器及其附件上由于静电积聚而引发燃爆事故，在含有一氧化碳、氢、酒精、液化石油气等易燃介质的容器和管道上均应考虑装设静电接地装置。

（六）使用管理

1.新容器验收

新容器安装、投入使用前应进行首次检验和办理申证手续。

（1）首次检验。首次检验指使用单位审验制造厂的出厂资料，做外观检查和必要的复验工作，要求：①有规程规定的图样、强度计算书（中压以上的反应容器和储运容器应予提供）、产品合格证和质量证明书。②容器的结构合理。③钢制容器的主体材料的选用应符合有关规定。④组装的几何尺寸应符合标准。⑤用超声波测厚仪实测容器的受压元件壁厚，实测的最小壁厚应不小于设计壁厚。⑥检查焊缝质量。外观检查时，焊缝和热影响区表面不允许有裂纹、气孔、弧坑和肉眼可见的夹渣等缺陷，焊缝外形尺寸应符合规定。⑦安全附件应按《压力容器安全技术监察规程》的规定装设齐全，并经校验合格。⑧使用单位应有符合《压力容器安全技术监察规程》的安全操作规程。

（2）申请发证。压力容器经过使用单位首次检验合格，或由使用单位委托压力容器检验单位检验合格后，由使用单位填写表格，向当地劳动部门或授权发证的上级主管部门申请发证，由发证单位发给"压力容器登记使用证"的容器，方可投入使用。"压力容器登记使用证"在检验周期内有效，若容器使用超过检验期不予检验者，则自行失效。

2. 容器立卡建档及使用维护保养制度

（1）立卡建档。

① 登记卡片。登记卡片是容器使用单位内部管理的一种表格，一台容器一张卡片。

② 容器档案。每台容器都应建立一份技术档案（技术资料），包括图样，强度计算书，制造厂出厂的产品合格证，质量证明书，运行、检验、检修记录，安全附件校验记录和事故记录等。

（2）操作、维护检修。

① 正确操作。压力容器的操作人员应严格执行《岗位责任制》《安全操作规程》，正确开、停车，按规定的操作参数（压力、温度、负荷等）进行工作。

② 日常保养。压力容器类型、品种较多，日常保养的项目不尽相同，但至少应做好维护保养工作：第一，经常保持容器安全附件灵敏、可靠；第二，定期擦拭安全附件、仪表和铭牌，使之保持洁净、指示清晰；第三，根据介质特性，防止容器受到腐蚀；第四，润滑转动部件，以保持运转正常；第五，做好容器及其工作场所的清洁工作。

（3）定期检修。压力容器应有定期检修计划，并予以实施，以保持容器的工作能力，确保安全使用，延长使用寿命。

3. 定期检验

压力容器的定期检验分为外部检查和内外部检验，检验内容及程序按《在用压力容器检验规程》执行。

4. 压力容器的技术档案

压力容器技术档案是反映压力容器从制造出厂、安装调试、使用操作直到报废，"一生"中各个阶段真实情况和技术条件、状况的记载。压力容器的技术档案主要包括：（1）压力容器登记卡；（2）压力容器制造出厂技术文件资料；（3）压力容器安装验收资料；（4）安全装置、仪器仪表调试校对资料；（5）压力容器试车调试记录；（6）压力容器使用登记资料；（7）压力容器操作运行记录；（8）压力容器年度检查记录；（9）在用压力容器检验报告书；（10）压力容器修理、改造工艺及质量情况记录；（11）压力容器防腐保养记录；（12）压力容器报废单；（13）其他特殊情况记载。

知识链接

压力容器的法规及技术标准等规定

（七）压力容器的法规及技术标准

为搞好压力容器的安全监察和管理工作，确保压力容器安全运行，保障人民生命和财产安全，国务院、劳动部等颁发了一系列有关法规、规章，制定了相应的技术标准，形成了一个较完整的法规标准体系，如图3-35所示。

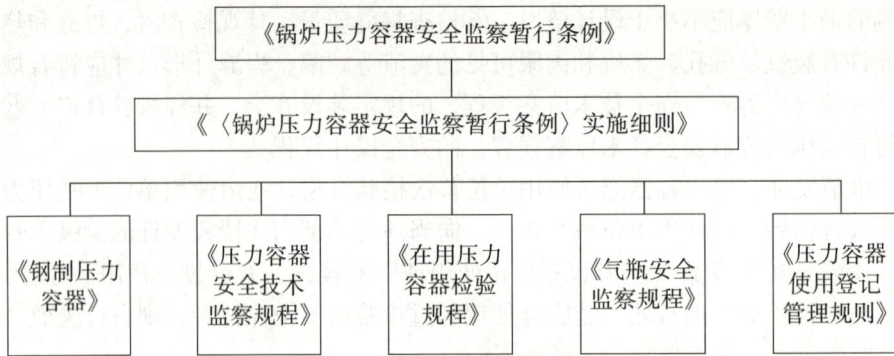

图3-35　压力容器法规体系

二、锅炉

锅炉是利用燃料或其他能源的热能把水加热成热水或蒸汽的机械设备。锅炉中产生的热水或蒸汽可以直接为工业生产和人民生活提供所需要的热能，也可通过蒸汽动力装置转换为机械能，或再通过发电机将机械能转换为电能。提供热水的锅炉称为热水锅炉，主要用于生活，工业生产中也有少量使用。产生蒸汽的锅炉称为蒸汽锅炉，通常简称为锅炉，多用于火电站、船舶和工业企业。

（一）锅炉的分类及编号

1.按锅炉的用途进行分类

根据用途，锅炉可分为发电锅炉、工业锅炉、热水锅炉和特种锅炉四大类。

发电锅炉是火力发电厂的主机，特点是额定蒸发量大，蒸汽压力高。其燃烧方式，除低压电站锅炉有的采用层燃方式外，其余大多数为室燃方式。它适用于各种燃料，且热效率可高达90%。

【提示】燃料在炉排上燃烧的锅炉，叫层燃锅炉；室燃锅炉是指燃料以粉状（固体燃料，例如煤粉）、雾状（液体燃料，例如油）或气态（气体燃料，例如天然气）随同空气喷入炉膛（燃烧室）进行悬浮燃烧的锅炉。

工业锅炉主要用于机械、石油化工、矿山、冶金、煤炭及民用采暖等领域，容量较小，额定蒸发量一般在20t/h以下，有些可达到65t/h。它采用低参数，蒸汽压力均在2.45MPa以下，一般采用火床燃烧，热效率为70%～90%。

2.按压力进行分类

按锅炉出口蒸汽压力，锅炉可分为低压锅炉、中压锅炉、高压锅炉、超高压锅炉、亚临界锅炉和超临界锅炉。锅炉压力范围的划分见表3-9。

表3-9　　　　　　　　　　锅炉的压力范围

名称	压力范围（MPa）	名称	压力范围（MPa）
低压锅炉	不大于2.5	超高压锅炉	12.0~15.0
中压锅炉	3.0~5.0	亚临界锅炉	16.0~20.0
高压锅炉	8.0~11.0	超临界锅炉	大于22.5

【提示】在密闭的容器中对水加压，水的沸点就会提高。当压力达到220个大气压、

温度达到374℃时，因高温而膨胀的水的密度和因高压而被压缩的水蒸气的密度正好相同。此时，水的液体和气体便没有区别，完全交融在一起，成为一种新的呈现高压高温状态的气体。这时，水便由一般状态变为"超临界"状态。上述使水气交融的压力和温度，被称作"临界点"。超过"临界点"状态的水，就是超临界水。

3.按结构形式进行分类

按结构形式，目前的锅炉可分为火管式锅炉和水管式锅炉两大类，其中应用最为普遍的是水管式锅炉。另外，在早期还有一种火筒式锅炉，它在锅壳中有一两个加热锅水用的火筒，火筒中有加热装置。这种锅炉热效率低，体积及钢材消耗大，目前已基本不生产。

火管式锅炉在其立式或卧式的锅壳中，除火筒外还装设若干烟管。燃料在燃烧室中燃烧，产生的高温烟气流过这些烟管加热锅水，然后排入烟囱。与火筒式锅炉相比，火管式锅炉烟管数量多，所以受热面积大，排烟温度低，热效率高，体积及钢材消耗量都比较小。

水管式锅炉与火管式锅炉在结构上的主要区别是：水管式锅炉的汽水在管内流动，烟气在管外流动，这与火管式锅炉恰恰相反。水管式锅炉大多用作容量较大、压力较高的工业锅炉。因为对于大容量的锅炉，火管式锅炉由于结构上的限制必须加大锅炉的直径和壁厚，因而锅炉的体积和钢材耗量将大大增加。

此外，根据不同的标准，锅炉还有很多分类方法，如按循环方式可分为自然循环锅炉、辅助循环锅炉（即强制循环锅炉）、直流锅炉和复合循环锅炉；按燃烧方式可分为室燃炉、层燃炉和沸腾炉；按出厂方式可分为快装、组装、散装锅炉；按所用燃料可分为燃煤、燃油、天然气、油母页岩锅炉等。

（二）基本参数

锅炉的基本参数包括锅炉容量、蒸汽压力、蒸汽温度、给水温度等，它们是表示锅炉性能的主要指标。

1.锅炉容量

（1）额定蒸发量。对于工业锅炉来说，锅炉容量是指锅炉在燃用设计燃料时，在设计额定参数（指蒸汽压力与蒸汽温度）下，连续运行所必须保证的最大蒸发量，即额定蒸发量，也称铭牌蒸发量或最大连续蒸发量。一般用符号D表示，单位为每小时吨（t/h）。

（2）额定供热量。对于热水锅炉来说，锅炉容量是指锅炉在燃用设计燃料时，在设计的额定热水温度下，连续运行所必须保证的最大产热量，即额定供热量，也称铭牌产热量、最大连续产热量（或供热量）。额定供热量一般用符号Q表示，单位为兆瓦（MW）或千卡/小时（kcal/h）。

兆瓦（MW）与千卡/小时（kcal/h）的换算关系为：
$$1MW = 86×10^4 kcal/h$$

2.蒸汽压力

对于蒸汽锅炉，额定蒸汽压力是指锅炉在额定工况下，过热器、再热器出口处的过热蒸汽的压力；如没有过热器和再热器，即指锅炉出口处的饱和蒸汽压力。锅炉压力的单位为兆帕（MPa），也有的使用工程大气压（at）表示，1MPa = 10.2at。

3.蒸汽温度

蒸汽锅炉的出口蒸汽温度是指锅炉过热器、再热器出口处的过热蒸汽的温度；如没有过热器和再热器，即指锅炉出口处的饱和蒸汽温度。温度的单位为摄氏度（℃）。

4.给水温度

给水温度指省煤器的进水温度，无省煤器时指锅筒进水温度。

5.热效率

热效率是考察锅炉性能的主要经济指标之一，表示的是锅炉所产生的热量与燃料所储存的热量的比值关系，热效率低表示锅炉的燃烧效率低、热损失大；反之，燃烧效率高、热损失小。

（三）基本结构

锅炉的基本结构包括锅炉本体、附件和辅助设备三大部分。

1.锅炉本体的基本结构

锅炉中的炉膛、锅筒、燃烧器、水冷壁、过热器、省煤器、空气预热器、构架和炉墙等主要部件构成生产蒸汽的核心部分，称为锅炉本体，如图3-36所示。

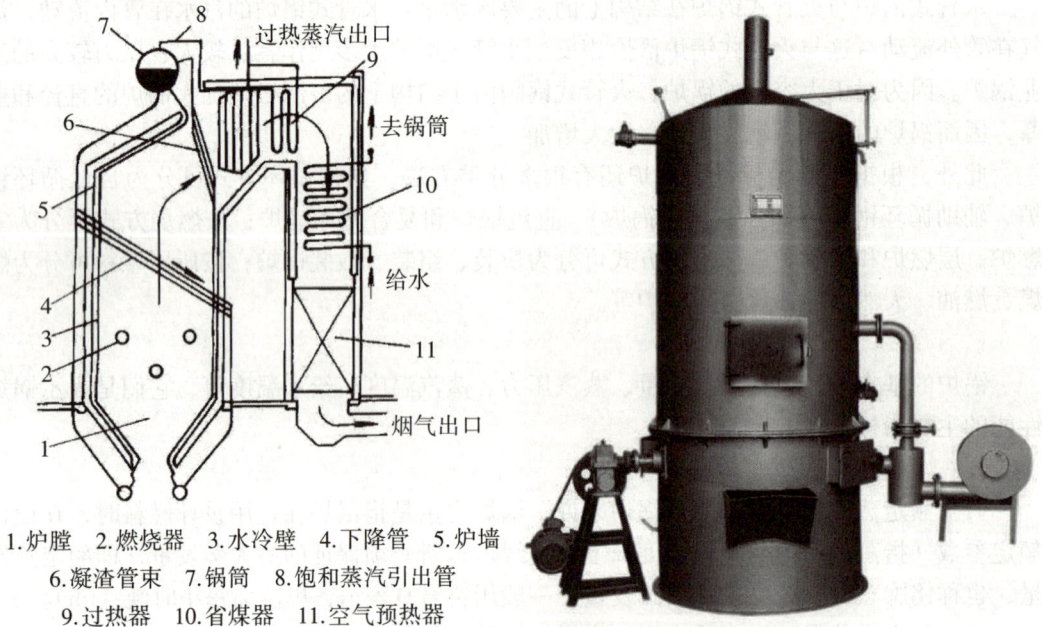

1.炉膛　2.燃烧器　3.水冷壁　4.下降管　5.炉墙
6.凝渣管束　7.锅筒　8.饱和蒸汽引出管
9.过热器　10.省煤器　11.空气预热器

图3-36　自然循环锅炉本体简图及外形图

（1）炉膛及炉墙。炉膛又称燃烧室，是供燃料燃烧的空间。炉膛的截面一般为正方形或矩形，炉膛四周的炉墙由耐高温和保温材料构成。燃料在炉膛内燃烧形成火焰和高温烟气。

（2）锅筒。它是自然循环和多次强制循环锅炉中接受省煤器来的给水、联接循环回路，并向过热器输送饱和蒸汽的圆筒形容器。其主要功能是储水、进行汽水分离、排除锅水中的盐水和泥渣。

（3）燃烧器。燃烧器用于燃烧煤粉、液体燃料和气体燃料。它将燃料和空气充分混合，使燃料稳定着火和完全燃烧。小型燃煤锅炉一般采用层燃方式，不需要燃烧器。

（4）水冷壁。水冷壁是敷设在锅炉炉膛内壁、由许多并联管子组成的蒸发受热面。水冷壁的作用是吸收炉膛中高温火焰和烟气的辐射热量，在管内产生蒸汽或热水，并降低炉墙温度，保护炉墙。

（5）过热器。过热器是锅炉中将蒸汽从饱和温度进一步加热至过热温度的部件。因为许多工业生产和生活设施只需要饱和蒸汽，大部分工业锅炉不设过热器。在电站、机车和船用锅炉中，为提高整个蒸汽动力装置的循环效率，多设有过热器。

（6）省煤器。省煤器布置在锅炉尾部烟道内，进水时，通过省煤器吸收锅炉尾部烟气中的热量后，再进入锅筒，作用是降低排烟温度，节省燃料。

（7）空气预热器。利用排烟中的热量来预热参加燃烧的空气，它的作用是降低锅炉的排烟温度、提高热效率、提高燃烧用空气的温度，可使燃料易于着火、燃烧稳定。在电站、机车和船用锅炉中，为提高整个蒸汽动力装置的循环效率，多设有空气预热器。

2. 锅炉附件

锅炉的附件是锅炉安全、经济运行不可缺少的一个组成部分，直接影响锅炉的正常运转，包括安全阀、压力表、水位表、水位报警器、易熔塞等。其中，安全阀、压力表和水位表通常被称为三大安全附件。

（1）安全阀。安全阀的作用是保证锅炉在一定的工作压力下工作。当锅炉气压超过规定值时，安全阀一方面发出报警，另一方面起排气、减压作用，使锅炉压力迅速下降，避免发生"超压"事故。按规定，蒸发量大于 0.5t/h 的锅炉，每台至少安装两个安全阀（不包括省煤器安全阀）；蒸发量小于或等于 0.5t/h 的锅炉，每台至少安装一个安全阀。

（2）压力表。压力表是测量锅炉气压大小的仪表。司炉人员通过压力表的指示值，控制锅炉压力，保证锅炉在额定工作压力下安全运行。按规定，每台锅炉必须装有与锅筒（锅壳）内蒸汽空间直接相连的压力表；在可分式省煤器出口和给水管调节阀前，应各安装一个压力表；在蒸汽过热器出口和主汽阀之间也应装设压力表。

（3）水位表。水位表是用于指示锅炉内水位高低的仪表。按规定，每台锅炉都应装设两个彼此独立的水位表；对额定蒸发量小于或等于 0.2t/h 的锅炉，可只安装一个水位表。

（4）水位报警器。在工业锅炉运行中，经常发生缺水与满水事故，后果非常严重。因此，锅炉除装置水位表外，对于蒸发量大于或等于 2t/h 的水管式锅炉，还应设置高低水位报警器。同时，应装设低水位连锁保护装置。

3. 锅炉辅助设备

除锅炉本体及附件外，电站锅炉还包括许多配套的辅助设备，主要有：煤粉制备系统，包括磨煤机、排粉机、粗粉分离器和煤粉管道等；送、引风系统，包括送风机、引风机和烟风道等；给水系统，包括给水泵、阀门和管道等；此外还有水处理系统、灰渣处理系统、自动控制及监控系统等。

4. 工业锅炉产品型号编制方法

（1）工业锅炉产品型号组成。工业锅炉产品型号由三部分组成，各部分之间用短横线相连，如图3-37所示。

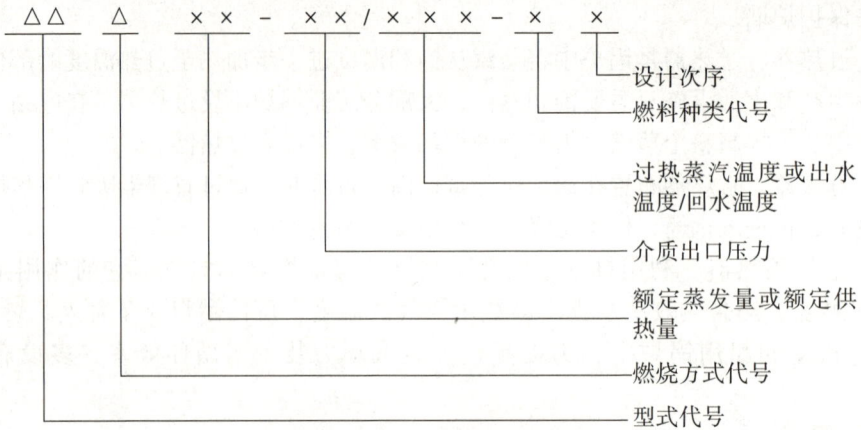

图3-37 工业锅炉产品型号组成

①型号的第一部分表示锅炉型式、燃烧方式和额定蒸发量或额定供热量。共分三段：第一段用两个汉语拼音字母代表锅炉总体型式（见表3-10、表3-11）；第二段用一个汉语拼音字母代表燃烧方式（见表3-12）；第三段用阿拉伯数字表示蒸汽锅炉额定蒸发量为若干吨/时或热水锅炉额定供热量为若干10 000千卡/时。各段连续书写，互相衔接。

表3-10 锅壳锅炉型式代号

锅炉总体型式	立式水管	立式火管	卧式外燃	卧式内燃
代号	LS（立水）	LH（立火）	WW（卧式）	WN（卧内）

表3-11 水管锅炉型式代号

锅炉总体型式	单锅筒立式	单锅筒纵置式	单锅筒横置式	双锅筒纵置式	双锅筒横置式	纵横锅筒式	强制循环式
代号	DL（单立）	DZ（单纵）	DH（单横）	SZ（双纵）	SH（双横）	ZH（纵横）	QX（强循）

表3-12 燃烧方式及代号

燃烧方式	固定炉排	活动手摇炉排	链条炉排	往复推动炉排	抛煤机	倒转炉排加抛煤机	振动炉排	下饲炉排	沸腾炉	半沸腾炉	室燃炉	旋风炉
代号	G（固）	H（活）	L（链）	W（往）	P（抛）	D（倒）	Z（振）	A（下）	F（沸）	B（半）	S（室）	X（旋）

②型号的第二部分表示介质参数，共分两段：中间以斜线相连。第一段用阿拉伯数字表示介质出口压力为若干千克力/平方厘米；第二段用阿拉伯数字表示过热蒸汽温度或出水温度/回水温度。蒸汽温度为饱和温度时，型号的第二部分无斜线和第二段。

③型号的第三部分表示燃料种类和设计次序，共分两段：第一段用汉语拼音字母代表燃料，同时以罗马数字代表燃料分类与其并列（见表3-13）。如同时使用几种燃料，主要燃料放在前面。第二段以阿拉伯数字表示设计次序，和第一段连续顺序书写，原型设计无第二段。

表3-13   燃料品种与代号

燃料品种	I类石煤煤矸石	II类石煤煤矸石	III类石煤煤矸石	I类无烟煤	II类无烟煤	III类无烟煤
代号	S I	S II	S III	W I	W II	W III
燃料品种	I类烟煤	II类烟煤	III类烟煤	褐煤	贫煤	木柴
代号	A I	A II	A III	H	P	M
燃料品种	稻糠	甘蔗渣	油	气	油母页岩	/
代号	D	G	Y	Q	YM	/

（2）编号示例。

① DZL4-13WII。表示单锅筒纵置式链条炉排，额定蒸发量为4t/h，蒸汽压力为13kgf/cm²，蒸汽温度为饱和温度，燃用II类无烟煤，原型设计的蒸汽锅炉。

② SZS10-16/350-YQ2。表示双锅筒纵置式室燃，额定蒸发量为10t/h，蒸汽压力为16kgf/cm²，过热蒸汽温度为350摄氏度，燃油、燃气并用，以油为主，第二次设计的蒸汽锅炉。

③ SHS20-25/400-H。表示双锅筒横置式室燃，额定蒸发量为20t/h，蒸汽压力为25kgf/cm²，过热蒸汽温度为400摄氏度，燃用褐煤煤粉，原型设计的蒸汽锅炉。

④ QXS120-7/130-70-Y。表示强制循环式室燃，额定供热量为120×10 000千卡/时，供水压力为7kgf/cm²，供水温度为130摄氏度，回水温度为70摄氏度，燃油，原型设计的热水锅炉。

（四）工作过程

如图3-36和图3-38所示为一种自然循环燃煤电站锅炉的简图和燃烧系统示意图。磨煤机将煤制成煤粉，煤粉由空气携带通过装在炉墙上的燃烧器送入炉膛中燃烧；锅炉的蒸发受热面装在炉膛内壁上，组成水冷壁，它吸收炉膛中高温火焰和烟气的辐射热量；后墙水冷壁的上部组成排列较稀的数列凝渣管，以防止结渣；为防止锅炉受热面上积灰或结渣，还使用了吹灰器。

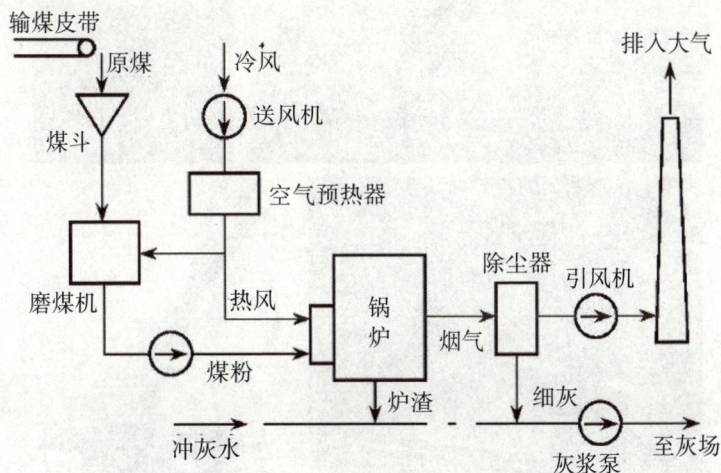

图3-38 燃烧系统示意图

过热器位于水平烟道中，它的作用是把从锅筒出来的饱和蒸汽加热成具有一定温度的过热蒸汽。烟气通过过热器后温度降到500℃~600℃，进入尾部烟道。尾部烟道的受热面之一是省煤器，它由很多平行的蛇形管道组成，其作用是将给水在进入锅筒之前预先加热，并降低排烟温度。尾部的另一受热面是空气预热器，它的作用是使空气在进入炉膛以前加热到一定温度，以改善燃烧和进一步降低排烟温度，提高锅炉效率。

在水汽系统方面，给水在加热器中加热到一定温度后，经给水管道进入省煤器，进一步加热以后再送入锅筒，与锅水混合后沿下降管下行至水冷壁进口集箱。水在水冷壁管内吸收炉膛辐射热形成汽水混合物经上升管到达锅筒中，由汽水分离装置使水汽分离。分离出来的饱和蒸汽经锅炉上部流过过热器，继续吸热成为450℃的过热蒸汽，然后输出。

在燃烧和烟风系统方面，送风机将空气送入空气预热器加热到一定温度后，携带已被磨成一定细度的煤粉经燃烧器喷入炉膛。燃烧器喷出的煤粉、空气混合物在炉膛中与其余的热空气混合燃烧，放出热量。燃烧后的热烟气顺序流经炉膛、凝渣管束、过热器、省煤器和空气预热器后，再经过除尘装置除去其中的飞灰，最后由引风机送往烟囱排向大气。

任务五　起重设备

任务描述

走进工厂车间、建筑工地、港口码头，我们常见如图3-39所示的起重设备，你了解它们的基本结构、使用环境条件都有哪些不同吗？

图3-39　常见的几种起重设备

相关知识

起重设备是吊运或顶举重物的物料搬运机械。多数起重设备在吊运取料之后即开始垂直兼有水平的工作行程，到达目的地后卸载，再空程到取料地点，完成一个工作循环，然后再进行第二次吊运。一般来讲，起重设备工作时，取料、移动、卸载是依次进行的，各相应机构的工作是间歇性的。起重机可用于搬运成件物品，在配备抓斗后可搬运煤炭、矿石、粮食之类的散装物料，配备盛桶后可吊运钢水等液体物料。有些起重设备如电梯也可以用来载人。在某些场合，起重设备还是主要的作业机械，例如在港口和车站装卸物料的起重机等。

一、起重设备概述

（一）起重设备的分类

起重设备按其功能和构造特点可分为三类，即轻小型起重设备、起重机和升降机。

1.轻小型起重设备

轻小型起重设备的特点是轻便、结构紧凑、动作简单，其作业范围以点、线为主。它主要包括起重滑车、千斤顶、手动葫芦、电动葫芦和普通绞车等。除电动葫芦和绞车外，轻小型起重设备大多数用人力驱动，适用于工作不繁重的场所。它们可以单独使用，也可以作为起重机的起升机构。有些轻小型起重设备的起重能力很大，如液压千斤顶的起重量已达数百吨。轻小型起重设备的分类如图3-40所示。

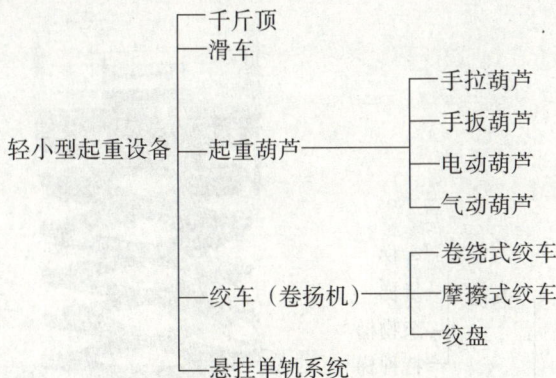

图3-40　轻小型起重设备分类

2.起重机

起重机是在一定范围内垂直提升并水平搬运重物的机械，具有动作间歇性和作业循环性的工作特点，起重机的类别可按用途和构造特征划分。

起重机按用途可分为通用起重机、建筑起重机、冶金起重机、铁路起重机、港口起重机、造船起重机、甲板起重机等。

起重机按构造特征可分为桥式起重机和臂架式起重机、旋转式起重机和非旋转式起重机、固定式起重机和运行式起重机。运行式起重机又分为轨行式起重机和无轨式起重机。轨行式起重机在固定钢轨上运行；无轨式起重机则无固定轨道，由轮胎和履带支撑运行。

图 3-41 是起重机按用途和构造特征的分类图。

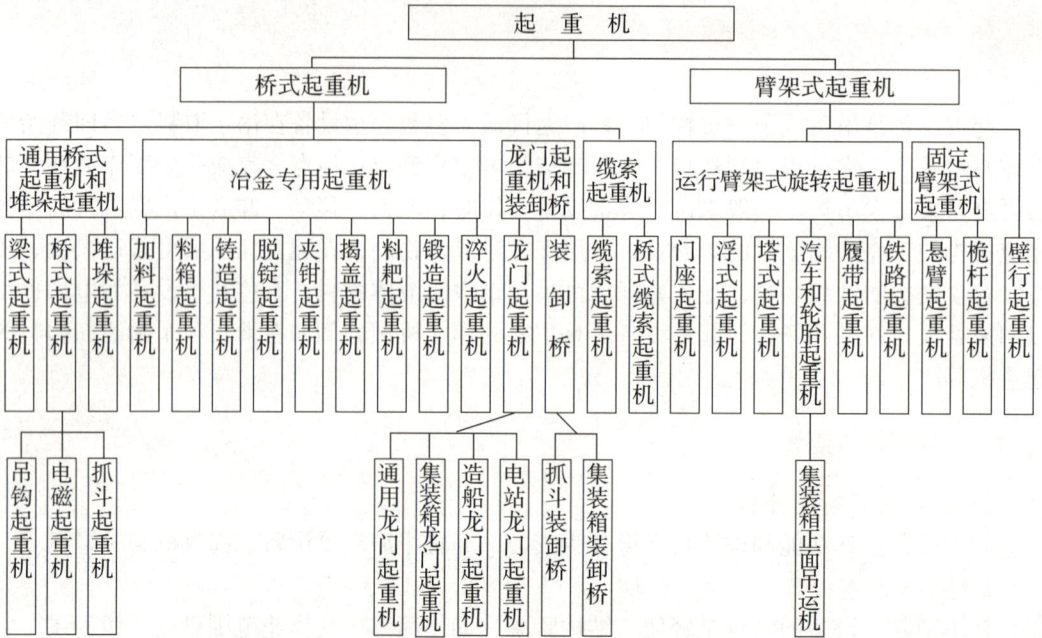

起重机
├─ 桥式起重机
│　├─ 通用桥式起重机和堆垛起重机
│　│　├─ 梁式起重机
│　│　├─ 桥式起重机
│　│　│　├─ 吊钩起重机
│　│　│　├─ 电磁起重机
│　│　│　└─ 抓斗起重机
│　│　└─ 堆垛起重机
│　├─ 冶金专用起重机
│　│　├─ 加料起重机
│　│　├─ 料箱起重机
│　│　├─ 铸造起重机
│　│　├─ 脱锭起重机
│　│　├─ 夹钳起重机
│　│　├─ 揭盖起重机
│　│　├─ 料耙起重机
│　│　├─ 锻造起重机
│　│　└─ 淬火起重机
│　├─ 龙门起重机和装卸桥
│　│　├─ 龙门起重机
│　│　│　├─ 通用龙门起重机
│　│　│　├─ 集装箱龙门起重机
│　│　│　└─ 造船龙门起重机
│　│　└─ 装卸桥
│　│　　　├─ 电站龙门起重机
│　│　　　└─ 抓斗装卸桥
│　└─ 缆索起重机
│　　　├─ 缆索起重机
│　　　└─ 桥式缆索起重机
│　　　　　└─ 集装箱装卸桥
└─ 臂架式起重机
　　├─ 运行臂架式旋转起重机
　　│　├─ 门座起重机
　　│　├─ 浮式起重机
　　│　├─ 塔式起重机
　　│　├─ 汽车和轮胎起重机
　　│　│　　└─ 集装箱正面吊运机
　　│　├─ 履带起重机
　　│　└─ 铁路起重机
　　└─ 固定臂架式起重机
　　　　├─ 悬臂起重机
　　　　├─ 桅杆起重机
　　　　└─ 壁行起重机

图3-41　起重机分类

3. 升降机

升降机主要做垂直或近似于垂直的升降运动，具有固定的升降路线，包括电梯、升降机等，如图3-42所示。

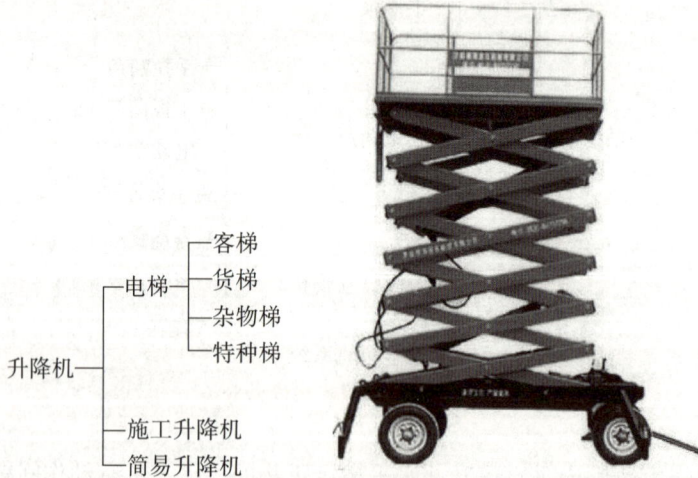

升降机
├─ 电梯
│　├─ 客梯
│　├─ 货梯
│　├─ 杂物梯
│　└─ 特种梯
├─ 施工升降机
└─ 简易升降机

图3-42　升降机

（二）起重设备的技术参数

起重设备的技术参数是表明起重设备工作性能的指标，也是设计、选用起重设备的依据。表现起重设备基本工作能力的最主要的性能参数是起重量、起升高度和工作级别。另外，根据起重机的具体类别，其技术参数还包括跨度、轨距、基距、幅度、起重力矩、起重倾翻力矩、轮压、起升高度和下降深度、运行速度、起重特性曲线、下挠度、制动力矩等。

1.起重量

起重量是指被起升重物的质量，单位为千克或吨，一般分为额定起重量、最大起重量、总起重量、有效起重量等。

（1）额定起重量。额定起重量指起重机能吊起的重物或物料连同可分吊具或属具（如抓斗、电磁吸盘、平衡梁等）质量的总和。通常情况下所讲的起重量，都是指额定起重量。为了设计制造的标准化，国家制定了起重量系列标准，GB/T 783—2023 起重机械基本参数系列即将实施。所有新设计的起重设备额定起重量及辅助起升机构的额定起重量，均应符合标准系列数值。具有特殊性能的起重设备额定起重量，亦应符合或尽量靠近标准系列的数值。

【提示】应避免使用括号内所列数值。

吊钩起重机的额定起重量不包括吊钩和动滑轮组的自重。但对于流动起重机，额定起重量包括固定在起重机上的吊具和从臂架头部到吊钩滑轮组的起重钢丝绳的质量。抓斗和电磁铁等可从起重机上取下的取物装置的质量计入额定起重量内。桥式起重机的额定起重量是定值。臂架式起重机中，臂架长度和幅度不变的起重机，额定起重量是定值；臂架长度和幅度可变的起重机，对应不同的臂架长度和幅度有不同的额定起重量，其中最小幅度的额定起重量最大，称为最大额定起重量。

（2）总起重量。总起重量指起重机能吊起的重物或物料，连同可分吊具和长期固定在起重机上的吊具或属具的质量之和。它包括长期固定在起重机上使用的吊钩、吊环、起重吸盘等吊具的质量，也包括夹钳、货叉等可分离吊具、属具的质量。

（3）有效起重量。有效起重量指起重机能吊起的重物或物料的净质量。如带有可分吊具抓斗的起重机，允许抓斗抓取物料的质量就是有效起重量，抓斗与物料的质量之和则是额定起重量。

2.起升高度、下降深度和起升范围

起升高度，即起重机水平停车面至吊具允许最高位置的垂直距离，对吊钩和货叉算至它们的支撑表面；对于其他吊具，算至它们的最低点（闭合状态）。起升高度的单位是米（m）。对于桥式起重机，应是空载置于水平轨道上，从地面开始测定的起升高度。

下降深度，指吊具的最低工作位置与起重机的水平支撑面之间的垂直距离。对于吊钩和货叉，从其支撑面算起；对于其他吊具，从其最低点算起（闭合状态）。下降深度单位是米（m）。

起升范围，指吊具最高和最低工作位置之间的垂直距离。

3.工作级别

工作级别是反映起重设备总的工作状况的性能参数，它反映起重量和时间的利用程度以及工作循环次数的工作特性。或者说，起重设备的工作级别是表明其工作在时间方面的繁忙程度和在吊重方面满载程度的参数。它是设计和选用起重设备的重要依据。

起重设备工作级别，也就是金属结构的工作级别，按主起升机构确定。国际标准化组织（ISO）规定：起重设备工作级别为8级。我国规定：起重机的工作级别为8级，即$A_1 \sim A_8$，轻小型起重设备、升降机、架空单轨系统还没有划分级别。与我国过去规定的起重设备工作类型对照，大体相当于：$A_1 \sim A_4$——轻级；$A_5 \sim A_6$——中级；A_7——重级；

A_8——特重级。起重设备的工作级别由起重机的利用等级和载荷状态两个因素确定。

（1）起重设备利用等级。它反映了起重机工作的繁忙程度。根据起重设备在有效寿命期内工作循环的总次数，它分为10个等级，见表3-14。

表3-14 起重机利用等级分级

利用等级	总的工作循环次数 N	附注
U_0	1.6×10^4	
U_1	3.2×10^4	不经常使用
U_2	6.3×10^4	
U_3	1.25×10^5	
U_4	2.5×10^5	经常轻闲地使用
U_5	5×10^5	经常中等地使用
U_6	1×10^6	不经常繁忙地使用
U_7	2×10^6	
U_8	4×10^6	繁忙地使用
U_9	$>4 \times 10^6$	

（2）起重设备的载荷状态。载荷状态表明起重机受载的轻重程度，它与两个因素有关，即所起升的载荷与最大起升载荷之比 P_i/P_{max} 和各个起升载荷 P_i 的作用次数 n_i 与总的工作循环次数 N 之比 n_i/N。表示 P_i/P_{max} 和 n_i/N 关系的图形称为载荷谱，载荷谱系数 K_p 的计算公式如下：

$$K_p = \sum \left[\frac{n_i}{N} \left(\frac{P_i}{P_{max}} \right)^m \right]$$

式中：K_p——载荷谱系数；

n_i——载荷 P_i 的作用次数；

N——总的工作循环次数，$N = \sum n_i$；

P_i——第 i 个起升载荷；

P_{max}——最大起升载荷；

m——指数。

起重设备的载荷状态按名义载荷谱系数分为4级，见表3-15。

表3-15 起重机的载荷状态及名义载荷谱系数 K_p

载荷状态	名义载荷谱系数 K_p	说明
Q_1	0.125	很少起升额定载荷，一般起升轻微载荷
Q_2	0.25	有时起升额定载荷，一般起升中等载荷
Q_3	0.5	经常起升额定载荷，一般起升较重的载荷
Q_4	1.0	频繁地起升额定载荷

（3）起重设备工作级别的划分。按起重设备的利用等级和载荷状态，起重设备工作级别分为 $A_1 \sim A_8$ 共8级，见表3-16。

表3-16　　　　　　　　　　　　　　起重机工作级别的划分

载荷状态	名义载荷谱系数	利用等级									
	K_p	U_0	U_1	U_2	U_3	U_4	U_5	U_6	U_7	U_8	U_9
Q_1—轻	0.125			A_1	A_2	A_3	A_4	A_5	A_6	A_7	A_8
Q_2—中	0.25		A_1	A_2	A_3	A_4	A_5	A_6	A_7	A_8	
Q_3—重	0.5	A_1	A_2	A_3	A_4	A_5	A_6	A_7	A_8		
Q_4—特重	1.0	A_2	A_3	A_4	A_5	A_6	A_7	A_8			

（三）起重设备的基本机构及专用零部件

由于起重设备的用途不同，它们在构造上有很大差异，但都具有实现升降这一基本动作的起升机构，有些起重设备还具有运行机构、变幅机构、回转机构或其他专用的工作机构。

起重设备专用零部件简述如下：

1.钢丝绳

钢丝绳是起重设备中最常用的挠性件，它在起升和变幅机构中用作承载绳，在运行和回转机构中用作牵引绳。

绳芯有钢丝绳芯和纤维芯（麻芯或棉芯）两种。

起重机通常选用纤维芯钢丝绳。在高温作业、多层卷绕及横向承压时，宜采用钢丝绳芯的钢丝绳。

钢丝绳的报废应严格执行《起重机钢丝绳保养、维护、检验和报废》（GB/T 5972-2023）的规定。

2.滑轮组

滑轮组分定滑轮组和动滑轮组，它们与钢丝绳一起构成一个缠绕系统，具有起升货物时省力或者加（减）速的作用。定滑轮的位置是固定的，而动滑轮则常与吊钩或其他吊具组合在一起，并随之升降。滑轮一般用铸铁制造，对载荷较大的滑轮也可用铸钢制造。对于大型滑轮（D≥800mm）以采用焊接结构为宜。

3.卷筒组

卷筒组一般由卷筒、连接盘、轴及轴支承架组成。卷筒材料通常采用灰铸铁或球墨铸铁，在工作繁重（A_6及以上）的情况下采用铸钢，对大直径（D≥1.2m）或单件生产的卷筒可用钢板卷焊。卷筒表面一般有钢丝绳螺旋槽。绳槽有标准槽和深槽两种，通常采用标准槽，抓斗及其他有脱槽危险的起重机则宜用深槽。

4.吊钩组

吊钩组是起重机中应用最广的取物装置，它由吊钩、吊钩螺母、推力轴承、吊钩横梁、护板等组成。吊钩分单钩和双钩，通常80t以下用单钩，80t以上用双钩。成批生产的吊钩宜用模锻，大吨位、单件生产的吊钩采用自由锻或板钩（即片式吊钩）。

5.抓斗

抓斗是装卸散料的主要取物装置，也有用来抓取圆木等细长物料的抓斗。

6. 车轮与轨道

车轮形式分双轮缘、单轮缘及无轮缘三类，其踏面有圆柱形、圆锥形和圆锥鼓形三种。起重机大车车轮主要用双轮缘圆柱形车轮，对于轨距小（如桥式起重机的小车）的车轮可用单轮缘。采用无轮缘车轮时应加水平轮。圆锥鼓形车轮多用于沿工字钢下翼缘运行的悬挂式起重机和架空单轨运输小车的运行机构中。

7. 制动装置

制动装置是保证起重机安全正常工作的主要部件，起重机的起升、回转、运行及变幅等机构都必须装有各种类型的制动装置。制动装置分为制动器与停止器两大类。

制动器是利用摩擦元件（闸瓦、制动带及摩擦片等）闸住旋转的制动轮或制动盘，借助于其间的摩擦阻力使机构减速或者停止运动。停止器是利用机械的止动元件（棘爪、滚柱等）单方向止挡机构运动，当机构改变旋转方向时不起止挡作用。停止器可以单独使用，也可以与制动器配合作用。

8. 起重机的安全保护装置

为了使工作安全可靠，起重机须装设有关安全装置和指示装置。

（1）限制起重量或起重力矩的安全装置。这类安全保护装置包括：

① 起重量限制器。它主要有机械式和电子式两种。机械式起重量限制器采用将吊重直接或间接地通过杠杆、偏心轮或弹簧来控制电器开关，多用于臂架式起重机。电子式起重量限制器则由载荷（力）传感器、电子仪表、控制元件以及显示装置等组成，它具有体积小、精度高、有显示功能的优点，故得到广泛应用。

② 起重力矩限制器。起重力矩是起重量和工作幅度的乘积。工作幅度的变化可能是单一的角度或臂长的变化，也可能是角度和臂长两个参数同时变化。因此，起重力矩限制器根据它所限制的参数分为二参数和三参数两种；按构造又可分为机械式和电子式。

（2）限制工作范围界限的装置。这类安全保护装置包括：

① 起升高度限制器。其形式主要有重锤式、蜗杆式和螺杆螺母式，也有晶闸管式。它通常用于限制上极限位置，也有少量用于限制上、下两个极限位置。

② 行程限制器。行程限制器用于限制起重机的运行、回转和变幅等终端极限位置。

（3）保证起重机及其机构正常工作的装置。这类安全保护装置主要包括：

① 起重机防撞装置。它有机械式、光电式、超声波、激光及红外线等形式，用于防止两台运行在同一轨道上的起重机相互碰撞。除机械式以外的其他四种防撞装置，均通过发射和接收装置实现两台起重机靠近到一定距离时自动断电停车。

② 缓冲器小车。缓冲器有橡胶式、弹簧式、塑料（聚氨酯）式以及液压式等形式。当起重机臂架系统运行或变幅摆动到终点位置时，碰撞缓冲器起到缓冲效果。

③ 防滑装置。在室外工作的桥式、门式、门座起重机和装卸桥，为防止被大风吹动，须采用夹轨器、别轨器、地锚等防滑装置。

二、通用桥式起重机

（一）概述
1.型式种类代号
通用桥式起重机的型式种类代号见表3-17。

表3-17　　　　　　　通用桥式起重机的型式种类代号

序号	名称	小车	代号
1	吊钩桥式起重机	单小车	QD
2		双小车	QE
3	抓斗桥式起重机	单小车	QZ
4	电磁桥式起重机	单小车	QC
5	抓斗吊钩桥式起重机	单小车	QN
6	电磁吊钩桥式起重机	单小车	QA
7	抓斗电磁桥式起重机	单小车	QP
8	三用桥式起重机	单小车	QS

【提示】表3-17中序号5~7列示的起重机也可称为二用桥式起重机。

2.基本参数
普通桥式起重机的基本参数包括：

（1）额定起重量。当设有主、副钩时，额定起重量用分式表示，分子表示主钩的起重量，分母表示副钩的起重量；如80/20，表示主钩的起重量为80吨，副钩的起重量为20吨。

（2）跨度。跨度又叫跨距，是指起重机行走的两平行轨道之间的距离。起重机的跨度一般比车间跨度小1.5m，其跨度每3m为一级，主要分为10.5m、13.5m、16.5m、19.5m、22.5m、25.5m、28.5m、31.5m，大于31.5m的为非标准跨度。

（3）速度。速度是根据工作繁忙程度决定的，轻级工作速度较低，重级工作速度较快。起重量小，速度可快一些，起重量大，速度要放慢，否则，对安全不利。

通用桥式起重机的速度包括：①大车速度。大车移动速度有三种，即80m/min、100m/min、120m/min。②小车速度。小车速度一般在40m/min左右。③吊钩起升速度。吊钩起升速度一般为8~20m/min，起重量大，速度要放慢。④起升高度。吊钩标准起升高度为12m，每增加2m为一级，直至32m。

3.结构特点
桥式起重机主要由桥架、大车运行机构、小车运行机构、起升机构和电气设备组成。桥架两端通过运行装置，支承在厂房或露天货场上空的高架轨道上，沿轨道纵向运行；起重小车在桥架主梁上沿小车轨道横向运行，如图3-43所示。

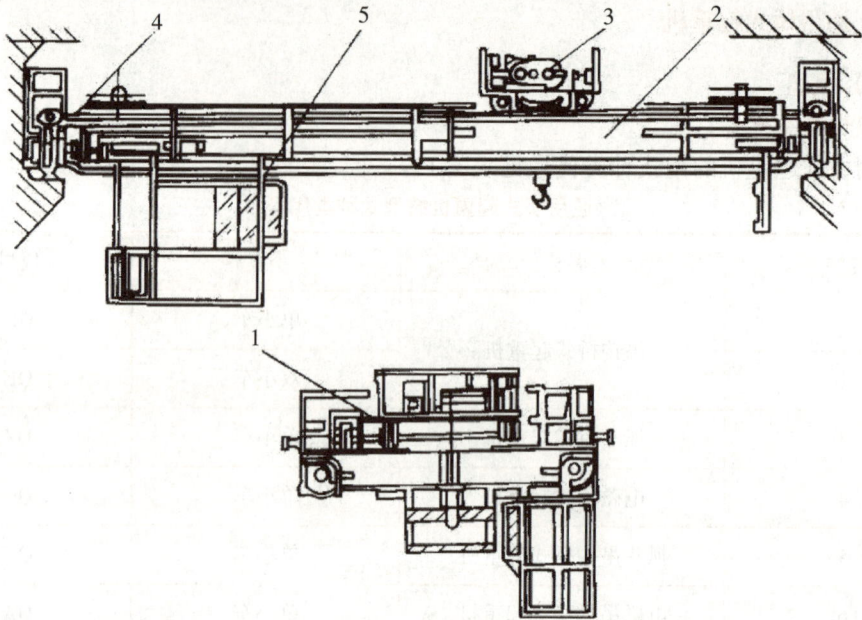

1.小车　2.桥架　3.小车运行机构　4.大车运行机构　5.驾驶室

图3-43　通用桥式起重机简图

（二）典型通用桥式起重机的特点及用途

1.吊钩桥式起重机

如图3-44所示，吊钩桥式起重机是通用桥式起重机中最基本的类型，其他各种类型的起重机都是由其派生出来的。这种起重机可在多种场所进行多种物料的装卸吊运工作，起升载荷用的吊具是吊钩。这种起重机，起重量在10吨以下的，多为一个起升机构，采用一个主钩；在15吨以上的，多为主、副两个起升机构，吊钩分为主钩和副钩。一般情况下，副钩的起重量为主钩的1/5～1/3，其起升速度比主钩快。吊钩桥式起重机适用于机械加工、修理、装配车间或仓库、料场做一般装卸吊运工作，可调速的则用于机修、装配车间的精密安装或铸造车间的慢速合箱等工作。

2.抓斗桥式起重机

如图3-45所示，该型起重机的取物装置常为四绳抓斗，起重小车上有两套起升装置，可同时或分别动作以实现抓斗的升降和开闭。抓斗桥式起重机除起升机构外，其他部分与吊钩桥式起重机基本相同。抓斗桥式起重机适用于仓库、料场、车间等进行散装物料的装卸吊运工作。

3.电磁桥式起重机

如图3-46所示，该型起重机的取物装置是电磁吸盘，其起重小车上有电缆卷筒，将直流电源用挠性电缆送至电磁吸盘上，再依靠电磁吸力吸取导磁物料。它的吊运能力随物料性质、形状、块度大小而变化，适用于吊运具有导磁性的金属物料（一般只用于吸取500℃以下的黑色金属）。

图3-44 吊钩桥式起重机

图3-45 抓斗桥式起重机

图3-46 电磁桥式起重机

三、冶金专用桥式起重机

冶金起重机是在冶炼、铸造、轧制、锻造、热处理等冶金和热加工生产过程中采用特殊取物装置，直接参与某一特定工艺流程的起重设备，其基本结构与通用桥式起重机相似。

（一）冶金专用起重机的工作特点

（1）参与特定的工艺流程。除完成通用桥式起重机的所有动作外，它还参与冶金生产中某一特定工艺流程，完成特定的工艺操作。这种操作一般由较多的机构和较复杂的动作来完成。

（2）工作级别高。具体表现在：①利用等级高。冶金企业全年连续生产，启动、制动频繁，每小时接电次数最高可达150~300次。②载荷状态重。在脱锭、钳式、平炉加料桥式起重机中，起升载荷与小车质量相比较小，故作用在桥架上的载荷无论是否起吊，都接近额定载荷值。

（3）工作环境恶劣。具体表现在：①高温。绝大部分车间都要搬运炽热甚至熔融的金属，环境温度为45℃~55℃；在均热炉盖子揭开时，夹钳起重机上的温度可达65℃。②大部分车间内有很多粉尘和有害气体。③噪声大。

（4）冲击负荷大。冶金起重机各机构工作速度高，加速度大，有时甚至要反向转动，故冲击负荷大。

（二）冶金起重机的基本性能要求

（1）冶金起重机必须具有高的工作速度，以适应工艺和生产率方面的高效要求。如转炉炼钢的快速节奏要求兑铁水用的起重量数百吨的铸造起重机起升速度高达12m/min，另外，刚性料耙起重机的大车运行速度已高达127m/min。

（2）由于冶金起重机产生故障停工后所造成的损失很大，有时甚至超过起重机本身的价值，故要求它有高可靠性，并配备完善的安全保护装置和各种联锁控制，如大车防碰撞装置、起升高度指示器、起重量限制器等。

（3）冶金起重机应具有良好的操作与维修条件。在司机室和装有控制屏的电气室内要根据需要设置除尘、隔热和降温设备。为满足冶金生产特定的生产工艺要求，以及工作频繁、条件恶劣等特点，它在起重小车上还有特殊的工作机构或装置，其工作级别较高。

四、流动式起重机

（一）概述

流动式起重机是一种工作场所经常变换，能在带载或空载情况下沿无轨路面运行，并依靠自重保持稳定的臂架式起重机。

1.分类

流动式起重机的分类如图3-47所示。

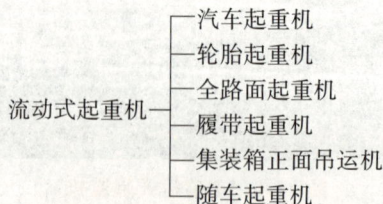

图3-47　流动式起重机分类

2.基本参数

流动式起重机的主要参数是最大额定起重量，它包括取物装置及臂架头部以下的钢丝绳质量。流动式起重机的基本参数有最小额定幅度、基本臂最大起升高度、最长臂最大起重力矩、最长主臂起升高度、副臂起升高度、各机构速度以及爬坡度、转弯半径等。

3.主要机构及功能

流动式起重机分上下两部分：上部为起重部分，称为上车；下部为支承底盘，称为下车。主要机构包括：

（1）起升机构。起升机构由驱动装置、减速器、制动器、卷筒、钢丝绳、滑轮组和吊钩组成。其主要作用为在起升高度范围内，以一定的速度，将载荷提升、悬停、下降。

（2）回转机构。回转机构由回转支承装置和回转驱动装置两部分组成，其作用是支承起重机回转部分的自重和起升重物的载荷，并驱动回转部分相对固定部分回转。

（3）变幅机构。流动式起重机是通过改变起重臂的仰角来改变作业幅度的，而变幅机构就是改变起重臂仰角的机构。

（4）运行机构。运行机构是流动式起重机的重要组成部分，有轮胎式和履带式两种，其作用是使起重机以所需的速度和牵引力沿规定的方向行驶。

（5）伸缩机构。伸缩机构是采用伸缩式起重臂的流动式起重机所特有的机构，作用是改变伸缩式起重臂的长度，以获得需要的幅度和起升高度，并承受由起升质量和伸缩臂质量所引起的轴向载荷。

（6）支腿机构。支腿机构的作用是通过完成收放支腿，增大起重机的基底面积及调整作业场地的坡度，以提高抗倾覆的稳定性，增大起重能力。

（二）典型流动式起重机的特点及用途

1.汽车起重机

汽车起重机的起重作业部分安装在通用或专用汽车底盘上，其车桥多采用弹性悬挂，起重机部分和底盘部分有各自的驾驶室。小型汽车起重机多利用汽车原有的发动机做动力，大型起重机则常采用两台发动机分别驱动起重机构和行走机构。汽车起重机装有外伸支腿，以提高工作时的稳定性。汽车起重机如图3-48所示。

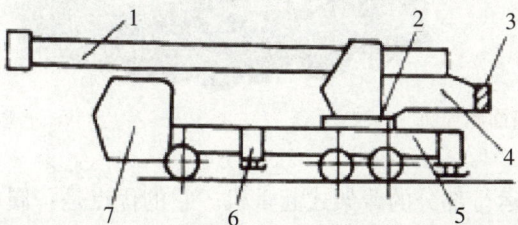

图3-48　汽车起重机

汽车起重机的运行速度快（50km～80km/h），适用于长距离迅速转换作业场地，机动性好，但不能带载荷行驶，且车身长，转弯半径大，通过性能差。它适用于公路通达、流动性大、工作地点分散的作业场所。

2. 轮胎起重机

轮胎起重机使用特制的专用底盘，其车桥为刚性悬挂，一般上下车采用一个发动机和一个驾驶室。在起重量小于额定起重量时，它可以在平坦的场地吊重行驶，如建筑工地、码头、车站等场地，还可以在360°范围内回转作业。轮胎起重机如图3-49所示。

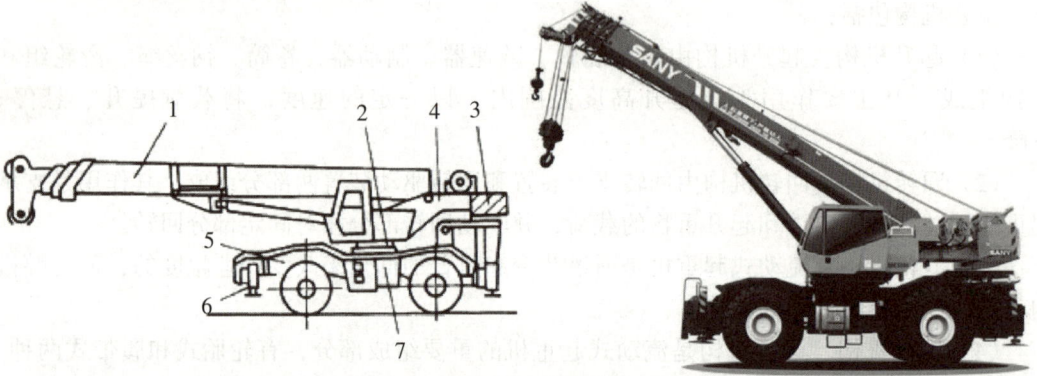

图3-49　轮胎起重机

随着现代轮胎起重机的发展，它与汽车起重机的区别有时并不明显。轮胎起重机适用于作业地点比较集中的场合，其中，通用轮胎起重机广泛用于仓库、码头、货场；越野轮胎起重机适用于作业场所未经修整的交通、能源等建设部门。

3. 全路面起重机

全路面起重机既具有载重汽车的高速行驶性能，又具有越野轮胎起重机的通过能力和在崎岖路面行驶、起重作业、吊重行驶的性能。它适用于流动性大、通行条件极差的油田、公路、铁路建设工地。全路面起重机如图3-50所示。

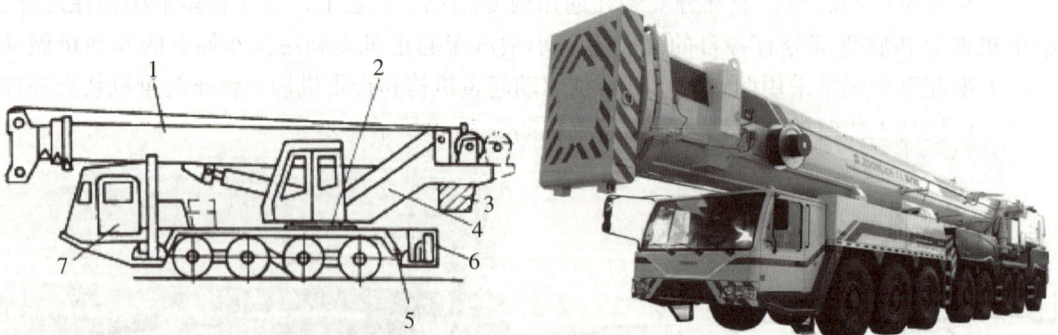

图3-50　全路面起重机

4. 履带起重机

履带起重机是以履带及其支承驱动装置为运行部分的臂架式起重机。它的优点是：履带的接地压强低，稳定性好；不需安装外伸支腿，一般情况下可吊重行走；对地面附着力大，爬坡能力强。其缺点是：行走速度低，行走时履带可能破坏地面，长距离转移场地时，要使用平板拖车运输。履带起重机如图3-51所示。

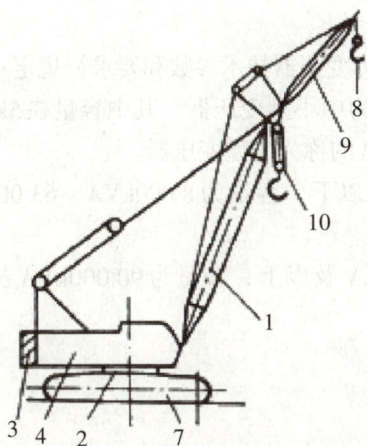

图3-51　履带起重机

履带起重机适用于松软、泥泞地面作业。

微课
起重设备的
分类及组成

任务六　变压器

任务描述

2018年12月27日，美国纽约市皇后区爱迪生联合能源公司发生变压器爆炸。有报道称，皇后区整片天空被映蓝，一些人表示听到了嗡嗡声，距离现场几英里外的阿斯托里亚上空可以看到诡异蓝光，许多人迅速在网上发布了异常闪耀的照片。变压器为什么会发生爆炸，它的基本工作原理和结构是什么？

相关知识

一、变压器的用途和分类

变压器是一种能够改变交流电压的设备。由于变压器能将电压由低变高或由高变低，所以它是电力系统中最重要的电气设备之一。变压器除了应用于电力系统外，在其他方面的应用也十分广泛。例如，用于冶炼的电炉变压器、用于电解的电炉变压器、用于电解或化工的整流变压器、用于煤矿的防爆变压器和特殊结构的矿用变压器、用于交通运输的电力机车变压器和船用变压器等。变压器除了用来变换交流电压外，还用来变换交流电流（如电流互感器、大电流发生器等）、变换阻抗（如电子线路中的输入、输出变压器）及改变相位等。变压器的种类很多，分类方法也很多。

（一）按容量划分变压器

（1）中小型变压器。GB/T 6451-2023《油浸式电力变压器技术参数和要求》规定：电压在35kV及以下，容量在5kVA ~ 6 300kVA的变压器称为中小型变压器。其中容量在5kVA ~ 500kVA的称为小型变压器；容量在630kVA ~ 6 300kVA的称为中型变压器。

（2）大型变压器。大型变压器指电压在110kV及以下，容量为8 000kVA ~ 63 000kVA的变压器。

（3）特大型变压器。特大型变压器指电压在220kV及以上，容量为90 000kVA及以上的变压器。

（二）按用途划分变压器

1.电力变压器

电力变压器包括：

（1）升压变压器。升压变压器用于将低电压变为高电压，用作远距离输送。

（2）降压变压器。降压变压器用于将高电压变为低电压，以适应电力网的要求。

（3）配电变压器。凡是低压侧电压为400V（单相为230V）的变压器均称为配电变压器，一般高压侧电压为6kV ~ 10kV（电站中也有3kV）。如果变压器的高压侧电压为35kV（或66kV ~ 110kV），则称为直配配电变压器，简称直配变。配电变压器用于配电网络，以满足工农业生产与人们日常生活的要求。

（4）联络变压器。联络变压器用于联络两变电所系统。

（5）厂用或所用变压器。厂用或所用变压器为发电厂或变电所自用变压器，或为厂矿企业专用变压器。

2.仪用变压器

该类变压器包括电流互感器、电压互感器等，作为测量和保护装置。

3.电炉变压器

电炉变压器包括炼钢炉变压器、电石炉变压器、感应炉变压器，此外，还有铁合金熔炼、化肥、石墨和加热用的电炉变压器，它们的共同特点是输出电压低、电流大时都带有载调压、低压出线铜排和引至电炉电极的铜排（电缆），以限制短路状态下的工作电流，避免绕组受应力过大而损坏。

4.试验变压器

它的特点是输出电压很高，有的试验变压器的电压高达100万伏，甚至更高，而电流很小，在1安至几安之间，用于电气设备和绝缘材料的工频耐压试验。

5.整流变压器

整流变压器为整流设备的电源变压器，一次侧输入交流电，二次侧输出直流电。其用于需要直流电源的场合，如电解、蓄电池、机车、直流输电等。

6.调压变压器

调压变压器分为自耦式调压变压器、感应式调压变压器和移圈式调压变压器等。

7.矿用变压器

这是一类用于矿井的变压器，套管不暴露在外，用电缆与外界连接，能防尘、防机械损坏。在矿井内使用的开采变压器还应防爆（防可燃气体和粉尘爆炸），故也称这种变压器为防爆变压器。

8.其他变压器

其他变压器包括船用变压器、中频变压器、电焊变压器、电抗器、消弧电抗器、X光变压器、换相器、滤波器、无线电小变压器、行灯变压器、接地变压器等。

（三）按相数划分变压器

（1）单相变压器。单相变压器用于单相负载或三相变压器组。

（2）三相变压器。三相变压器用于三相负载。

【提示】变压器不能改变交流电的频率。

二、变压器的结构

这里主要涉及中、小型电力变压器。中、小型电力变压器由下列一些部分组成：铁芯和绕组，这是变压器的最基本组成部分，此外，还有一些辅助部件，如图3-52所示。

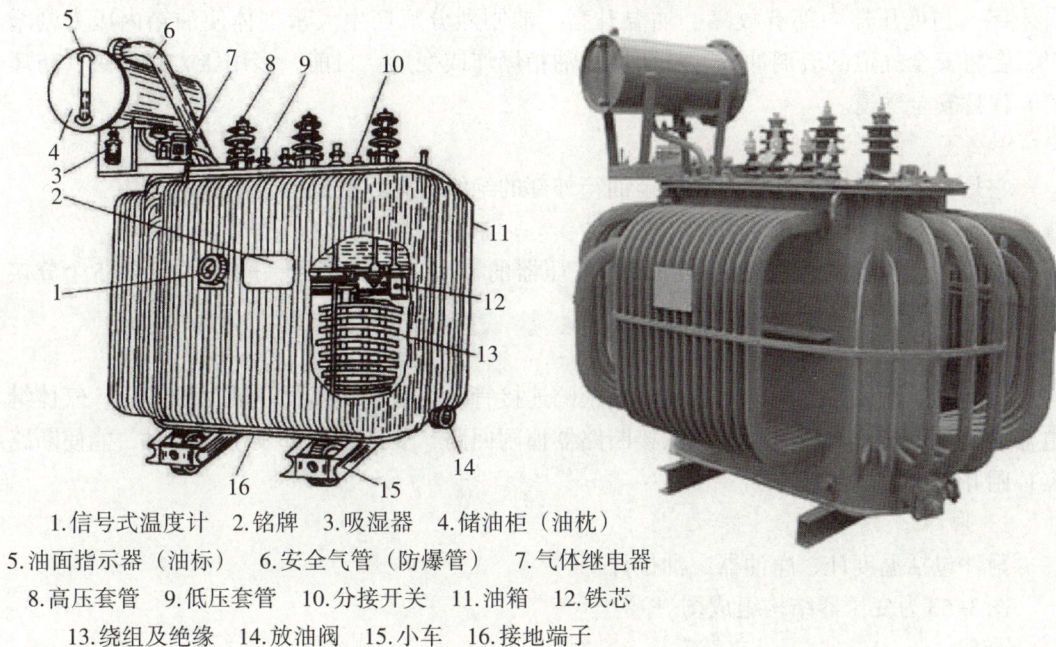

1.信号式温度计 2.铭牌 3.吸湿器 4.储油柜（油枕）
5.油面指示器（油标） 6.安全气管（防爆管） 7.气体继电器
8.高压套管 9.低压套管 10.分接开关 11.油箱 12.铁芯
13.绕组及绝缘 14.放油阀 15.小车 16.接地端子

图3-52 电力变压器

1.铁芯

铁芯是变压器电磁感应的通路，由硅钢片叠装而成。采用硅钢片叠装可以减少涡流。变压器的一次、二次绕组都绕在铁芯上。

2.绕组

绕组是变压器的电路部分，分高、低压绕组。绕组由绝缘的铜线或铝线绕成的多层线圈构成，并套装在铁芯上。

3.油箱

它是变压器的外壳，内装铁芯、绕组和变压器油，起一定的散热作用。

4.储油柜

储油柜的容积一般为油箱的1/10，其上装有油标管，即油位计，用以监测油位的变化。当变压器油的体积随温度的变化而膨胀或缩小时，储油柜起到储油和补油的作用，以保证油箱内充满油。储油柜还能减少油与空气的接触面，防止油被过快氧化和受潮。

5. 吸湿器

吸湿器由一个铁管和玻璃容器组成，内装干燥剂（如硅胶）。储油柜内的油通过吸湿器与空气相通，吸湿器中的干燥剂吸收空气中的水分和杂质，使油保持良好的电气性能。吸湿器也称呼吸器。

6. 散热器

它用来降低变压器的温度。当变压器上层油温与下层油温产生差异时，通过散热器形成油的循环，油通过散热器冷却后流回油箱。为提高变压器油冷却效果，可采用风冷、强（迫）油（循环）风冷和强油水冷等措施。

7. 安全气道

安全气道装于变压器的顶盖上，为筒状或喇叭形管子，管口用玻璃板封住，在其上刻有十字。当变压器内部有故障、油温升高、油剧烈分解产生大量气体使油箱内压力剧增时，会将安全气道的玻璃冲碎，从而避免油箱爆炸或变形。目前，多用压力释放阀（防爆管）代替安全气道。

8. 高压、低压绝缘套管（瓷套管）

它是将变压器高、低压引线引至油箱外部的绝缘装置，也起固定引线的作用。

9. 分接开关

双绕组变压器的一次绕组，三绕组变压器的一次、二次绕组一般都留有3~5个分接头位置，通过分接开关调整电压比。

10. 气体继电器

气体继电器装在变压器油箱和储油柜的连接管上，是变压器的主要保护装置。气体继电器的上触点接信号回路，下触点接断路器掉闸回路，变压器内部发生故障时，能使断路器掉闸并发出信号。

11. 附件

附件包括温度计、净油器、油位计等。

图3-53为变压器结构组成图。

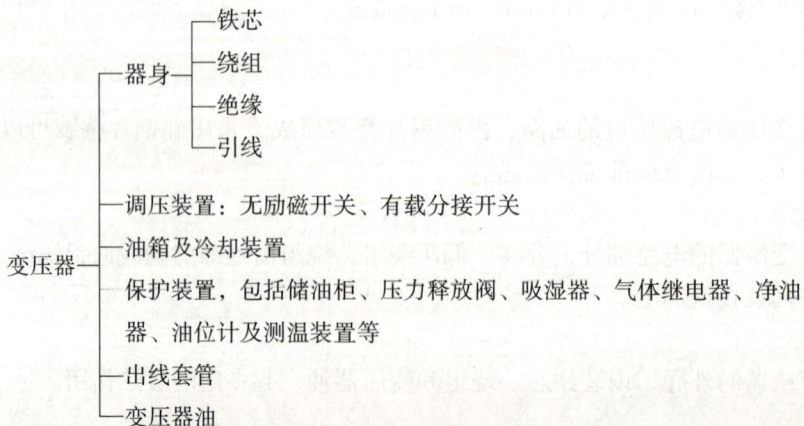

图3-53 变压器结构组成

【提示】变压器的最基本组成部分是铁芯和绕组，此外还有一些辅助部件。

三、变压器的主要额定数据

（一）额定容量 S_e

额定容量指变压器在厂家铭牌规定的额定电压、额定电流下连续运行时，能够输送的能量。其计算公式为：

$$S_e = U_e I_e \times 10^{-3} \text{——单相电力变压器}$$

$$S_e = \sqrt{3} U_e I_e \times 10^{-3} \text{——三相电力变压器}$$

式中：S_e——额定容量（视在功率）（kVA）；

U_e——电力变压器二次侧的额定电压（V）；

I_e——电力变压器二次侧的额定电流（A）。

（二）额定电压 U_e

额定电压指变压器长时间运行所能承受的工作电压（铭牌上的 U_e 值，除非另有规定，一般指调压中间分接头的额定电压值）。

（三）额定电流 I_e

额定电流指变压器在额定容量下，允许长期通过的电流。

（四）温升

变压器绕组或上层油面的温度与变压器周围环境的温度之差称为绕组或上层油面的温升。在每一台变压器的铭牌上都标有温升的限值。国家标准规定，当变压器安装地点的海拔不超过 1 000m 时，绕组温升的限值为 65℃，上层油面温升的限值为 55℃。

（五）额定工作状态

额定工作状态是指变压器在额定电压、额定频率（我国为 50Hz）、额定负载及规定使用条件下的工作状态，在铭牌上都有标示。

【提示】变压器在额定工作状态下运行，经济效果好（吃得少干得多）、寿命长；反之，经济效果差、寿命短，甚至会出事故。

【学思践悟】随着科学技术的进步，互联网的兴起，人工智能越来越多地与各个行业结合在一起，给人们的生活和工作带来新的便利，在各个行业应用越来越广泛。智能化和传统的机械制造业结合在一起，不仅改变了传统工程机械制造业给人们呆板的印象，还大大降低了工程机械制造业的研发费用、提高了工程机械制造业工作效率、降低了工程机械制造业在制造过程中的风险、节省了人力成本和时间成本，受到业内和社会的欢迎。

作为当代青年学生，要明白：国之重器，始于匠心，惟匠心以致远，伟大时代需要伟大工程，伟大工程需要伟大精神支撑和引领。随着我国机械制造业的全面崛起，在长期实践中要培育形成专注、精益求精、一丝不苟、追求卓越的工匠精神。奋斗新征程、建功新时代，全社会应大力弘扬工匠精神，与"劳动光荣、创造伟大"的时代乐章同频共振，奏响"匠心追梦、技能报国"的时代强音，向着第二个百年奋斗目标奋勇前进。

资料来源：薛晴. 在全社会大力弘扬工匠精神［EB/OL］.［2023-08-01］. https://news.gmw.cn/2023-08/01/content_36735861.htm.

项目小结

　　本项目是机器设备评估的重要内容之一，介绍了在日常生活和工作中，常见的七种机器设备的用途、分类、基本结构、相关技术参数、工作原理及发展现状。

　　通过相关知识内容的学习，可以根据所给内燃机的型号计算排量、输出扭矩、有效功率和有效燃料消耗率；可以运用文字或口头表述内燃机各冲程的工作状态和能量转化；熟悉燃气轮机的特点、用途、工作原理和基本构造；了解压力容器的分类方法、基本结构和相关技术标准，能够对压力容器进行水压试验；掌握锅炉的基本参数、基本结构和工作过程，能够计算锅炉的容量、蒸汽压力机热效率；熟悉各种起重设备的基本参数、主要结构和功能，根据起重机的利用等级判断起重机总的工作循环次数。

　　本项目框架结构如图3-54所示。

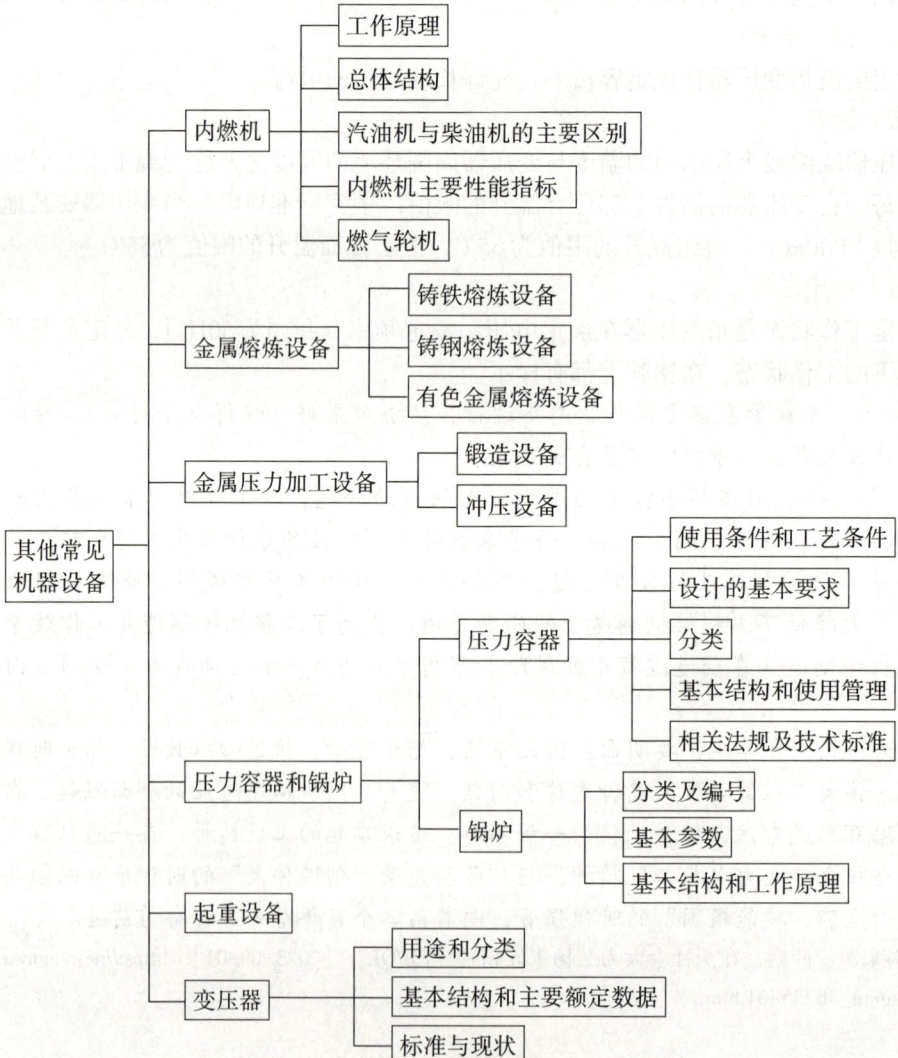

图3-54　本项目框架结构

项目综合实训

一、实训目标

通过对其他常见机器设备进行了解，使同学们能够熟悉这些常见机器设备的基本结构、工作原理、用途及国家相关规定，为今后独立组织和开展机器设备评估工作做好前期铺垫。

二、实训项目与要求

1.实训组织

（1）实训指导教师将学生进行分组，每组6~8人，指定小组负责人；

（2）明确目标和任务，各小组成员发挥主观能动性，观察设备结构、查询设备的相关信息；

（3）小组负责人进行总结汇报。

2.实训项目

通过观察内燃机、熔炼设备、压力加工设备、压力容器、锅炉、起重设备和变压器，记录并整理相关资料。

3.实训要求

熟悉内燃机、熔炼设备、压力加工设备、压力容器、锅炉、起重设备和变压器。

三、成果与检测

1.同学们通过查阅资料，了解内燃机、熔炼设备、压力加工设备、压力容器、锅炉、起重设备和变压器等机器设备。

2.小组负责人汇总信息，与其他小组进行交流，完善总结。

3.明确我国未来科技发展方向，培养学生踏实、勤奋、创新的工匠精神。

项目四

机器设备常见故障诊断和质量评定

知识目标
1. 掌握机器设备常见故障的内容和设备故障类型与维修方式；
2. 掌握机器设备常见故障诊断技术和方法；
3. 掌握机器设备的质量评定。

能力目标
1. 明确设备故障类型与维修方式；
2. 能准确判断设备故障诊断技术的实施过程；
3. 熟练运用机器设备技术鉴定的主要方法。

素养目标
1. 坚持以道德建设和教育为核心，培育学生工匠精神，赋能产业发展，培养学生的社会主义核心价值观；
2. 将职业道德教育融入课程，将家国情怀、品德修养、职业素养等有效渗透，培养德技双馨的复合型评估人才。

项目导入

故障诊断技术的重要性

在现代化生产中，机器设备的状态监测与故障诊断技术越来越受到重视。宏发科技发展公司也在企业内部建立了以状态监测为基础的预防维修体制，这样一来，公司不但能及时、准确地对各种异常状态或故障作出诊断，预防或消除故障，而且能保证设备发挥最大的设计能力，延长服役期限，降低设备寿命周期费用，获得更大的经济效益和社会效益。

我国政府的有关部门已把设备状态监测与故障诊断技术列入企业管理法规，明确规定：“要根据生产需要逐步采用现代故障诊断和状态监测技术，发展以状态监测为基础的预防维修体制。”由此可见，机器设备的状态监测与故障诊断技术处于越来越重要的地位。

请思考： 故障诊断技术有多少种？对于不同设备的质量评定有哪些不同？

启示： 通过项目导入案例，使学生明确机器设备常见故障类型及故障诊断技术的重要性，也要让学生立足本职岗位，爱岗敬业，并将自身职业规划与企业发展、时代发展相结合。

任务一　机器设备常见故障概述

任务描述

通过对机器设备常见故障的学习，了解机器设备的常见故障类型，掌握不同设备故障类型与维修方式，熟悉诊断参数的选择。

相关知识

一、设备状态和故障

机器设备的状态可分为正常状态和异常状态。正常状态指机器的整体或其局部没有缺陷，或虽有缺陷但其性能仍在允许的限度内。异常状态指缺陷已有一定的扩展，使机器状态发生一定程度的变化，机器性能已劣化。

故障是指机器设备不能执行规定功能的状态。出现故障的机器设备一定处于异常状态。故障有严重程度之分：机器已有异常萌生，并有进一步发展趋势的早期故障；故障程度尚不严重，可勉强“带病”运行的一般功能性故障；机器不能运行须立即停机的严重故障。

二、设备状态监测与故障诊断的任务

运行状态的监测。根据机器设备在运行时产生的信息判断设备是否运行正常，及时发现设备故障的苗头。

运行状态的趋势预报。在状态监测的基础上进一步对设备运行状态的发展趋势进行预报，预知设备劣化速度，为生产安排和维修计划提前做好准备。

故障类型、程度、部位、原因的确定。在状态监测的基础上，确定故障类型，确认设备已经处于异常状态所需要进一步解决的问题，为诊断决策提供依据。

三、设备故障类型与维修方式

（一）设备故障类型

1.按部件损坏程度进行分类

设备故障按部件损坏分为功能停止型故障、功能降低型故障和商品质量降低型故障三类。

功能停止型故障是机器零件或机器损坏，丧失了工作能力，如机器不能启动、无法运转；汽车发动机不能发动、无法开车；工作机构不能工作等。

功能降低型故障是指机器虽能工作，但运行过程中机器功率降低或油耗增加，如发动机工作过程中功率降低，燃油、润滑油油耗增加；工作机构工作能力降低，工作无力等。

商品质量降低型故障是指机器虽能工作，但在工作中出现漏水、漏油、漏电、异常噪声、喘振、不规则跳动、传动系统失去平稳等。

2.按故障持续时间进行分类

设备故障按故障持续时间分为临时性故障和持久性故障。

临时性故障是机器在很短时间内发生的丧失某些局部功能的故障。这种故障发生后不需要修复或更换零件，只需对故障部位进行调整即可恢复其丧失的功能。

持久性故障是造成机器功能丧失的一直持续到更换或修复故障零件后才能恢复机器工作能力的故障。

3.按故障是否发生进行分类

设备故障按故障是否发生分为实际故障和潜在故障。

实际故障是指机器已经发生的故障。

潜在故障是指机器自身可能存在故障隐患，在生产过程中，如果严格执行机器的使用和维修规程，采取有效的监测和预防措施，将能防止潜在故障发展成为实际故障。

4.按故障发生的时间进行分类

设备故障按故障发生时间分为突发性故障和渐进性故障两类。

突发性故障的发生与机器的状态变化及机器已使用的时间无关，一般是在无明显故障预兆的情况下突然发生。突发性故障的发生具有偶然性和突发性。这类故障一般在实际工作中难以预测，故又称不可监测故障。

渐进性故障是由于机器质量的劣化，如磨损、腐蚀、疲劳、老化等逐渐发展而成的，故障发生的概率与机器的使用时间有关。这类故障一般是可以预测的，因此常常称为可监测故障。

（二）设备维修方式

1.事后维修

事后维修即故障发生后再修理，也称坏了再修，它是最常用的维修方式。由于零件坏了无法再利用，因此事后维修的维修费用高。另外，若某些重要的机器的关键零部件损坏会产生重大事故，因此使用这种维修方式要承担一定的风险。

2.定期维修

定期维修是按一定的时间间隔定期检修，如汽车的大修、小修等。它是为了预防机器损坏而进行的维修，故又称预防维修。采用定期维修方式时，不管机器有无故障，一到规定的时间都要进行定期检修、更换关键零部件。因此这种维修方式一方面可能存在过剩维修的问题，另一方面可能出现提前失效而具有一定的危险性。

3.状态维修

状态维修是对机器进行状态监测，根据机器有无故障及机器性能的劣化程度决定是否进行维修，故又称预测维修或视情维修。它克服了以上两种维修方式的不足，具有许多优点。

多年来人们习惯使用的维修方式是事后维修和定期维修，目前生产中大多采用的也是这两种维修方式。随着科学技术的不断发展，状态维修的优点将越来越为人们所重视。因此加快进行维修体制的改革，由事后维修、定期维修向状态维修过渡。

四、描述故障的特征参数

设备状态在演变过程中所出现的各种迹象都表明设备内部存在着故障隐患。故障诊断技术就是根据各种故障迹象，采用相应的故障特征参数所提供的信息来判断设备技术状态，以对其存在的故障作出诊断的。虽然设备运行状态千差万别，故障迹象多种多样，但描述故障的特征参数可归纳为两大类，即直接特征参数和间接特征参数。

（一）直接特征参数

直接特征参数包括设备或部件的输出参数和设备零、部件的损伤量。

1.设备或部件的输出参数

设备或部件的输出参数包括设备的输出（如机床加工精度的变化、机械生产率的变化、油泵效率的变化等），输入与输出的关系（如柴油发电机组的耗油量与输出关系的变化等）以及设备两个输出变量之间的关系（如热交换器的温差与流量的关系、泵的流量与压力的关系等）。利用设备或部件的输出参数可以判断设备所处的运行状态，并可预示故障的存在。一般来说，设备或部件的输出参数是比较容易检测的，但各种输出参数指标对于设备早期故障的反应往往不很灵敏。如一些主要零件在影响设备性能之前可能就存在缺陷，但不一定反映到输出参数上。因此以设备或部件输出参数作为故障特征参数一般难以发现早期故障。另外，用这类故障特征参数判断设备工作能力的强弱，只表明有无故障，而无法判断故障部位、故障形式及故障原因。

2.设备零、部件的损伤量

引起设备故障的各种损伤量，如变形量、磨损量、裂纹大小、锈蚀程度等都是判断设备技术状态的特征参数。这类特征参数都是引起故障的直接原因，它们不仅可以表示故障的存在、发生故障的原因及部位，而且其数量值还可以表示故障的严重程度及发展趋势。虽然这类特征参数能对故障作出较全面的描述，但由于这类特征参数在复杂设备里大量存在，不可能同时对它们逐个加以测量，所以，通常是在故障诊断的第二阶段，利用这类特征参数来判断设备故障，即在检测了设备输出参数或其他故障信息以后，认为有必要进一步查明设备工作能力降低或故障发生的直接原因时，才进行损伤量的测量。

（二）间接特征参数

间接特征参数即二次效应参数。在故障诊断技术中，作为设备故障信号的二次效应主要有设备在运转过程中产生的振动、声音、温度、电量等。另外，即使对于同一类二次效应，描述它的特征参数也有多个，如振动可用位移、速度、加速度描述，声音可用噪声、超声、声发射描述，温度可用温差、热象、温度场描述，电量可用电压、电流、功率、频率、相位、电阻、电感、电容等描述。可见，作为故障信号的二次效应参数较多，而且对于不同的故障和频率范围，二次效应参数与故障判断之间的灵敏度和有效性也不完全相同。因而在故障诊断中，就存在一个合理选择特征参数的问题。

用间接特征参数进行故障诊断的主要优点是可以在设备运行中以及不做任何拆卸的条件下进行诊断。其缺点是间接特征参数与故障间常存在某种随机性。

任务二　机器设备常见故障诊断技术和方法

任务描述

通过任务二的学习，了解机器设备故障诊断的实施过程，测取设备在运行中或相对静止条件下的状态信息，对所测信号进行处理和分析，并结合设备的历史状况，定量识别设备及其零、部件的实时技术状态，预知有关异常、故障和预测未来技术状态，从而确定必要对策的技术，即设备故障诊断技术，进而掌握设备故障诊断的常用方法。

相关知识

一、设备故障诊断的实施过程

按照上面关于设备故障诊断技术的表述，设备故障诊断通常包括状态信息的提取、状态的识别、对未来的预测及确定必要的对策等，可以把诊断过程划分为三个阶段，即状态监测、分析诊断和治理预防，如图4-1所示。

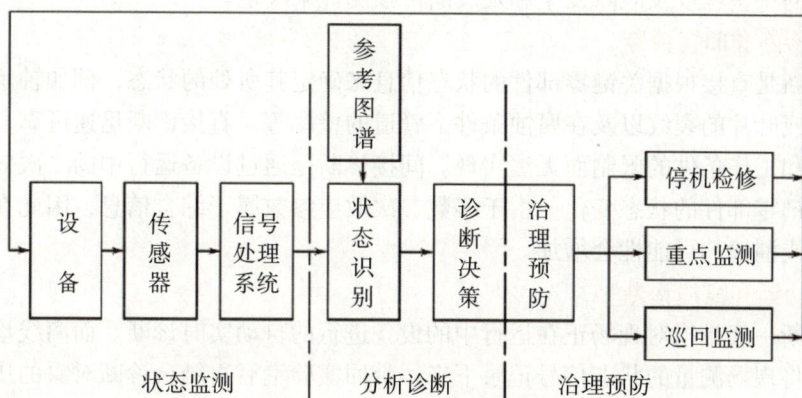

图4-1 诊断技术三阶段

（一）状态监测

对设备故障进行诊断，首先要通过传感器采集设备（零部件或机组等）在运行中的各种信息，将其变为电信号，再将获取的信号输入信号处理系统进行处理，以便得到能反映设备运行状态的参数。在传感器采集到的信号中，除了含有能反映设备故障部位症状（称为征兆或故障征兆）的有用信号外，往往还含有不是诊断所需要的无用信号（或干扰信号）。如何将征兆信号提取出来，获得诊断决策的可靠依据是信号处理系统要完成的一项重要工作。

（二）分析诊断

分析诊断包括状态识别和诊断决策，即根据状态监测得到的能反映设备运行状态的征兆（或特征参数）的变化情况，将征兆（或特征参数）与某故障状态参数（模式）进行比较，来识别设备是否存在故障，判断故障的性质和程度及产生的原因、发生的部位，并预测设备的性能和故障发展趋势。

（三）治理预防

根据分析诊断得出的结论来确定治理修正和预防的办法，包括调度、改变操作、更换、停机检修等。如果认定设备尚可继续运行一段时间，那就需要对故障的发展情况做重点监测或巡回监测，以保证设备运行的可靠性。

二、设备故障诊断技术的分类

设备故障诊断技术的分类方法比较多，下面主要叙述三种分类方法。

（一）按诊断的目的、要求和条件的不同分类

1.功能诊断和运行诊断

对于新安装的或刚维修的设备及部件，需要判断它们的运行工况和功能是否正常，并根据检测与判断的结果对其进行调整，这就是功能诊断。而运行诊断是对正在运行中的设备或系统进行状态监测，以便对异常的发生和发展进行早期诊断。

2.定期诊断和连续监测

间隔一定时间对服役中的设备或系统进行一次常规检查和诊断即为定期诊断。而连续监测则是采用仪器、仪表和计算机信号处理系统对设备或系统的运行状态进行连续监视和检测。这两种方法的选用需根据诊断对象的关键程度、故障的严重程度、运行中设备或系

统性能下降的快慢程度及故障发生和发展的可预测性来决定。

3.直接诊断和间接诊断

直接诊断是直接根据关键零部件的状态信息来确定其所处的状态,例如轴承间隙、齿面磨损、轴或叶片的裂纹以及在腐蚀条件下管道的壁厚等。直接诊断迅速可靠,但往往受到机械结构和工作条件的限制而无法实现。间接诊断是通过设备运行中的二次效应参数来间接判断关键零部件的状态变化。由于多数二次效应参数属于综合信息,因此在间接诊断中出现伪警或漏检的可能性会增加。

4.在线诊断和离线诊断

在线诊断一般是指对现场正在运行中的设备进行的自动实时诊断。而离线诊断则是通过存储设备将现场测量的状态信号记录下来,带回实验室后再结合诊断对象的历史档案进行进一步的分析诊断。

5.常规诊断和特殊诊断

常规诊断是在设备正常服役条件下进行的诊断,大多数诊断属于这一类型诊断。但在个别情况下,需要创造特殊的服役条件来采集信号,例如,动力机组的启动和停机过程要通过转子的扭振和弯曲振动的几个临界转速采集启动和停机过程中的振动信号,停车对诊断其故障是必需的,所要求的振动信号在常规诊断中是采集不到的,因而需要采用特殊诊断。

6.简易诊断和精密诊断

简易诊断一般由现场作业人员进行。凭着听、摸、看、闻来检查、判断设备是否出现故障,也可通过便携式简单诊断仪器,如测振仪、声级计、工业内窥镜、红外测温仪等对设备进行人工监测,根据设定的标准或凭人的经验确定设备是否处于正常状态。若发现异常,则通过监测数据进一步确定其发展趋势。精密诊断一般要由从事精密诊断的专业人员来实施。采用先进的传感器采集现场信号,然后采用精密诊断仪器和各种先进分析手段(包括计算机辅助方法、人工智能技术等)进行综合分析,确定故障类型、程度、部位和产生故障的原因,了解故障的发展趋势。

(二)按诊断的物理参数分类

从研究故障诊断技术的角度,常按诊断的物理参数分类。具体的分类方法见表4-1。

表4-1　　　　　　　　　按诊断的物理参数划分诊断技术

诊断技术名称	状态检测参数
振动诊断技术	平衡振动、瞬态振动、机械导纳及模态参数等
声学诊断技术	噪声、声阻、超声以及声发射等
温度诊断技术	温度、温差、温度场以及热象等
污染诊断技术	气、液、固体的成分变化,泄漏及残留物等
无损诊断技术	裂纹、变形、斑点及色泽等
压力诊断技术	压差、压力及压力脉动等
强度诊断技术	力、扭矩、应力及应变等
电参数诊断技术	电信号、功率及磁特性等
趋向诊断技术	设备的各种技术性能指标
综合诊断技术	各种物理参数的组合与交叉

（三）按诊断的直接对象分类

从学科的工程应用角度，多按诊断的直接对象分类。具体的分类方法见表4-2。

表4-2　　　　　　　　　　　　　按直接诊断对象划分诊断技术

诊断技术名称	直接诊断对象
机械零件诊断技术	齿轮、轴承、转轴、钢丝绳、联结件等
液压系统诊断技术	泵、阀、液压元件及液压系统等
旋转机械诊断技术	转子、轴系、叶轮、风机、泵、离心机、汽轮发电机组及水轮发电机组等
往复机械诊断技术	内燃机、压气机、活塞及曲柄连杆机构等
工程结构诊断技术	金属结构、框架、桥梁、容器、建筑物、静止电气设备等
工艺流程诊断技术	各种生产工艺过程
生产系统诊断技术	各种生产系统、生产线
电气设备诊断技术	发电机、电动机、变压器、开关电器

三、设备故障诊断的常用方法

这里主要介绍应用范围比较广泛的基础性故障诊断方法。在进行设备故障诊断时，应结合设备故障的特点及获取故障征兆的有效性，进行正确的选用。

（一）振动测量法

组成设备的零、部件以及用于安装设备的基础都可以认为是弹性系统。在一定条件下，弹性系统会在其平衡位置附近做往复直线、旋转运动。这种每隔一定时间的往复性微小运动称为机械振动。机械振动在不同程度上反映出设备所处的工作状态。利用振动测量及其对测量结果的分析来识别设备故障是一种常用的有效的故障诊断方法。

微课

设备故障诊断的常用方法

1.关于振动的基本内容

按能否用确定的时间函数关系式描述，振动分为两大类，即确定性振动和随机振动（非确定性振动）。确定性振动能用确定的数学关系式来描述，对于指定的某一时刻，可以确定一个相应的函数值。随机振动具有随机特点，每次观测的结果都不相同，无法用精确的数学关系式来描述，不能预测未来任何瞬间的精确值，而只能用概率统计的方法来描述它的规律。例如，地震就是一种随机振动。

确定性振动又分为周期振动和非周期振动。周期振动包括简谐周期振动和复杂周期振动。简谐周期振动只含有一个振动频率。而复杂周期振动含有多个振动频率，其中任意两个振动频率之比都是有理数。非周期振动包括准周期振动和瞬态振动。准周期振动没有周期性，在所包含的多个振动频率中至少有一个振动频率与另一个振动频率之比为无理数。瞬态振动是一些可用各种脉冲函数或衰减函数描述的振动。

振动的幅值、频率和相位是振动的三个基本参数，称为振动三要素。振动完全可以通过振幅、频率、相位加以描述。

（1）振幅。振幅表示振动体（或质点）离开其平均中心的幅度。它是振动强度的标志，可用不同的方法表示，如峰值、有效值、平均值等。

（2）频率。振动体每振动一次所需要的时间称为周期（T），单位为秒（s）。而每秒振动的次数称为频率f，其单位为次/秒，用Hz表示。振动频率与振动周期互为倒数。只要确定出振动所包含的主要频率成分及其振幅的大小，就可以找出振源。可见该参数对查找产生振动的原因具有重要意义。

（3）相位。相位是表示振动的部分相对于其他振动的部分或其他固定部分处于什么位置关系的一个量。不同的振动源都会有各自的相位，相同的相位可能引起合拍共振，产生严重后果。如果相位相反，则可能引起振动抵消，起到减振作用。因此，相位也是描述振动特征的重要信息，在查找发生异常的位置方面具有重要意义。振动的运动规律可以用位移的时间、速度和加速度历程描述。振动的位移、速度和加速度之间存在着微分和积分的关系。振动位移已知，对其微分得到振动速度，再次微分得到振动加速度；反之，振动加速度已知，对其积分得到振动速度，再次积分便得到振动位移。可见，只要测出振动的一个参数，就可以通过微分、积分电路得到其他两个参数。

2.常用的测振传感器

振动测量通常采用机械方法、光学方法或电测方法。机械方法常用于振动频率低、振幅大、精度要求不高的场合。光学方法主要用于精密测量和测振传感器的标定。电测方法是应用范围最广的一种方法。不管采用哪种测量方法，都要采用相应的测振传感器。采用电测方法测量振动，传感器的作用是感受被测振动参数，将其转换为电量。测振传感器按所测振动参数的不同，分为测量振动加速度的加速度传感器、测量振动速度的速度传感器和测量振动位移的位移传感器。可用于振动测量的传感器比较多，下面只介绍广泛应用的几种典型传感器。

（1）压电式加速度计。某些晶体在一定方向上受力变形时，其内部会产生极化现象，同时在它的两个表面上产生符号相反的电荷；当外力去除后，又重新恢复到不带电状态，这种现象称为"压电效应"，具有"压电效应"的晶体称为压电晶体。常用的压电晶体有石英、压电陶瓷等。压电式加速度计是基于压电晶体的压电效应工作的。常见的结构形式为中心压缩式，分为正置压缩型、倒置压缩型、环形剪切型、三角形剪切型等，如图4-2所示。不管是哪一种结构形式的加速度计，均包括压紧弹簧、质量块、压电晶片和基座等基本部分。其中，压电晶片是加速度计的核心。测量时，将加速度计基座与被测对象刚性固定在一起。当随被测对象一起振动时，加速度计把被测加速度变换成作用在压电晶片上的力，通过压电晶片的力-电转换把加速度变成电量输出。

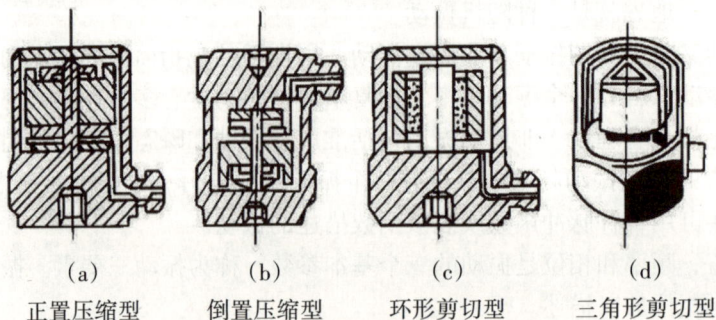

| (a) | (b) | (c) | (d) |

正置压缩型   倒置压缩型   环形剪切型   三角形剪切型

图4-2 压电式加速度传感器结构示意图

振动加速度计属于能量转换型传感器，亦即发电型传感器，它直接将被测振动加速度转换为电量输出，而不需要电源供电。振动加速度计的可测频率范围宽（0.1Hz~20kHz），灵敏度高而且稳定，有比较理想的线性。这种传感器体积小、重量轻，可以安装在任何方位，而且无移动元件，不易造成磨损。其输出信号通过积分电路能很容易地转换成振动速度信号和振动位移信号。

【提示】压电式加速度计使用的上限频率随其固定方式而变。最佳的固定方式是采用钢螺栓固定，只有这种固定方式能达到出厂标示的上限使用频率。

（2）磁电式速度传感器。这种传感器是利用电磁感应原理，将振动速度转换为线圈中的感应电动势输出。如同压电式加速度计，它的工作也不需要外加电源，而是直接从被测对象吸取机械能量，并将其转换成电量输出。因此，它也是一种典型的能量转换型传感器，即发电型传感器。如图4-3所示为一种动圈式惯性速度传感器的结构示意图。

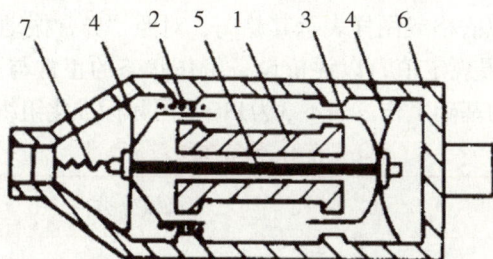

1.磁钢 2.线圈架 3.阻尼环 4.弹簧片
5.芯轴 6.壳体 7.输出线
图4-3 动圈式惯性速度传感器结构示意图

磁钢与钢制壳体固为一体，带有线圈架和阻尼环的芯轴由弹簧片支撑着与壳体相连，线圈架上绕有线圈。测振时，将传感器固定或紧压在被测设备的指定位置。当壳体随被测设备振动时，线圈与磁场之间产生相对运动，切割磁力线产生感应电动势，从而输出与振动速度成正比的电压。

这种传感器输出功率大，因而可以大大地简化配用的二次仪表电路。另外，它的性能比较稳定，可以针对不同测量场合做成不同的结构形式，因此在工程中获得了较普遍的应用。但这种传感器中存在着机械运动部件，它与被测体同频率振动，由于其疲劳极限使传感器寿命比较短，因此在长期连续测量中应该考虑传感器的寿命。

（3）电涡流位移传感器。这是一种非接触式位移传感器，它基于金属体在交变磁场中的电涡流效应工作。电涡流位移传感器的示意图如图4-4所示，其核心部分是线圈。测量时，将传感器（顶端）移近被测体（金属材料），被测体表面与传感器（顶端）之间距离的变化被转换成与之成正比的电信号。电涡流位移传感器属于能量控制型传感器，它必须借助电源才能将位移转换为电信号。这种传感器具有结构简单、线性范围宽（300m~100m）、灵敏度高、频率范围宽（零至几百kHz）、抗干扰能力强、不受油污等介质影响以及非接触测量等特点。电涡流位移传感器可以无接触地测量各种振动的幅值。它常用于监控汽轮机、空气压缩机主轴的径向振动，测量发动机涡轮叶片的振幅；还常用于汽轮机主轴轴向位移测量及旋转体转速的测量。在工况监测与故障诊断中应用甚广。

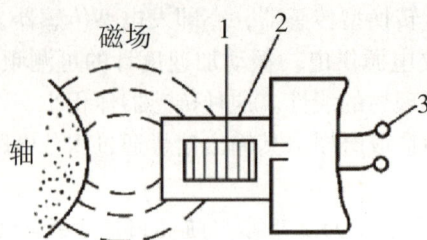

1.线圈　2.壳体　3.引线

图4-4　电涡流位移传感器结构示意图

3.异常振动分析方法

（1）以振动总值法判别异常振动。这是一种最直接的方法，把传感器放在设备应测量的部位，测量其振动值。振动值可用加速度、速度或位移来表示，通常都选用振动速度这个参数。将测得的数据以表格或图样表示其趋向，对照"异常振动判断基准"，判别实际测量值是否超过界限或极限规定值，以评价设备工作状态的正常与否。在这种诊断方法中，制定判断标准是最主要的基础工作。表4-3为ISO（国际标准化组织）制定的判断标准。

表4-3　　　　　　　　　　　（ISO-2372）异常振动判断基准

振动速度	机械分类			
（mm/s）均方根值	小型机械 Ⅰ类	中型机械 Ⅱ类	大型机械 （坚固基础） Ⅲ类	大型机械 （柔软基础） Ⅳ类
0.28	好	好	好	好
0.45				
0.71				
1.12	较好			
1.80		较好		
2.80	较差		较好	
4.50		较差		较好
7.10			较差	
11.20				较差
18.00	差			
2.00		差		
45.00			差	差
71.00				

（2）通过频谱分析诊断异常振动。用振动总值法能判断整机或部件的异常振动。若要进一步查出异常的原因和出现的部位，则需对振动信号进行频谱分析。

频谱分析通常由频谱分析仪完成，如图4-5所示为一数字式频谱分析仪。图中，前置放大器，即电压放大器，将输入信号放大到需要的幅度；抗混淆滤波器实际上是一个低通滤波器（使信号中低于某一频率的频率成分通过，高于该频率的频率成分受到极大的衰减），用来滤去高于分析频率量程的频率成分，防止高频成分与要分析的频率成分发生混叠；A/D转换器将模拟量转换为数字量；高速数据处理器用于完成频谱分析，它可以是一台微型计算机，也可以是专用的硬件电路。

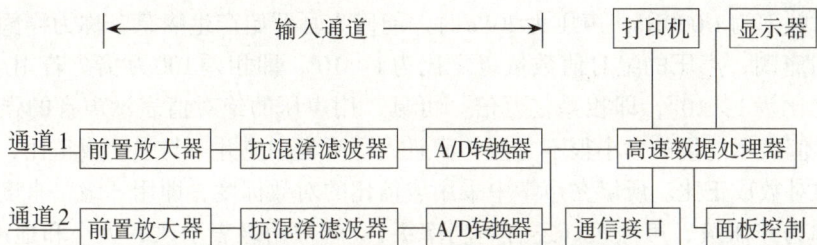

图4-5 数字式频谱分析仪框图

在异常振动分析中，通常先采用测振仪进行振动总值的检测，当发现振动总值有较快增大，并有接近或超出最大允许界限值的趋向时，再采用频谱分析仪对实测振动信号进行频谱分析。由于一台设备中处于工作状态的零部件都具有确定的振动频率，因此用作出的频谱图与其正常谱图（或称原始谱）进行比较，通过被诊断设备各特征频率及其幅值的变化就能较方便地寻找振源，诊断出故障部位和严重程度。当频谱图上出现新的谱线时，就要考虑到设备是否发生了新的故障。

（3）以振动脉冲测量法判断异常振动。振动脉冲测量法专门用于滚动轴承的磨损和损伤的故障诊断。其原理是滚动轴承失效时由于滚道产生点蚀、剥落等缺陷使轴承内外环上出现凹痕，每当与滚珠接触时，都会产生冲击力，虽然这也增加了振动的有效值，但影响最大的是峰值。这种冲击脉冲波经设备本体传至压电式传感器，传感器输出的信号峰值基本上只与脉冲波的幅值有关，而相对来说对其他因素并不敏感。因此，当测量系统对冲击效应进行放大时，不会受普通机器振动的影响。一般地，根据实际冲击水平与正常冲击水平之差（即冲击水平增加值）来判断轴承性能的好坏。

（二）噪声测量法

任何设备不是处在空气中，就是处在其他介质中，机械振动将使介质振动，形成波。设备噪声就是不规则的机械振动在空气中引起的振动波。设备噪声也能在不同程度上反映出设备所处的工作状态。因此，利用噪声测量及对测量结果的分析来识别设备故障是设备故障诊断的又一种常用方法。

1.噪声测量的主要参数

进行噪声测量时，常用声压级、声强级和声功率级表示其强弱，也可以用人的主观感觉进行度量，如响度级等。

（1）声压、声强、声功率。

①声压。在声波传播过程中，空气质点也随之振动，产生压力波动。一般把没有声波存在时媒质的压力称为静压力，用P_0表示。有声波存在时，空气压力就在大气压附近

起伏变化，出现压强增量，这个压强增量就是声压，用P表示，其单位为Pa。仪器检测到的声压为有效声压，它是声压的均方根值。

②声强。单位时间内，通过垂直于传播方向上单位面积的声波能量称为声强，用I表示，其单位为W/m²。

③声功率。声功率是指声源在单位时间内辐射出来的总声能，其单位为W。

（2）分贝与声级。

引起人类听觉的可听声频率在20Hz~20 000Hz之间，但在此范围内的某一声波可以有不同的声压或声强。当频率为1 000Hz时，正常人耳开始能听到的声压为2×10⁻⁵Pa，称为听阈声压。频率为1 000Hz，声压为20Pa时，能使人耳开始产生痛感，称为痛阈声压。可见从听阈到痛阈，声压的绝对值数量级之比为1∶10⁶，即相差100万倍。若用声强表示，其绝对值之比为1∶10¹²，即相差亿万倍。可见，用声压的绝对值表示声音的强弱以及用声强的绝对值表示能量的大小很不方便。而且人耳听觉响应并不与强度成正比，而是更接近与强度的对数成正比。所以在声学中采用成倍比的对数标度，即用"级"来度量声压和声强，并称为声压级、声强级（还有声功率级）。就像用级表示风的大小和地震的强弱。其中，声压级是最常使用的噪声测量参数。

①声压级。声波的声压级是声波的声压与基准声压之比以10为底的对数的20倍，即：

$$L_p = 20\lg\frac{P}{P_0}$$

式中：L_p——声压级；

P——实测声压；

P_0——基准声压，$P_0 = 2 \times 10^{-5}Pa$。

声压级的单位为分贝，记作dB。例如，P_0的声压级为：

$$L_{p0} = 20\lg\frac{P_0}{P_0} = 0$$

②声强级。声波的声强级是声波的声强与基准声强之比以10为底的对数的10倍，即：

$$L_1 = 10\lg\frac{I}{I_0}$$

式中：L_1——声强级；

I——实测声强；

I_0——基准声压，为最低可听到的1 000Hz纯音声强，即10^{-12}W/m²。

③声功率级。声波的声功率级是声波的功率与基准功率之比以10为底的对数的10倍，即：

$$L_W = 10\lg\frac{W}{W_0}$$

式中：W为基准功率，$W_0 = 10^{-12}$（W）。

一般声功率不能直接测量，而是根据测量的声压级换算得到的。

（3）噪声的主观量度——响度和响度级。

人耳感觉到的声音的强弱不仅与声压有关，而且还与声音的频率有关。人耳所能接受的声音频率范围在20Hz~20 000Hz之间，但反应最灵敏的频率范围在1 000Hz~5 000Hz之间。而且，声音微弱时，人耳对不同频率的声音会感觉出较大的差别，随着声音变大，这种感觉会变得迟钝。响度或响度级就是根据人耳的特性，仿照声压级的概念引出的与频率有关的反映主观感觉的量。要确定噪声的响度，选用频率为1 000Hz的纯音作为基准音，调节1 000Hz纯音的声压级，使它和所要确定的噪声听起来有同样的响度，则该噪声的响度级就等于这个纯音的声压级（dB）值，单位为方（Phon）。例如，噪声听起来与频率为1 000Hz的声压级80dB的基准纯音一样响，则该噪声的响度级即为80方。

2. 噪声测量仪器

噪声测量中，最常使用的仪器是传声器和声级计。

（1）传声器。

传声器的作用如同人的耳膜，由它将声能（声信号）转换成电能（电信号）。其转换过程是：首先由接收器将声能转换成机械能，然后由机电转换器把机械能转换成电能。

通常用膜片作为接收器来感受声压，将声压的变化变成膜片的振动。根据膜片感受声压情况的不同，传声器可分为三类：压强式传声器，其膜片的一面感受声压；压差式传声器，其膜片的两面均感受声压，引起膜片振动的力取决于膜片两面压差的大小；压强和压差组合式传声器。在噪声测量中常用压强式传声器。

根据膜片振动转换成电能的方式，传声器也可分为三类：动圈式传声器，它利用磁场耦合的方式将膜片的振动转换成电量（前文已介绍过）；压电式传声器，它通过声压使压电晶体产生电荷；电容式传声器，它利用电场耦合方式将膜片的振动转换成电量。

①电容式传声器。电容式传声器的基本结构是一个电容器，它主要由感受声压的膜片和与其平行的金属后极板（背板）组成，如图4-6所示。电容式传声器灵敏度高，动态范围宽；输出特性稳定，对周围环境的适应性强，在-50℃~150℃的温度范围内和0~100%的相对湿度下，性能变化小；电容式传声器的外形尺寸也比较小。

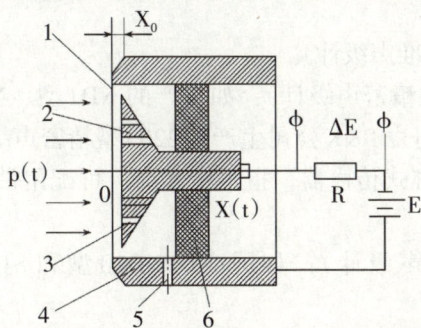

1.膜片 2.后极板 3.阻尼孔 4.外壳 5.均压孔 6.绝缘体

图4-6 电容式传声器结构简图

【提示】电容式传声器具有较多优点，因此在噪声测量中使用的精密和标准声级计大部分采用电容式传声器；普通声级计一般采用压电式传声器；动圈式传声器已很少使用。

②压电式传声器。压电式传声器也称晶体传声器，它由具有压电效应的压电晶体来完成声电转换。换能元件用压电晶片制成，当压电晶片受到压力而变形时，在晶片两侧产生电量相等的异性电荷，形成电位差，其结构如图4-7所示。显然，它属于能量转换型传感器。压电传声器具有结构简单、成本低、输出阻抗低、电容量大（可达1 000pF）、灵敏度较高等优点。但性能受温度、湿度影响较大。

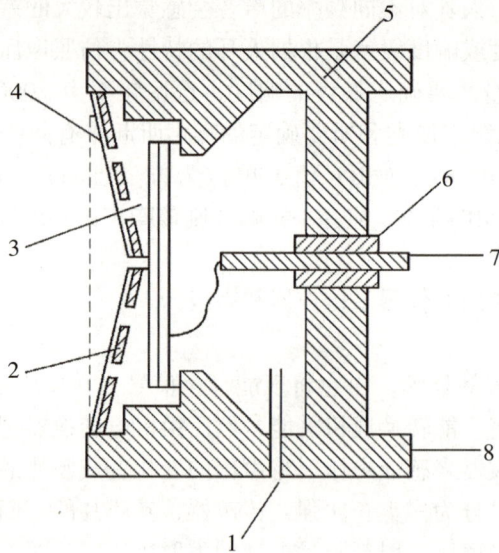

1.均压孔   2.背极   3.压电晶片   4.膜片
5.壳体   6.绝缘体   7、8.输出电极

图4-7 压电式传声器结构简图

（2）声级计。

声级计是噪声测量中使用最为广泛、最简便的仪器。它不仅可以用来测量声级，还能与各种辅助仪器配合进行频谱分析、记录噪声的时间特性和测量振动等。

声级计按其用途分为一般声级计、脉冲声级计、积分声级计和噪声暴露计（噪声剂量计）等。

声级计按其精度分为：

0型声级计（实验室用标准声级计）。

1型声级计（一般用途的精密声级计）：如国产的ND1型、ND2型精密声级计；国产的ND6型脉冲精密声级计；丹麦B&K公司生产的2203型精密声级计及2209型脉冲精密声级计等。这种声级计选用电容式传声器，指示精度高，可配用带通滤波器进行频谱分析，其输出可直接送入记录器。

2型声级计（一般用途声级计）：如国产的ND10型和SJ—1型、SJ—2型普通声级计。

3型声级计（普及型声级计）：这种声级计对传声器的要求不高，全机动态范围较窄，一般不与带通滤波器连用，适用于测量精度要求不高的场合。

声级计按其体积分为台式声级计、便携式声级计和袖珍式声级计。

声级计的基本组成框图如图4-8所示。其工作原理是：被测的声压信号通过传声器转换成电压信号，该电压信号经衰减器、放大器以及相应的计权网络（或外接滤波器），或输入外接的记录仪器，或者经过均方根值检波器直接推动以分贝标定的指示表头。计权网络是基于等响曲线设计出的滤波线路，分为A、B、C、D四种。通过计权网络测得的声压级称为计权声压级。对应四种计权网络测得的声压级分别称为A声级（LA）、B声级（LB）、C声级（LC）和D声级（LD），分别记为dB（A）、dB（B）、dB（C）和dB（D）。

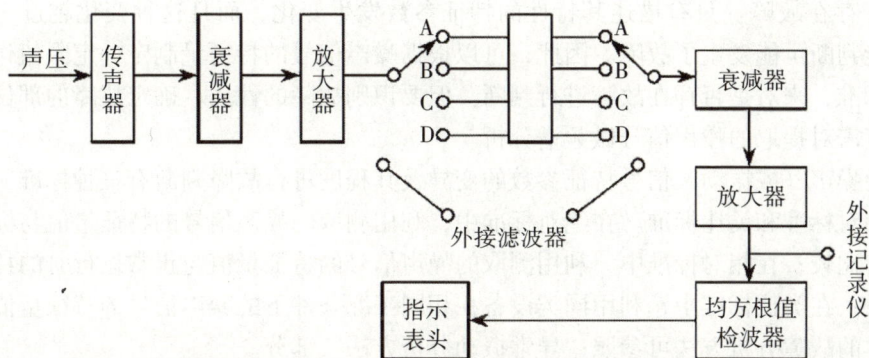

图4-8　声级计框图

如图4-9所示为声级计中常用的A、B、C计权网络的频率特性。A、B、C计权网络分别近似地模拟了40方、70方、100方三条等响曲线。由图4-9可见，三种计权网络对低频噪声有不同程度的衰减，A衰减最强，B次之，C最弱。其中，A计权网络除对低频噪声衰减最强外，对高频噪声反应最为敏感，这正与人耳对噪声的感觉（对低频段，即500Hz以下的声音不敏感，而对$1\,000\sim5\,000$Hz的声音敏感）接近。故在对人耳有害的噪声测量中，都采用A声级作为评定标准。D计权网络是专门为飞机噪声测量设计的。

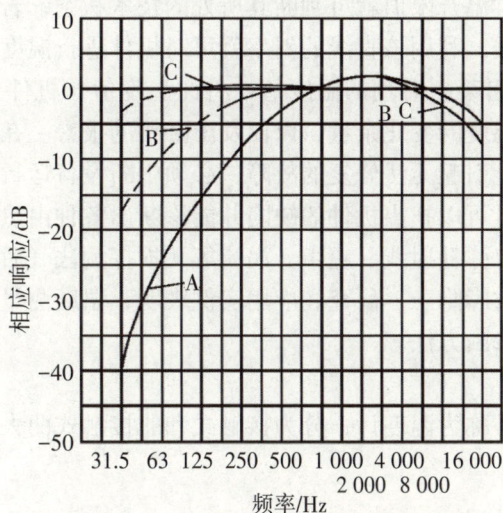

图4-9　A、B、C计权网络的衰减曲线

（3）声级计的校准。

由于环境的影响，声级计的读数会产生偏差，另外声级计的关键部件传声器有时也会出现不稳定。为减小偏差，保证噪声的测量精度和测量数据的可靠性，按规定每次测量开始和结束都要进行校准，两次差值不应大于1dB。

在现实操作中，有多种校准方法，如活塞发声器校准法、扬声器校准法、互易校准法、静电激励校准法、置换法等。

3.故障的噪声识别方法

设备通常包括很多运动零部件，这些运动着的零部件都可能产生振动，发出声波。这些不同声强、不同频率的声波无规律地混合便形成噪声。噪声是设备的固有信息，它的存在不等于存在故障。只有描述其特性的特征参数发生变化，而且这种变化越过一定的范围，才能判断可能发生了故障。因此，可以根据噪声信号的特征量制定一定限值作为有无故障的标准，来对是否存在故障进行判断。但要识别故障的性质，确定故障的部位及故障程度，就需对提取的噪声信号做频谱分析。

利用噪声（或振动）信号特征参数的变异及其程度进行故障判断有三种标准，即绝对标准、相对标准和类比标准。在绝对标准中，利用测取的噪声信号的特征量值与标准特征量值进行比较；在相对标准中，利用测取的噪声信号的特征量值与正常运行时的特征量值进行比较；在类比标准中，利用同类设备在相同工况条件下的噪声信号的特征量值进行比较。具体的故障分析方法可参照"异常振动分析方法"部分。

（三）温度测量法

设备中机械零部件工作位置的不正确或过载运行，轴承在磨损状态下运转或润滑不良等都会产生异常热，电气系统中工作机件的摩擦、磨损，绝缘层破坏，负载过大，电阻值变化，电缆接头老化、松动、接触不良等都会使系统内各薄弱环节产生异常温度。当机件的温度超过温升限值时，将会引起热变形、热膨胀、烧蚀、烧伤、裂纹、渗漏、结胶等热故障。许多受了损伤的机件，其温度升高总是先于故障出现。通常，当机件温度超过其额定工作温度且发生急剧变化时，将预示着故障的存在和恶化。因此，监测机件的工作温度，根据测定值是否超过温升限值就可判断其所处的技术状态；若将采集到的温度数据制成图表，并逐点连成直线，利用该直线的斜率就可对机件进行温度趋势分析；利用求出的直线斜率值，还可推算出某一时刻的温度值，将此温度值与机件允许的最高温度限值比较，可以预报机件实际温度的变化余量，以便发出必要的报警。在某些情况下，如果温度变化速度太快，那么可能引起无法修复的故障，必须中断设备运行。

因此，通过温度测量可以找出机件的缺陷并能诊断出各种由热应力引起的故障。不仅如此，温度测量法还可以弥补射线、超声、涡流等无损探测法（后面有叙述）的不足，用来探测机件内部的各种故障隐患。研究和应用实例表明，温度测量法是目前故障诊断中的一类十分实用而有效的诊断方法。

1.测温仪表

测量温度的仪表通常称为温度计，分为接触式和非接触式两大类。温度计的分类如图4-10所示。

（1）热电偶式温度计。

热电偶是广泛应用于各种设备温度测量的一种传统温度传感器。热电偶与后续仪表配套可以直接测量出0℃~1 800℃范围内液体、气体内部以及固体表面的温度。热电偶具有精度高、测量范围宽、便于远距离和多点测量等优点。

热电偶是基于热电效应进行测量的。常用热电偶分为标准化热电偶和非标准化热电偶两类。标准化热电偶制造工艺比较成熟，性能优良且稳定，同一型号热电偶具有互换性。常用的有廉价金属热电偶，如镍铬-考铜、铜-康铜热电偶、镍铬-镍硅（镍铬镍铝）热电偶及铂铑$_{10}$-铂、铂铑$_{30}$-铂铑$_{6}$等贵金属热电偶。非标准化热电偶多用在一些特殊场合，虽然在使用范围和数量上均不及标准化热电偶，但它们的一些特别良好的性能是标准化热电偶所不及的。例如，钨铼热电偶长期使用的最高温度达2 800℃，短时间使用可达3 000℃；铱铑热电偶在真空和中性气氛中，特别是在氧化性气氛中可达2 000℃的高温，且热电势

温度计
├─ 接触式
│　├─ 膨胀式温度计
│　│　├─ 液体膨胀式
│　│　└─ 固体膨胀式
│　├─ 压力式温度计
│　│　├─ 充液体式
│　│　├─ 充气体式
│　│　└─ 充蒸汽式
│　├─ 热电阻式温度计
│　│　├─ 铂热电阻
│　│　├─ 铜热电阻
│　│　├─ 镍热电阻
│　│　└─ 半导体热敏电阻
│　└─ 热电偶式温度计
│　　　├─ 镍铬-考铜
│　　　├─ 镍铬-镍硅
│　　　├─ 铂铑$_{10}$-铂
│　　　└─ 铂铑$_{30}$-铂铑$_6$
└─ 非接触式
　　├─ 辐射高温计
　　├─ 光学高温计
　　├─ 比色高温计
　　└─ 红外测温仪

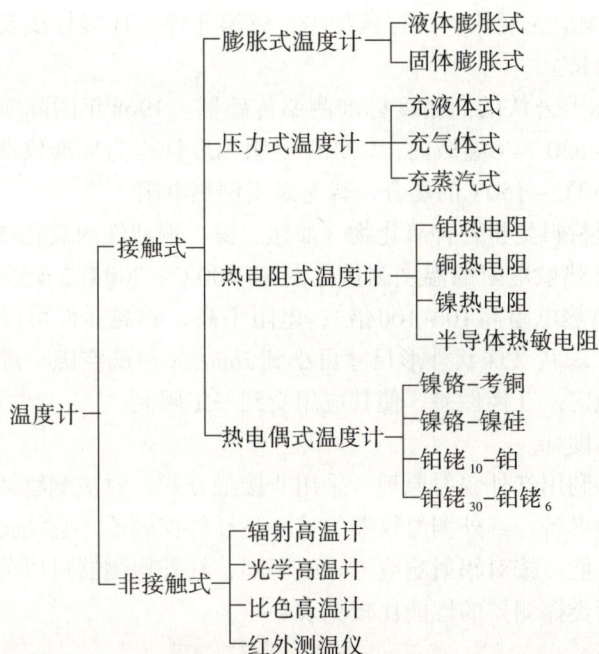

图4-10　温度计的分类

大，热电势与温度近似为线性关系；镍铬-金铁热电偶在4 000℃下也能保持大于10uV/℃的热电势率，是一种理想的低温热电偶。实际使用的热电偶有普通热电偶、铠装热电偶和薄膜热电偶等。普通热电偶的结构外形有多种形式，但其基本结构均由保护套管、热电极、绝缘套管和接线盒等主要部分组成，如图4-11所示。铠装热电偶是由热电极、绝缘材料和金属保护套管等组合成一体的特殊结构热电偶，可以做得很细、很长，能够弯曲。薄膜热电偶是由两种金属薄膜采用真空蒸镀、化学涂层或电泳等方法连接在一起的一种特殊结构的热电偶。

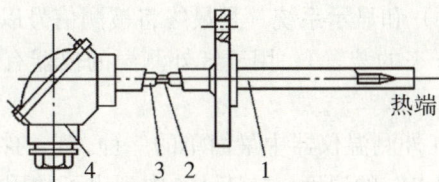

热端

1.保护套管　2.热电极　3.绝缘套管　4.接线盒

图4-11　热电偶式温度计的结构图

（2）热电阻式温度计。

在设备的温度测量中，还经常使用热电阻式温度计。热电阻式温度计利用材料的电阻率随温度变化而变化的特性，与电桥相配合，将温度按一定函数关系转换为电量。按敏感材料的不同，热电阻式温度计有金属热电阻式温度计和半导体热敏电阻式温度计两种。常用的金属热电阻有铂热电阻、铜热电阻、镍热电阻等。其结构有普通型热电阻和铠装热电阻。

工业用普通型热电阻的外型结构与普通型热电偶的外型结构基本相同。热电阻体由引出线、热电阻丝、骨架、保护云母片和绑带组成。铠装热电阻的主要特点是体积小（直径仅为1mm~8mm），响应速度快，耐振抗冲击，感温元件、连接导线及保护套管全封闭并连成一体，使用寿命长。

铂热电阻是国际上公认的高精度标准测温传感器。1968年国际实用温标（IPTS-68）规定，在-259.34℃~630.74℃温域内，以铂热电阻温度计作为标准仪器。在测量精度要求不高，温度范围在-50℃~150℃的场合，普遍采用铜热电阻。

半导体热敏电阻材料是将各种氧化物（如锰、镍、铜和铁的氧化物）按一定比例混合压制而成的。半导体热敏电阻的温度测量范围在-100℃~300℃之间。其主要特点是电阻温度系数大（比金属热电阻高10~100倍），电阻率高，感温元件可做得很小，可根据需要做成片状、棒状和珠状（珠状外形尺寸可小到3mm），可测空隙、腔体、内孔等处的温度。但其性能不够稳定，互换性差，使其应用受到一定限制。

（3）非接触式温度计。

红外测温仪器是利用红外辐射原理，采用非接触方式，对被测物体表面进行观测，并能记录其温度变化的设备。红外测温仪器的核心是红外探测器，它能把入射的红外辐射能转变为便于检测的电能。按对辐射响应方式的不同，红外探测器可以分为光电探测器和热敏探测器两大类。两类探测器的性能比较见表4-4。

表4-4   光电、热敏探测器性能比较

类型	灵敏度	响应速度	制冷	方便程度	其他
光电探测器	高	快	需要	不太方便	灵敏度随波长变化
热敏探测器	低	慢	不需要	方便	耐用、价低、对波长响应变化微弱

红外测温仪器还必须包括红外光学系统。红外光学系统用于汇聚被测对象的辐射通量，并将其传输到红外探测器上，它与探测器一起决定该仪器的现场和空间分辨率。实际应用中有反射式、折射式和折-反射式等不同类型的光学系统供选用。

除了红外探测器和光学系统外，红外测温仪器还应包括信号处理系统（用以将电信号放大、处理成可记录的信号）和显示系统（是最终将被测信号以表针指示、数字显示或图像等不同方式记录、存储下来的装置）。用于红外测温的仪器有多种，下面介绍的是比较常用的两种。

①红外测温仪。这是红外测温仪器中最简单的一种。它的特点是品种多、用途广泛、价格低廉，用于测量物体"点"的温度。在表4-5中列出了常用的红外测温仪。

②红外热像仪。它能把被测物体发出的红外辐射转换成可见图像，这种图像称为热像图或温度图。由于热像图包含了被测物体的热状态信息，因而通过对热像图的观察和分析，可以获得物体表面或近表面层的温度分布及其所处的热状态。由于这种测温方法简便、直观、精确、有效，且不受测温对象的限制，因此，在温度测量中得到比较广泛的应用，并有着宽广的应用前景。

现有的热成像系统主要分两类：一类是光机扫描成像系统，称为红外热像仪；另一类是热释电红外摄像管成像系统，称为红外热电视。图4-12所示为红外热像仪（光机扫描热像仪）的原理图。被测对象的红外辐射经光学系统汇聚、滤波，聚焦到红外探测器上，其间由光学-机械扫描系统将被测对象观测面上各点的红外辐射通量按时间顺序排列，经红外探测器变成电脉冲，通过视频信号处理送到显示器显示出热像。

表4-5 常用红外测温仪

名称	应用范围	特点
简易辐射测温仪	测200℃~600℃以上及辐射率高的物体	结构简单、价廉、抗振,精度较差
辐射测温仪	适宜室温下测温,一般测200℃以下的温度	结构简单、价格较低、较抗振,精度受环境影响,探测器热敏电阻互换性差,与二次仪表匹配难,灵敏度较低,误差较大
有温度补偿的辐射测温仪	应用广泛	测量精度高,结构较复杂
亮度测温仪	宜测辐射率高的物体温度,测温结果低于真实温度	不需温度补偿,结构比较简单,灵敏度稍差
比色测温仪	测辐射率低的物体温度,宜测中高温200℃~3 500℃	结构较复杂,测量误差小,灵敏度较高,受烟雾、灰尘影响小
单色测温仪	宜测高温600℃~3 000℃	结构简单,使用方便,灵敏度高,能抑制某些干扰,波长越短辐射率引起的误差越小,测量精度较高

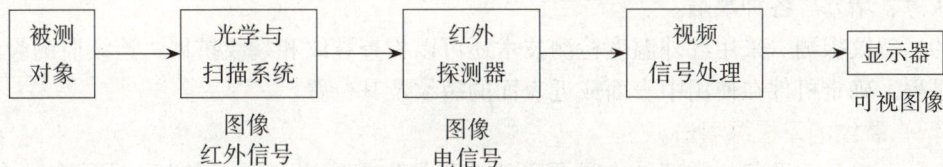

被测对象 → 光学与扫描系统 → 红外探测器 → 视频信号处理 → 显示器

图像红外信号　　　图像电信号　　　可视图像

图4-12 红外热像仪(光机扫描)原理图

红外探测器为光电探测器,需要超低温制冷。只有光电探测元件制冷到很低的温度才能降低热噪声,屏蔽背景噪声,提高光电探测器的信噪比和探测率,得到较短的响应时间。

2.通过温度测量所能发现的常见故障

通过温度测量不仅可以检查工艺过程中的温度变化,据此判断控制过程是否良好,是否存在故障,还可以掌握机件的受热状况,据此判断机件各种热故障的部位和原因。通过温度测量所能发现的常见故障可归纳为以下几类:

(1)轴承损坏。滚动轴承零件损坏,接触表面擦伤、烧伤,由磨损引起的面接触等原因引起故障时,将会使其内部发热量增加,而内部发热量的增加将使轴承座表面温度升高。因此通过轴承内部或外部的温度测量,便可发现轴承损坏故障。

(2)流体系统故障。液压系统、润滑系统、冷却系统和燃油系统等流体系统,常常会因油泵故障,传动不良,管路、阀或滤清器阻塞,热交换器损坏等原因使相应机件的表面温度上升。通过温度测量很容易检查出流体系统中的这类故障。

(3)发热量异常。当内燃机、加热炉内燃烧不正常时,其外壳表面将会出现不均匀的温度分布。如果在外壳适当部位安装一定数量的温度传感器,对其温度输出做扫描记录,便可了解温度分布的不均匀性或变化过程,从而发现发热量异常故障。采用红外热像仪可更方便地进行大面积快速温度测量。

(4)污染物质积聚。当管道内有水垢,锅炉或烟道内结灰渣、积聚腐蚀性污染物等时,因隔热层厚度有了变化而改变了这些设备外表面的温度分布。这些异常可以采用热像仪扫描方法来检查。

(5)保温材料的损坏。各种高温设备中耐火材料衬里的开裂和保温层的破坏,将会出现局部过热点。利用红外热像仪显示的图像很容易查出其损坏部位。

（6）电气元件故障。电气元件接触不良会使接触电阻增加，当有电流通过时会因发热量增大而形成局部过热；与此相反，当整流管、晶闸管等器件存在损伤时，将不再发热而出现冷点。这种局部过热及出现的冷点也可以用红外热像仪查出。例如，采用红外热像仪对高压输电线的电缆、接头、绝缘子、电容器、变压器以及输变电网等电气元件和设备进行探查，从而发现故障隐患。

（7）非金属部件的故障。当碳化硅陶瓷管热交换器的管壁存在分层缺陷时，其热传导率特性将发生变化，而热传导率又与温度梯度有关，通常热传导率每变化10%，能获得大约1℃的温差变化。利用快速红外热像仪显示的热图即能发现这类非金属部件热传导特性的异常，从而发现故障隐患。

（8）机件内部缺陷。当机件内部存在缺陷时，由于缺陷部位阻挡或传导均匀热流，堆积热量而形成"热点"或疏散热量而产生"冷点"，使机件表面的温度场出现局部的微量温度变化，只要探测到这种温度变化，即可判断机件内部缺陷的存在，如常见的腐蚀、破裂、减薄、堵塞等各种缺陷。

（9）裂纹探测。采用红外温度检测技术还可以检查裂纹和裂纹扩展，连续监测裂纹的发展过程，确定机件在使用中表面或近表面的裂纹及其位置。

（四）裂纹的无损探测法

微课

无损探测法的
具体方法

设备的零部件中最严重的缺陷是出现裂纹，裂纹产生的原因多种多样，主要有：在制造阶段原材料产生的裂纹；加工制造阶段产生的裂纹；设备在使用中产生的裂纹等。

对设备零部件裂纹的检查，主要采用无损探测法。利用无损探测技术不仅能发现机件的裂纹以及腐蚀、机械性能超差等变化，而且可以根据机件损伤的种类、形状、大小、产生部位、应力水平、应力方向等信息预测损伤或缺陷发展的趋势，以便及时采取措施，排除隐患。

目前在实际应用中有多种无损探测法供选用，如目视-光学检测法、渗透探测法、磁粉探测法、射线探测法、超声波探测法、声发射探测法、涡流探测法等。

1.目视-光学检测法

依靠人的五官功能直接查找机件故障的方法有目视法、听诊法、触摸法和闻味法。这些方法简单易行，常常是精密诊断前预检的主要方法。特别是目视检查，能发现破损、变形、松动、渗漏、磨损、腐蚀、变色、污秽、异物以及动作异常等多种故障。在目视法的基础上，采用各种光学仪器来扩大和延伸其检测能力，便形成了目视-光学检测法。

当外露结构中的零件距人眼较近时，可以使用放大率为2~10倍的放大镜和放大倍数为8~40倍的显微镜进行目视-光学检测，能够发现反差较强的大尺寸缺陷，除了裂纹外还可以发现表面腐蚀和侵蚀损伤、压伤、外露缩孔、划伤、擦伤，油漆层和电镀层缺陷等，也可以对渗透、磁粉或其他无损探测法发现的缺陷进行定性分析。

对于距人眼较远的外露结构的零件，采用放大率为4倍的望远放大镜或放大率为2.6~6倍的双筒望远镜进行目视-光学检测，观察距离为0.6m~0.8m。

对于封闭结构内部不能直接观察的零件，主要使用工业内窥镜进行目视-光学检测。工业内窥镜按其壳体的形状和刚度分为软式和硬式两类。在故障诊断中，软式工业内窥镜应用更为广泛。利用工业内窥镜能够发现可达性很差部位零件的断裂、大裂纹，以及拉伤、烧损、变形等损伤或缺陷，但不能发现小的疲劳裂纹。

2. 渗透探测法

渗透探测法是利用液体渗透的物理性能，首先使着色渗透液或荧光渗透液渗入机件表面开口的裂纹内，然后清除表面的残液，用吸附剂吸出裂纹内的渗透液，从而显示出缺陷图像的一种检验方法。这种方法可以检验钢铁、有色金属、塑料等制件表面上的裂纹，以及疏松、针孔等缺陷。该检验方法不需要大型仪器，操作方便，灵敏度高，适用于无电源、水源现场的检验。其缺点是不能检验机件的内部缺陷，对机件的表面粗糙度有一定要求，试剂对环境有一定污染。

采用荧光渗透液，须在紫外线照射下才能显示出缺陷的图像。因此，紫外灯是不可缺少的，而且必须在暗室操作。采用着色渗透液，在自然光下便可观察到缺陷的有色图像，所采用的设备比荧光渗透检验要少得多。

3. 磁粉探测法

利用铁磁材料的磁性变化所建立的探测方法称为磁性探测法。磁性探测法分为磁粉探测法、探测线圈法、磁场测定法和磁带记录法。由于磁粉探测法所用设备简单，操作方便，检测灵敏度较高，所显示的磁粉痕迹与缺陷的实际形式十分类似，而且适用于各种形状的钢铁机件，这种探测法可以发现铁磁材料表面和近表面的裂纹，以及气孔、夹杂等缺陷。因此，四种磁性探测方法中，磁粉探测法应用最为广泛，其理论研究及检测装置都比较成熟。其缺点是这种探测法不能探测缺陷的深度。

当铁磁材料被磁化时，如果在铁磁材料的表面或近表面存在裂纹等缺陷，特别是表面开口裂纹，则磁力线会改变路径而大量地漏到空气中，从而在缺陷处形成漏磁场。漏磁场能吸附具有高导磁率的三氧化二铁、四氧化三铁等强磁性磁粉，从而显示出缺陷的位置和形状。

利用外加磁场尚未取消时的漏磁场进行磁粉检测称为连续探测法；利用外加磁场取消后的剩磁场进行磁粉检测称为剩磁探测法。显然，连续探测法所需的外加磁场强度要比剩磁探测法所需的外加磁场强度低。图4-13显示了用磁粉探测法检查裂纹的示意图。

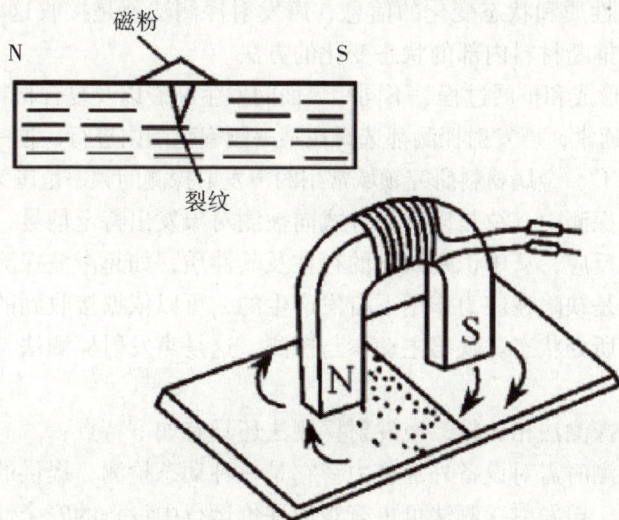

图4-13 用磁粉检测裂纹示意图

进行磁粉探测后的被检件具有剩磁，需要进行退磁处理，以便将被检件的剩磁减少到最低限度。

4.射线探测法

在设备故障诊断中，常用易于穿透物质的χ、γ射线。射线在穿透物体过程中，由于受到吸收和散射，使强度减弱，其衰减的程度与物体厚度、材料的性质及射线的种类有关。当物体有气孔等体积缺陷时，射线就容易通过，反之，若混有吸收射线的异物夹杂时，射线就难以通过。用强度均匀的射线照射所检测的物体，使透过的射线在照相底片上感光，通过对底片的观察来确定缺陷种类、大小和分布状况，按照相应的标准来评价缺陷的危害程度。该方法多用来探测机件内部的气孔、夹渣、铸造孔洞等立体缺陷，当裂纹方向与射线平行时也能被探测出来。

射线探测法的优点是探测的图像较直观，对缺陷尺寸和性质的判断比较容易，而且探测结果可以记录下来作为诊断档案资料长期保存。其缺点是，当裂纹面与射线近于垂直时就难以探测出来，对微小裂纹的探测灵敏度低，探测费用较高，射线对人体有害，必须有防护措施。

5.超声波探测法

此法是利用发射的高频超声波（1MHz～10MHz）射入被检测物体的内部，如遇到内部缺陷则一部分射入的超声波在缺陷处被反射或衰减，然后经探头接收后再放大，由显示的波形来确定缺陷的部位及其大小，再根据相应的标准来评定缺陷的危害程度。该方法可以探测垂直于超声波的金属和非金属材料的平面状缺陷，可探测的厚度大、检测灵敏度高、仪器轻便便于携带、成本低，可实现自动检测，并且超声波对人体无害。其缺点是探测时有一定的近场盲区、探测结果不能记录、探测中采用的耦合剂易污染产品等。另外，超声波探测还需使用成套的标准试块和对比试块调整仪器本身的性能和灵敏度。

6.声发射探测法

声发射探测的基本原理是物体在外部条件（如力、热、电、磁等）作用下会发声，根据物体的发声推断物体的状态或内部结构的变化。物体发射出来的每一个声信号都包含着反映物体内部缺陷性质和状态变化的信息，声发射探测法就是接收这些信号，加以处理、分析和研究，从而推断材料内部的状态变化的方法。

材料中裂纹的形成和扩展过程、不同相界面间发生断裂以及复合材料内部缺陷的形成都能成为声发射源。通常，声发射探测都选择在某一频率范围内进行，这一频率范围称为声发射探测的"频率窗口"。金属材料研究领域常用的声发射探测的频率范围为105Hz～106Hz。

在常规的无损探测中，总是以某种方式向被测对象发出特定信号，然后由仪器检测被测对象对该信号的反应，从中识别缺陷的存在及其性质，如超声波探测法即如此。而在声发射探测中，信号是缺陷在应力作用下自发产生的，可以依据接收到的来自缺陷的声信号推知缺陷的存在及所处状态。缺陷主动参与探测，这是声发射探测法与其他无损探测法的最大区别。

和常规的无损探测法相比较，声发射探测法还具有如下特点：

（1）声发射探测时需对设备外加应力。它是一种动态检测，提供的是加载状态下缺陷活动的信息，因此，声发射探测法可更客观地评价运行中设备的安全性和可靠性。

（2）声发射探测灵敏度高，检查覆盖面积大，不会漏检，可以远距离监测。

（3）声发射探测可在设备运行状态中进行。

（4）声发射探测不能反映静态缺陷情况。

7. 涡流探测法

涡流探测法是指利用电磁线圈产生交变磁场作用于被检机件，由于电磁感应使被检机件表层产生电涡流，利用机件中缺陷的存在会改变电涡流的强弱，从而使形成的涡流磁场变化来探测机件缺陷的方法。该方法能探测钢铁、有色金属机件表面的裂纹、凹坑等缺陷。与其他无损探测法相比，涡流探测法的特点是：

（1）涡流探测适用范围广，尤其适用于导电材料表面（或近表面）探伤。灵敏度高，可自动显示、报警、标记、记录。

（2）涡流探测使用电磁场信号，探头可以不接触零件，因此可以实现高速度、高效率、非接触自动探伤。

（3）由于电磁场传播不受材料温度变化的影响，因此，涡流探测可用于高温探伤。而且探头可以设计成多种形状，以满足特殊场合需要。

（4）涡流探测还可以根据显示器或记录器的指示，估算出缺陷的位置和大小，有的还可以记录成像。检测结果可以保存备查。

（5）由于涡流的趋肤效应，距表面较深的缺陷难以查出。

（6）影响涡流的因素较多，如材质的变化、传送装置的振动等，因此必须采取措施对干扰信号加以抑制，才能正确地显示缺陷。

（7）要准确判断缺陷的种类、形状和大小比较困难，需做模拟试验或做标准试块加以对比。

（8）涡流对形状复杂零件存在边界效应，探测比较困难。

（五）磨损的油液污染监测法

污染诊断技术是指以设备在工作过程中或故障形成过程中所产生的固体、液体和气体污染物为监测对象，以各种污染物的数量、成分、尺寸、形态等为检测参数，并依据检测参数的变化来判断设备所处技术状态的一种诊断技术。目前，已进入实用阶段的污染诊断技术主要有油液污染监测法和气体污染物监测法。

油液污染监测法是通过对设备中循环流动的油液污染状况进行监测，获取机件运行状态的有关信息，从而判断设备的污染性故障和预测机件的剩余寿命。在故障诊断技术中，油液污染监测法所起的作用与医学检查、诊断中验血所起的作用颇为相似，而且与医学诊断中的验血检查一样，是应用最广泛和最有发展前途的一种不解体检验方法，因而油液污染监测法是污染诊断技术中的主要研究内容。

磨损是机件故障、失效的一种常见形式。

采用油液污染监测法进行磨损监测是一种行之有效的方法。各类设备的流体系统中的油液，均会因内部机件的磨损产物而产生污染。流体系统中被污染的油液带有机械技术状态的大量信息。根据监测和分析油液中污染物的元素成分、数量、尺寸、形态等物理化学性质的变化，便可以判断是否发生了磨损以及磨损的程度。

1. 油液光谱分析法

油液光谱分析法是指利用原子发射光谱或原子吸收光谱分析油液中金属磨损产物的化学成分和含量，从而判断机件磨损的部位和磨损严重程度的一种污染诊断法。光谱分析法对分析油液中有色金属磨损产物比较适用。

在光谱分析的应用中，有发射光谱分析仪和原子吸收光谱分析仪可供选用。要测定油液内某种磨损材料的浓度，可以用发射光谱分析仪，也可以用原子吸收光谱分析仪。

在封闭的润滑系统和液压系统中，油液中沉积着从零件表面磨下来的金属微粒，定期对油液取样并测定其中的金属微粒的成分和含量，就可确定零件的磨损趋势和磨损源，如发现某种特定的金属含量比例增大，就表示由该金属制成的零部件发生过度磨损，用油液光谱分析磨屑粒度一般能在小于$10\mu m$的范围内进行取样，但不能给出磨损颗粒的尺寸、形状，因此适用于早期精密的磨损诊断。

2. 油液铁谱分析法

铁谱分析技术是20世纪70年代发明的一种机械磨损检测技术。它能从油样中将微粒分离出来，并按照微粒的大小排列在基片上，通过光学或电子显微镜读出大小微粒的相对浓度，并对微粒的物理性能作出进一步分析。油液铁谱分析能提供磨损产物的数量、粒度、形态和成分四种参数，通过研究即可掌握有关的磨损情况。铁谱分析技术所使用的分析仪有铁谱分析仪和直读式铁谱仪等。

3. 磁塞检查法

磁塞检查法是指用带磁性的塞头插入润滑系统的管道内，收集润滑油中的磨粒残留物，用肉眼直接观察其大小、数量和形状，判断机器零件的磨损状态的方法。这是一种简便而有效的方法，适用于磨粒尺寸大于$70\mu m$的情况。在一般情况下，机器后期均出现磨粒尺寸较大的残留物。因此，磁塞检查也是磨损监测中的重要手段之一。

油液污染的三种监测方法的适用范围如图4-14所示。

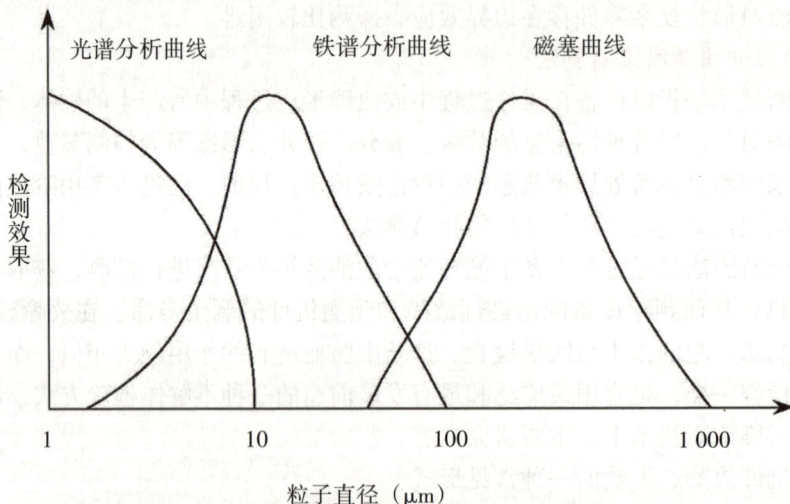

图4-14　污染分析法的适用范围

【学思践悟】党的二十大报告提出，以国家战略需求为导向，集聚力量进行原创性引领性科技攻关，坚决打赢关键核心技术攻坚战，明确了必须坚持科技是第一生产力、人才是第一资源、创新是第一动力。所以，广大青年学子应勇做走在时代前列的奋进者、开拓者、奉献者，紧紧围绕党的二十大确定的各项重大目标、重大战略、重大部署，投身科技攻关最前沿、创新创业第一线、乡村振兴主战场、社会服务各领域，在劈波斩浪中开拓前进，在披荆斩棘中开辟天地，在攻坚克难中创造业绩，用青春和汗水创造出评估领域中的新成绩、新征程上的新奇迹。

任务三　机器设备的质量评定

● 任务描述 ●●●

通过任务三的学习，了解机器设备质量评定应注意的主要问题，首先要明确主要质量指标的劣化程度，其中输出参数是判断机器设备质量的重要依据之一；其次要了解机器设备的可靠度等。掌握金属切削机床的质量评定及试验，掌握内燃机质量评定及试验，掌握压力容器、锅炉的检验及试验，掌握起重机的检验与试验。

● 相关知识 ●●●

一、金属切削机床质量评定及试验

金属切削机床的质量优劣主要表现在其技术性能、精度及可靠性上。一台机器的质量除设计水平外，主要取决于组成机器的各个零件的加工质量和产品的装配质量。如在装配车床时，车床主轴轴线对溜板移动的平行度较差，则加工出的工件外圆的圆柱度必然差。

随着机床的使用，机床某些运动部件的磨损或变形及振动，使机床的精度逐渐降低，机床的精度在一定程度上反映了机床的综合技术状态。因此，对金属切削机床的质量评定应对其精度进行考察。

（一）机床的可靠性

可靠性是机床重要的质量属性，机床可靠性是指机床在规定时间内和规定使用条件下完成其规定功能的能力。机床的可靠性一般可用平均无故障时间、故障率、精度保持时间等指标来评定。

平均无故障时间也称平均故障间隔时间，是指机床发生相邻两次故障间工作时间的平均值。平均无故障时间已成为评定数控机床工作可靠性的一个重要的质量指标。表4-6列出了一些有代表性的机床的平均无故障时间值。

表4-6　　　　　　　　　　具有代表性的机床的平均无故障时间值　　　　　　　　　　单位：h

产品类型	数控机床		数控系统	非数控的卧式车床
	加工中心	数控车床		
平均水平	500~800	500~800	5 000~20 000	4 000~5 000
先进水平	1 500~2 500	1 500~2 500	30 000~60 000	≥10 000

故障率是指机床工作到某一时刻 t 尚未失效的产品在其后单位时间内发生故障的概率，即故障率函数 λ（t）。其单位可用 1/h、1/月、1/km 或 1/次等表示。机床的故障率一般为 10^{-2}/h ~ 10^{-4}/h，机床的关键部件和数控装置的故障率通常在 10^{-3}/h ~ 10^{-5}/h。

精度保持时间是指机床在两班工作制和正常使用条件下，其精度保持在机床精度标准规定范围内的时间。机床作为一种工艺装备对加工精度及其精度保持性有很高的要求。精度保持时间与机床类型、精度等级和载荷、速度等工况因素有关。通常，对于普通精度机床，其值可取 5 ~ 10 年，对于精密机床或大型、重型机床则可取 10 ~ 20 年。

（二）机床的精度

机床工作的性质，对机床精度及保持精度性非常重要。机床的寿命就是保持其应具有的加工精度的时间。机床的精度可以分为静态精度、动态精度。

1.静态精度

静态精度是指机床在空载条件下检测的精度，包括几何精度、运动精度、传动精度、定位精度。静态精度不能完全反映机床的加工精度，尚需要结合机床的动态精度来综合评价。

其中，几何精度是指机床在未受外载荷、静止或运动速度很低时的原始精度，它包括各主要零部件间相互位置与相对运动轨迹的精度和主要零件的形位精度，如工作台面的平面度、主轴的轴向窜动和径向圆跳动、工作台移动的直线度等。几何精度主要取决于机床零部件的加工和装配质量。

运动精度是指机床在以工作速度运行时主要工作部件的几何位置精度，包括主轴的回转精度、直线移动部件的位移精度及低速运动时速度的不均匀性（低速运动稳定性）等。

传动精度是指机床内联系传动链两端件之间的相对运动的准确性。传动精度主要取决于传动链各元件特别是末端件（如蜗轮或丝杠）的加工和装配精度以及传动链设计的合理性。

定位精度也称位置精度，是指机床有关部件在所有坐标中定位的准确性，即实际位置与要求的目标位置的准确性。定位精度是数控机床的一个重要精度指标，它决定了工件的加工精度。位置精度的评定项目包括位置不确定度、重复定位精度和反向差值。

2.动态精度

动态精度是指机床在受载荷状态下工作时，在重力、夹紧力、切削力、各种激振力和温升作用下，主要零部件的形状位置精度，它反映机床的动态质量，也可称为工作精度。

机床在进行切削加工中，由于各种因素的影响，会产生变形和振动，从而破坏机床原有的装配精度、稳定的速度以及已被调整好的刀具与工件间的相对位置，使加工过程的稳定性遭受破坏，导致被加工工件质量下降。

（1）机床变形。由于机床变形而影响机床工作精度的原因是多方面的，其中机床刚度和热变形是影响机床变形的主要因素。

① 机床的刚度。机床在工作时，由机床、夹具、刀具、工件组成的工艺系统在切削力、传动力、惯性力、夹紧力和重力等作用下，往往会产生弹性或塑性变形。机床刚度是指机床在外力作用下抵抗变形的能力。机床的刚度越大，工作精度越高。机床的刚度包括机床构件本身的刚度和构件之间的接触刚度。机床构件本身的刚度取决于构件本身的材料性质、构件的截面形状和大小、壁厚、筋板的布置等。接触刚度是指零件结合面在外力作

用下抵抗接触变形的能力。

② 机床的热变形。机床由于外部热源（包括阳光及环境温度的变化）和内部热源（如电动机、齿轮箱、轴承、液压系统和切削热等）的影响，使机床各部分温度发生了变化。由于各个零件的温度不尽相同，各种材料热膨胀系数不同，因而造成了机床各部分不同的变形和相对位移，这种现象叫作机床的热变形。机床热变形不仅会破坏机床的原始几何精度，加快运动件的磨损，甚至会影响机床的正常运转。据统计，机床在长期工作中由于热变形而产生的误差最大可占全部误差的70%，特别是对于精密机床、大型机床和自动化机床，热变形的影响尤其不能忽视。

（2）机床振动。机床在切削过程中的振动严重影响机床的性能。振动可影响到机床的加工精度、加工表面的质量和引起噪声，降低生产率，缩短刀具寿命，激烈的振动甚至可以损坏机床的运动件。

机床出现的振动，从本质上可分为受迫振动与自激振动两种。机床在切削加工中受到一些周期性变化的作用力，如周期性变化的切削力、回转件不平衡所引起的周期性变化的离心力等。这些周期性变化的干扰力称为激振力。在激振力的作用下，系统被迫引起的振动为受迫振动。自激振动是在不受任何外力、激振力干扰的情况下，由切削过程内部产生的持续振动。它是由机床、工件、刀具、夹具振动系统与切削过程相互作用而产生的振动。

机床的抗振性和机床的刚度、阻尼特性、固有频率等有关。

3.机床的精度等级

根据国家标准（GB/T 25372-2010）的规定，金属切削机床根据被加工工件的加工精度分为六个绝对精度等级，分别用罗马数字Ⅵ、Ⅴ、Ⅳ、Ⅲ、Ⅱ、Ⅰ表示，Ⅵ级精度最低，Ⅰ级精度最高。具体到各类型机床，在绝对精度等级的基础上，又分为三个相对精度等级，分别为普通级，用"P"表示（在型号中可省略）；精密级，用"M"表示；高精度，用"G"表示。

各类型机床可根据具体情况和系列型谱的要求，确定一个、两个或三个相对精度等级。

P级精度的机床，其精度指标与现行的国际标准或国外先进标准的技术水平相当。

4.机床精度的检验

机床出厂时、大修理后、要判断机床精度状态时均需要进行精度检验。机床精度的检验包括几何精度检验、工作精度检验、运动的不均匀性检验、振动试验、刚度试验、热变形试验等。其中几何精度检验、工作精度检验用得比较多。

（1）几何精度检验。机床的几何精度检验可在机床静态下进行，或在机床空运转时进行，当制造厂有加载规定时（如对重型机床），机床应装载一件或多件试件进行。几何精度检验需要对机床规定的线和面的形状特征、位置或位移等进行检验，包括直线度检验、平面度检验、垂直度检验、平行度检验、等距度检验和重合度检验以及旋转检验。

（2）工作精度检验。机床的工作精度检验应在标准试件或由用户提供的试件上进行，并在受检机床所具有的精加工条件下加工试件后，进行测量评定。机床工作精度的检验不需要多种工序，应采用机床具有的精加工工序。

（3）检验示例。各种类型机床的精度检验项目、方法、公差等各不相同，根据《高精度卧式车床第1部分：精度检验》（JB/T 8768.1—2011）的规定，高精度卧式车床几何精度检验项目共15项、工作精度检验项目共4项。

在机器设备资产评估工作中，可采用计算机床精度指数的方法来考核机床精度，如下述例题。

【学中做4-1】某高精度卧式车床，床身上最大回转径为500mm，加工长度为1 000mm，对其进行精度检测，分别测量几何精度、工作精度，其主要项目的测量情况见表4-7。

表4-7　　　　　　　　　　　主要检查项目的标准精度值和实测值

类别	项目名称	公差（mm）	实测值（mm）
几何精度	主轴锥孔轴线的径向跳动（靠近主轴端部）	0.003	0.003
	主轴锥孔轴线的径向跳动（靠距主轴端面300mm处）	0.01	0.015
	主轴轴线对溜板移动的平行度（在垂直平面内）	0.01	0.015
	主轴轴线对溜板移动的平行度（在水平平面内）	0.006	0.006
	主轴端部的跳动（主轴的轴向窜动）	0.002	0.001
	主轴端部的跳动（主轴轴肩支承面的跳动）	0.003	0.0035
	尾座套筒锥孔轴线对溜板移动的平行度（在垂直平面内）	0.015	0.015
	尾座套筒锥孔轴线对溜板移动的平行度（在水平平面内）	0.015	0.015
	主轴和尾座两顶尖的等高度	0.02	0.025
工作精度	精车外圆的圆度	0.0012	0.0012
	精车外圆的圆柱度	0.0035	0.0035
	精车端面的平面度	0.0035	0.004
	精车300mm长螺纹的螺距误差	0.018	0.019

要求：计算其精度指数。

解析：在计算机床精度指数时，首先应分别计算几何精度和工作精度，以两者的算术平均值作为机床的精度指数T。

几何精度指数：

$$T_几 = \sqrt{\frac{\left(\frac{0.003}{0.003}\right)^2 + \left(\frac{0.015}{0.01}\right)^2 + \left(\frac{0.015}{0.01}\right)^2 + \left(\frac{0.006}{0.006}\right)^2 + \left(\frac{0.001}{0.002}\right)^2 + \left(\frac{0.0035}{0.003}\right)^2 + \left(\frac{0.015}{0.015}\right)^2 + \left(\frac{0.015}{0.015}\right)^2 + \left(\frac{0.025}{0.02}\right)^2}{9}}$$
$$= 1.14$$

工作精度指数：

$$T_工 = \sqrt{\frac{\left(\frac{0.0012}{0.0012}\right)^2 + \left(\frac{0.0035}{0.0035}\right)^2 + \left(\frac{0.004}{0.0035}\right)^2 + \left(\frac{0.019}{0.018}\right)^2}{4}} = 1.05$$

精度指数：

$$T = \frac{T_几 + T_工}{2} = \frac{1.14 + 1.05}{2} = 1.10$$

由于T值为1.10，故可判断该车床可继续使用，但须注意调整。

【提示】机床的精度检验项目颇多，只要有一项超差，就会牵涉对整个机床精度的评价。

（三）金属切削机床的质量评定

金属切削机床在使用或闲置过程中，会因摩擦磨损、变形、冲击、振动、疲劳断裂、腐蚀等使其实物形态变化，精度降低，性能变差，甚至失去使用价值。因此机床的质量评定对确定机床成新率具有重要意义。

在金属切削机床的质量评定中，机床精度的检查最为重要，除此之外，尚需检查传动系统、操作系统、润滑系统、电气系统、运动系统等。

对金属切削机床质量评定的方法有仪器测定法和观察判断法两种。

机床几何精度和工作精度的检验属于仪器测定法，机床运动系统的发热、振动、磨损和机件的裂纹也可通过仪器测定，以取得有关数据。

观察判断法是评定机床质量的常用方法，它是借用简单工具，通过人眼、口、耳、鼻、手的直接感知和大脑的分析、综合，来对机床质量进行定性分析判断的方法。采用观察判断法来评定机床质量，主要是通过查、问、看、听、摸、闻的手段来进行。

1.查

在对机床质量进行评定中，首先要查看机床维护、检查、维修的记录，从中找规律、查原因、作判断。

2.问

一般，操作者熟知机床性能，如有故障发生，应在现场耳闻目睹，所提供的情况对机床质量判断很有帮助。通常可询问下列情况：

（1）机床开动时有无异常现象，情况如何。

（2）机床是否发生过故障，故障原因，故障前、修复后工件的精度及表面粗糙度。

（3）机床的各个系统是否运行正常，精度是否下降。

（4）机床何时进行过保养检修、机床的利用率等。

3.看

观察机床各种真实现象，重点观看以下内容：

（1）看变形。其主要观察机床的传动轴、滚珠丝杠是否变形，主传动系统的齿轮、飞轮、主轴是否跳动或摆动。

（2）看伤痕。其主要观察机床零部件是否有碰伤损坏情况，特别要注意是否有裂纹，各滑动部位及工作台面是否有明显的拉、研、碰伤，是否经过修复。

（3）看工件。从机床加工的工件可判断机床的质量好坏，如观察被加工工件的表面粗糙度及加工表面的波纹等，可知机床结合面是否有松动、传动环节间隙是否过大等。

（4）看颜色。如果机床转动部位，特别是主轴的轴承运转不正常就会发热。长时间升温会使机床的外表颜色发生变化，大多呈黄色，油箱的油也会因温升过高而黏度变小、变稀、颜色变样。有时也会因久不换油、杂质过多或油变质而变成深墨色。

（5）看油路。看油箱、油池及液压箱内是否清洁，油路是否畅通，是否有漏油现象，游标、油窗应清晰醒目地显示出油位。

（6）看电气。主要看电气系统装置是否配置齐全、管线是否完整，电气元件是否完整无损、接触是否良好、动作是否灵敏可靠，各种仪表误差是否在允许范围内。

4.听

机床在运行中发出均匀、连续而轻微的声音，一般认为是正常的。若声音过大，或伴有金属的敲击声、摩擦声等，则表明机床运转声音不正常。容易出现的异常声响主要有以下几种：

（1）摩擦声。声尖锐而短，常常是两个接触面相对移动的研磨，如传动带打滑或主轴轴承及传动丝杠副之间的摩擦等。

（2）泄漏声。声小而长，连续不断，如漏风、漏气、漏液等。

（3）冲击声。音低而沉闷，表明联结件有松动或其他异物碰击。

（4）敲击声。用手锤轻轻敲击来鉴别零件是否有缺损。有裂纹的零件敲击后发出的声音就不够清脆。

5.摸

用手触摸机床，用手感来判别温升、振动等。

（1）温升。用手指触摸主轴承等易发热的部位，可相当可靠地判断各种异常温升，其误差小于3℃~5℃。如主轴承在最高速度下运转10分钟后，滑动轴承温度不超过60℃（手感很烫，但可忍受10秒左右），滚动轴承不超过70℃（手有灼痛感，且手的接触部位很快红肿）。

（2）振动。轻微振动即可用手感鉴别，机床运转时应无异常振动。

（3）伤痕或波纹。肉眼看不清的伤痕或波纹，若用手指轻轻在被测表面触摸，则很容易感觉出来。

（4）松紧程度。用手转动主轴或各操作、变速手柄，即可感到接触部位松紧程度是否均匀适当，转动手轮所需操纵力和反向空程量是否符合要求。

6.闻

剧烈摩擦或电器元件绝缘破损短路，使附着的油脂或其他可燃物质发生氧化蒸发或燃烧产生油烟气、焦煳气等异味，可以用嗅觉诊断的方法加以判断。

（四）金属切削机床试验

金属切削机床在出厂前、大修后或质量检查需要时，为检验机床制造质量、加工性能和生产能力需要进行试验。

1.机床的空运转试验

机床空运转试验是在无载荷状态下运转机床，检验各机构的运转状态、温度变化、功率消耗、操纵机构动作的灵活性、平稳性、可靠性和安全性等。

机床的空运转试验包括运转检验，温升试验，动作试验，整机连续空运转试验，安全防护装置和保险装置的检验，噪声检验，电气系统的检验，数控系统的检验，液压、气动、冷却和润滑系统的检验，测量装置的检验，空运转功率试验，主运动和进给运动的检验，最后两项为抽查项目。

温升试验是机床的主轴轴承达到稳定温度时，其温度和温升值应符合表4-8的规定。液压系统热平衡后油液温度和温升应符合表4-9的规定。主运动为往复运动的机床，应在最高速度下检查运动件（滑枕、工作台等）导轨的稳定温度。

表4-8　　　　　　　　　　　　　主轴轴承允许的温度和温升　　　　　　　　　　单位：℃

轴承型式	温度	温升
滑动轴承	60	30
滚动轴承	70	40

表4-9　　　　　　　　　　　　　液压系统允许的温度和温升　　　　　　　　　　单位：℃

温度	温升
55	25

动作试验包括的内容有：

（1）以一个适当的速度检验主运动和进给运动机构的启动、停止（包括制动、反转和点动等）和动作是否灵活、可靠，一般应反复动作10次。

（2）检验自动机构（包括自动循环机构）的调整和动作是否灵活、可靠。

（3）反复变换主运动和进给运动的速度，检查变速机构是否平稳、可靠和指示的准确性。

（4）检验转位、定位、分度机构动作是否灵活、可靠。

（5）检验调整机构、夹紧机构、读数指示器和其他附属装置是否灵活、可靠。

（6）检验装卸工件、刀具和附件等装置是否灵活、可靠。

（7）与机床连接有传动关系的随机附件，应进行连接试运转，并检查相互关系是否符合设计要求。

（8）检验其他操纵机构动作是否灵活、可靠。

（9）检验有刻度装置的手轮反向空程量和手轮、手柄的操纵力是否均符合有关标准的规定。

整机连续空运转试验要求自动、半自动和数控机床可在全部功能下模拟工作状态作不切削连续空运转试验，其连续运转时间应符合表4-10的规定。连续运转试验过程中不应发生故障。试验时，自动循环应包括所有功能和全部工作范围，各次自动循环之间的休止时间不应大于1分钟。

表4-10　　　　　　　　　　　　　　　整机连续空运转时间

机床控制形式	机械控制	电、液控制	数字控制	
			联动轴数<3	联动轴数≥3
连续运转时间（小时）	4	8	36	48

机床空运转试验过程中符合下述情况的，则可认为机床符合通用的技术要求：

（1）在所有速度下，机床各机构（主运动、进给运动机构，自动机构，变速机构，转位、定位、分度机构，调整机构，夹紧机构，读数指标器等以及其他附属装置及其他操纵机构）运行平稳、灵活、可靠。

（2）在进行整机连续空运转试验中，连续运转时间符合规定的要求，并且运转稳定，无故障。

（3）安全防护装置和保险装置齐备、可靠。

（4）机床的噪声在允许范围内。

（5）电气系统的工作性能符合要求。

（6）数控系统可靠、稳定。

（7）液压、气动、冷却和润滑系统及其他部位均不漏（渗）油、漏（渗）水、漏气。切削冷却液未混入液压系统和润滑系统。

（8）机床和附件的测量装置准确、可靠，读数部分便于操作观察，视场清晰。有密封要求处设有可靠的密封装置。

（9）在主轴轴承达到稳定温度时，轴承的温度和温升均符合标准的要求。

2.机床的负荷试验

机床的负荷试验用以试验机床的最大承载能力，主要包括机床主传动系统的扭矩试验、机床切削抗力试验、机床承载工件最大重量的运转试验、机床主传动系统达到最大功率的试验、抗振性切削试验，后三项为抽查试验项目。

机床主传动系统的扭矩试验包括机床主传动系统最大扭矩的试验、机床短时间超过最大扭矩25%的试验（数控机床除外）。

机床切削抗力试验包括机床最大切削抗力的试验、机床短时间超过最大切削抗力25%的试验（数控机床除外）。

负荷试验一般用实际切削方法，按试验规程进行。在负荷试验时，机床所有机构均应正常工作，不应有明显的振动、冲击、噪声和不平衡现象等。

二、内燃机质量评定及试验

一台运行良好的内燃机应该容易启动，运行平稳，油、水、气各路温度和压力正常，不泄漏，油耗量及输出功率等性能指标正常，且在运行中没有异常振动、异常声音和其他不正常现象。

内燃机作为一种热能动力机械，应当在满足其动力性和经济性要求的前提下，保证具有足够的可靠性。内燃机的可靠性是内燃机重要的质量指标，可靠性对内燃机的经济性和安全性具有头等重要的意义。内燃机可靠性问题涉及的领域很广，核心问题是故障和失效分析。故障与零件固有的可靠性有关，也与使用环境、工作条件和维修质量等有关。

（一）内燃机的损伤

1.内燃机磨损损伤

内燃机的损伤和故障的表现形式多种多样，其中最主要的是磨损。磨损是指由于机械等作用而造成的物体表面材料的逐渐损耗。磨损可分为黏着磨损、磨粒磨损、疲劳磨损、腐蚀磨损、微动磨损等主要磨损类型。磨损是限制内燃机及零件使用寿命的一个主要因素。曲轴、轴承、气缸套的磨损对内燃机的寿命有很大影响。

2.内燃机疲劳损伤

疲劳损伤也是影响内燃机可靠性和耐久性的重要因素。内燃机受交变的机械负荷和热负荷作用，导致机械损伤，如曲轴断裂、活塞断裂、缸套裂纹、机架断裂、传动齿轮损坏等。这些损伤是以疲劳破坏为特征的损伤。

3.内燃机热损伤

内燃机热损伤是指由于热负荷（温度与热应力）的作用，直接或间接引起的内燃机零部件工作的故障或失效。由于内燃机单位体积功率的不断增加，由热负荷引起的故障也越来越多，因而严重影响了内燃机的可靠性。内燃机热损伤主要有烧蚀、热变形、热疲劳、高温蠕变与松弛、温度影响下的摩擦与磨损、温度引起的材料特性甚至材质的变化等。热损伤涉及的学科非常广。在零件的实际工作中，诸多热损伤因素是共同作用、互相影响的。热损伤的机理非常复杂，至今还有许多理论和实际问题未能解决。

（二）内燃机主要故障分析

内燃机主要故障症状常常反映在功率、燃油和润滑油消耗、漏水、漏油、漏气，启动、电控系统及排烟异常等方面。

1.功率下降，燃油消耗增加

对于带有故障的内燃机，操作人员会明显地察觉到机器克服超负荷的能力差、工作乏力等功率下降现象，且伴有油耗量显著增加的情况。

导致该故障的原因是，机件磨损使进气量不足，工作压力降低，这表明机器已进入耗损故障期，应进行大修。在正常使用寿命期内，也会引发上述故障，如气缸与活塞环之间窜气，或压缩时漏气；气门密封不严，使压缩压力太低；喷油压力、雾化状况、供油定时等，均可影响燃烧状况，致使功率下降，油耗增加。

2.曲轴箱窜气量大，机油消耗增加

在内燃机工作中，燃烧室内的气体会在活塞与气缸套之间和排气门与导管之间泄漏（窜气）。窜气量的增加主要是活塞环与气缸套的严重磨损造成的。活塞环及环槽的磨损增加了环与环槽之间的间隙，使气缸壁上的润滑油进入气缸被燃烧；窜入曲轴箱的气体使曲轴箱温度升高，机油变稀，泄漏量和蒸发量增加，这些均会增加机油消耗量。

3.异常振动加剧

内燃机的异常振动主要发生在运动副之间，如活塞与气缸、轴径与轴承、气门与气门导杆间等。由于磨损量增加，间隙增大，机构在运动过程中会引起机械振动。严重时，还会引起整机的振动。同样，轴承与相配轴颈的过量磨损，也会引起机油压力的明显降低。

4.排烟量增大，烟色异常

柴油机排烟比汽油机约多50倍，尤其是在全负荷及加速工况时，排烟量更大。因此，排烟量与烟色是考察柴油机工作状况的一个非常有效的途径。一台技术状态良好的柴油机，在稳定工况下几乎不带有明显的烟色。加速时看到的也仅是淡灰色烟气，待转速稳定后应不再有明显的烟色。技术状态不良的柴油机，通常会伴有大量的白色、蓝色或黑色排烟。

排气冒白烟，可能是燃油中含有水分，工作温度低，喷油雾化不良，有滴油现象或喷油压力不足等。

排气冒蓝烟，可能是润滑油进入气缸，受热后蒸发为蓝色油气；机油上窜，机油沿气缸与活塞之间间隙进入气缸；燃油中混入润滑油或油底壳内机油过多等。

微课

内燃机主要故障种类

排气冒黑烟，可能是柴油机在高负荷时，高温、缺氧、燃料燃烧不完全的表现。黑烟形成的因素是多方面的，主要是：压缩压力不足，供油提前角小，喷油器质

量低劣，供油量过大，燃油质量低等。

排气烟度是评价柴油机工作性能极其重要的参数，同时对环境保护有较大影响，因此，各国都制定了柴油机烟度限制标准及测量方法，只有通过试验才能准确地测定烟度值。

（三）内燃机排放

内燃机排出的废气，既关系到内燃机的做功能力、经济性能及工作可靠性，又对环境保护和人类健康产生很大影响，所以，废气排放也是内燃机质量评定的一个重要指标。

欧、美等工业发达国家和地区，均制定了严格的内燃机排放限制法规及试验方法，我国也颁布了严格的相应法规，对内燃机排放污染物进行限制，执行国家严格的排放标准，促进生产厂家及用户使用能够减少排放污染物的新技术和新产品，达到净化环境的目的。

减少排放污染物的主要方法有：

（1）提高燃油质量；

（2）内燃机内部采取措施，如采用新技术、优化结构、控制燃烧过程等；

（3）内燃机外部净化措施，如采用各种除尘滤清器净化装置、催化反应装置及排气再循环等控制排放。

各种排放污染物生成的机理不同，很难用单一的方法达到降低内燃机排气污染的目的，必须采取综合措施。但采用这些措施将加大排放成本，给内燃机的经济性、动力性和寿命带来不利影响。

（四）内燃机质量评定

内燃机由于各种损伤，会使整机的性能恶化，引起故障或失效。为保证内燃机的正常运行，应对内燃机的技术状态进行监测，及时采取措施，保证内燃机安全可靠地运行。常用的质量评定方法有以下几种：

1.内燃机故障人工判断法

内燃机故障人工判断法是使用、修理和检验人员凭实际经验及一定的理论知识，在内燃机不解体或部分解体的情况下，借用简单工具，通过眼、耳、手的直接感知，即用"看、听、摸"的方法和大脑的判断，对内燃机技术状态进行定性分析、判断的方法。

（1）看。观察水、油、气的温度表、压力表的数值是否出现异常现象；查看排气烟色，可以判断内燃机的工作状态。

（2）听。直接用耳朵或金属棒在内燃机外表面"听诊"运动部件的声音及变化情况。技术状态正常的内燃机，在转速、负荷稳定的工况下，凭人耳听觉反应的是圆滑的轰鸣声。若工况迅速转换时，能明显地听出异常振动的声音。待转速平稳后，振动声音又恢复正常。

（3）摸。凭手的直接感觉来检查配气机构等零件的工作和振动情况，感受机器各部分的温度状态。

人工判断法具有独特的实用价值，即使在科学技术高度发展的今天及将来相当长的时间内，人工判断法仍会被普遍采用。虽然这种方法的判断速度、准确性与专业人员的技术水平密切相关，且无法定量分析，但它不需用仪器设备，不需投资，方法十分便捷，从而受到欢迎。

2.内燃机状态监测

对于内燃机外部零件的故障，一般比较容易辨别，但对于内部零件的故障，识别难度很大，一般采用状态监测故障诊断技术。内燃机状态监测技术主要采用以下检测方法：

（1）铁谱检测。它是通过对润滑油中的磨屑和污染物进行采样，从尺寸、数量、形貌和成分等方面来判断有关零件的磨损和故障发展情况的。

（2）油液光谱检测。它用光谱对润滑油中磨屑成分进行分析，根据元素的类别、组成和数量来判断磨损部位和严重程度。

（3）振动检测。它通过对内燃机的振动信号进行采集和分析，对故障进行判断。

（4）磁塞检查法。磁塞检查法是利用磁性原理来监测润滑油中铁性材料的磨粒，以此判断零件磨损状况的。

（5）参数检测。它通过对内燃机的介质如空气、燃料、润滑油、冷却水等参数分析，以评定内燃机的状态。

3.内燃机台架试验

在专用的试验台架上对内燃机进行试验测试，可准确地获得内燃机的多种性能指标和有价值的信息，为内燃机的质量评定提供重要依据。

4.内燃机质量评定主要内容

在评定内燃机质量时，除要求内燃机动力性能良好，怠速运转稳定，各部分润滑良好，附件工作正常，燃油消耗经济外，还要考察下列内容：

（1）气缸压力、机油压力应符合规定；

（2）启动性能好；

（3）在任何转速下，尤其是怠速工况，应运转均匀、稳定，且不过热；

（4）高低速变换不熄火；

（5）不允许存在异常声响（如活塞敲缸声）；

（6）在各种转速下，不允许有过热、窜油和冒黑烟等现象；

（7）不允许漏油、漏水、漏气、漏电。

微课

内燃机质量评定

（五）内燃机试验

在内燃机台架性能试验方法的国家标准中规定了一般用途的往复活塞式柴油机和汽油机台架性能试验方法。

1.试验类别

（1）定型试验。定型试验是指内燃机在投入批量生产前，为检验内燃机性能指标是否达到设计或改进要求，对其可靠性、耐久性作出评价所进行的试验。

（2）验收试验。验收试验是指为检验产品是否符合合同和有关技术文件所规定的技术要求而进行的试验，它也可与抽查试验结合进行。

（3）抽查试验。成批或大量生产的内燃机应根据批量的大小，抽取一定数量的产品进行性能试验和功能检查，必要时，同时进行可靠性、耐久性试验，以考核内燃机制造质量的稳定性。

（4）特种试验。特种试验是指为了满足检测机构、立法机构、船级社或客户的要求，在进行验收试验或定型试验时附加的试验，如型式认证试验。

2.试验和检查项目

内燃机的试验和检查项目由各专业标准规定。如对于道路车辆、船舶、农用拖拉机和林业机械、工程机械、发电机组、排灌机械等使用的中小功率内燃机，如无标准规定时，其试验项目参见表4-11。

表4-11　　　　　　　　　　　　　　　内燃机试验和检查项目

序号	试验、检验项目	试验类别		
		定型试验	出厂试验	抽查试验
1	起动性能试验	✓	✓（常温）	✓（常温）
2	调速性能试验	✓	▽	✓
3	负荷特性试验	✓	▽	▽
4	标定功率试验	✓	✓	✓
5	燃油消耗率试验	✓	✓	✓
6	速度特性试验	✓	▽	▽
7	使用特性试验	▽	▽	▽
8	万有特性试验	✓	▽	▽
9	标定功率工作稳定性试验	✓	▽	▽
10	空载特性试验	✓	×	▽
11	最低可调空载转速测定	✓	▽	✓
12	最低满载持续转速测定	▽	▽	▽
13	各缸工作均匀性试验	✓	▽	✓
14	安全性能检查	✓	▽	✓
15	机械效率的测定	✓	▽	▽
16	热平衡试验	▽	×	×
17	噪声测定	✓	▽	✓
18	排气烟度测度	✓	▽	✓
19	排气排放测定	✓	▽	✓
20	机械振动和曲轴扭转振动试验	▽	▽	▽
21	活塞漏气量测定	▽	▽	▽
22	机油消耗的测定	✓	▽	▽
23	清洁度测定	▽	▽	✓
24	特殊性能试验	▽	▽	▽
25	功能检查	✓	▽	✓
26	可靠性试验	✓	×	▽
27	耐久性试验	▽	×	▽
28	热冲击试验	▽	×	×

注："✓"表示需要进行的项目；"×"表示可不进行的项目；"▽"表示按需要选定的项目。对于需要进行的项目"✓"及按需要选定的项目"▽"，若项目中包含多项内容时，也可按需进行部分内容的试验。可靠性试验应单独抽取2台样机进行试验。

三、压力容器、锅炉的检验及试验

（一）压力容器质量检验

对在用压力容器进行检验的目的是发现其缺陷，对其进行安全性分析，确定其安全状况等级，以便判断其能否继续使用和确定下次检验的日期，从而保证压力容器的安全运行。

对在用压力容器的检验可分为常规检验和缺陷评定两类。常规检验主要适用于缺陷不严重的在用压力容器，以设计、制造和使用经验为主要依据，除了做强度校核外，一般不需要做复杂的应力计算，只需要材料常规力学性能数据，对缺陷在壁厚方向尺寸的探伤精度要求较低，使用和掌握较容易。缺陷评定对缺陷的允许程度比常规检验要严，需要较复杂的应力分析，对缺陷在壁厚方向尺寸的探伤精度要求较高，需要具有丰富的断裂力学和压力容器专业知识的工程技术人员及相应的仪器设备，操作执行有一定的难度。缺陷评定主要是针对埋藏缺陷和几何缺陷。对于表面缺陷，只有在不便修复的少数情况下，才对其进行评定。这里主要介绍压力容器的常规检验。

根据《固定式压力容器安全技术监察规程》（TSG 21-2016）、《压力容器定期检验规则》（TSG R7001-2013），压力容器检验分为年度检查、定期检验两种。

1.年度检查

年度检查，是指为了确保压力容器在检验周期内的安全而实施的运行过程中的在线检查，每年至少一次。固定式压力容器的年度检查可以由使用单位的压力容器专业人员进行，也可以由国家市场监督管理总局核准的检验检测机构持证的压力容器检验人员进行。

压力容器的年度检查包括使用单位压力容器安全管理情况检查、压力容器本体及运行状况检查和压力容器安全附件检查等。检查方法以宏观检查为主，必要时进行测厚、壁温检查和腐蚀介质含量测定、真空度测试等。

压力容器本体及运行状况的检查主要包括：

（1）压力容器的铭牌、漆色、标志及喷涂的使用证号码是否符合有关规定；

（2）压力容器的本体、接口（阀门、管路）部位、焊接接头等是否有裂纹、过热、变形、泄漏、损伤等；

（3）外表面有无腐蚀，有无异常结霜、结露等；

（4）保温层有无破损、脱落、潮湿、跑冷；

（5）检漏孔、信号孔有无漏液、漏气，检漏孔是否畅通；

（6）压力容器与相邻管道或者构件有无异常振动、响声或者相互摩擦；

（7）支承或者支座有无损坏，基础有无下沉、倾斜、开裂，紧固螺栓是否齐全、完好；

（8）排放（疏水、排污）装置是否完好；

（9）运行期间是否有超压、超温、超量等现象；

（10）检查罐体接地装置（如有）是否符合要求；

（11）安全状况等级为4级的压力容器的监控措施执行情况和有无异常情况；

（12）快开门式压力容器安全联锁装置是否符合要求。

2.定期检验

压力容器定期检验包括全面检验和耐压试验。

（1）定期检验周期。压力容器一般应当于投用后3年内进行首次定期检验。下次的检验周期，由检验机构根据压力容器的安全状况等级，按照以下要求确定：

① 安全状况等级为1、2级的，一般每6年一次。

② 安全状况等级为3级的，一般3~6年一次。

③ 安全状况等级为4级的，应当监控使用，其检验周期由检验机构确定，累计监控使用时间不得超过3年；在监控使用期间，应当对缺陷进行处理提高其安全状况等级，否则不得继续使用。

④ 安全状况等级为5级的，应当对缺陷进行处理，否则不得继续使用。

⑤ 压力容器安全状况等级的评定按照《压力容器定期检验规则》进行，符合其规定条件的，可以适当缩短或者延长检验周期。

⑥ 应用基于风险的检验（RBI）技术的压力容器，检验周期的确定有两种方法：一是参照《压力容器定期检验规则》的规定，确定压力容器的安全状况等级和检验周期，可以根据压力容器风险水平延长或者缩短检验周期，但最长不得超过9年；二是以压力容器的剩余使用年限为依据，检验周期最长不超过压力容器剩余使用年限的一半，并且不得超过9年。

（2）全面检验。全面检验是指压力容器停机时检验。全面检验应当由检验机构进行。全面检验的目的是全面检查压力容器在长期运行中可能产生的一切缺陷，常见的缺陷是腐蚀、裂纹和变形。

腐蚀是由于金属材料与周围介质发生化学和电化学反应的结果。全面检验时，应该重点检查压力容器易被腐蚀的部位，包括容器的内壁面、外壁面、防腐层和镀层等。

裂纹是压力容器中最危险的一种缺陷，因为它是导致容器发生脆性破裂的主要因素，同时又会促进疲劳破裂和腐蚀断裂的产生。在国内外发生的许多压力容器事故中，大部分都与裂纹有关。

压力容器中的裂纹，按其生成的过程，大致可以分为两大类，即原材料或设备制造中产生的裂纹和使用过程中产生或扩展的裂纹。

虽然裂纹在压力容器内外表面都可能存在，但一般最容易产生裂纹的地方是焊缝和焊接热影响区以及局部应力过高处。

变形是指容器在使用以后整体或局部发生几何形状的改变。容器的变形一般可以表现为局部凹陷、鼓包、整体扁瘪或整体膨胀等几种形式。

全面检验包括宏观（外观、结构以及几何尺寸）、保温层、隔热层衬里、壁厚、表面缺陷、埋藏缺陷、材质、紧固件、强度、安全附件、气密性以及其他必要的项目。

其中外观检查主要检查容器本体、对接焊缝、接管角焊缝等部位的裂纹、过热、变形、泄漏等，焊缝表面（包括近缝区），以肉眼或者5~10倍放大镜检查裂纹；内外表面的腐蚀和机械损伤；紧固螺栓；支承或者支座，大型容器基础的下沉、倾斜、开裂；排放（疏水、排污）装置；快开门式压力容器的安全联锁装置；多层包扎、热套容器的泄放孔。

结构检查主要检查筒体与封头的连接、开孔及补强、角接、搭接、布置不合理的焊缝、封头（端盖）、支座或者支承、法兰、排污口。

几何尺寸检查主要检查纵、环焊缝对口错边量、棱角度；焊缝余高、角焊缝的焊缝厚度和焊脚尺寸；同一断面最大直径与最小直径；封头表面凹凸量、直边高度和直边部位的纵向皱折；不等厚板（锻）件对接接头未进行削薄或者堆焊过度的两侧厚度差；直立压力容器和球形压力容器支柱的铅垂度。

【提示】结构、几何尺寸检查仅在首次全面检验时进行，以后的检验只对运行中可能发生变化的内容进行复查。

（3）耐压试验。耐压试验是指压力容器停机检验时，所进行的超过最高工作压力的液压试验或者气压试验，应在全面检验合格后进行。耐压试验主要用来检验容器的整体承载能力，还可发现一些潜在的危险缺陷，有时还可以起到降低缺陷疲劳扩展速率的作用。

对于固定式压力容器，每两次全面检验期间内，原则上应当进行一次耐压试验；对于移动式压力容器，每6年至少进行一次耐压试验。下列压力容器全面检验合格后必须进行耐压试验：①用焊接方法更换受压元件的；②受压元件焊补深度大于1/2壁厚的；③改变使用条件，超过原设计参数并且经过强度校核合格的；④需要更换衬里的（耐压试验应当于更换衬里前进行）；⑤停止使用2年后重新使用的；⑥从外单位移装或者本单位移装的；⑦使用单位或者检验机构对压力容器的安全状况有怀疑的。

耐压试验优先选择液压试验。液压试验后，符合以下条件为合格：①无渗漏；②无可见的变形；③试验过程中无异常的响声；④标准抗拉强度下限大于等于540MPa的钢制压力容器，试验后经过表面无损检测未发现裂纹。

气压试验过程中，符合以下条件为合格：①压力容器无异常响声；②经过肥皂液或者其他检漏液检查无漏气；③无可见的变形。

3.压力容器安全状况等级

根据压力容器的安全状况，将新压力容器划分为1级、2级、3级三个等级，将在用压力容器划分为2级、3级、4级、5级四个等级。每个等级划分原则如下：

1级：压力容器出厂技术资料齐全；设计、制造质量符合有关法规和标准的要求；在规定的定期检验周期内，在设计规定的操作条件下能安全使用。

2级：（1）新压力容器：出厂技术资料齐全；设计、制造质量基本符合有关法规和标准的要求，但存在某些不危及安全且难以纠正的缺陷，出厂时已取得设计单位、使用单位和使用单位所在地安全监察机构同意；在规定的定期检验周期内，在设计规定的操作条件下能安全使用。

（2）在用压力容器：技术资料基本齐全；设计、制造质量基本符合有关法规和标准的要求；根据检验报告，存在某些不危及安全且不易修复的一般性缺陷；在规定的定期检验周期内，在设计规定的操作条件下能安全使用。

3级：（1）新压力容器：出厂技术资料基本齐全；主体材料、强度、结构基本符合有关法规和标准的要求；但制造时存在的某些不符合法规和标准的问题或缺陷，出厂时已取得设计单位、使用单位和使用单位所在地安全监察机构同意；在规定的定期检验周期内，在设计规定的操作条件下能安全使用。

（2）在用压力容器：技术资料不够齐全；主体材料、强度、结构基本符合有关法规和标准的要求；制造时存在的某些不符合法规和标准的问题或缺陷，焊缝存在超标的体积性缺陷，根据检验报告，未发现缺陷发展或扩大；其检验报告确定在规定的定期检验周期内，在设计规定的操作条件下能安全使用。

4级：主体材料不符合有关规定，或材料不明，或虽属选用正确，但已有老化倾向；主体结构有较严重的不符合有关法规和标准的缺陷，强度经校核尚能满足要求；焊接质量存在线性缺陷；根据检验报告，未发现缺陷由于使用因素而发展或扩大；使用过程中产生了腐蚀、磨损、损伤、变形等缺陷，其检验报告确定为不能在设计规定的操作条件下或在正常的检验周期内安全使用。必须采取相应措施进行修复和处理，提高安全状况等级，否则只能在限定的条件下短期监控使用。

5级：无制造许可证的企业或无法证明原制造单位具备制造许可证的企业制造的压力容器；缺陷严重、无法修复或难于修复、无返修价值或修复后仍不能保证安全使用的压力容器，应予以判废，不得继续作承压设备使用。

【注意】（1）安全状况等级中所述缺陷，是制造该压力容器最终存在的状态。如缺陷已消除，则以消除后的状态，确定该压力容器的安全状况等级。（2）技术资料不全的，按有关规定由原制造单位或检验单位经过检验验证后补全技术资料，并能在检验报告中作出结论的，则可按技术资料基本齐全对待。无法确定原制造单位具备制造资格的，不得通过检验验证补充技术资料。（3）安全状况等级中所述问题与缺陷，只要确认其具备最严重之一者，即可按其性质确定该压力容器的安全状况等级。

在实际检验中，检验人员会根据《压力容器定期检验规则》，对压力容器用材、结构、内外表面是否有裂纹、焊缝情况、腐蚀程度、使用过程中产生的鼓包、夹层的情况等作出检验判断，给出安全状况等级。表4-12是实际工作中专业检验机构给出的《压力容器全面检验结论报告》的内容。

表4-12　　　　　　　　　　压力容器全面检验结论报告

报告编号：RQUK2022-290

使用单位	××公司				
单位地址				单位代码	9005670-4
管理人员	××××	联系电话	××××	邮政编码	××××
容器名称	空气储罐				
设备代码	91604206822001120090			容器	分离容器
使用证号	容1LSKTHHfgo119	单位内编号	R-01	结构形式	单层
主要检验依据：《压力容器定期检验规则》					
检验发现的缺陷位置、程度、性质及处理意见（必要时附图或附页）					
经检验本台压力容器的安全状况等级评定为3级					
允许运行参数	压力：P≤0.092MPa 温度：T≤150℃ 介质：空气 其他：—				
下次全面检验日期	2025-06-26			机构核准证号： TS1202240-2010 （机构检验专用章） 2022-07-02	
检验：### 日期：2022-06-27					
审核：### 日期：2022-06-29					
审批：### 日期：2022-07-02					

（二）锅炉质量检验

锅炉检验是按照国家颁布的有关法规和技术标准，对锅炉在设计、制造、安装、运行、修理、改造等各个环节中的质量进行全面检验，作出鉴定性的结论。

锅炉检验的目的，是要及时发现、弥补缺陷，延长锅炉使用寿命；及时发现、监护或消除事故隐患，保证锅炉连续、安全地运行；减少损失，保证锅炉经济地运行。

锅炉除出厂要检验外，一般所说的锅炉检验是指对运行使用中的锅炉进行检验，按照《蒸汽锅炉安全技术监察规程》《热水锅炉安全技术监察规程》《锅炉定期检验规则》的规定，经专职检验人员对锅炉的安全状况进行必要的检查和试验。在用锅炉定期检查包括外部检验、内部检验、水压试验，主要检验锅炉运行后内外部的各种缺陷和安全附件的可靠性。

外部检验是对运行状况下的锅炉进行的检验。其主要包括锅炉管理检查、锅炉本体检验、安全附件、自控调节及保护装置检验、辅机和附件检验、水质管理和水处理设备检验等方面。检验方法以宏观检验为主，并配合以一些安全装置、设备的功能确认。

外部检验每年至少进行一次。移装锅炉开始投运时、锅炉停止运行一年以上恢复运行时、锅炉的燃烧方式和安全自控系统有改动后均应进行外部检验。

水压试验一是检查锅炉受压部件的严密性，即检查焊口、胀口、铆钉、铆缝及金属表面有无渗漏；二是检查受压部件在试验压力下是否产生了肉眼可见的塑性变形。

在用锅炉一般每6年进行一次水压试验，移装锅炉投运前、锅炉受压元件经重大修理或改造后也需要进行水压试验，无法进行内部检验的锅炉，应每3年进行一次水压试验。水压试验前应对锅炉进行内部检查，必要时还应进行强度核算。不能以水压试验的压力决定锅炉的工作压力。

内部检验即定期停炉检验，是在锅炉停止运行的状态下对锅炉内外部进行全面的检查。通过内部检验，可以查出锅炉运行中无法查到的缺陷和隐患。根据规程的要求，内部检验应每2年进行一次。当内部检验与外部检验在同一年进行时，应首先进行内部检验，然后进行外部检验。

新安装的锅炉在运行一年后、移装锅炉投运前、锅炉停止运行一年以上恢复运行前、受压元件经重大修理或改造后即重新运行一年后、根据上次内部检验结果和锅炉运行情况对设备安全可靠性有怀疑时、根据外部检验结果和锅炉运行情况对设备安全可靠性有怀疑时均应进行内部检验。

对于工业锅炉而言，内部检验主要是检验锅炉承压部件是否在运行中出现裂纹、起槽、过热、变形、泄漏、腐蚀、磨损、水垢等影响安全的缺陷。内部检验的承压部件包括锅筒（壳）、封头、管板、炉胆、回燃室、水冷壁、烟管、对流管束、集箱、过热器、省煤器、外置式汽水分离器、导汽管、下降管、下脚圈、冲天管和锅炉范围内的管道等部件。分汽（水）缸原则上应跟随一台锅炉进行同周期的检验。

各级安全监察机构对检验计划的执行情况和检验质量进行监督和检查。

水冷壁、过热器及再热器、空气预热器、省煤器等受热面的内外部腐蚀，以及省煤器受热面的磨损，锅筒缺陷的检验是锅炉检验的主要内容。

锅炉受热面的主要腐蚀部位及腐蚀类型见表4-13。

表4-13   锅炉受热面的主要腐蚀部位及腐蚀类型

部件名称	易发生腐蚀的部位	腐蚀类型
水冷壁	烟气侧	高温腐蚀
	管内水、汽侧	垢下腐蚀、氧腐蚀
省煤器	烟气侧	外壁腐蚀
	管内水侧	氧腐蚀、CO_2腐蚀等
过热器及再热器	烟气侧	高温腐蚀
	管内蒸汽侧	氧化腐蚀
空气预热器	露点温度附近 酸露点以下10~40℃区域	堵灰 低温腐蚀

1.水冷壁管内壁腐蚀

锅炉水冷壁管的主要腐蚀形式是垢下腐蚀，任何锅炉尤其是大容量、高参数电站锅炉，都会发生这种腐蚀，它是锅炉运行的重大安全隐患。如果在运行中不严加防范，可能造成重大的设备损失。

（1）造成水冷壁管内壁腐蚀的主要原因。

① 炉水 pH 值超标。炉水 pH 值若小于7或大于10，就会使水冷壁管内壁的表面磁性氧化铁保护膜被溶解或局部破坏，对水冷壁管内壁产生酸腐蚀或碱腐蚀。

② 给水含铁量、含铜量或溶解氧不合格。

③ 停炉时间未采取有效的停炉保护措施。

（2）水冷壁管内壁垢下腐蚀的特征。

① 水冷壁向火侧内壁大量集结表面松软、内层坚硬的水垢，垢体的主要成分是氧化铁，最多可达 3 000 ~ 3 500g/m²。

② 水冷壁向火侧内壁的水垢下有明显腐蚀，使管壁变薄。严重的，腐蚀深度可达水冷壁壁管厚度的一半以上。

③ 水冷壁外壁鼓包，有些鼓包处甚至出现裂纹。

2.过热器管内壁腐蚀

过热器管内壁腐蚀会严重威胁锅炉的安全运行。

过热器管内壁腐蚀的特点是：立式过热器管内壁腐蚀往往较为严重；低温段过热器腐蚀较重，高温段稍轻；下弯头较重，直管部分较轻。

造成过热器管内壁腐蚀的主要原因是由于停炉保护不当和过热器管内积水在检修期间引起腐蚀。

为了防止过热器管内壁腐蚀，在锅炉安装过程中（特别是水压试验后的阶段）和停炉保护中，要加强防腐措施。

采用热炉带压力放水的同时配以抽真空或使用添加剂等停炉保养措施，对防止过热器管下弯头的腐蚀有明显作用。

3.空气预热器低温腐蚀

燃料燃烧时释放的硫，大部分在燃烧产物中以SO_2形式出现。一小部分被氧化成SO_3，并在受冷却的烟气达到露点温度时，生成硫酸。

空气预热器的低温段，会因管壁温度低于露点而凝结酸液并黏附灰垢，腐蚀预热器管子，堵塞受热面通道。

腐蚀最严重的区域有两个：一个在露点温度附近；另一个在酸露点以下$10\sim40℃$区域。

空气预热器腐蚀严重的锅炉，由于积灰堵灰严重，引起烟道阻力增加，锅炉排烟温度明显增高，锅炉被迫降负荷运行，甚至会导致轴流式引风机进入喘振区，造成被迫停炉。

4.省煤器受热面磨损

燃煤锅炉的省煤器常因飞灰磨损而发生爆管。其中以高温段省煤器磨损最为严重，通常发生在靠后墙的几排、靠两侧墙的弯头和穿墙管等处，绝大部分为局部磨损。

对省煤器磨损起作用的主要飞灰成分是二氧化硅（SiO_2）和三氧化二铁（Fe_2O_3）等坚硬、有磨削力的氧化物。飞灰中的SiO_2含量一般高于Fe_2O_3含量，但是Fe_2O_3密度较大，其冲击作用大。

影响磨损的因素有：（1）烟气流速；（2）飞灰浓度；（3）灰粒的物理化学性质；（4）受热面布置与结构特性。

5.锅筒缺陷

锅筒缺陷是锅炉检查的重点，锅筒缺陷会导致锅炉在运行中发生爆破，将造成灾难性后果。锅筒缺陷主要有焊缝裂纹、夹渣和未焊透以及钢板裂纹等，特别是大直径下降管的管座焊缝缺陷更为普遍。锅筒缺陷的检验方法和检验内容主要有：

（1）集中下降管管座焊缝100%超声波探伤；

（2）锅筒筒体和封头内表面去锈后尽可能进行100%肉眼宏观检查，检查有无裂纹、腐蚀和焊接缺陷；

（3）锅筒筒体和封头内表面主焊缝、人孔加强圈焊缝、预埋件焊缝去锈后，先尽可能进行100%肉眼宏观检查，然后对主焊缝进行抽查，纵缝至少抽查25%，环缝至少抽查10%。

防止锅筒发生裂纹等缺陷，最根本的措施是提高制造工艺水平和钢板质量。同时，对于锅筒的安装、检验、修理和运行，也应予以充分重视。

6.锅筒的低周疲劳

锅炉在启动、停炉或负荷变化时，上下壁、内外壁承受的是热循环交变热应力。在这种交变热应力的作用下，经过一定周次的循环，就会在金属表面尤其是应力集中部位出现疲劳裂纹并逐渐扩展。锅筒壁承受的这种交变应力的特点是交变周期长、频率低、导致疲劳裂纹萌生的循环次数少。

一些理论计算表明，在冷态启动时，温升速率不超过$1.5℃/min$时，锅筒最大应力区下降管接口附近的应力峰值不会大于$280MPa$，相应的寿命损耗率为0.005%。调峰运行热态启动时，可允许较高的温升速度，若温升速率不大于$3℃/min$，最大应力约为$300MPa$，每启动一次的寿命损耗率约为0.006%，允许循环次数为16 000次。若某锅炉30年内热态启动4 500次，总寿命损耗约为28%。

上述计算中，锅筒失效寿命的含义是萌生 1mm 裂纹。

实践证明，运行中的锅筒裂纹多发生在下降管口内壁处，裂纹的扩展速度主要取决于应力水平。现代断裂力学理论计算表明，当应力小于 250MPa 时，裂纹的扩展速度很慢，即使裂纹不修复，仍能有相当长的寿命。对于已产生裂纹的锅筒，应严格控制起、停程序。

（三）锅炉性能试验

对锅炉性能进行鉴定或验收时，需要进行锅炉性能试验，以确定其工作的可靠性和运行的经济性。在此仅介绍热效率试验，锅炉蒸发量、蒸汽参数试验等。

1. 锅炉热效率试验

（1）热效率的定义及试验的目的。燃料在燃烧过程中释放的热量，一部分是被炉水所吸收的有效热量，另一部分为排烟、化学不完全燃烧、机械不完全燃烧而损失的热量。锅炉的热效率是指送入锅炉的全部热量中得到有效利用的百分比。

锅炉热效率试验的目的是计算锅炉的热效率，考察锅炉的性能，采取有效的措施提高锅炉热效率，改进设计。

（2）正平衡热效率试验。正平衡热效率试验是通过试验直接测出锅炉有效利用的热量（即产生蒸汽所需的热量）、每小时耗煤量和煤的低位发热量，计算出锅炉的热效率 η，也称为输入-输出热量法热效率计算。其计算公式为：

$$\eta = \frac{Q_1}{Q_r} \times 100\%$$

$$Q_r = Q_{DY}^Y + Q_{rx} + Q_{wl} + Q_{wh}(kJ/kg 或 kJ/m^3)$$

式中：η——锅炉热效率（%）；

　　　Q_r、Q_1——每千克或每标准立方米燃料的锅炉输入和输出热量（kJ/kg 或 kJ/m³）；

　　　Q_{DY}^Y——燃料应用基低位发热量（kJ/kg 或 kJ/m³）；

　　　Q_{rx}——燃料的物理显热（kJ/kg 或 kJ/m³）；

　　　Q_{wl}——用外来热源加热空气时带入的热量（kJ/kg 或 kJ/m³）；

　　　Q_{wh}——燃料雾化蒸汽带入的热量（kJ/kg 或 kJ/m³）。

这种试验使用的仪器少，试验简单，但误差较大，且不能有针对性地采取提高效率的措施，多用于中小型工业锅炉。

（3）反平衡热效率试验。反平衡热效率试验是直接测量和计算出锅炉的各种热量损失，然后得出锅炉的热效率，也称热损失法热效率计算。其计算公式为：

$$\eta = 100\% - \frac{Q_2 + Q_3 + Q_4 + Q_5 + Q_6}{Q_r} \times 100\%$$

$$= 100\% - (q_2 + q_3 + q_4 + q_5 + q_6)$$

式中：Q_2——每千克或每标准立方米燃料的排烟损失热量（kJ/kg 或 kJ/m³）；

　　　Q_3——每千克或每标准立方米燃料的气体未完全燃烧损失热量（kJ/kg 或 kJ/m³）；

　　　Q_4——每千克或每标准立方米燃料的固体未完全燃烧损失热量（kJ/kg 或

kJ/m^3）；

Q_5——每千克或每标准立方米燃料的锅炉散失热量（kJ/kg 或 kJ/m^3）；

Q_6——每千克或每标准立方米燃料的灰渣物理损失热量（kJ/kg 或 kJ/m^3）；

q_2——排烟热损失百分率（%）；

q_3——气体未完全燃烧热损失百分率（%）；

q_4——固体未完全燃烧热损失百分率（%）；

q_5——锅炉散热损失百分率（%）；

q_6——灰渣物理热损失百分率（%）。

【提示】煤在燃烧过程中，由于氧气不足或加煤量过大，煤中的固定碳与烟气中的 CO_2 反应，使其还原生成 CO，随废气排空，造成可燃物的浪费，该现象称为化学不完全燃烧。

燃煤由于粒度过大、燃烧温度不够或燃烧时间不足，煤中的固定碳未能燃尽，与煤灰和煤渣混合一起清除出燃烧室，造成可燃物的浪费，该现象称为机械不完全燃烧。

（4）锅炉净效率。锅炉净效率是考虑锅炉机组、辅机等设备的热耗和电耗后的效率。

（5）试验方法与准确度。对于电站锅炉，规定采用热损失法测定热效率，也可辅以输入-输出热量法作为参考。试验应进行两次，两次试验结果应在预定的热效率允差范围之内，否则应进行第三次试验，并以落在允差范围之内两次试验结果的平均值作为试验热效率。对于工业锅炉，需同时采用输入-输出热量法和热损失法测定热效率，两种方法测得的热效率之差不得大于5%，试验也需进行两次。两次用输入-输出热量法测定的热效率之差不得大于4%；两次用热损失法测定的热效率之差不得大于6%，否则要补做试验，直到合格为止，以输入-输出热量法两次测定结果的平均值作为试验热效率。当工业锅炉容量较大，用输入-输出热量法测定有困难时，允许仅用热损失法测定热效率。手烧锅炉允许只用输入-输出热量法测定热效率。

2.锅炉蒸发量、蒸汽参数试验

（1）蒸发量、蒸汽压力和温度。蒸发量、蒸汽压力和温度的测定是验收（鉴定）试验的主要项目之一，可在锅炉热效率试验中同时进行，除在额定蒸发量下进行两次有效测定外，还应在70%的额定蒸发量下对保证参数进行测定。

（2）锅炉最大连续蒸发量。该试验的目的是检验锅炉机组可否达到设计的最大连续蒸发量，试验时间应保持2个小时以上，试验中需监测的内容包括：①锅炉蒸发量、蒸汽压力与温度；②锅水和蒸汽品质；③蒸汽系统安全性；④调温装置运行适应性；⑤受热面玷污情况与金属壁温；⑥锅炉各辅机、热力系统及自控装置的适应能力等。

（四）锅炉能效等级与经济运行

1.工业锅炉的能效等级

锅炉的热效率是锅炉技术经济指标中的一个重要指标，优质锅炉应保证热效率高、成本低及运行可靠。对工业锅炉的能效评价也是依据热效率来判定的。现代电站锅炉的热效率都在90%以上。

《工业锅炉能效限定值及能效等级》（GB 24500-2020）对燃用煤、油、气的额定蒸汽压力大于0.04MPa，但小于3.8MPa，且额定蒸发量不小于0.1t/h的以水为介质的固定式钢制蒸汽锅炉和额定出水压力大于0.1MPa的固定式钢制热水锅炉的能效限定值及能效等级作出了具体的规定。

工业锅炉能效等级分为3级，其中1级能效最高，3级能效最低。工业锅炉在额定工况下的能效限定值均不应低于能效等级"3级"的规定。

工业锅炉能效限定值是指在标准规定测试条件下，工业锅炉在额定工况下所允许的热效率最低值。

2.锅炉的经济运行

由于锅炉的特殊性，一般要求在满足功能需求、保证运行安全、保护环境的前提下，通过科学管理、技术改造，提高运行操作水平，实现锅炉高效率、低能耗地运行。

我国规定对额定蒸汽压力大于0.04Mpa但小于3.8MPa，且额定蒸发量大于等于1t/h的蒸汽锅炉和额定出水压力大于0.1MPa，且额定热功率大于等于0.7MW的热水锅炉进行运行级别的评定，评判分为三个运行级别，即一级运行、二级运行、三级运行。

三级运行为在用锅炉达到经济运行的基本要求，对于新安装投运的锅炉，从锅炉使用证颁发之日起两年以内应以二级运行为达到经济运行的基本要求。对达不到经济运行基本要求的锅炉使用单位，则应采取改进措施，限期进行整改。

工业锅炉经济运行级别的评判，以工业锅炉运行热效率为总控制指标，并结合工业锅炉运行排烟温度指标、燃煤工业锅炉运行灰渣可燃物含量指标、工业锅炉运行排烟处过量空气系数，以百分法评定，总评分为100的为一级运行，90~99的为二级运行，70~89的为三级运行，小于70的判定为不合格。

工业锅炉经济运行考核由具有相关资格的监测单位进行，一般考核时间间隔不超过3年，若管理部门认为有必要抽查时，可临时安排进行考核。

火力发电厂，一般用"供电煤耗"来反映电锅锅炉以及整个发电机组的经济运行水平。"供电煤耗"是供电标准煤耗的简称，是指锅炉总发电量扣除厂用电后，向电网供1度（1kW·h）电所消耗的标准煤量。各省会根据各自实际情况发布相应的供电煤耗限额标准，表4-14是浙江省发布的火力发电厂供电标准煤耗限额基准值。

表4-14　　　　浙江省火力发电厂供电标准煤耗限额基准值

机组	供电标准煤耗限额（g_{ce}/kW·h）
125MW、135MW等级机组	≤359
200MW等级机组	≤344
300MW等级机组	≤332
600MW等级亚临界机组	≤319
600MW等级超临界机组	≤306
600MW等级超超临界机组	≤293
1 000MW等级及以上超超临界机组	≤290

注：表中供电标准煤耗限额基准值已计入系统中含脱硫系统的情形。

四、起重机的检验与试验

（一）起重机的检验

起重机的零部件使用到一定程度后就要报废。起重机可以按用途和构造特征划分为多种类型，其中桥式起重机在工业生产中被广泛应用，具有较强的普遍性和代表性。这里仅介绍桥式起重机的主要受力部件及专用零部件的检验。

1.桥架的检验

桥架是桥式起重机的主要受力部件，它必须具有足够的强度、刚度和稳定性，确保大车和小车移动机构正常工作。桥架上的主要载荷是由起吊重物引起的，其损伤形式主要为疲劳损伤。反复起升载荷引起的交变应力作用在桥架上，逐渐形成的线性累积损伤，导致桥架产生下挠或局部产生疲劳裂纹。起重机桥架的下挠变形和局部裂纹可以通过大修修复，两次下挠修复后又严重下挠或多次产生裂纹，就标志着桥架安全使用寿命的终结。在报主管部门和安全技术部门鉴定后，可以申请整车报废。

目前，起重机桥架一般采用疲劳寿命设计。最繁重的夹钳起重机、抓斗起重机、电磁起重机等的设计安全使用寿命约为20年；装料起重机、料耙起重机等约为25年；锻造起重机、铸造起重机在30年以上；通用桥式起重机为40～50年。由于设计工况和实际使用工况一般不可能完全相同，实际使用年限取决于具体的使用工况，即起重机在实际使用时的工作繁忙程度和载荷的轻重程度，可能有长有短。如果设计工况和实际使用工况相差较大，需要根据实际载荷、使用疲劳寿命理论计算实际使用寿命。

桥架的疲劳损伤难以用肉眼直接观察到，下挠度是判断疲劳损伤的一个重要指标。

下挠是起重机空载时，主梁在垂直平面内所产生的整体变形，即主梁具有的原始上拱度向下产生了永久变形。但为了与习惯一致，我们把主梁上拱度低于原始上拱度而仍有部分上拱度称为"上拱度减小"，如图4-15（c）所示；将空载时主梁低于水平线以下者称为"下挠"，如图4-15（b）所示；将起重机承载后主梁所产生的拱度变化称为"弹性下挠"，如图4-15（d）所示。

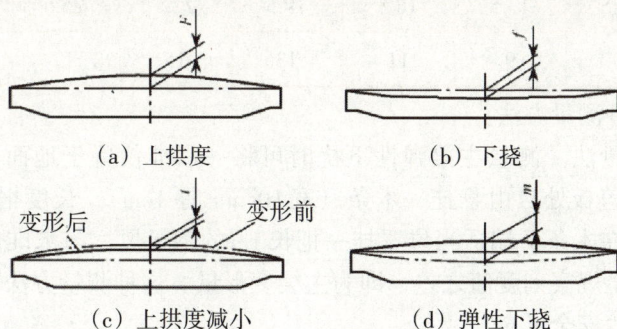

（a）上拱度　　　　　　　　　　（b）下挠

（c）上拱度减小　　　　　　　　（d）弹性下挠

图4-15　主梁变形图

主梁在跨度中心及与端梁连接处的拱度变化较为平滑，距跨度中心x处的任意点的上拱度可由下式决定，如图4-16所示。

$$F_x = F[1 - (2x/S)^2]$$

式中：F_x——主梁任意一点x处的上拱度；

$\qquad$ F——跨度中心的上拱度；

x——任意一点到跨度中心的距离;

S——起重机跨度。

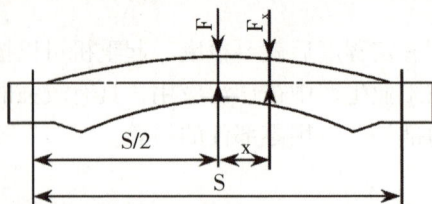

图4-16 主梁的几何形状图

主梁下挠到一定程度以后将影响起重机的正常使用。对下挠到何种程度就应该修理,目前还没有国家标准。如果起重机发生严重下挠仍继续使用,其使用性能将会恶化,盖板和腹板上会出现裂纹,但是少量的下挠对于承载能力并无影响,而且下挠有一个稳定阶段,正常使用的起重机下挠到水平线附近时变形就非常缓慢了。为避免浪费,减少修理量,一般下挠度修理界限规定为:对起重机做额定载荷的静负荷试验,测出从主梁水平线量起的下挠量$f_{载}$,如$f_{载} \geq S/700$,则应修理。表4-15列出了标准跨度起重机在满载静负荷试验时允许的最大下挠值。

表4-15 　　　　　　　　　　　　下挠应修界限值(满载)

跨度S(m)	10.5	13.5	16.5	19.5	22.5	25.5	28.5	31.5
$f_{载}$(mm)	15	19	23.5	28	32	36.5	41	45

用额定载荷做静负荷试验来决定应修界限是比较简便、合理的方法,它包含了主梁本身的刚性。但无条件做额定载荷试验,或者对起重量小于20t的起重机,可以按照空载时主梁下挠不超过S/1 500作为修理界限,即当$f_{空} \geq S/1\ 500$,则应修理。标准跨度起重机在空载时允许的下挠值见表4-16。

表4-16 　　　　　　　　　　　　下挠应修界限值(空载)

跨度S(m)	10.5	13.5	16.5	19.5	22.5	25.5	28.5	31.5
$f_{空}$(mm)	7	9	11	13	15	17	19	21

主梁下挠有多种测量方法:

(1)水准仪测量法。测量主梁弹性下挠时可将一水准仪置于地面,距吊车15~20m远,在主梁内侧上盖板处自由悬挂一木条(宽10cm、厚1cm),长度根据起升高度而定,下端距地面1.5m,在木条下端适当位置挂一把长1m的钢板尺,与水准仪目镜相对应。加载前后从水准仪目镜观察刻度值之差,即为主梁变形量。这种测量方法精度较高,测量人员离吊车较远,比较安全可靠。

(2)连通器法。将水桶盛适当高度带颜色的水,固定在吊车主梁跨中附近处,把水管量尺置于主梁的不同位置,可以量出主梁的几何形状,如置于跨中,当主梁承载后水管量尺读数下降,而水平面相对上升,这一读数差即为主梁的变形量。

(3)钢丝测量法。用0.5mm的钢丝,通过测拱器和撑杆,用15kg重锤把钢丝拉紧即可测量,此方法比较简单。

2.减速器齿轮检查及报废标准

减速器是桥式起重机的起升机构、大车运行机构、小车运行机构重要的传动部件。评估人员可以通过检查减速器齿轮磨损量、齿面的点蚀情况以及疲劳裂纹情况判断齿轮的剩余使用寿命。判断标准如下：

（1）减速器齿轮的磨损量许用极限。

① 在起升机构中第一根轴上的齿轮磨损量超过原齿厚的10%，其余各轴上的齿轮磨损量超过原齿厚的20%；

② 大车（小车）运行机构减速器第一轴的齿轮磨损量超过原齿厚的15%，其余各轴上的齿轮磨损量超过原齿厚的25%；

③ 开式齿轮的磨损量大于原齿厚的30%；

④ 吊运炽热或熔融金属、酸溶液、爆炸物、易燃及有毒物品等的起重机上的齿轮按以上报废标准相应减半。

（2）因齿面点蚀而损坏的齿轮工作面面积大于30%且深度超过齿厚的10%。

（3）齿根上有一处或数处疲劳裂纹（如图4-17所示）或断齿。

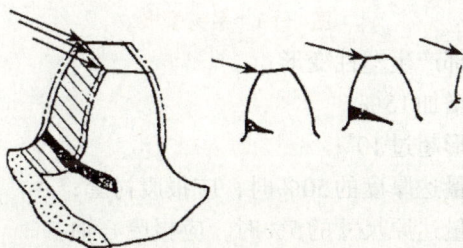

图4-17 齿轮折断过程

3.车轮的检查及报废标准

车轮检查包括车轮踏面检查和车轮轮缘检查。

（1）车轮踏面厚度磨损量达原厚度的15%，则应报废更换；

（2）车轮轮缘磨损量超过原厚度的50%时，则应报废更换，如图4-18所示。

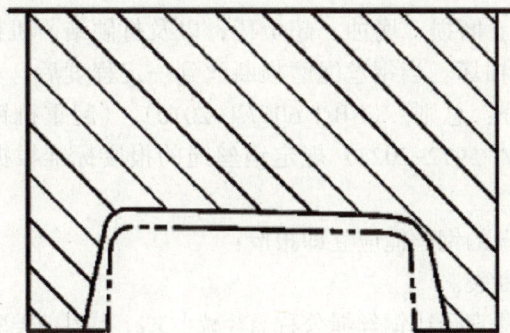

图4-18 车轮磨损状况

4.吊钩的检查及报废标准

（1）用洗油洗净钩身，再用20倍放大镜（有条件的单位应做探伤）检查钩身，特别是危险断面和螺纹部分，发现表面有裂纹、破口或发裂者；

（2）危险断面（如图4-19所示的A-A断面）的磨损量超过原高度的10%；

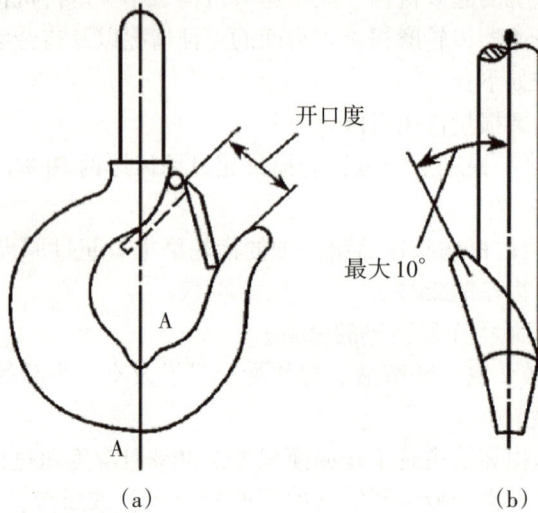

图4-19 吊钩磨损

（3）危险断面及钩颈部产生塑性变形；

（4）开口度比原尺寸增加15%；

（5）吊钩尖部扭转变形超过10°；

（6）板钩衬套的磨损量达厚度的50%时，应报废衬套；

（7）板钩心轴的磨损量达原尺寸的5%时，应报废心轴。

5.轨道的报废标准

（1）钢轨上的裂纹可用线路轨道探伤器检查，横向裂纹可采用鱼尾板连接，斜向或纵向裂纹则需换新轨道；

（2）轨顶面和侧面磨损量（单侧）超过3mm；

（3）轨道夹板或鱼尾板有裂纹。

6.钢丝绳的报废标准

钢丝绳因弯曲疲劳、磨损、腐蚀、超负荷，以及打硬结、机械碰撞、连电打火和高温烘烤等原因或情形会损坏。当钢丝绳磨损断丝到一定程度后，就要报废。我国《起重机械安全规程 第1部分：总则》（GB/T 6067.1-2010）、《起重机钢丝绳保养、维护、安装、检验和报废》（GB/T 5972-2023）规定钢丝绳的报废标准根据一个捻距内的钢丝断丝数而定。

除此，出现下列情况的钢丝绳应立即报废：

（1）整支绳股发生断裂。

（2）阻旋钢丝绳实测直径比钢丝绳公称直径减小3%，或其他类型的钢丝绳减小10%。

（3）钢丝绳产生变形，如出现笼状畸变、波浪形、有绳芯或绳股挤出（如图4-20所示）或扭曲、有钢丝挤出（如图4-21所示）、绳径局部增大（如图4-22所示）并且实际直径增加5%以上的、有扭结的、局部被压扁并可能损坏滑轮。

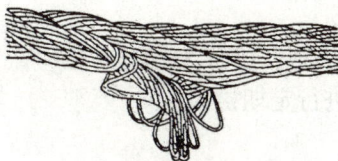

图4-20　绳股挤出

(a)

(b)

图4-21　钢丝挤出

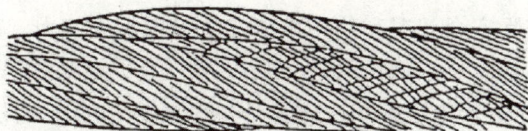

(a)

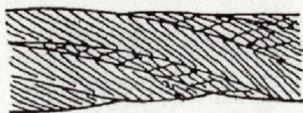

(b)

图4-22　绳径局部增大

【学中做4-2】有一根6×37+1的交绕钢丝绳，其安全系数为5，钢丝绳表面磨损为25%。请问：在一个捻距内断几根钢丝便报废？

解析：6×37+1的交绕钢丝绳，安全系数为5时，在一个捻距内断22根钢丝便报废。查得当磨损25%时，折减系数为60%。所以，断丝标准为22×60% = 13.2（根）。

（4）由于外部磨损使钢丝绳实际直径比其公称直径减小7%或更多时（如图4-23所示）。

图4-23　绳径局部减小

（5）钢丝绳有严重的内部腐蚀。

（6）钢丝绳因异常热影响作用在外表出现可识别的颜色变化。

7.起重机其他部件的报废标准

如滑轮、卷筒、制动器、制动轮等，报废标准可参见《起重机械安全规程　第1部分：总则》（GB/T 6067.1-2010）的相关内容。

（二）起重机的定期检验

根据《起重机械定期检验规则》（TSG Q7015-2016），首次投入使用的起重机械需要进行首检、在用起重机械需要进行定期检验。

（1）检验周期。

① 塔式起重机、升降机、流动式起重机每年检验1次。

② 轻小型起重设备、桥式起重机、门式起重机、门座起重机、缆索起重机、桅杆起重机、铁路起重机、旋臂起重机、机械式停车设备每2年检验1次，其中吊运熔融金属和炽热金属的起重机每年检验1次。

③ 性能试验中的额定载荷试验、静载荷试验、动载荷试验项目，首检和首次定期检验时必须进行；额定载荷试验项目，以后每间隔1个检验周期进行1次。检验过程中，对确实存在重大隐患的起重机械（如作业环境特殊、事故频发等），检验机构报经省级质量技术监督部门同意，可以适当缩短定期检验周期，但是最短周期不低于6个月。

④ 对于使用时间超过15年、处于严重腐蚀环境（如海边、潮湿地区等）或者强风区域、使用频率高的大型起重机械，应当根据具体情况有针对性地增加其他检验手段，必要时根据大型起重机械实际安全状况和使用单位安全管理水平能力，进行安全评估。

（2）检验项目及内容。

定期检验项目包括技术文件审查、作业环境和外观检查、司机室检查、金属结构检查、轨道检查、主要零部件检查、电气与控制系统检查、液压系统检查、安全保护和防护装置检查、性能试验。

上述每类检查中均包括更为具体的检查项目及内容，如主要零部件检查的检查项目及其内容见表4-17。各类起重机械检验的适用项目不同，应按标准的规定选用各类起重机械的适用检查项目。

表4-17　起重机械主要零部件检查项目及内容

序号	检查项目及内容		
1	B6 主要零部件的检查	B6.1 总要求	对各类起重机械的主要零部件（包括吊具、钢丝绳、滑轮、开式齿轮、车轮、卷筒、环链等），除按照相关安全技术规范及其相应标准检查是否磨损、变形、缺损，并且判断是否达到报废要求外，对吊具、钢丝绳、滑轮、导绳器还应当检查是否满足《起重机械定期检验规则》B6.2~B6.5的要求
2		B6.2 吊具	（1）电磁吸盘、抓斗、吊具横梁等吊具悬挂牢固可靠（适用于固定使用的）
3			（2）吊钩按照规定设置防脱钩装置，并且有效
4			（3）吊钩不应当焊补，铸造起重机钩口防磨保护鞍座完整
5			（4）防爆起重机防爆级别为IIC级时，吊钩应采取能防止吊钩因撞击或摩擦而产生危险火花的措施
6		B6.3 B6.3.1 钢丝绳配置	（1）起重机械采用的钢丝绳与滑轮和卷筒匹配符合《起重机械安全规程　第1部分：总则》（GB/T 6067.1-2010）的要求
7			（2）吊运炽热和熔融金属的起重机械钢丝绳选用了适用于高温场合的钢丝绳，必要时检查其生产许可证

续表

序号				检查项目及内容
8	B6主要零部件的检查	B6.3	B6.3.1 钢丝绳配置	（3）防爆起重机应当有防止钢丝绳脱槽的无火花材料制造的装置
9			B6.3.2 钢丝绳固定	（1）钢丝绳绳端固定牢固、可靠，压板固定时的压板不少于2个（电动葫芦不少于3个），除固定钢丝绳的圈数外，卷筒上至少保留2圈钢丝绳作为安全圈
				（2）卷筒上的绳端固定装置有防松或者自紧的性能
				（3）用金属压制接头固定时，接头无裂纹
				（4）用楔块固定时，楔套无裂纹，楔块无松动
10				（5）用绳卡固定时，绳卡安装正确，绳卡数满足：当钢丝绳直径为6mm~16mm时，绳卡数量为3个；当钢丝绳直径为17mm~27mm时，绳卡数量为4个；当钢丝绳直径为28mm~37mm时，绳卡数量为5个；当钢丝绳直径为38mm~45mm时，绳卡数量为6个 注：绳卡压板应当在钢丝绳长头一边，绳卡间距应当小于钢丝绳直径的6倍
11			B6.3.3 用于特殊场合的钢丝绳的报废	（1）吊运炽热金属、熔融金属或者危险品的起重机械用钢丝绳的报废断丝数达到《起重机钢丝绳保养、维护、检验和报废》（GB/T 5972-2023）所规定的钢丝绳丝数的一半（包括钢丝绳表面腐蚀进行的折减）
				（2）防爆型起重机钢丝绳有断丝
12		B6.4 滑轮		铸造起重机不得使用铸铁滑轮
13		B6.5 导绳器		配备有导绳装置的卷筒在整个工作范围内有效排绳，无卡阻现象

（3）检验结论。

检验报告的检验结论分为"合格""复检合格""不合格""复检不合格"4种。

《起重机械定期检验规则》（TSG Q7015-2016）规定的检验项目全部检验合格的，综合判定为"合格"；如有不合格项，或不能满足使用要求的，综合判定为"不合格"。

综合判定为"合格"的，检验报告的检验结论即为"合格"；综合判定为"不合格"，但是复检结果满足要求的，检验结论为"复检合格"；不满足上述两项条件的，检验结论为"不合格""复检不合格"。

8.检验报告

检验机构在起重机检验（包括复检）工作完成后15个工作日内，出具《起重机械定期（首检）检验报告》，检验报告应当经检验、审核、批准人员签字，加盖检验机构检验专用章或公章。检验报告的样式如下例。评估人员在评估起重机械时应索要设备有效的定期检验报告，以判断设备的质量、安全状况。表4-18为某公司桥式起重机的定期检验报告书（结论报告部分）。

表4-18　　　　　　桥式起重机定期检验报告书（结论报告部分）

报告编号：QD-B1023856734

使用单位	#公司		
使用单位地址			
组织机构代码		使用地点	冲压车间
安全管理人员	###	联系电话	
设备品种	电动桥式葫芦起重机	单位内编号	QD-2394-3
制造单位	科尼起重机设备（上海）有限公司		
设备注册代码	61905502002010030005		
制造日期	2019年10月	规格型号	CXTE50/20-28.5
产品编号	QD-2394-3	工作级别	A5
额定起重量	50/20　t	跨度	28.5　m
起升高度	12　m	起升速度	3.2　m/min
大车运行速度	32　m/min	小车运行速度	20　m/min
检验依据	起重机械定期检验规则（TSG Q7015-2016）		
工作环境	□露天　☑非露天　□有毒　□高温　□粉尘　□其他		
主要检验仪器设备	万用表、绝缘电阻测量仪、接地电阻测量仪、钳型电流表、经纬仪、水准仪、便携式测距仪、转速表、测厚表、称重仪、声级仪、温湿度计、百分表、压力表、点温计、弹簧秤、游标卡尺、钢卷尺、钢直尺、塞尺、力矩扳手、放大镜（20倍）、线锤、常用电工工具、便携式检验照明灯		
检验结论	合格		
备注			

下次检验日期：2024年03月12日	检验机构核准证号
监检人员：###　　日期：2022年03月12日	TS8100109-2012
审核人员：###　　日期：2022年04月06日	（检验机构专用章）
批准人员：###　　日期：2022年04月10日	2022年04月10日

（二）起重机试验

　　根据《起重机试验规范和程序》（GB/T 5905-2011/ISO 4310：2009）的规定，起重机出厂交付使用前应在厂内进行试验；在使用地点进行安装或总装的起重机，通常应在使用地点进行试验和检验。试验种类有：

（1）合格试验和检验。对起重机性能参数和技术要求进行合格试验。

（2）目测检验。目测检查所有重要部件的规格和状态是否符合要求。

（3）起升载荷试验。该试验包括静载试验、动载试验，并在必要时进行稳定性试验。

1.试验内容

（1）合格试验和检验。起重机做合格试验时，应根据起重机的载荷特性进行并根据起重机的类型选择、验证下列参数：①起重机的质量；②回转轴线至倾覆线的距离；③起升高度；④吊钩极限位置；⑤起升/下降速度；⑥慢速下降速度；⑦起重机运行速度；⑧小车运行速度；⑨回转速度；⑩变幅（俯仰）时间；⑪臂架伸缩时间；⑫工作循环时间（必要时）；⑬限制器、指示器和安全装置的功能；⑭驱动装置的性能，如在试验载荷状态下电动机的电流。

（2）目测检验。目测检验应包括所有重要部分的规格和状态是否符合要求，如：①各机构、电气和液压设备、安全装置、制动器、控制器、照明和信号系统；②起重机金属结构及其联结件、梯子、通道、司机室、平台；③所有防护装置；④吊钩或其他取物装置及其联结件；⑤钢丝绳及其紧固件；⑥滑轮组及其轴和紧固件、臂架的联结件。检验时，除了正常维护和检验需要打开盖子（如限位开关盖）外，不应拆开其他部件。

（3）起升载荷试验。起升载荷试验主要分为下列几种：

①静载试验。其目的是检验起重机及其各部分的结构承载能力。除分别进行各起升机构的静载试验外，还应做起升机构联动动作的静载试验。试验时，应按实际使用情况，使起重机主要部件处于承受最大钢丝绳载荷、最大弯矩和最大轴向力的位置和状态。静载试验载荷为1.25P（对于流动式起重机，P为额定起重量；其他起重机为制造商规定的最大起重量），应逐渐加上去，且起升至离地面100mm～200mm的高度，悬空时间不得短于10分钟。

通过静载实验如果未出现裂纹、永久变形、油漆剥落或对起重机性能与安全有影响的损坏，连接处也没有出现松动或损坏，就认为该试验结果合格。

②动载试验。其目的主要是验证起重机各机构和制动器的功能。起重机各机构应分别进行1.1P的动载试验，如果在起重机规范中有规定时，应作联合动作试验。试验应在各机构承受最大载荷的位置和状态下进行。试验应包括对各机构在其整个运动范围内作反复启动和制动，还应包括对悬挂着的试验载荷作空中启动，此时试验载荷不应发生不受控制的运动。除起升机构以外，起重机的各机构都应按制造商规定的低速进行1.25P的承载试验。

如果各部件都能完成其功能试验，并在随后进行的目测检验中未发现机构或结构部件有损坏，且连接处也没有松动或损坏，则认为该项试验的结果合格。

③稳定性试验。其目的是检验起重机的抵抗倾覆力矩的能力。

稳定性试验应在规定工作区域内稳定性最不利的位置或状态下进行。如果不同位置或工作区域规定的载荷不同，则应对这些条件有选择地进行稳定性检验。试验载荷应被逐渐地加上去，起升到离地面100mm～200mm处，悬空时间不应少于5分钟。

在起重机吊钩上无冲击地施加试验载荷时，起重机能够保持稳定，则认为该项试验结果合格。

2.试验条件

（1）起重机应按规范的规定安装适用于操作的工作装置；

（2）在轨道上运行的起重机，应在按照起重机规范制造和铺设的轨道上进行试验；

（3）对于轨道上运行的起重机以外的其他起重机，应按国家法规或订货合同进行试验；

（4）试验时，风速不应大于8.3 m/s（30 km/h），除订货合同中有规定外，不需要起重机处于最不利风作用的方位上。

【学思践悟】山西省孝义市是我国煤炭资源重镇，在这座被称为"煤都之乡"的城市里，有这样一位"煤二代"，他的工作是为现代化煤矿大型采掘设备"治病"，经他安装调试的设备被誉为"免检产品"，大家亲切地叫他"机电神医"。工作中，王斌俊总是第一个冲在前头，苦活累活抢着干，研究设备原理、查找线路、分析可疑故障点。只要井下设备出现故障，不管是节假日还是深更半夜，只要打电话，他都会赶过来。

2015年8月，下班正在家中的王斌俊接到井下传来的消息，一台采煤机不工作了，耽误两个班的生产，按照规定，机电设备损坏影响矿井停产4小时以下就属于轻微事故。得知消息后，王斌俊二话不说马上赶往现场，一番"鼓捣"后，机器很快恢复了运转。

"大夫是给人看病，我是给机器看病，人不舒服能说出来，机器'病'了，只能用经验和技术去感受。"王斌俊说，为了大幅度降低井下机电设备故障率，提高开机率，他和团队成员每月都要对20多台大型采掘设备进行2次预防性检修。从事井下机电设备检修工作是个辛苦活，同事眼中的王斌俊总是忙忙碌碌，有时候一天下井三次、连续10多个小时在井下处理故障是常有的事。也正是在井下工作16年积累的丰富理论知识和扎实的实践技能，令王斌俊成为高阳矿机电技术方面的佼佼者。

王斌俊提到最多的两个字就是"安全"，煤矿特殊的生产环境使得技术创新显得尤为重要。多年来，由他组织或参与的涉及综采、掘进、运输等多领域的技术改造，累计为企业节约资金1 730万余元，减少经济损失1 000万余元。

在王斌俊的影响和带动下，更多的青年力量参与到技术攻关中来，形成了人人学技术、个个肯钻研的良好氛围，也让王斌俊成为新时代矿工的楷模。

资料来源：王斌俊. 从小电工到大工匠的"机电神医"［EB/OL］.［2023-12-22］. https://news.cctv.com/2020/12/24/ARTI4HgTKAPFbSTpsN06gaGx201224.shtml.

项目小结

本项目主要介绍了设备故障的概念、诊断技术及常用方法（测量振动、温度、噪声、裂纹、磨损等），内容较为零碎，需要在理解的基础上多加记忆。需要掌握设备故障诊断的实施过程，以及设备故障诊断的常用方法等，熟练运用各类方法对机器设备常见的故障进行诊断和质量评定。本项目框架结构如图4-24所示。

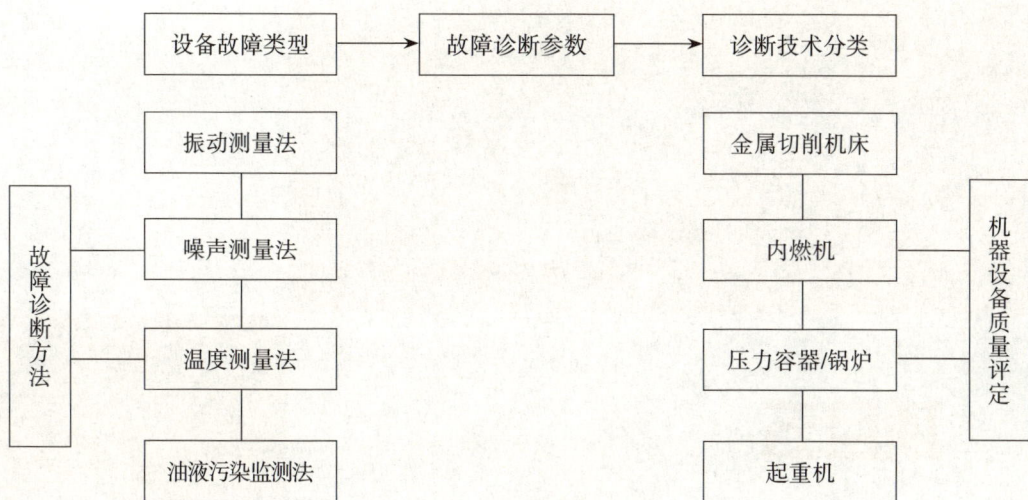

图4-24 本项目框架结构

项目综合实训

一、实训目标

通过对机器设备常见故障及故障诊断技术和方法的了解，让同学们进行机器设备的质量评定实际操作训练，进而熟练掌握机器设备的质量评定基本方法和技能技巧，能独立组织和开展机器设备的质量评定工作。

二、实训项目与要求

1. 实训组织

（1）实训指导教师将学生分组，每组10人左右，指定组长负责，明确目标和任务；

（2）分组开展业务训练，发挥小组的集体智慧和成员的主观能动性，写出实训过程和结果；

（3）组长总结汇报实训活动。

2. 实训项目

金属切削机床、内燃机的质量评定及试验的应用训练。

3. 实训要求

（1）熟练明确主要质量指标的劣化程度及机器设备的可靠度；

（2）执行规范的质量评定及试验程序。

三、成果与检测

1. 同学们自我总结机器设备的质量评定的经验，并说明在质量评定中遵循的程序。

2. 各组组长组织同学互相评价，提出实训建议成绩。组长撰写小组实训报告，在班级进行交流汇报。

3. 教师汇总实训所取得成绩和存在的问题，提出今后的改进措施，并根据学生自评、互评情况和组长的建议，确定学生的实训成绩。

项目五

机器设备的寿命估算和经济管理

知识目标
1. 掌握机器设备的磨损类型和计算方法；
2. 掌握机器设备寿命周期费用的计算；
3. 掌握机器设备维修、更新、技术改造的经济分析的相关计算；
4. 掌握机器设备经济管理指标计算；
5. 了解机器设备疲劳寿命相关理论。

能力目标
1. 会用磨损理论分析机器设备贬值的原因；
2. 能准确计算机器设备寿命周期费用及经济管理指标的值；
3. 通过计算会分析机器设备是否要进行维修、更新或者技术改造。

素养目标
1. 树立正确的世界观、人生观、价值观；
2. 形成高尚的文化素养，健康的审美情趣，乐观的生活态度；
3. 自觉践行勤俭节约的中华美德并发扬光大。

项目导入

如何计算煤气化公司自制立罐的寿命，是否需要维修、更新或者技术改造？

2020年8月1日，煤气化公司为了追求卓越的创造精神、精益求精的品质精神，积极鼓励员工自行设计制造了一个储存煤气的立罐，使用3年后，准备于2023年8月1日将该立罐进行出售，预计该立罐以现有使用方式还可以使用5年。煤气化公司以多少价钱出售该立罐为宜？

请思考：如何评估该设备的成本，该设备存在哪些磨损，继续使用是否需要进行维修、改造等？

启示：机器设备经济管理是设备管理的重要组成部分。其目标是实现设备寿命周期费用最佳化，以获得最高的设备综合效率。设备经济管理的内容不限于设备投产后的维修费用，还包括设备一生的经济性，也就是说，设备经济管理的内容包括设备的研制、设计、制造、购置、使用、维修、折旧、更新、改造以及报废等全过程的费用管理。通过项目导入，使学生在掌握专业知识的基础上树立文化自觉和文化自信，形成积极乐观的生活态度，发扬勤俭节约的中华美德。同时也要热爱生命，自尊自立，乐观向上，意志坚强。

任务一　机器设备的磨损与补偿

任务描述

机器设备在生产组装完成到报废的过程中，要经过各种磨损，导致设备出现各种各样的问题，例如加工精度下降、加工产品次品率升高等，为了保证机器设备能够在现有使用条件下继续使用，需要对已经产生的磨损进行补偿。

相关知识

一、设备的磨损

机器设备从被生产、组装为整机开始就一直存在着磨损，这些磨损有的可以通过物理方法测量，例如表面划痕、掉漆等；还有一些磨损是不可以用物理方法测量到的，例如技术进步造成的设备的磨损。磨损可以分为有形磨损和无形磨损。

（一）有形磨损

有形磨损是指机器设备在实物上的磨损，根据产生磨损的原因不同主要分为两种有形磨损：

1.第一种有形磨损

机器设备在使用过程中，设备的零部件之间、零部件与被加工工件之间发生摩擦、冲撞、切削、振动、腐蚀等造成机器设备发生的磨损称为第一种有形磨损。其主要表现为机器设备配合精度下降，尺寸精度、形状精度、位置精度下降，机器设备表面粗糙陈旧、掉漆等，严重时可能导致整机无法正常运行。此种有形磨损与机器设备的时间利用率和能力利用率有着重要的关系。在超出能力设计范围时，时间利用率和能力利用率越高，机器设备的第一种有形磨损量就越大。

2.第二种有形磨损

机器设备在闲置时，受到自然力（例如风吹日晒等）的作用，或者由于工作环境恶劣、管理不善、维修保养质量差和不及时使得机器设备失去原有工作强度和能力而受到的磨损称为第二种有形磨损。此种有形磨损与机器设备的闲置时间和保养维修、保管条件有关，设备闲置时间越长，保养维修、保管条件越差，第二种有形磨损量就越大。

在机器设备的实际使用过程中，两种有形磨损往往共同作用于机器设备，有形磨损会导致机器设备精度下降，生产率低下，磨损严重时，可能使得整机报废，所以会直接导致机器设备价值下降。

机器设备的有形磨损根据是否可以修复分为：可修复的有形磨损和不可修复的有形磨损。可修复的有形磨损可以通过修理或者更换零部件等消除，不可修复的有形磨损是不可以通过修复或者在经济上不可行的修复消除的有形磨损。

【注意】第一种有形磨损和第二种有形磨损都可以导致设备自然寿命减少。

(二) 无形磨损

无形磨损是指由于生产机器设备的技术进步或者生产率提高，使得现有设备的价值降低。根据产生磨损的原因不同分为第一种无形磨损和第二种无形磨损。

1.第一种无形磨损

相同机器设备，由于生产工艺改进，生产率不断提高，成本不断下降，使得设备的重置价格降低，导致原有设备发生了贬值，这种贬值称为第一种无形磨损。生产设备工人操作更加熟练，劳动生产率不断提高，使得整个社会生产该机器设备的必要劳动时间减少，从而使原有设备发生贬值。第一种无形磨损作用的机器设备在功能和技术上并没有发生改变，机器设备可以继续使用。例如，一年前某公司用50 000元买了一台车床CA6140A，现同款全新设备市场价格为45 000元，则这5 000元价格上的差距就是第一种无形磨损导致的。

2.第二种无形磨损

市场上出现了功能更加强大、性能更好、技术更先进、生产效率更高的同类型机器设备，使得该设备在功能、技术、效率等方面显得落后和陈旧所产生的无形磨损称为第二种无形磨损。在第二种无形磨损的作用下，和新设备相比原有设备主要表现在能源、原材料消耗、人工耗时增加，反映出原有设备在功能上出现落后，当这种功能落后严重时，需要进行必要的经济技术改造。

二、设备磨损程度的度量

（一）无形磨损的度量

1.第一种无形磨损的度量

第一种无形磨损表现出来的是同种设备原始成本和设备重置价格的差额。可以用公式表示为：

$$V_1 = K_0 - K_1$$

式中：V_1——第一种无形磨损值；

　　　K_0——设备的原始价值；

　　　K_1——设备的重置价值。

【学中做5-1】一年前某公司花20 000元买了一台多功能全新电焊机，现全新同款设备市场价格为18 000元。

试问：该电焊机的第一种无形磨损额为多少？

解析：$V_1 = K_0 - K_1 = 20\,000 - 18\,000 = 2\,000$（元）

2.第二种无形磨损的度量

第二种无形磨损表现出来的是原有设备和新设备相比在技术性能上落后，实际度量中主要体现在两个方面：一是超额运营成本，即在机器设备运行过程中，生产同样多的产品，原有设备比新设备的成本多；二是超额投资成本，即由于技术和生产方法落后导致原有设备比新设备需要投入更多成本。本节内容以超额运营成本为例进行第二种无形磨损的度量。

由于机器设备使用时间较长，在实际度量第二种无形磨损时要考虑资金的时间价值，第二种无形磨损可以用公式表示为：

$$V_2 = \Delta C \times (P/A，i，n) = \Delta C \times \frac{(1+i)^n - 1}{i(1+i)^n}$$

ΔC =（原有设备年运营成本-新设备年运营成本）×（1-所得税税率）

式中：V_2——第二种无形磨损值；

　　　i——折现率；

　　　n——尚可使用年限；

　　　ΔC——年净超额运营成本。

【学中做5-2】某车床和新车床相比，每年多用2 000度电，该车床尚可使用年限为5年，折现率为10%，所得税税率为25%，每度电市价1元。

试问：该车床第二种无形磨损引起的贬值额为多少？

解析：年超额运营成本 = 2 000 × 1 = 2 000（元）

年净超额运营成本 = 2 000 ×（1 - 25%）= 1 500（元）

$$V_2 = \Delta C \times (P/A，i，n) = \Delta C \times \frac{(1+i)^n - 1}{i(1+i)^n}$$

$$= 1\,500 \times \frac{(1+10\%)^{10} - 1}{10\% \times (1+10\%)^{10}} = 9\,216.85(元)$$

（二）有形磨损的度量

对于可以通过修理消除的有形磨损，其价值损失 R 等于修复费用；对于不能通过修理消除的有形磨损，其价值损失一般反映为价值的降低，评估师一般采用年限法和观察法来确定折损率，然后计算有形磨损引起的价值损失。

当只存在第一种无形磨损、不存在第二种无形磨损时：

$$V_3 = K_1 \times \alpha$$

当同时存在第一种无形磨损和第二种无形磨损时：

$$V_3 = (K_1 - V_2) \times \alpha$$

式中：V_3——不可消除的有形磨损额；

　　　α——折损率。

微课

机器设备的
磨损

（三）综合磨损程度的度量

机器设备在生产组装完成后，受到无形磨损和有形磨损的作用，使得设备发生了贬值，称为综合性磨损。考虑磨损后的现值计算公式为：

$$V = V_0 - V_1 - V_2 - V_3$$

【学中做 5-3】某公司拥有一台数控折弯机，原始购置成本为 2 000 000 元，目前功能相同的替代品的价格为 1 900 000 元，并且替代产品与老产品相比每年可以节约电能 100 000 度，老折弯机的总使用寿命为 20 年，剩余使用寿命为 10 年，采用年限平均法计算的不可修复磨损引起的损失率为 50%，不存在可修复有形磨损，每度电 0.5 元，折现率为 10%，所得税税率为 25%。

要求：计算该折弯机的第一种无形磨损、第二种无形磨损及有形磨损，并估算该折弯机的现值。

解析：（1）计算第一种无形磨损引起的贬值。

第一种无形磨损引起的贬值 = 2 000 000 - 1 900 000 = 100 000（元）

（2）计算第二种无形磨损引起的贬值。

与替代产品相比，老折弯机每年的超额运营成本为：

税前年超额运营成本 = 100 000 × 0.5 = 50 000（元）

扣除所得税后每年的净超额运营成本为：

税后年超额运营成本 = 税前年超额运营成本 × （1-所得税税率）

　　　　　　　　　 = 50 000 × （1 - 25%）= 37 500（元）

折现率为 10%，所对应的 10 年剩余使用寿命的折现系数为 6.145。

第二种无形磨损引起的贬值 = 每年净超额运营成本×折现系数

　　　　　　　　　　　　 = 37 500 × 6.145 = 230 437.5（元）

（3）计算有形磨损产生的贬值。

$$V_3 = (K_1 - V_2) \times \alpha = （1\ 900\ 000 - 230\ 437.5） \times 50\% = 834\ 781.25（元）$$

（4）该折弯机的现值估算。

该折弯机的现值等于其重置价值扣除第二种无形磨损引起的贬值及有形磨损引起的贬值。

现值 = 1 900 000 - 230 437.5 - 834 781.25 = 834 781.25（元）

三、设备磨损的补偿

机器设备受到磨损后，要进行补偿，设备磨损形式不同，补偿的方式也不同。当机器设备受到第一种无形磨损时，设备可以行使正常功能，不需要进行补偿；当机器设备受到第二种无形磨损时，由于功能落后或者某些零部件不足以保障生产规模的进行，可以通过对设备进行更新或技术改造等方法进行补偿；当机器设备出现可修复的有形磨损时，通过对设备进行修理、更换零件的方式进行补偿；当机器设备出现不可修复的有形磨损时，通过对设备进行更新的方式补偿。在使用机器设备中，企业也需要坚持改革创新、与时俱进，善于自我完善、自我发展，争取使机器设备实现最大价值。

知识链接

设备报废的规定

任务二　机器设备的疲劳寿命、经济寿命估算

任务描述

机器设备的寿命分为自然寿命、技术寿命、疲劳寿命和经济寿命。每一种寿命的长短都会影响机器设备的价值，所以掌握机器设备的寿命估算方法可以进一步深入把握机器设备价值评估要领。

相关知识

一、疲劳寿命

疲劳寿命是指机器设备的零件从投入使用到因为受到疲劳损伤而不能继续使用所经历应力循环次数。疲劳寿命受到振动、摩擦、冷热交替等原因的影响。

（一）疲劳寿命相关概念

1.内力

内力是指物体的一部分对另一部分的机械作用力。由于受到外力、机械零件受热不均或者铸造过程中冷却速度不同而使得零件的一部分对另一部分产生了力的作用，例如大型的铸造零件就会受到内力的作用而产生裂纹，甚至断裂。内力的单位用牛顿表示，记为N。

2.应力

应力是指机械零件单位面积上的内力。应力的单位用兆帕或者帕表示，记为MPa或Pa。零件在受到超过规定的应力作用时会出现变形或者断裂，但是当零件受到低于规定应力大小的交变应力的反复作用时，经过一定的循环次数后，在应力作用处也会出现裂纹或者断裂。

3.应变

应变是指在外力作用引起机械类零件的形状、尺寸和位置发生的相对变化。应变用一个相对数表示，即外力作用下的变化量比零件原有量的值。当外力去掉以后，物体能完全恢复到原来的状态，那么这就叫作弹性应变；如果只能部分恢复到原来的状态，那么残留下来的那一部分变形称为塑性应变。

(二) 疲劳寿命曲线和疲劳寿命估算

零件的疲劳寿命与零件的应力水平有关，它们之间的关系可以用疲劳寿命曲线表示（S－N曲线）。

疲劳寿命曲线包括应力-寿命曲线（σ－N曲线）和应变-寿命曲线（δ－N曲线）。应力－寿命曲线（σ－N曲线）如图5-1所示。

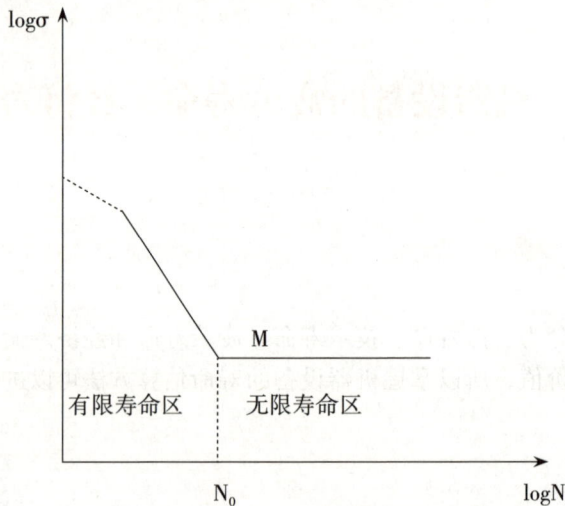

图5-1　σ－N曲线

根据实验得到的数学表达式为：

$$\sigma^m N = C$$

式中：m、C——材料常数；

　　　　σ——应力；

　　　　N——疲劳寿命。

【注意】水平起始点M对应的应力值σ叫作疲劳极限。①疲劳极限是可以承受无限次应力循环而不会发生疲劳破坏的最大应力。②疲劳极限比材料静强度极限要低得多。

【注意】对应M点的横坐标叫作循环基数，用符号N_0来表示，N_0一般是10^7，但是对于具体的材料、具体的循环特征，N_0有所不同。①N_0点右边的区域，是无限寿命区，如果承受的应力小于疲劳极限，试件就可以承受无限次应力循环而不发生疲劳破坏；②N_0点左边的区域为有限寿命区，又称为条件疲劳极限，即当材料所承受的最大应力大于它的疲劳极限时，只能承受有限次应力循环，而不能是无限次。

【提示】S-N曲线是由标准试件测试得出的，因为实际零件尺寸和表面状态与试件有差异，常存在由圆角、键槽等引起的应力集中，所以，在实际使用时必须考虑其他力学指标的影响。

【学中做5-4】某标准试件，已知疲劳极限 $\sigma = 350\text{MPa}$，$N_0 = 10^7$，$m = 8$。

要求：计算该试件在对称循环交变应力 $\sigma_1 = 400\text{MPa}$ 和 $\sigma_2 = 300\text{MPa}$ 作用下的疲劳寿命。

解析：首先计算材料常数C：

$C = \sigma^m N = 350^8 \times 10^7 = 2.252 \times 10^{27}$

（1）在对称循环交变应力 $\sigma_1 = 400\text{MPa}$ 作用下的疲劳寿命。

$$N_1 = \frac{C}{\sigma^m} = \frac{2.252 \times 10^{27}}{400^8} = 3.436 \times 10^6$$

（2）在对称循环交变应力 $\sigma_2 = 300\text{MPa}$ 作用下的疲劳寿命。

因为 $\sigma_2 < \sigma$，交变应力低于疲劳极限，在无限寿命区，所以零件的寿命是无限的。

【提示】疲劳极限所对应的应力循环次数即为循环基数，通常为 10^7。

二、经济寿命估算

机器设备的寿命分为自然寿命、技术寿命、经济寿命。

【思考】机器设备的自然寿命和技术寿命的区别？

经济寿命是指设备从投入使用到因继续使用不经济而退出使用所经历的时间。经济寿命受到有形磨损和无形磨损的共同影响。其估算方法如下：

1. 年平均使用成本最小法

静态模式下设备经济寿命的确定方法，就是在不考虑资金时间价值的基础上计算设备年平均使用成本（年平均维护成本与年折旧费之和），使年平均使用成本最小的年份就是设备的经济寿命。

【学中做5-5】某车床原值50 000元，每年的运行维护费和折旧后的残余价值见表5-1。

表5-1　　　　　　　　　车床年运行维护费和折旧后的残余价值　　　　　　　单位：元

使用年份	第1年	第2年	第3年	第4年	第5年	第6年	第7年
运行维护费用	8 000	9 000	10 000	12 000	14 000	17 000	20 000
残余价值	38 000	28 000	22 000	18 000	15 000	12 000	10 000
累计运行维护费	8 000	17 000	27 000	39 000	53 000	70 000	90 000
累计折旧费用	12 000	22 000	28 000	32 000	35 000	38 000	40 000
总使用成本	20 000	39 000	55 000	71 000	88 000	108 000	130 000
年平均使用成本	20 000	19 500	18 334	17 750	17 600	18 000	18 571

由表5-1可以看出，设备使用第5年，其年均使用成本最低，所以经济寿命为5年。

2. 低等值劣化法

机器设备随着使用年限的增长，有形磨损和无形磨损不断加剧，设备的运行维修费用相应增大，这就是设备的低劣化现象。

假设原始设备价值为K，每年运行维护费以劣化值λ等额增长，假设第一年运行维护费为 $A + \lambda$，则以后各年分别为：$A + 2\lambda$，$A + 3\lambda$，$\cdots$，$A + N\lambda$。根据求取年总成本的极小值方法可得：

$$N = \sqrt[2]{\frac{2(K - Q_t)}{\lambda}}$$

式中：N——设备经济寿命；

　　　K——设备原值；

　　　Q_t——第 t 年设备残值。

【学中做 5-6】某车床原始价值为 50 000 元，预计残值为 1 000 元。每年运行维护费用增加值为 2 000 元。

要求：计算该设备的经济寿命。

解析：根据公式，$N = \sqrt[2]{\frac{2(K - Q_t)}{\lambda}} = \sqrt[2]{\frac{2 \times (50\ 000 - 1\ 000)}{2\ 000}} = 7$（年）

所以，该设备的经济寿命为 7 年。

3. 最大净收益法

随着机器设备的使用，由于有形或者无形磨损导致设备的运营成本增加，同时收入也会由于产品精度下降、废品率提高而下降，当年收益小于等于零时，设备再继续使用就会出现设备经济亏损，总收益也会减少，此时设备的经济寿命也就结束了。所以，最后一年的年净收益大于零时，设备的净收益达到最大，设备的经济寿命也就结束了。

【学中做 5-7】某设备每年的运行维护费、折旧额和年收益见表 5-2。

表5-2　　　　　设备每年的运行维护费、折旧额和年收益　　　　单位：元

使用年份	第1年	第2年	第3年	第4年	第5年	第6年	第7年
设备年收益	50 000	48 000	46 000	40 000	35 000	28 000	21 000
年运行维护费用	8 000	11 000	17 000	25 000	34 000	44 000	55 000
年折旧费用	12 000	10 000	6 000	4 000	3 000	3 000	2 000
年总成本	20 000	21 000	23 000	29 000	37 000	47 000	57 000
年净收益	30 000	27 000	23 000	11 000	-2 000	-19 000	-36 000

通过表 5-2 中数据可知，第 4 年年净收益为最后一年大于等于零，继续使用会使得设备总收益减少，第 4 年为最大净收益年，所以该设备的经济寿命为 4 年。

三、机器设备的报废

机器设备在磨损的作用下，功能不断衰退，精度不断下降，当这种功能和精度下降到一定程度以后，机器设备就会被迫"退休"。对于企业而言，"退休"后的设备仍然具有一定的价值，掌握设备的报废价值和残余价值可以在评估设备价值时，更好地把握和引用评估原则。

（一）设备报废的概念

设备由于有形磨损和无形磨损或其他原因导致不能继续使用，称为设备的报废。设备的报废是由于在使用过程中造成部分或者全部零部件磨损、老化、变形、性能不能满足当前产品市场的需要，也可能是因为国家的规定，必须淘汰的机器设备。凡属报废的设备，均属于无修理价值或无技术改造的可能，或即使可以修理或改造，在经济上也不合算。

（二）设备报废的原因

机器设备的报废原因一般包括：

（1）事故报废。其是指机器设备由于发生重大事故或自然灾害等原因损坏而无法修复或因经济上不可行达到不能修复的程度。

（2）实体性报废。其是指机器设备由于受到自然力的作用（第二种有形磨损）或长期使用过程中造成其主体部分遭受摩擦、腐蚀、振动等（第一种有形磨损）不能保证使用安全或基本丧失使用价值。

（3）技术性报废。其是指机器设备由于技术寿命结束，且不具有修复价值而形成报废。

（4）经济性报废。其是指机器设备由于继续使用可能出现投入大于产出而不经济，并且在技术和经济上都不具有可修复性而报废。

（三）设备报废的条件

凡符合下述条件之一者，即应申请报废：

（1）超过经济寿命和规定的使用年限严重磨损，基础件已经损坏，已达不到最低的工艺要求、使用和安全要求，且无修理或技术改造价值；

（2）设备虽然没有超过规定的使用年限，但由于严重损坏，不具备使用条件，而又无修复价值；

（3）影响安全，严重污染环境，虽然通过采取一定措施能够得到解决，但在经济上很不合算；

（4）设备老化、技术性能落后、耗能高、效率低、经济效益差，或由于新设备的出现，若继续使用可能严重影响企业经济效益的设备；

（5）国家强制淘汰的高耗能设备；

（6）因为其他原因而不能继续使用，也不宜转让给其他企业，又无保留价值的设备。

（四）报废价值和残余价值

机器设备的零部件大部分由金属制成，一些机器设备报废后，只有金属回收利用的价值，称为报废价值。还有一些设备，虽然整机不能使用，但是部分零部件仍然可以被其他机器设备所用，这部分零部件可以作为旧零件利用或出售，称为残余价值。从企业的角度出发，一台机器设备应该优先考虑其残余价值，残余价值利用完后，再考虑报废价值。

微课

机器设备的报废价值和残余价值

一般情况下，报废设备只能拆除后利用其部分零部件，该设备不应再向外转让，以免陈旧、落后的机器设备再次投入社会使用。

任务三　机器设备的寿命周期费用

任务描述

机器设备的寿命周期费用是机器设备价值衡量的一个重要指标，当设备的寿命周期费用不同，生产效益也不尽相同的时候，需要引入费用效率来衡量寿命周期费用在不同设备中的经济效果，以此来判别设备价值的高低。

相关知识

一、寿命周期费用的概念

微课

机器设备的寿命周期费用

寿命周期费用是指机器设备从生产到寿命结束的"一生"的总费用，即购置费与维持费之和。有些设备虽然购买时价格较低，但是后期维持费较高，而有些设备购买价格高，但是维持费用低，所以不能单考虑购买价格或者维持费来比较设备价值，应综合考虑设备一生的全部费用来衡量设备。

购置费是指为了取得该设备而一次性支付的费用，它包括开发设计费、制造费、安装调试费等。

维持费是指在设备的使用过程中分期投入的费用，它包括运行费、维修保养费、后勤支援费以及报废费用等。

【注意】机器设备必要的厂房等附属设备的费用也应该计算在设备的寿命周期费用中。

不考虑资金的时间价值，寿命周期费用（静态寿命周期费用）可用以下公式表示：

$$C = A_0 + \sum_{t=1}^{n} A_t + B_n$$

式中：C——寿命周期费用；

A_0——设备的基础费；

A_t——第t年的维持费用；

n——寿命周期；

B_n——报废费用。

如考虑时间价值，寿命周期费用（动态寿命周期费用）现值的计算公式为：

$$C = A_0 + \sum_{t=1}^{n} A_t \frac{1}{(1+i)^t} + \frac{B_n}{(1+i)^n}$$

式中：i——设备折现率。

【学中做5-8】甲公司欲购买一台A设备，其当前购置费用为1 000万元，预计寿命周期为10年，残值为0，每年设备运行维持费用为10万元，报废时需发生报废费用10万元。

请问：A设备的寿命周期费用为多少万元？若资金年利率为10%，则A设备的寿命周期费用现值为多少万元？

解析：（1）若不考虑资金的时间价值，则：

设备寿命周期费用 = 1 000 +10×10 +10 = 1 110（万元）

（2）若考虑资金的时间价值，则：

设备的寿命周期费用现值 $= 1\ 000 + 10 \times \sum_{t=1}^{10} \frac{1}{(1+10\%)^t} + \frac{10}{(1+10\%)^{10}} = 1\ 065.3$（万元）

二、寿命周期费用评价

当两台机器设备的生产能力相同时，寿命周期费用可以直接评价设备的好坏，但是当两台设备的生产能力不同，寿命周期费用也不同时，无法直接评价设备好坏，由于设备功能效果的不同，所以对设备的寿命周期费用评价需应用价值分析原理，通过计算费用效率指标来进行。费用效率的计算公式为：

$$费用效率 = \frac{系统指标值}{寿命周期费用}$$

式中：系统指标值是指投入寿命周期费用后，考虑生产性、可靠性、安全性、节能性、环保性等因素后的综合效果。费用效率一般用年产量、能源消耗量等表示。

【学中做5-9】现有三种设备A、B、C可供选择，其寿命周期费用依次分别为240万元、220万元、200万元。生产率依次分别为980吨/日、930吨/日、850吨/日。

请问：从系统效率中生产率这一项来比较，哪种设备经济性最好？

解析：三种设备的费用效率计算结果见表5-3。

表5-3　　　　　　　　　　　　　　费用效率计算表

设备	系统指标值 （生产率：吨/日）	寿命周期费用 （万元）	费用效率 （吨/日/万元）
A	980	240	4.08
B	930	220	4.23
C	850	200	4.25

由表5-3可知，费用效率最高的是C设备，所以C设备的经济性最好。

任务四　机器设备维修、更新、技术改造的经济分析

任务描述

机器设备由于磨损会出现产品精度下降、废品率上升等现象，继续使用旧设备还是对机器设备进行维修、更新、技术改造，哪种选择对于企业来说是最有利的呢？一般通过对设备维修、更新、技术改造的定量计算来确定设备究竟选择哪种方式最经济。

相关知识 ●●●

一、设备维修与经济分析

（一）设备维修

==设备维修是对设备进行维护、检查和修理的总称。==其目的是保持和恢复设备的良好工作状态。

1.设备维护

设备维护是为防止设备性能劣化或降低设备失效的概率，按事先规定的计划或相应技术条件的规定进行的清洁、润滑、检查调校以及补充能源等技术管理措施，包括日常维护和定期维护两种。

2.设备检查

设备检查是指按照规定的标准和方法，对设备的状态进行检查，包括日常检查、定期检查、精度检查、法定检查等。

3.设备修理

设备修理是指通过修复或更换零件、排除故障、恢复设备的原有功能而进行的技术活动。

（1）设备修理可以分为：预防性修理、事后修理、改善修理与质量修理。

（2）预防性修理按照内容、要求和修理的作业量，可以分为：小修、中修、大修、项修。

（二）设备大修理的经济管理分析

1.设备的大修理成本

设备的日常维护和小修理的费用主要包括材料费（主材料费、辅助材料费、自制配件所耗费用等）和劳务费（其他部门或者单位介入进行维修时所支付的费用），一般列入所属车间日常经费中。大修理所需要的费用较高，时间较长，不同设备的大修理费用差异很大，修理难度也不尽相同，需要单独计算。

设备的大修理成本包括：备件和原材料费、辅助材料费、燃料动力费、管理人员和工人工资费用、维修车间经费、外协费等。

2.设备进行大修的前提条件

设备进行大修必须满足两个前提条件：一是修理费用小于设备修理后的经济效益与修理前的经济效益的差；二是设备修理后的寿命周期费用效率高于修理前的寿命周期费用效率。设备的修理费用与修理难度和修理次数有密切关系，如设备的修理难度越大，所需修理费用越高，再如设备同样的修理第一次修理比第二次修理的费用要低，在实际计算大修理费用时，使用的是单位大修理成本指标和修理次数修正系数指标。单位大修理成本是指在大修理过程中，修理复杂系数等于1的设备所要耗费的各种费用。修理次数修正系数设定：第一次修理系数为1，随着修理次数增多，修理次数修正系数也相应增大。

设备的修理复杂系数是表示设备修理复杂程度的计量单位，通常用R表示，包括机械修理复杂系数、电气修理复杂系数和管道修理复杂系数。它是一个用间接比较法确定的单位，一般把某种机器设备的修理复杂系数确定为标准，其他设备的修理系数与标准相比得到相应的修理复杂系数。例如机械的修理复杂系数通常以CA6140车床为标准，将它的修理复杂系数规定为10，其他设备则根据与它比较来确定，例如牛头刨床的修理复杂系数为12，而单柱坐标镗床的修理复杂系数为34。电气修理复杂系数以0.6kW的防护式三相感应鼠笼式电动机为标准，它的修理复杂系数规定为1。

【提示】修理复杂系数主要由设备的结构复杂程度、加工精度、规格尺寸、转速和变速级数以及可维修性等因素决定。一般而言，设备结构越复杂，尺寸越大，加工精度越高，其修理复杂系数也就越大。

3.设备大修的经济分析

设备大修的经济分析从两个方面进行：一是将实际发生的大修费用和计划大修费用相比；二是将实际发生的大修费用和前期发生费用相比。通常用计划完成程度相对指标和动态相对指标对设备大修进行经济分析。

4.机器设备经济分析的主要步骤

机器设备经济分析的主要步骤如下：

（1）计算设备计划完成大修理费用（或上一期实际大修理费用）。

（2）计算设备本期实际大修理费用。

（3）计算实际大修理费用与计划大修理成本（或上一期实际大修理费用）的差额或比值，计划费用与实际费用对比表见表5-4。

表5-4 计划费用与实际费用对比表

计划费用	设备单位大修理费用计划成本（修理复杂系数为1的设备）	＝备件和原材料费用定额＋辅助材料费用定额＋燃料动力费用定额＋管理人员和工人工资费用定额＋维修车间经费定额＋外协费定额
	企业全年的计划大修理费用（第一次大修复杂系数取1.0；第二次大修复杂系数取1.05～1.15；第三次大修复杂系数取1.2～1.3，具体依题而定）	＝设备单位大修理费用计划成本×修理复杂系数之和×修理次数修正系数

（4）作出经济解释。

【学中做5-10】某企业本年度全年大修理设备实际发生的材料备件消耗费用为8 000元、燃料动力消耗费用为13 000元、工时消耗费用为15 000元、劳务消耗费用为9 000元、应摊车间经费为8 000元、外协费为10 000元。维修设备的机械修理复杂系数为20、电气设备修理复杂系数为50、管道修理复杂系数为30。企业本年计划大修理设备的综合修理次数修正系数为1.2，设备单位修理复杂系数大修费用定额为：材料备件消耗费用定额为120元/R，燃料动力消耗费用定额为60元/R，工时消耗费用定额为90元/R，劳务消耗费用定额为40元/R，应摊车间经费定额为70元/R，外协费用定额为80元/R。

要求：计算企业全年实际单位大修理费用及全年计划大修理费用。

解析：（1）企业全年实际大修费用＝8 000＋13 000＋15 000＋9 000＋8 000＋10 000

= 63 000（元）

（2）设备单位大修理费用定额 = 120 + 60 + 90 + 40 +70 + 80 = 460（元/R）

（3）企业全年计划大修理费用 = 460 ×（20 + 50 + 30）× 1.2 = 55 200（元）

（4）63 000 – 55 200 = 7 800（元）

以上计算结果表明企业实际大修理费用比计划大修理费用节约了 7 800 元。

或者 55 200 ÷ 63 000 × 100% = 87.6%

1 – 87.6% = 12.4%

这个百分数表明企业实际大修理费用比计划修理费用节约了 12.4%。

【学中做 5-11】某企业 2023 年全年实际机器设备大修理成本为：机械设备实际修理定额为 5 200 元/R，电气设备实际修理定额为 3 300 元/R，管道设备实际修理定额为 4 700 元/R；2023 年全年计划机器设备大修理成本为：机械设备实际修理定额为 4 900 元/R，电气设备实际修理定额为 3 700 元/R，管道设备实际修理定额为 4 500 元/R。修理复杂系数如下：机械设备修理复杂系数为 60，电气设备修理复杂系数为 80，管道设备修理复杂系数为 50。

要求：对该企业机器设备修理成本进行分析。

解析：（1）企业全年实际大修理费用= 5 200 × 60 + 3 300×80 + 4 700 × 50 = 81 1000（元）

（2）企业全年计划大修理费用 = 4 900 × 60 + 3 700× 80 + 4 500 × 50 = 815 000（元）

（3）815 000 – 811 000 = 4 000（元）

该计算结果表明企业实际大修理费用比计划大修理费用节约了 4 000 元。

或者 811 000 ÷ 815 000 × 100% = 99.5%

1 – 99.5% = 0.5%

这个百分数表明企业实际大修理费用比计划修理费用节约了 0.5%。

二、设备更新的经济分析

机器设备在有形或者无形磨损下，加工精度下降，运行维护费用增加，市场上出现了功能更强大、经济性更好的机器设备，使得现有机器设备显得陈旧、落后，那么用旧设备经济性好还是设备更新后经济性好呢？对新、旧设备进行经济分析应采用年度费用法。年度费用法是将大修理或者设备更新的一次性费用折算成未来年金与每年的运行维护费用求和得到。年度费用的计算公式如下：

$$C = K(A/P, i, n) + C_w - Q_n(A/F, i, n)$$

式中：C 为年度费用；K 为设备购置价；C_w 为年度维护费用；Q_n 为设备残值。

（A/F，i，n）为偿债基金系数，是普通年金终值系数的倒数：$(A/F, i, n) = \dfrac{i}{(1+i)^n - 1}$。

【提示】如果计算年度费用时，设备存在残值，需要在算好的年度费用中减去将残值发生时间点的价值折算到设备寿命内的价值。

设备更新是指用技术性能更高、经济性更好的新设备来代替原有的落后设备。

设备更新的经济分析是通过计算比较机器设备技术更新后和更新前的年度费用来决定设备是否需要更新，若设备技术更新后的年度费用高于技术更新前的年度费用，则设备无须进行更新；若设备技术更新后的年度费用低于技术更新前的年度费用，则设备需要进行技术更新。

【学中做5-12】为了紧跟科技发展和产业变革，准确把握新时代劳动工具、劳动技术、劳动形态的新变化。某企业于6年前引进的一条生产线目前价值为20 000元，预计使用12年，已使用6年，年维护费用为10 000元，预计6年后残值为5 000元；目前市场上同类新产品价格为100 000元，年维护费用为5 000元，可使用年限为15年，残值10 000元。假设折现率i=10%，不考虑生产产品经济寿命周期及所得税的影响。

要求：从年度使用费角度分析现在更新生产线是否合适。

解析：继续使用现有生产线的年度使用费用为：

$$C_A = K(A/P, i, n) + C_w - Q_n(A/F, i, n)$$

$$= 20\,000 \times \frac{10\% \times (1 + 10\%)^6}{(1 + 10\%)^6 - 1} + 10\,000 - 5\,000 \times \frac{10\%}{(1 + 10\%)^6 - 1}$$

$$= 13\,944.11(元)$$

使用新生产线的年度使用费用为：

$$C_B = K(A/P, i, n) + C_w - Q_n(A/F, i, n)$$

$$= 100\,000 \times \frac{10\% \times (1 + 10\%)^{15}}{(1 + 10\%)^{15} - 1} + 5\,000 - 10\,000 \times \frac{10\%}{(1 + 10\%)^{15} - 1}$$

$$= 12\,832.64(元)$$

通过计算可知，原生产线的年度费用高于新生产线的年度费用，所以生产线应该更新。

三、设备技术改造的经济分析

设备技术改造，是补偿第二种无形磨损的重要方法。因为技术改造投资少，一般仅占同类新设备购置费用的40%~60%，还能保证设备拥有与市场新设备同样先进的技术和强大的功能，所以在实际应用中被广大企业采用。

设备技术改造一般有两个或两个以上的方案，它们彼此投资额不同，年度维护费用不同，改造后产量、质量以及设备寿命不同。所以，对设备改造的效果必须综合考虑，对设备进行技术改造的经济分析应采用寿命周期费用法进行比较，改造效果相同的技术方案进行比较时应当采用总费用现值法，即各个方案在相同的使用时间内、在相同的劳动生产率水平下，其总费用的现值最低者即为最佳方案。若改造费用和改造效果不同，还需比较费用效率的高低，才能确定最佳方案。

（一）总费用现值法

设备总费用现值是将设备现值、设备的技术改造费用、设备残值和折算为现值的年度维护费用计算得到的动态寿命周期费用。当不同技术改造方案改造后效果相同时，利用总费用现值法进行比较，得到最佳方案。其计算公式如下：

$$C = K_1 + C_g + C_w \times (P/A, i, n) - Q_n \times (P/F, i, n)$$

式中：K_1为设备现值；C_g为设备技术改造费用；C_w为设备年度维护费用；Q_n为设备残值。

【拓展】（1）等额系列现值系数，是指在给定投资报酬率下按照货币时间价值计算出的未来一段时间内每年收取或给付的一元年金现金流的折现值之和。

$$(P/A，i，n) = \frac{(1+i)^n - 1}{i(1+i)^n}$$

（2）一次支付现值系数，是指未来某一期的一元货币按照复利计算的现在的价值。

$$(P/F，i，n) = \frac{1}{(1+i)^n}$$

【说明】年度维护费用是未来每一年都实际发生的，现在要将它折算为现值，即开始时的值，所以要乘以等额系列现值系数；而设备使用n年后的残值是n年后发生的，所以要乘以一次支付现值系数，即相当于开始支付一笔钱，然后每年都要支取相等的数目，因为是残值，相当于回收，所以是减掉。

（二）费用效率分析法

对于改造效果不同的方案，寿命周期费用不能直接比较，需要在计算出寿命周期费用的基础上，计算出每个方案的费用效率，再进行方案比较。其计算公式如下：

$$费用效率 = \frac{系统效率}{寿命周期费用}$$

【学中做5-13】为了国家早日实现"碳达峰"和"碳中和"目标，某工厂决定从自身出发为国家做出应有的贡献，拟对其拥有的一台机床进行技术改造。要求改造后在节能减排方面有明显改善，经济使用寿命为8年。若寿命少于8年，则需在寿命周期内再次改造；若寿命大于8年，则因生产的产品已无市场需求而使机床的多余寿命无意义。目前设备净值为15 000元；报废后设备残值为0；年利率为10%。现有A、B、C三个方案可供选择，A、B、C三个方案详细情况见表5-5。

表5-5　　　　　　　　　　　三个方案详细情况

方案	装置	一次性投资额	寿命周期	年维护费用	加工能力
A	靠模	2 500元	4年	20 000元	44件/小时
B	数显	15 000元	9年	14 000元	65件/小时
C	计算机	40 000元	8年	10 000元	83件/小时

要求：比较三个方案的优劣。

解析：这三个方案的相同之处：用三个方案改造设备后都能够满足所生产产品的要求及技术经济使用寿命。不同之处在于：三个方案的投资额不同；三个改造装置的经济使用寿命不同。

（1）A方案靠模装置的寿命周期为4年，所以在第5年时还需进行第二次相同的技术改造。

$$C_A = K_1 + C_g + C_g \times (P/F，10\%，4) + C_w \times (P/A，10\%，8)$$

$$= 15\,000 + 2\,500 + 2\,500 \times 0.6830 + 20\,000 \times 5.3349 = 125\,906(元)$$

4年时的一次支付现值系数计算如下：

$$(P/F，10\%，4) = \frac{1}{(1+10\%)^4} = 0.6830$$

（2）B方案数显装置的寿命周期为9年，多余的1年寿命无使用价值。

$C_B = K_1 + C_g + C_w \times (P/A, 10\%, 8)$

$= 15\,000 + 15\,000 + 14\,000 \times 5.3349 = 104\,689$（元）

（3）C方案计算机装置的寿命周期为8年。

$C_C = K_1 + C_g + C_w \times (P/A, 10\%, 8)$

$= 15\,000 + 40\,000 + 10\,000 \times 5.3349 = 108\,349$（元）

各方案的系统效率和寿命周期费用见表5-6。

表5-6　　　　　　　　　各方案的系统效率和寿命周期费用

方案	系统效率（件/小时）①	寿命周期费用（万元）②	费用效率③=①÷②
A	44	12.5906	3.49
B	65	10.4689	6.21
C	83	10.8349	7.66

比较表明：方案C费用效率最高，因此采用计算机改造设备的方案经济效益最好。

任务五　机器设备管理的技术经济指标

任务描述 ●●●

机器设备管理的技术经济指标是设备管理的重要组成部分和不可或缺的指标参数，设备的时间利用情况、能力利用情况、数量利用情况都会影响设备的自然寿命，从而影响设备价值。通过计算设备技术经济指标可以了解企业现有设备的利用率，从而正确评估设备价值。

相关知识 ●●●

一、设备时间利用指标

机器设备时间利用的长短和质量直接影响企业的经济效益，从而影响设备的价值，为了充分利用机器设备的工作时间，必须对机器设备的时间进行规划。

（1）日历时间：按日历日数计算的时间。

（2）制度时间：从日历时间扣除节假日、公休日及法律法规行业管理部门对顶不工作的轮班时间后，设备应工作的时间。

（3）计划工作时间：是从制度时间中扣除计划停开后的工作时间。

（4）实际工作时间：是从计划工作时间中扣除因事故、材料、人工等原因造成机器设备不得不停工的时间后的时间。

制度时间、计划工作时间、实际工作时间除了以上情况外，还必须考虑机器每天因工作时间过长而不得不停工的时间。设备的时间利用率一般用两个指标来衡量：一是计划时间利用率；二是日历时间利用率。其计算公式如下：

$$计划时间利用率 = \frac{实际工作时间}{计划工作时间} \times 100\%$$

$$日历时间利用率 = \frac{实际工作时间}{日历时间} \times 100\%$$

【学中做5-14】一台机器设备设计每天可使用8小时，共可以使用10年，一年计划使用300天，每天开工8小时，但是在实际工作中由于事故和原材料供应不及时，开工只有220天，且每天只开工7.5小时。

要求：计算该设备的时间利用率。

解析：$计划时间利用率 = \dfrac{实际工作时间}{计划工作时间} \times 100\%$

$$= \frac{220 \times 7.5}{300 \times 8} \times 100\% = 68.75\%$$

$日历时间利用率 = \dfrac{实际工作时间}{日历时间} \times 100\%$

$$= \frac{220 \times 7.5}{365 \times 8} \times 100\% = 56.51\%$$

二、设备数量利用指标

（一）机器设备按使用情况分类

企业所拥有的机器设备按使用情况分类可以分为：已使用设备和未安装使用设备。所以机器设备数量可以从以下几方面进行考察。

1.实有设备数

实有设备数是指企业实际拥有或者控制的、可调配的全部设备数量。它包括企业通过购买、转赠、接受馈赠、融资租入、在用或不在用、安装和未安装的所有属于企业的设备数量，不包括已经宣布报废，或者未经宣布但是国家规定必须报废的设备，也不包括已付款但设备实际未到的设备。

2.已安装设备数

已安装设备数是指已安装在属于企业的生产现场，并且经过调试，试生产验收合格可以投产的设备数量。

3.实际使用设备数

实际使用设备数是指已安装设备中实际使用的设备数量。

（二）设备数量利用程度指标

$$现有设备实际利用率 = \frac{实际使用设备数}{实有设备数} \times 100\%$$

$$实有设备安装率 = \frac{已安装设备数}{实有设备数} \times 100\%$$

$$已安装设备利用率 = \frac{实际使用设备数}{已安装设备数} \times 100\%$$

$$现有设备实际利用率 = 实有设备安装率 \times 已安装设备利用率$$

三、设备能力利用指标

设备生产能力的利用情况直接决定该设备的经济效益，从而影响设备价值。在设备的时间利用率和数量利用率相同的情况下，不同企业的实际生产产品数量却有很大差别，究其原因就是设备的能力利用情况不同。

（一）设备的能力

1.最大生产能力

最大生产能力是指机器设备在不受任何因素干扰的情况下的最大产出量。

2.实际生产能力

实际生产能力是指机器设备在现有条件下，除维修、被迫停工外的生产能力。

（二）设备能力利用指标

$$设备能力利用率 = \frac{单位(一定)时间内实际产量}{单位(一定)时间内最大产量} \times 100\%$$

【学中做5-15】某机床设计生产某产品500 000件/年，实际生产400 000件/年。

要求：计算该机床的能力利用率。

解析：

$$\begin{aligned}设备能力利用率 &= \frac{单位(一定)时间内实际产量}{单位(一定)时间内最大产量} \times 100\% \\ &= \frac{400\ 000}{500\ 000} \times 100\% = 80\%\end{aligned}$$

四、设备的综合利用率指标

设备的综合利用率是指综合考虑时间利用情况和能力利用情况下，设备的实际总产量和设备的最大可能产量之比。其计算公式如下：

$$设备的综合利用率 = 设备的时间利用率 \times 设备的能力利用率$$

【学中做5-16】某设备的计划工作时间为3 000小时，实际工作时间为2 500小时，该设备的实际产量为30 000件，而2 500小时的最大可能产量为36 000件。

要求：计算该设备的综合利用率。

解析：计划时间利用率 $= \dfrac{实际工作时间}{计划工作时间} \times 100\% = \dfrac{2\ 500}{3\ 000} \times 100\% = 83.33\%$

设备能力利用率 $= \dfrac{单位(一定)时间内实际产量}{单位(一定)时间内最大产量} \times 100\% = \dfrac{30\ 000}{36\ 000} \times 100\% = 83.33\%$

设备综合利用率 $= 83.33\% \times 83.33\% = 69.44\%$

【学思践悟】柳工于2014年便率先开启工程机械电动化的研发探索，电动装载机便是里程碑式杰作。柳工电动装载机集环保节能、卓越性能为一体，在钢厂、铁路、隧道、港口等复杂严苛的工况中均得到了充分印证，在业内树立了绝对的口碑。

强悍稳定的设备性能，让柳工电动装载机成为该钢铁厂烧结车间物料运输系统的中流砥柱，而更让刘总觉得满意的是柳工专业周到的售后服务。

"从机手培训到设备的检修维护，柳工一揽子解决了所有有关设备的难题，还组建了专门为我们厂服务的工程师团队，确保了我们生产车间的高效运转，现在我们除了组织生产外再不用担心其他。"谈及柳工服务，刘总言语中无不流露着信任之情，"柳工从设备到服务团队，都让我们非常放心"。谈及未来，刘总更加笃定了将柳工作为首选合作伙伴的想法。

品质加持，服务为翼。柳工未来将继续以实际行动践行"低碳"担当，依托对装载机以及新能源应用的深刻理解与技术优势，成为助推更多企业低碳转型发展的强劲引擎。

资料来源：佚名. 钢铁厂掀起环保与效率"绿色旋风"［EB/OL］.［2022-10-16］. https://www.liugong.com/success-case/20221016-2/#.

项目小结

本项目是机器设备评估的重要内容之一，阐述了机器设备在使用过程中遇到的有形或无形磨损，而磨损都会对设备的寿命造成影响，寿命是决定设备价值的重要因素，所以要评估机器设备，首先要知道设备的寿命估算。

设备由于无形磨损会造成功能落后，需要进行技术改造才能弥补功能性贬值。设备的时间利用率、能力利用率、数量利用率都会产生有形磨损而导致设备加工精度下降，产品合格率低下，从而影响设备价值，为了延长设备使用寿命，则需要对设备进行修复。最终机器设备的价值也只剩下残余价值，甚至报废价值。

本项目框架结构如图5-2所示。

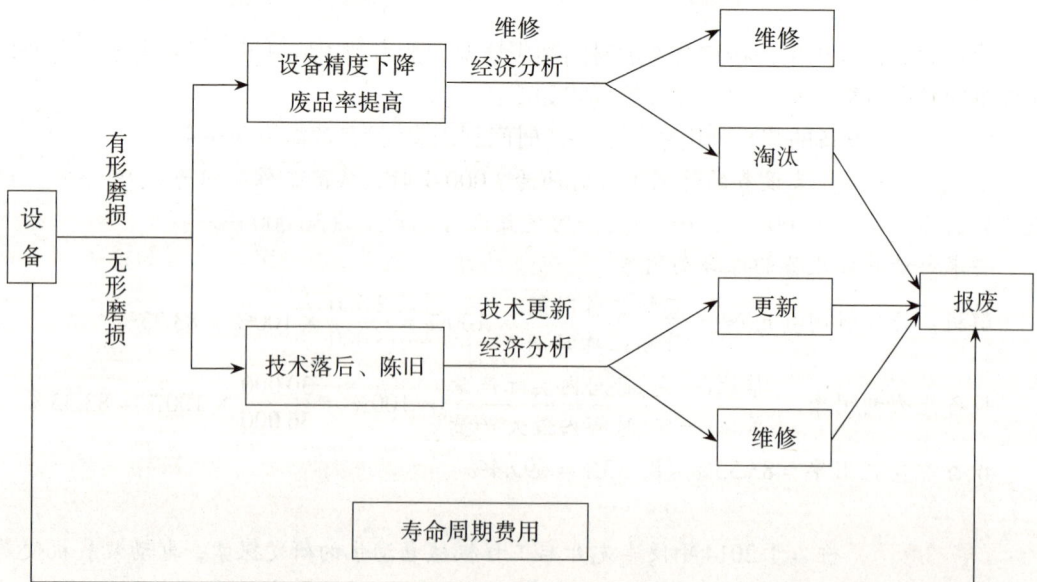

图5-2　本项目框架结构

项目综合实训

一、实训目标

通过对机器设备寿命估算的实验操作训练，使同学们能够熟练掌握机器设备寿命估算的基本方法和技能技巧，能够独立组织和开展机器设备寿命估算工作。

二、实训项目与要求

1. 实训组织

（1）实训指导教师将学生分成若干组，每组8人左右，每组指定组长并明确目标和任务；

（2）分组开展业务训练，发挥小组的集体智慧和成员的主观能动性，写出实训过程和结果；

（3）由小组指定成员总结汇报实训活动。

2. 实训项目

机器设备的寿命估算训练。

3. 实训要求

熟练掌握机器设备寿命估算的各种方法。

三、成果与检测

1. 同学们自我总结机器设备寿命估算的经验，各组组长组织同学们自评与互评，提出实训建议、成绩。

2. 组长撰写小组实训报告，在班级进行交流汇报，教师汇总实训所取得的成绩和存在的问题，提出今后的改进措施。

3. 根据学生自评、互评情况和组长的建议，确定学生的实训成绩。

下篇

机器设备评估实务

项目六

机器设备评估相关事项

知识目标	1. 掌握机器设备评估主体、对象与范围； 2. 掌握机器设备评估原则； 3. 掌握机器设备评估假设的概念与应用； 4. 掌握机器设备评估方法； 5. 掌握机器设备评估依据； 6. 掌握机器设备评估基准日与机器设备评估报告日的概念与作用； 7. 掌握机器设备评估目的和价值类型的种类与选择。
能力目标	1. 会在机器设备不同经济行为中使用评估原则，选择合适的评估方法和评估依据以及评估基准日； 2. 能分析具体案例中的价值类型等； 3. 签订评估合同时能够合理应用评估主体的权利和义务。
素养目标	1. 树立守法观念，学会依法办事，做到处处守法，事事守法，养成自觉守法的习惯，增强社会责任感和用法律手段保护自己的能力； 2. 培养学生的集体主义精神，勇于开拓进取精神，艰苦奋斗精神，热爱劳动精神，做到热爱祖国、热爱人民，遵守纪律，文明交往，树立民族的自尊心、自信心、自豪感； 3. 正确认识人生的目的价值理想，端正人生态度，明确人生方向。

项目导入

如何确定此次机器设备评估的价值类型、评估范围等？

党的二十大报告就"推动绿色发展，促进人与自然和谐共生"作了完整阐述，明确指出"深入推进环境污染防治。坚持精准治污、科学治污、依法治污，持续深入打好蓝天、碧水、净土保卫战。加强污染物协同控制，基本消除重污染天气"。报告对生态文明建设作出重要部署，为我国未来大气污染防治工作指明了方向。山西宏建科技有限公司为了响应党的号召，为国家建设贡献公司的力量，董事会决定对天绿环保科技开发有限公司生产的常压热水锅炉进行评估，主要是为了了解锅炉以目前使用方式，在不违反国家对环境污染要求的前提下还能使用多久，价值如何？

评估人员评估山西宏建科技有限公司锅炉为天绿环保科技开发有限公司生产的常压热水锅炉，2016年购置，该炉为厚煤层立体气化燃烧，燃烧较为充分，且对流管不积灰垢，热交换通畅，常年可达到满负荷稳定运行。出售后仍在原地继续使用。

评估人员会同该公司有关人员对本次评估设备进行了清查和鉴定，总体上认为本次评估锅炉先天制造质量较好，使用时间较短，技术状况保持良好，完全可以满足使用要求，目前处于正常使用状态。

请思考：如何确定该设备的评估范围、评估基准日和价值类型、评估假设、报告使用人？

启示：设备评估的相关事项包括：机器设备评估主体及相关当事人、评估对象与范围、评估原则、评估假设、评估方法、评估依据、评估基准日、评估目的和价值类型等内容。通过项目导入，使学生在掌握专业知识的基础上树立守法观念，学会依法办事，做到处处守法、事事守法，养成自觉守法的习惯，增强社会责任感和用法律手段保护自己的能力。形成正确的世界观，并在此基础上逐步掌握一系列科学的思维方法。

任务一　机器设备评估主体及相关当事人

任务描述

通过对机器设备评估主体的认识及其权利和义务的学习，有助于全面了解评估主体在具体的机器设备评估中所处的地位，在评估业务中能够行使自己的权利，同时履行义务。同时要正确处理与其他相关当事人的关系，才能保证机器设备评估工作的科学性、合法性。

⬤ 相关知识 ⬤ ⬤ ⬤

一、机器设备评估主体

（一）机器设备评估主体概述

机器设备评估，是指资产评估机构及其资产评估专业人员遵守法律、行政法规和资产评估准则，根据委托对评估基准日特定目的下单独的机器设备、资产组合或者作为企业资产组成部分的机器设备价值进行评定和估算，并出具资产评估报告的专业服务行为。

从机器设备评估定义可知，机器设备评估主体是指从事机器设备评估工作的评估专业人员和具有机器设备评估资质的评估机构。机器设备评估机构的组织形式有合伙制和有限责任公司制。一般的评估机构也进行其他类资产的评估，例如房地产评估、企业价值评估、无形资产评估等。相较于一般评估机构，机器设备评估机构评估范围窄，评估对象性质和功能比较统一，专业化程度和专业技术水平更高，具有明显的专业优势。

（二）评估专业人员拥有的权利和义务

1. 评估专业人员拥有的权利

（1）要求委托人提供相关的权属证明、财务会计信息和其他资料，以及为执行公允的评估程序所需的必要协助；

（2）依法向有关国家机关或者其他组织查阅从事业务所需的文件、证明和资料；

（3）拒绝委托人或者其他组织、个人对评估行为和评估结果的非法干预；

（4）依法签署评估报告；

（5）法律、行政法规规定的其他权利。

2. 评估专业人员应当履行的义务

（1）诚实守信，依法独立、客观、公正地从事业务；

（2）遵守评估准则，履行调查职责，独立分析估算，勤勉谨慎从事业务；

（3）完成规定的继续教育，保持和提高专业能力；

（4）对评估活动中使用的有关文件、证明和资料的真实性、准确性、完整性进行核查和验证；

（5）对评估活动中知悉的国家秘密、商业秘密和个人隐私予以保密；

（6）与委托人或者其他相关当事人及评估对象有利害关系的，应当回避；

（7）接受行业协会的自律管理，履行行业协会章程规定的义务；

（8）法律、行政法规规定的其他义务。

【学思践悟】习近平总书记在党的二十大报告中提出，加强人民当家做主制度保障。拓展民主渠道，丰富民主形式，确保人民依法通过各种途径和形式管理国家事务，管理经济和文化事业，管理社会事务。支持和保证人民通过人民代表大会行使国家权力，健全吸纳民意、汇集民智工作机制，建设好基层立法联系点。深化工会、共青团、妇联等群团组织改革和建设，有效发挥桥梁纽带作用。坚持走中国人权发展道路，积极参与全球人权治理，推动人权事业全面发展。评估专业人员也要依法行使自己的权力并履行应有义务。

（三）评估机构的权利和义务

1.评估机构的权利

（1）委托人拒绝提供或者不如实提供执行评估业务所需的权属证明、财务会计信息和其他资料的，评估机构有权依法拒绝其履行合同的要求；

（2）委托人要求出具虚假评估报告或者有其他非法干预评估结果情形的，评估机构有权解除合同。

2.评估机构的义务

（1）设立评估机构，应当向市场监督管理部门申请办理登记，评估机构应当自领取营业执照之日起三十日内向有关评估行政管理部门备案；

（2）评估机构应当依法独立、客观、公正地开展业务，建立健全质量管理制度，保证评估报告的客观、真实、合理；

（3）评估机构应当建立健全内部管理制度，对本机构的评估专业人员遵守法律、行政法规和评估准则的情况进行监督，并对其从业行为负责；

（4）评估机构应当依法接受监督检查，如实提供评估档案以及相关情况。

【学思践悟】习近平总书记在党的二十大报告中提出：积极发展基层民主。完善基层直接民主制度体系和工作体系。完善办事公开制度，拓宽基层各类群体有序参与基层治理渠道，保障人民依法管理基层公共事务和公益事业。健全以职工代表大会为基本形式的企事业单位民主管理制度，维护职工合法权益。评估机构也要依法行使自己的权力并履行应有义务。

二、机器设备评估相关当事人

（一）资产评估委托人

知识链接

机器设备评估的特点

资产评估法规定签合同人即是委托人。资产评估委托人应当与评估机构订立委托合同，也就是资产评估作为一项民事经济活动，是建立在委托合同基础上的，与资产评估机构就资产评估专业服务事项签订委托合同的民事主体，就是资产评估的评估委托人。

委托人可以是一个，也可以是多个，可以是法人也可以是自然人。一旦委托合同签订，该评估委托合同就受到《民法典》的规范，评估委托人和资产评估机构享有委托合同中规定的权利，同时也都要严格履行委托合同约定的义务。

评估业务分为法定评估和非法定评估。法定评估业务委托人的确定需要符合国家有关法律、法规的规定；非法定评估业务委托人可以在自愿协商的原则下确定。

1.对委托人的界定

（1）涉及国有资产的评估，评估委托人一般应该是产权持有人。

对评估委托人确定的要求如下：

《企业国有资产评估管理暂行办法》第八条规定，企业发生下列行为之一的，应当由其产权持有单位委托具有相应资质的资产评估机构进行评估：①整体或者部分改建为有限责任公司或者股份有限公司；②以非货币性资产对外投资；③合并、分立、破产、解散；④非上市公司国有股东股权比例变动；⑤产权转让；⑥资产转让、置换；⑦整体资产或者部分资产租赁给非国有单位；⑧以非货币性资产偿还债务；⑨资产涉讼；⑩收购非国有单位的资产；⑪接受非国有单位以非货币性资产出资；⑫接受非国有单位以非货币性资产抵债；⑬法律、行政法规规定的其他需要进行资产评估的事项。

对于单项资产、多项资产或资产组合等，其持有人为持有该资产或资产组的单位。涉及国有资产评估法定业务的委托人可以是多个，但国有资产的持有人应该是委托人之一。

【注意】产权持有人与委托人可能不是同一主体。对于国有企业收购、增资非国有单位，需要对非国有单位进行相应的评估，此时的评估委托人应该为拟进行收购或拟进行增资行为的国有企业。

【学中做6-1】甲公司为国有企业，拟将其拥有的一栋厂房以及厂房内的设备等对外转让，需要进行评估，该评估属于法定评估业务。该评估的委托人是甲国有企业。

【学中做6-2】X公司为一家非国有企业，W公司是一家国有企业，现W公司拟收购X公司的一条生产线设备，需要对X公司的该生产线价值进行评估，这是一项法定评估业务。评估的委托人是国有企业W公司。

（2）涉及机器设备出资的评估业务。

公司法规定，以非现金资产出资需要对用于出资的资产进行资产评估，但是公司法没有规定由谁作为委托人。如果出资行为不涉及国有资产，这类评估业务的委托人可以是出资方，也可以是被出资方（主要针对增资情况），或者采取经济行为当事人共同委托的方式。如果涉及国有资产评估核准或备案，对资产评估委托人的确定需要符合国有资产评估管理的相关规定。

（3）涉及司法活动的资产评估业务。

服务于司法的评估业务一般包括两类：一是为司法审判提供司法鉴定或者为执行司法判决提供的评估服务；二是为司法诉讼当事人的诉讼请求提供协助的评估业务，可以由诉讼举证方委托。

① 我国为司法审判提供司法鉴定的资产评估业务，由人民法院或具有委托职权的当事人委托。《中华人民共和国民事诉讼法》第七十六条规定，"当事人可以就查明事实的专门性问题向人民法院申请鉴定。当事人申请鉴定的，由双方当事人协商确定具备资格的鉴定人；协商不成的，由人民法院指定。当事人未申请鉴定，人民法院对专门性问题认为需要鉴定的，应当委托具备资格的鉴定人进行鉴定"。

② 为司法执行提供的资产评估服务。根据《最高人民法院关于人民法院确定财产处置参考价若干问题的规定》（法释〔2018〕15号），在司法执行中对需要拍卖、变卖的财产需要通过资产评估确定处置参考价时，人民法院应当委托资产评估机构进行评估。

【思考】法定业务的主要内容有哪些？

2.评估委托人的权利与义务

（1）评估委托人的权利。

① 评估委托人有权自主选择评估机构，任何组织或者个人不得非法限制或者干预。

② 评估委托人有权要求与相关当事人及与评估对象有利害关系的评估专业人员回避。

③ 当评估委托人对资产评估报告结论、评估金额、评估程序等方面有不同意见时，可以要求评估机构解释。

④ 评估委托人认为评估机构或者评估专业人员违法开展业务的，可以向有关评估行政管理部门或者行业协会投诉、举报，有关评估行政管理部门或者行业协会应当及时调查

处理，并答复评估委托人。

（2）评估委托人的义务。

①评估委托人应当对其提供的权属证明、财务会计信息和其他资料的真实性、完整性和合法性负责。

【思考】如何理解所提供资料的真实性、完整性、合法性？

②评估委托人不得对评估行为和评估结果进行非法干预，不得串通、唆使评估机构或者评估专业人员出具虚假评估报告。

③评估委托人应当按照合同的约定向评估机构支付费用，不得索要、收受或者变相索要、收受回扣。

④评估委托人应当按照法律规定和评估报告载明的使用范围使用评估报告。

（二）产权持有人

1.产权持有人的概念

产权持有人是指评估对象的产权持有人。委托人与产权持有人可能是同一主体，也可能不是同一主体，资产评估的委托人并不一定是评估对象的产权持有人。国有企业收购非国有资产，如果被收购方不同时作为委托人，评估委托人与评估对象的产权持有人则不是同一主体。评估对象一般受产权持有人控制，当评估委托人与评估对象的产权持有人不是同一主体时，资产评估专业人员在对评估对象实施评估时需要通过委托人协调产权持有人配合工作。例如，国有企业收购非国有机器设备，如果被收购方不同时作为委托人，评估委托人与评估对象的产权持有人则不是同一主体。

【注意】当评估委托人与评估对象的产权持有人不是同一主体时，资产评估专业人员在对评估对象实施评估时需要通过委托人协调产权持有人配合工作。

2.产权持有人的权利与义务

目前，我国资产评估法中没有单独规范产权持有人（或被评估单位）权利与义务的相关条款。作为签约主体的产权持有人的权利及义务可以在资产评估委托合同中直接约定，对不作为资产评估委托合同签订方的产权持有人配合资产评估的要求，一般通过对委托人的协调义务及责任加以实现。

（三）报告使用人

1.报告使用人的概念

报告使用人是指法律、法规明确规定的，或者评估委托合同中约定的有权使用资产评估报告或评估结论的当事人。除委托人、资产评估委托合同中约定的其他资产评估报告使用人和法律、行政法规规定的资产评估报告使用人之外，其他任何机构和个人都不能成为资产评估报告的使用人。

如果存在委托人以外的其他使用人，资产评估委托合同应当明确约定。资产评估专业人员还应当在资产评估报告中明确披露评估报告使用人。

资产评估机构在承接资产评估业务前与委托人就评估报告的使用人及其需求达成清晰共识，作为合理界定资产评估机构与资产评估报告使用人的责任。

获得评估报告的当事人并不当然成为评估报告使用人。

评估报告使用人可以是具体的单位或个人，也可以是某一类的使用人，如委托人指定的代理人（律师等）或合作伙伴等。当使用人的具体名称无法确定时，可以按照类型加以明确。

在国外，为避免违背职业道德准则中的为客户保密的责任，当某些客户希望在评估报告中匿名时，评估师可以将有关客户身份的信息存档，在报告中予以保密。但须在评估报告中表明已根据客户要求隐去其身份，评估报告仅供客户及其他评估报告使用人使用。

【注意】对法律、法规中没有明确规定，也未在评估合同中约定且未经过评估机构书面同意，得到或利用资产评估报告或者结论的其他单位和个人，并不作为评估报告使用人。

2.报告使用人的权利与义务

（1）报告使用人的权利。评估报告使用人有权按照法律规定、资产评估委托合同约定和资产评估报告载明的使用范围和方式使用评估报告或评估结论。

（2）报告使用人的义务。评估报告使用人未按照法律、法规或资产评估报告载明的使用范围和方式使用评估报告的，评估机构和评估专业人员将不承担责任。评估机构和评估专业人员不承担非评估报告使用人使用评估报告的任何后果和责任。

任务二　机器设备评估对象与范围

任务描述

机器设备的评估对象和范围是机器设备评估业务的客体，评估客体的确定是评估业务进行的前提，通过对机器设备评估对象和评估范围的认识，以及对常见经济行为中的评估对象和评估范围的学习，有助于全面了解评估客体，为完成评估任务奠定良好的基础。

相关知识

一、机器设备评估对象

机器设备评估对象主要包括单台机器设备和机器设备组合。

（1）单台机器设备，是指以独立形态存在，可以单独发挥作用或者以单台形式进行销售的机器设备，例如汽车，轮船等。

（2）机器设备组合，是指为了实现某种特定功能，由若干机器设备共同组成的有机整体，例如胶合板生产线、生产车间等。

除了少数单台机器设备能独立完成某些功能或单独发挥作用外，大部分的机器设备都要通过组合形成机组或者机器设备组合对产品进行加工，此外，机器设备评估对象的确定还应该关注评估对象是否包括操作软件、技术数据和专利等无形资产。

二、机器设备评估范围

机器设备的评估范围，除包括设备本体外还应该考虑设备所需要的基础设施、附属设备、相关无形资产、流动资产等。在不同设备评估业务下，机器设备的评估范围也不同。

（一）评估范围为设备本体

对于未安装的机器设备或者不需要安装的机器设备，评估范围一般为设备本体。例如汽车、轮船等。

（二）评估范围为设备本体与基础设施

有些机器设备必须要安装在土地、房屋或构筑物上才能行使正常功能，例如油井、电梯、冲天炉等；此外，某些设备还必须配备附属设备才能正常工作，例如供水设备、供电设备、供气设备、锅炉、冲天炉的粉煤机等。评估这些机器设备时需要结合设备的评估目的和评估假设进行范围确定，当机器设备原地继续使用，则这些土地、房屋或构筑物也在评估范围之内；如果机器设备移地使用，则评估范围只包括设备本体。

（三）评估范围为设备本体和与其对应的无形资产

对于比较复杂或技术比较先进的设备，特别是成套设备、机组、检测设备等，其功能的正常发挥还需要有专利、专利技术或软件等无形资产的支持。一般来说，作为单台设备或通用设备的无形资产，评估范围为设备本体，无形资产可以单独评估；而成套设备、机组和复杂的检测设备中含有专用无形资产，评估范围为设备本体和对应的无形资产。

（四）评估范围为设备本体与流动资产

很多成套设备、机组在其价值构成中包含试车用的原材料、配套易损件、技术培训费等。在需用条件下，设备的评估范围为机器设备本体和相关的流动资产。

资产评估范围应当依据评估对象合理确定，满足实现评估目的和法律、法规要求，在资产评估委托合同中明确界定，具体内容应由委托人负责提供。

【学中做6-3】某国有企业拥有汽车总装和零部件生产两种业务，现需要将零部件生产业务转让，按照相关法规规定，需要对零部件生产业务的价值进行评估。

请问：如何确定评估范围？

解析：该企业拥有两种业务，需要评估的是其中一种业务。按照国有资产管理规定，该国有企业需要聘请审计机构对该企业的财务报表进行分割，评估范围应该根据分割后的零部件生产业务范围加以确定。

三、常见经济行为对应的机器设备评估对象及范围

评估对象及范围的确定，应当针对评估所服务经济行为的特点，保障评估目的的实现，当评估对象为相关企业的股东权益（所有者权益）时，评估范围为组成相关企业的全部资产和负债；当评估对象为单项机器设备时，评估范围也为该单项资产，体现为对该单项资产边界和条件的描述。

（一）转让

转让（收购）、置换、机器设备偿债等经济行为，评估对象是相关经济行为对应的标的机器设备。标的资产可以是企业或机器设备组合权益，也可以为单项机器设备。

（二）抵（质）押

抵（质）押行为的资产评估对象为相关抵（质）押物。抵（质）押物可以是企业权益，也可以为单项设备。对抵（质）押物价值动态管理的资产评估，评估对象原则上应当是贷款存续期的抵（质）押物，实务中也可以根据抵（质）押物类型、分布和价值变化特点和委托约定选定典型抵（质）押物作为评估对象。

（三）公司设立、增资

以机器设备等非货币性资产进行出资的，评估对象是用于出资的、符合法律法规规定的机器设备。上述评估对象可以是权益，也可以为单项机器设备。

（四）财务报告

企业合并对价分摊的评估对象应该根据会计准则的要求和委托合同的约定确定，可以是被购买方各项可辨认的机器设备，也可以是委托人约定评估的可辨认机器设备。评估范围与评估对象相同。

资产减值测试评估的对象是拟进行减值测试的单项机器设备或机器设备组合。评估对象为机器设备组合的，评估范围为构成该组合的全部资产；评估对象为单项机器设备的，评估范围也是该单项资产。

（五）司法

司法审判机器设备评估中对诉讼标的财产（权益）价值评估的评估对象是相关涉案标的财产。侵权（损害）损失包括侵权（损害）产生的财产直接损害和间接损失（即可得利益的减少），赔偿范围及标准需要依据法律规定加以确定。

微课

机器设备评估
对象与范围

任务三 机器设备的评估原则

任务描述

通过对机器设备评估原则的学习，有助于保证机器设备评估工作的科学性、合法性。正确履行评估原则有利于规范评估行为，协调评估当事人之间的关系，同时也是保护评估主体和相关当事人权利的重要手段。

相关知识

机器设备的评估原则是指评估机构和评估专业人员在实施评估业务的过程中应遵守的行为规范和准则。规定评估原则具有协调机器设备评估业务相关当事人之间的关系、统一评估专业人员对设备价值的确定标准、正确履行评估程序和选择评估方法等方面的作用。按照其适用范围，评估原则可以分为工作原则和经济技术原则。

一、工作原则

（一）合法原则

合法原则是机器设备评估应遵循的首要原则，它要求机器设备评估要以评估对象的合法权益为前提。机器设备的合法权益包括合法产权、合法使用权、合法处分权等。此外，合法原则要求评估机构和评估专业人员在进行评估业务的实施和评估程序的履行过程中，遵循《资产评估法》、《资产评估基本准则》和其他法律法规的规定，为评估结论的形成提供合法依据。

【学思践悟】习近平总书记在党的二十大报告中强调，坚持全面依法治国，推进法治中国建设。报告指出，全面依法治国是国家治理的一场深刻革命，关系党执政兴国，关系人民幸福安康，关系党和国家长治久安。必须更好发挥法治固根本、稳预期、利长远的保障作用，在法治轨道上全面建设社会主义现代化国家。

（二）独立性原则

独立性原则是指机器设备评估专业人员在评估过程中，独立于机器设备评估相关当事人之外，坚持第三方立场进行评估的工作原则。独立性原则包括两层含义：一是评估机构本身是一个独立的中介服务组织，不依附于任何其他社会组织或机构，和评估业务中的其他相关当事人无任何关系；二是评估专业人员在实施评估业务时保持独立的地位，不受评估当事人的影响，应该以专业和职业道德方面的法规来规范其行为，保障委托人的合法权益和公共利益。

（三）客观性原则

客观性原则是指评估专业人员在评估过程中以客观事实为依据，遵循设备的发展应用规律，在调查研究的基础上对评估对象作出实事求是的价值判断，而不能以主观判断进行价值评估。客观性原则要求评估专业人员在执行评估程序和评估计划中不得随意改变。

（四）科学性原则

科学性原则是指机器设备评估专业人员在执行评估业务过程中以特定评估目的，科学的态度制订评估计划、选择评估方法、确定价值类型和履行评估程序，将主观评价和客观计算结合，保证机器设备评估结论的客观性。

二、经济技术原则

机器设备评估经济技术原则是指在开展设备评估业务过程中的一些技术规范和业务准则，为评估专业人员在执行评估业务过程中的专业判断提供技术依据。

（一）供求原则

知识链接

最高最佳用途需要考虑的因素

在完全的自由市场中，机器设备的价格，取决于需求与供给关系的均衡。需求超过供给，价格随之提高；反之，供给超过需求，价格随之下降，这就是供求均衡法则。其成立条件是：供给者与需求者各为同质的商品而进行竞争；同质的商品随价格变动而自由调节其供给量。

机器设备的价值评估必须分析市场上的供求关系，当某设备需求增长时，该设备的价值呈上涨的趋势，而对该设备的供应增加时，设备的价值呈下降的趋势。

（二）最高最佳使用原则

所谓最高最佳使用是指法律上允许、技术上可能、经济上可行，经过充分合理的论证，使评估对象的价值最大的一种使用。最高最佳使用原则强调设备在交换时，应以最佳用途及使用方式实现其价值。设备最高最佳使用包括最佳的用途、最佳的规模。

（三）替代原则

任何理性的投资者对具有相同效用的机器设备，必定选择价格较低的，在价格相同时，必定选择效用较大的。价格最低的同质商品对其他同质商品具有替代性，而相同效能的资产，最低价格的资产需求最大。正确运用替代原则是确保资产评估公正性的重要保证。

知识链接

替代原则的
作用

（四）评估时点原则

机器设备的评估具有动态性特点，设备的价值会随着时间因素的变化而变化。为使评估得以操作，同时保证评估结果可以被市场检验，评估时必须假定市场条件固定在某一时点，即评估基准日。例如技术更新较快的机器设备的价值，每天都发生着巨大变化，如果不能确定评估时点，评估专业人员就不能准确收集到该设备的相关市场资料，从而影响评估结果的准确性。评估时点和设备价值密不可分（一个价值对应一个时点），不存在没有时点的价值，没了时点，价值将失去意义，评估将无从下手。

微课

机器设备评估
的评估原则

【注意】（1）评估时点原则也是对交易假设和公开市场假设的一个反映。市场是变化的，机器设备的价值会随着市场条件的变化而不断改变。（2）从理论上说，机器设备评估是对动态资产价格的现实静态反映。这种反映越准确，评估结果越科学。（3）评估基准日为"特定的时间点"，评估师的价值意见为该时间点的价值意见，价值标准是该时间点适用的价值标准。

任务四　机器设备评估假设

任务描述

评估对象处于不断变化之中，如何保证评估结论真实、有效？通过对机器设备评估假设的学习，有助于评估主体在具体的机器设备评估中抓住主要因素，忽略次要因素，在控制相关差异的前提下提高评估工作效率。

相关知识

一、机器设备评估假设的概念

机器设备评估假设是依据现有知识和有限事实，通过逻辑推理，对机器设备评估所依托的事实或前提条件作出的合乎情理的推断或假定。机器设备评估假设也是机器设备评估结论成立的前提条件。

由于认识客体的无限变化和认识主体的有限能力，人们需要依据现有资料对事物的某些事实或全部特征进行逻辑推理判断。机器设备的价值受到客观因素和主观因素的影响，评估专业人员需要抓住影响资产价值的主要因素，有意识地忽略一些次要因素，化繁为简，在可以控制相关差异的前提下提高评估工作的效率。

二、常见机器设备评估假设

机器设备评估所使用的评估假设涉及不同的方面，主要包括评估外部环境假设、评估具体假设、评估前提性假设。

（一）评估外部环境假设

评估外部环境假设主要包括评估所依托的国家宏观环境、行业及地区环境条件假设。国家宏观环境假设主要包括有关宏观政治、经济、社会、法律、文化等环境条件变化趋势、稳定性，以及不可抗力影响等条件的假设，通常会涉及对汇率、利率、税负、物价或通货膨胀等因素影响的判断；行业及地区环境条件假设主要包括有关产业政策、行业准入及竞争、行业规划等行业条件，以及受国家和行业条件影响的地区相关环境条件的假设。

（二）评估具体假设

评估具体假设是按照评估目的及评估操作要求针对评估对象的特点所具体使用的评估假设。对于企业等经营主体可能涉及经营范围及方式、经营管理水平、会计政策、税负基准及税率、补贴及优惠政策、企业守法合规、管理团队的稳定性及尽责履职、关联方交易定价等方面的假设。对于单项资产则可能涉及评估对象的物理、法律、经济状况，未来的管理及运营等方面的假设。

（三）评估前提性假设

知识链接

原地使用假设、移地使用假设和现有用途继续使用假设的含义

评估前提性假设包括评估的交易及市场条件假设、评估对象存续或使用状态假设。交易及市场条件假设主要包括交易假设、公开市场假设等。评估对象存续及使用状态方面的评估假设：针对企业等经营主体，主要包括持续经营假设、清算假设等；针对单项资产，主要包括原地使用假设、移地使用假设、最佳使用假设和现状利用假设等。

1.继续使用假设

继续使用假设是指假定被评估设备可以按照现有用途或转换用途继续使用，从而考虑该设备能为持有人带来的经济价值。继续使用假设根据使用空间是否转移可以分为：原地使用假设和移地使用假设。继续使用假设根据设备用途是否改变可以分为：现有用途继续使用假设和改变用途继续使用假设。

【学中做6-4】某企业拥有一条生产线，该生产线由若干台设备组成，现拟将该生产线转让给一家新公司。新公司将在原地继续使用该生产线，需要对其进行评估。

请问：如何选择评估假设？

解析：因为新公司将在原地继续使用该生产线，所以采用原地使用假设和现有用途继续使用假设。

【学中做6-5】沿用【学中做6-4】的资料，如果新公司将在一个新地址安装使用这条生产线，并且约定出资方负责将该生产线移置到新地址并负责安装调试。

请问：这时需要如何选择评估假设？

解析：因为约定出资方负责将该生产线移置到新地址并负责安装调试，所以应采用移地使用假设和现有用途继续使用假设。

【学中做6-6】某企业坚决支持党的集中统一领导，服从政府对城市规划的决定。

因城市建设规划搬迁，涉及对企业资产补偿和收益损失补偿评估，以及对搬迁资产的评估。

请问：如何设置资产评估的相关假设？

解析：企业由于需要搬迁，全部资产不会在原地继续使用，需要移地使用，因此对于机器设备的评估采用移地使用假设和现有用途继续使用假设。

对于使用移地使用假设的评估，评估专业人员需要关注相关拆除费用和运输费用。

本例中，如果约定政府将单独支付搬迁的拆除费用和运输费用，评估专业人员仅需要评估无法搬迁资产的损失补偿费和约定可以搬迁的资产由于搬迁移动所可能产生的损失费。

如果约定政府部门不单独支付搬迁的拆除费用和运输费用，而是需要将拆除费用和运输费用计入整体损失补偿费用中，那么评估专业人员就需要在评估中将拆除费用和运输费用单独估算并计入补偿价值中。

2.公开市场假设

公开市场假设是指机器设备可以在充分竞争的市场上自由买卖，其价格高低取决于一定市场的供给状况下独立的买卖双方对机器设备的价值判断。

凡是能在公开市场上进行交易、用途较为广泛的或者通用性较好的机器设备，都可以考虑按公开市场假设进行评估。公开市场假设说明在充分竞争的市场环境下，机器设备的交换价值受市场机制的制约并由市场行情决定，而不是由个别交易案例决定。

3.清算假设

清算假设是指假定被评估设备的持有人在特定条件下被迫以协商或拍卖等方式将设备组合或单台设备在市场上进行出售。根据持有人是否对被评估设备具有控制权，清算假设可以分为有序清算假设和强制清算假设。

（1）有序清算假设是机器设备在其所有者有序控制下实施清算，即清算在一个有计划、有秩序的前提下进行。

（2）强制清算假设是机器设备的清算不在其所有者控制之下，而是在外部势力的控制下按照法定的或者由控制人自主设定的程序进行，该清算对象的所有者无法干预，如破产清算。

任务五   机器设备评估方法

任务描述

通过对机器设备评估方法的学习，全面掌握成本法、市场法和收益法在机器设备评估中的优缺点，有助于根据资料收集情况，选择合适的评估方法，分析影响评估结果的因素，通过合理选择参数和正确的计算方法，才能保证机器设备评估结论的准确性和唯一性。

相关知识

一、成本法

机器设备评估的成本法，是指通过估算机器设备的重置成本，然后扣减其在使用过程中自然磨损、技术进步或外部经济环境导致的各种贬值，即设备的实体性贬值、功能性贬值、经济性贬值，估测机器设备评估值的方法。其计算公式为：

综合贬值率 = 实体性贬值率 + 功能性贬值率 + 经济性贬值率

机器设备评估值 = 重置成本 × （1 - 综合贬值率） = 重置成本 × 综合成新率

（一）运用成本法的前提条件

（1）被评估机器设备处于持续使用状态或被假定处于继续使用状态。

（2）被评估机器设备必须是可再生、可复制的资产，否则无法计算重置成本，或者机器设备的价值无法通过简单的重置成本来反映。

（3）应当具备可利用的历史资料。

【提示】运用成本法的前提条件具体请参照"项目八"运用成本法评估机器设备的前提条件。

（二）重置成本的估算

1.重置成本的构成

（1）重置成本包括：直接成本、间接成本和资金成本。其中，直接成本包括设备本体重置成本、运杂费、安装调试费、基础费和其他费用；间接成本包括管理费、设计费、工程监理费、保险费等。

（2）设备本体的重置成本是设备本身的价格，不包括运输、安装等费用。其主要计算方法有直接法、类比—指数估价法、物价指数调整法、综合估价法、重量估价法、重置核算法、统计分析法等七种。

（3）其他相关费用。机器设备成本除设备本体费用外，还包括其他相关费用：①设备运杂费；②设备安装费；③基础费；④进口设备从属费用。

2.实体性贬值

机器设备在使用过程中，零部件受到摩擦、振动、腐蚀等的作用（第一种有形磨损），或者受到自然力的作用（第二种有形磨损），使得机器设备的零部件精度下降、寿命缩短，第一种有形磨损和第二种有形磨损共同造成机器设备的实体性贬值。

评估专业人员根据机器设备的实物状况来确定设备的贬值率。常用的确定方法有观察法、使用年限法、修复费用法。

3.功能性贬值

由于无形磨损而引起的资产价值的损失称为机器设备的功能性贬值。机器设备的功能性贬值主要体现在超额投资成本和超额运营成本两方面。

生产技术的进步、新工艺的不断出现，使得同种设备的重置价格降低。复原重置成本与更新重置成本之差即为第一种功能性贬值，也称为超额投资成本。由于市场上出现了技术更先进、性能更完备的新设备，现有设备在技术、功能等方面显得陈旧和落后，这就形成了第二种功能性贬值。超额运营成本引起的设备功能性贬值就是设备未来超额运营成本折算到评估基准日的价值。

4.经济性贬值

机器设备的经济性贬值是因为市场竞争加剧，导致产品滞销，设备开工不足，生产能力相对过剩，外部条件发生变化引起的机器设备的贬值。造成经济性贬值的主要因素有：市场竞争加剧，机器设备开工不足，生产能力过剩；原材料、能源消耗等成本增加，但是产品售价没有增加；国家规定设备限制使用或报废导致设备寿命缩短。

（三）成本法的局限性

成本法是资产评估中最为基础的评估方法。它充分考虑了资产的损耗，使得评估结果更能反映市场对于获得某单项机器设备愿意付出的平均价格，有利于评估单项机器设备和具有特定用途的资产；另外，在无法预测机器设备未来收益和市场交易活动不频繁的情形下，成本法给出了比较客观和可行的测算思路和方法。

但是成本法的理论基础是成本价值论，使用该方法所测算出的有直接收益的机器设备无法从未来收益的角度反映设备真实能为其控制者或所有者带来的收益，因此其成本法评估值与使用收益法或市场法得出的结果可能差异极大。

二、市场法

市场法是指根据公开市场上与评估对象相似或可比的机器设备的成交价格，通过对被评估设备与参照设备的比较进行对比分析，调整两者之间的差异对价格的影响，来确定评估对象的价格的方法。

（一）运用市场法的前提条件

运用市场法对机器设备进行评估的前提条件包括：

（1）需要一个充分发育的机器设备公开交易市场；

（2）需要信息真实可靠的有效市场；

（3）评估对象与市场参照物是相似或可比的。

【注意】评估对象与参照物进行对比时主要分析个别因素（设备名称、型号规格、生产能力、制造厂家、技术指标、附件、设备的出厂日期、役龄、安装方式、实体状态等）、交易因素（交易动机、背景等）、时间因素（选择与评估基准日接近的交易案例）、地域因素。

（二）运用市场法评估机器设备的具体方法

1.直接比较法

当评估对象与参照物基本相同，需要调整项目相对较少，差异不大，且差异对价值的影响可以直接确定的，可以使用直接比较法。

【注意】使用直接比较法的前提是评估对象与市场参照物基本相同，需要调整的项目较少，差异不大，并且差异对价值的影响可以直接确定。如果差异较大，则无法使用直接比较法。

2.相似比较法

相似比较法是通过比较分析类似参照物与被评估设备的可比因素，并对这些因素进行调整，由此确定被评估设备价值的方法。为了减少调整时因为主观因素产生的误差，所选择的参照物要尽可能与评估对象相同。时间上，参照物的交易时间要尽可能接近评估基准日；实物上，参照物和评估对象要尽可能在功能、技术、出厂时间、生产厂家等方面相同或相近；地域上，尽可能与评估对象在同一地区。

（三）市场法的局限性

市场法是相对来说具有客观性的方法，也比较容易被交易双方所理解和接受。

在经济较为发达、市场认知较为稳定的国家，市场法是运用较为广泛的方法。它不仅仅被用于机器设备等单项资产的评估，还被用于包括机器设备在内的企业整体资产评估中。

我国市场对诸如企业价值等资产的认知和反映仍会受到非理性因素的影响，评估专业人员在使用市场法进行资产评估的过程中就需要特别关注可比案例和评估对象在风险、收益方面的差异，深刻把握当前市场价格和资产价值之间的差异性，避免用价格取代价值。

三、收益法

收益法是指通过估测被评估资产未来预期收益的现值，来估算资产价值的各种评估技术方法的总称，要求被评估设备应具有独立的、连续可计量的、可预测的预期收益能力。大部分单项机器设备，一般不具有独立获利能力。因此，单项机器设备通常不采用收益法评估。对于生产线、成套设备等具有独立获利能力的机器设备可以使用收益法评估。其计算公式如下：

$$P = \sum_{i=1}^{n} \frac{R_i}{(1 + r)^i}$$

式中：P为评估价值；R_i为未来第i年的预期效益；r为折现率；n为收益年限；i为年序号。

（一）应用收益法必须具备的前提条件

收益法是依据资产未来预期收益经折现或资本化处理来估算资产价值的，其三个主要参数是：未来净收益额、收益年限和折现率。因此，能否清晰地把握三个参数就成为能否运用收益法的前提。应用收益法必须具备的前提条件是：

（1）未来预期收益可以被预测并可以衡量；

（2）获得预期收益所承担的风险可以被预测并可以衡量；

（3）预期获利年限可以被预测。

（二）收益法的局限性

收益法是从资产获利能力角度来确定资产价值的，较为真实和准确地反映了企业的资本化价值，能够为所有者或潜在投资者提供较为合理的预期，有助于提高投资决策的正确性。但是收益法也存在一定的局限性：

（1）没有收益或收益无法用货币计量及风险报酬率无法计算的资产，无法使用；

（2）含有较大成分的主观性，评估结果较难把握；

（3）需要一定的市场条件，否则一些数据的选取会存在困难。

任务六　机器设备评估依据

任务描述 ●●●

机器设备评估依据是机器设备评估工作得以进行的最有力的根据，通过对机器设备评估依据的学习，有助于全面了解评估业务中能够遵循的评估依据，保证机器设备评估工作的合法、独立、客观、公正。

相关知识 ●●●

机器设备评估作为现代高端服务业，必须得到委托方、相关当事人和全社会的认可。而充分的评估依据和恰当履行的评估程序恰好可以说明机器设备评估合法、独立、客观、公正，正是得到社会认可的重要部分，所以评估机构和评估专业人员在执行评估业务时，一定要有充分的评估依据。机器设备评估依据可以分为：法律依据、行为依据、产权依据和取价依据。

微课

机器设备评估
依据

一、法律依据

中国特色社会主义法律体系越来越完善，以法律保障发展，为全面建设社会主义现代化国家提供了有力的法治保障。机器设备评估也要有充分的法律依据。法律依据是指从事机器设备评估工作的评估机构和评估专业人员应该遵循的有关法律法规依据，主要包括《中华人民共和国资产评估法》（以下简称《资产评估法》）、《资产评估基本准则》等。

《资产评估法》由中华人民共和国第十二届全国人民代表大会常务委员会第二十一次会议于2016年7月2日通过并公布，自2016年12月1日起施行。《资产评估法》的出台不仅弥补了资产评估行业的法律空白，也为整个行业的规范与发展提供了重要的指导，有利于各评估专业机构统一执业标准，也有利于统一落实评估当事人各方的法定责任，更有利于评估机构实现多种专业综合发展，也是评估机构和评估专业人员开展评估业务的最根本的依据。随着国有企业改革的深化和混合所有制经济的发展，国有企业和非公有制企业之间的资产转让、并购、重组、股权交易较为频繁，为防止国有资产流失、维护公共利益、保护各种所有制资本的合法权益，我们也需要依法有序、客观公正的资产评估。

《资产评估基本准则》既是指导和约束资产评估机构和资产评估专业人员的从业规范，又是财政主管部门进行资产评估行政管理的专业依据。资产评估是具有较强专业性的工作，《资产评估基本准则》有利于规范评估专业人员执业行为，提高评估服务质量，增强资产评估行业的公信力。此外，评估过程中还应该遵循其他相关法律、法规，例如《财政部 国家税务总局关于全面推开营业税改征增值税试点的通知》（财税〔2016〕36号）等。

此外，机器设备评估过程中还可能涉及的相关法律、法规、财政部规章或规范文件有：《中华人民共和国公司法》《中华人民共和国政府采购法》《中华人民共和国企业国有资产法》《中华人民共和国拍卖法》《中华人民共和国刑法》《国有资产评估管理办法》《资产评估行业财政监督管理办法》《关于做好资产评估机构备案管理工作的通知》《中国资产评估协会章程》等。

二、行为依据

行为依据是指评估委托人和评估专业人员据以从事机器设备评估活动的依据，主要包括机器设备评估委托合同、委托方公司董事会决议等。评估机构和评估专业人员在取得机器设备评估行为依据后方能开展评估工作。如因特殊情况未能及时取得行为依据，则要采取弥补措施进行弥补，否则不予开展评估业务。

三、产权依据

产权依据是指能够证明被评估机器设备权属情况的依据，主要包括机器设备的汇款凭证、购买合同、购置发票、融资租赁合同等，同时采用与原件核对、向有关登记管理机构查阅登记记录等方式核实查验权属证明的真实性。当产权依据充分，并能够证明被评估设备属于委托方或产权持有人拥有或控制的资产时，评估机构和评估专业人员才能开展评估业务，并且注意收集产权依据作为工作底稿的重要组成部分。

【提示】在实际评估过程中，产权持有人正确填写的固定资产评估明细表，产权持有人提供的有关设备的产权证明文件及技术资料、照片等也是重要的产权依据。

四、取价依据

取价依据是指评估专业人员确定被评估机器设备价值的依据。取价依据分为两大类：其一是产权持有人提供的相关资料，如财务信息、产权证明等；其二是评估机构和评估专业人员在评估过程中收集到的市场资料、成本状况资料、收益状况资料等，如《机电产品报价手册》《机动车强制报废标准规定》（商务部、发改委、公安部、环保部令2012年第12号），机器设备的成交价、重置成本、规模经济效益指数、折现率等。

【提示】不同评估方法所需要的取价依据也不同，市场法的取价依据主要包括：机器设备的成交价格、市场影响因素、时间影响因素、交易情况影响因素、设备实物状况影响因素等；成本法的取价依据主要包括：机器设备的时间利用率、能力利用率、数量利用率、超额运营成本、超额投资成本、使用年限等；收益法的取价依据主要包括：收益额、收益年限、折现率等。

任务七　机器设备评估基准日

任务描述 ●●●

通过对机器设备评估基准日和评估报告日的学习，有助于了解评估基准日在具体的机器设备评估中的重要作用，以及评估基准日和评估报告日的区别，更加明确评估报告日前后评估主体的责任范围。

相关知识 ●●●

一、机器设备评估基准日

（一）机器设备评估基准日的概念和内容

机器设备评估基准日是机器设备评估结论对应的时间基准，评估委托人需要选择一个恰当的设备评估时点，有效地服务于评估目的。

资产评估机构接受客户的评估委托后，需要了解委托人根据评估目的及相关经济行为的需要确定的评估时点，也就是委托人需要评估机构评估机器设备在什么时点上的价值。这个时间点就是机器设备评估基准日。评估基准日起到了规定评估结论所对应的时间基准的作用。

机器设备评估通常是现时性评估，也可以是追溯性评估或预测性评估。不同时间点的基准日会导致不同类型的资产评估业务。

由于实现机器设备评估所服务的经济行为具有时效性，对机器设备评估结论的使用也应该规定一个有效期，超过这个有效期，机器设备评估报告的结论就很可能不能有效、合理地反映评估对象及其所对应的市场状况。

知识链接

现时性评估、追溯性评估、预测性评估的含义

【提示】机器设备评估结论反映评估基准日的价值判断，仅在评估基准日成立，有效期的规定受环境变化的影响。报告使用人根据评估基准日后的变化判断是否有效，而不是人为规定一个有效期。

（二）机器设备评估基准日的选择

机器设备评估基准日的选择一般由委托人根据经济行为实现目的等情况来确定，当委托人不能确定评估基准日时，评估机构和评估专业人员根据评估目的，利用专业知识帮助委托人确定评估基准日。

1.非国有资产评估基准日的选择

非国有资产评估可以根据经济行为性质和对评估结论的使用要求妥善选择评估基准日，委托人选取评估基准日时重点考虑的因素包括：

（1）法律、法规有规定的，从其规定，相关部门有要求的，在不违反评估准则的前提下，可遵照执行；

（2）评估基准日尽可能选会计期末；

（3）有利于现场调查、评估资料收集等工作的开展；

（4）有利于评估结论有效服务于评估目的。

【注意】评估基准日的选择是委托人的责任，评估专业人员可以提供相关专业建议。现时性机器设备评估基准日一般选择在会计主体的结账日，即每月的月底，并且评估基准日应该选择与评估目的相关联的经济行为发生日相近的日期。

2.国有资产评估基准日的选择

如果被评估机器设备属于国有资产，根据国有资产管理的相关规定，国有资产评估备案项目评估基准日应该选择在评估报告使用有效期之前至少4个月；国有资产评估核准项目评估基准日应该选择在评估报告使用有效期之前至少5个月。特殊情况下，经过批准可以低于4个月或5个月，但需要提前申报。

3.评估基准日的选择与评估报告引用其他报告基准日的匹配问题

在评估实务操作中，机器设备评估报告经常需要引用其他专业报告的结论或数据，并且这些专业报告也是具有时效性的，如审计报告，具有审计截止日或报告日，或者其他专业评估报告，如矿权评估报告、土地估价报告，也具有评估基准日（或估价日期、价值时点）。当评估报告引用这些专业报告时，评估专业人员应当关注这些专业报告的时效日与评估基准日的匹配性。

（1）当评估报告引用的专业报告是审计报告时，审计的截止日一般应与评估基准日保持一致。例如，国有资产评估业务的评估基准为2××8年12月31日，则要求为评估服务的审计报告的截止日也应当是2××8年12月31日；上市公司重大资产重组的评估基准为2××7年6月30日，则要求审计报告的截止日也应当是2××7年6月30日。

（2）当评估报告需要引用其他评估机构出具的单项资产评估报告的结论时，拟引用单项资产评估报告的评估基准日、使用限制等应当满足资产评估报告的引用要求。

《关于印发〈企业国有资产评估项目备案工作指引〉的通知》（国资发产权〔2013〕64号）第二十八条规定，资产评估结果引用土地使用权、矿业权或者其他相关专业评估报告评估结论的，应当关注所引用报告评估基准日、评估结论使用有效期等要素是否一致。

【注意】引用其他评估报告时，评估专业人员应该与委托人充分沟通，必要时还应该在评估委托合同中明确约定引用方式及引用责任，并重点关注被引用评估报告的性质、评估目的、评估基准日、评估对象、评估依据、参数选取、假设前提、使用限制等是否满足机器设备评估报告的引用要求。

二、机器设备评估报告日

机器设备评估报告日通常为机器设备评估结论形成的日期。根据资产评估准则的规定以及社会对评估报告的认识惯例，机器设备评估报告日的作用是在评估基准日到评估报告日之间，如果被评估机器设备发生重大变化，评估机构负有了解和披露这些变化以及可能对评估结论产生影响的义务。评估报告日后，评估机构不再负有对被评估资产重大变化进行了解和披露的义务。

评估机构和评估专业人员需要采用适当的方式对评估专业人员撤离评估现场后至评估报告日之间被评估资产所发生的相关事项以及市场条件发生的变化进行了解，并分析判断该事项和变化的重要性，对于较重大的事项应该在评估报告中进行披露，并提醒报告使用者注意该期后事项对评估结论可能产生的影响；如果期后发生的事项非常重大，足以对评估结论产生颠覆性影响，评估机构应当要求评估委托人更改评估基准日重新评估。

任务八　机器设备评估目的和价值类型

任务描述

通过对机器设备评估中与委托方经济行为紧密相关的评估目的和价值类型的学习，有助于全面把握评估目的和价值类型对机器设备价值的重要作用，在评估业务中能够帮助委托方正确选择价值类型，从而为得到科学、合理的评估结果奠定坚实的基础。

相关知识

一、机器设备评估目的

（一）机器设备评估目的的概念

机器设备评估目的是指机器设备评估业务对应的经济行为对机器设备评估结果的使用要求，或机器设备评估结果的具体用途。根据评估业务性质不同，机器设备评估目的分为法定评估目的和非法定评估目的。法定评估通常由法律、法规规定，非法定业务由委托人确定，或者经过委托人与评估机构协商确定。

（二）机器设备评估目的的分类

机器设备评估作为整体企业价值评估的一部分，其评估的目的要服从企业整体价值评估目的，一般包括：企业设立、改制、增资、债权转股权等；机器设备或机器设备组合作为单独评估资产的评估目的有：出资、抵押、转让、保险、涉讼、涉税，以财务报告为目的的公允价值计量、资产减值测试等。

1.机器设备服从于企业整体价值评估的评估目的

（1）非货币性资产出资行为。对作为出资的非货币性资产应当评估作价，核实资产，不得高估或低估作价，如单台设备、机器设备组合等。

（2）整体或部分改制、改建。企业整体或部分改制、改建为有限公司或股份公司，股份公司进行公司制改建，有限责任公司变更为股份有限公司，对改建、变更所涉及的整体或部分机器设备实施资产评估。

企业由有限责任公司变更为股份有限公司时，采用有限责任公司经审计的净资产账面价值折股时需要对有限责任公司用于折股的净资产进行评估。这个评估的实质是核实有限责任公司按照公司法的规定可用于出资资产的市场价值扣除负债后的净资产价值是否不低于其用于折股的审计后的净资产账面价值，其目的是在企业以净资产折股时核实股权/股份的真实性，防止虚折股权/股份的情况发生。

如果国有控股、参股有限责任公司改建股份有限公司过程中，发生引进战略投资者等导致拟改建公司股权结构及比例发生变化的情况，根据国有资产监管要求需要在上述股权结构及比例变化环节，对拟改建公司的整体资产进行评估。

（3）发行股份购买资产。发行股份购买资产是指上市公司通过增发股份的方式购买相关实物资产。其实质是采用非货币性资产对股份公司进行增资的行为。

（4）企业债权转股权。拟转为股权的债权，应进行评估。债权转股权的作价出资金额不得高于该债权的评估值。其实质是债权人采用非货币性资产对其享有债权的公司进行增资的行为。被转股企业为国有非上市公司的，还应按规定对其整体资产进行评估。

2.机器设备或机器设备组合作为评估对象的评估目的

（1）转让定价评估目的。所谓转让定价评估目的就是指资产评估是为标的资产转让定价提供参考。根据国有资产管理法规的规定，国有产权转让、收购非国有资产、资产转让、置换以及以非货币性资产偿还债务等都是涉及资产转让行为目的的法定评估。

知识链接

质押与抵押的区别

（2）抵、质押评估目的。抵、质押评估目的是指按金融、非金融机构要求提供报告，目的是了解抵、质押资产价值。

（3）财务报告评估目的。企业在编制财务报告时，可能需要对某些机器设备或机器设备组合进行评估，这类目的的评估，属于财务报告评估目的的评估。

【注意】财务报告目的的评估不是一项法定评估。企业的会计记录是企业的法定义务，企业是否需要聘请评估机构提供评估服务由企业自主决定。当企业一旦决定委托评估机构承担财务报告目的评估时，评估机构则需要按照会计准则和评估准则的规定进行相关评估操作，还必须遵循在会计准则与评估准则发生冲突时，会计准则优先的原则。如果没有遵循会计准则和评估准则的相关规定，评估机构可能需要承担相应的责任或连带责任。

（4）司法诉讼评估目的。司法评估主要是评估机构接受法院的直接委托，对涉及诉讼或执行的机器设备进行价值评估。司法诉讼评估事项是法院司法判决或执行程序的组成部分。

【提示】司法诉讼目的的评估包括两类：一类是司法评估，另一类是诉讼协助评估。诉讼协助评估是指评估机构接受诉讼当事人或律师的委托，对涉诉资产进行评估的事项，为评估委托人提供诉讼协助服务。这类评估属于当事人根据自己的意愿决定的评估事项。

二、机器设备评估价值类型

（一）机器设备评估价值类型的概念

机器设备评估价值类型是指机器设备评估结果的价值属性及其表现形式，不同价值类型从不同角度反映机器设备评估价值的属性和特征，不同的价值类型所代表的机器设备评估价值不仅在性质上是不同的，在数量上往往也存在着较大差异。

（二）价值类型的种类及选择

1.市场价值

（1）市场价值是在适当的市场条件下，自愿买方和自愿卖方在各自理性行事且未受任何强迫的情况下，评估对象在评估基准日进行公平交易的价值估计数额。市场价值是某一特定日期的时点价值，仅反映了评估基准日的真实市场情况和条件，而不是评估基准日以前或以后的市场情况和条件。市场价值是在公平市场交易中，以货币形式表示的为资产所支付的价格，通常表示为本国货币。机器设备以最恰当的方式在市场上展示，恰当的展示时间使资产能引起足够数量的潜在购买者注意。

知识链接

自愿买方、自愿卖方和公平交易的含义

（2）机器设备评估业务对市场条件和评估对象的使用等并无特别限制和要求，特别是不考虑特定市场参与者的自身因素和偏好，评估目的是为正常的交易提供价值参考依据时，通常应当选择市场价值作为评估结论的价值类型。

【提示】不同的市场可能有不同的市场价值。特别是不同的国家和地区可能形成不同的交易市场，有时甚至在一个国家或地区内可能也存在多个不同的交易市场，评估专业人员在选择市场价值时，还应该同时关注所选择的市场价值是体现哪个市场的市场价值。当被评估机器设备可以在多个市场上交易时，评估专业人员除需要在评估报告中恰当披露所选择的市场价值是哪个市场的市场价值外，还应该说明选择该市场价值的理由。

【学中做6-7】某企业准备以一台设备作为出资在中国设立一家有限责任公司，需要对该设备进行评估。

请问：需要选择何种价值类型？

解析：由于该评估目的是将标的资产用作出资，出资视同交易，该项交易没有设定特定的投资者，也就是没有考虑特定的买方或者卖方的特性，同时也没有考虑任何特定的交易附带条件，因此本案例应该选择市场价值。而且，该案例的评估目的是在中国设立有限责任公司，因此这个"交易"应该视为在我国发生，因此该市场价值应该设定为在中国的市场价值。

2.投资价值

（1）投资价值是指评估对象对于具有明确投资目标的特定投资者或者某一类投资者所具有的价值估计数额，亦称特定投资者价值。

投资价值与市场价值相比，除受到交易标的因素和交易市场因素影响外，其最为重要的差异是受到市场参与者个别因素的影响，也就是受到交易者个别因素的影响。这里的交易者可能是一个特定的交易者，也可能是一类特定的投资者，但是这类特定的投资者一定不是主要的市场参与者，或者其数量不足以达到市场参与者的多数。

只有当把个别因素作为影响评估对象价值的因素考虑进去（通常也影响到了评估结果）的时候，如投资偏好、合并效应、产业链等，这样的评估结论才能称为投资价值。

（2）评估业务针对的是特定投资者或者某一类投资者，也就是当评估中必须要考虑这个或这些特定的市场参与者自身"特性"对交易价值的影响时，则可能需要考虑选择投资价值类型。

特定市场参与者"特性"可能表现为其自身已拥有的资产与标的资产之间形成协同效应，可以获得超额收益；也可能是自身的某些偏好而可以接受一般市场参与者无法接受的交易价值。

无论是哪种情况都需要采用投资价值类型，但是在第一种情况下，评估专业人员可以合理计量协同效应而估算出投资价值；而对于第二种情况，评估专业人员可能无法采用经济学的手段估算出这种投资价值。

在评估实务中，评估专业人员在选择投资价值时通常需要说明选择的理由以及所考虑投资价值包含的与市场价值区别的要素，如发生协同效应的资产范围以及产生协同效应的种类，这是选择投资价值必须要详细披露的内容。

3. 在用价值

微课

在用价值

在用价值是指将评估对象作为企业、资产组合组成部分或者要素资产，按其正在使用方式和程度及其对所属企业或者资产组的贡献的价值估计数额。

被评估设备是企业或者整体资产组中的要素资产，并且在评估业务执行过程中只需要考虑以这些资产未来经营收益的方式来确定资产的价值时，评估专业人员需要选择在用价值类型。

在用价值实际上并不是一种资产在市场上实际交易的价值，而是计量交易价值的一个方面。一项资产在市场上的实际交易价值一定是综合其在用价值和交换价值之后确定的。

4. 清算价值

（1）清算价值是指在评估对象处于被迫出售、快速变现等非正常市场条件下的价值估计数额。清算价值与市场价值相比的主要差异是：

① 清算价值是资产拥有者需要变现资产的价值，是退出价，不是购买资产的进入价；而市场价值没有规定必需的退出价。

② 清算价值的退出变现是在被迫出售、快速变现等非正常市场条件下进行的，这一点与市场价值相比也是明显不同的。

知识链接

快速清算价值、有序清算价值、原地复用清算价值的含义

【提示】清算价值是一种价值类型，与以清算为目的的评估有联系而又不是直接对应关系，它强调以"被快速变现或被强制出售"为前提条件。如果企业因经营期满需进行清算，评估是以清算为目的，但企业拥有的机器设备因处于某一繁华地段并不需要进行快速变现或被强制出售，则不宜选择清算价值类型，可以选择市场价值类型。

（2）当评估对象面临被迫出售、快速变现或者评估对象具有潜在被迫出售、快速变现等情况时，评估专业人员通常应当选择清算价值作为评估结论的价值类型。机器设备评估的清算价值可以分为：快速清算价值、有序清算价值、原地复用清算价值。当选择清算价值时，评估对象一般是处于强制清算过程中的。

5.残余价值

（1）残余价值是指机器设备、房屋建筑物或者其他有形资产等的拆零变现价值估计数额。对于机器设备，是指其整体无法正常工作，但其部分结构或零部件还能被重新利用的价值，例如某电动机因能耗过高而被强制淘汰，但是其定子、线圈还能被别的电动机使用，这时的定子和线圈就具有残余价值。

（2）当评估对象无法或者不宜整体使用时，也就是其整体已经不具有使用价值，但是如果改变其计量单元，将计量单元缩小至零部件后，还可以具有使用价值时，评估专业人员通常应当考虑评估对象的拆零变现，并选择残余价值作为评估结论的价值类型。

【提示】除上述价值类型外，机器设备还有报废价值，机器设备的报废价值是指设备只有金属回收利用的价值。

【学中做6-8】党的二十大报告指出："我们坚持绿水青山就是金山银山的理念。"为了紧紧响应党的号召，某工厂将拥有的一台燃煤式锅炉，按照国家有关政策需要关停。设备不能异地使用。现需要对该燃煤式锅炉进行清算目的的评估。

请问：应该如何选择价值类型？

解析：该燃煤式锅炉不能续用，需要整体报废，但是该锅炉的部分设备或许还可以继续被利用，如压力表、报警器、锅筒等，存在继续使用价值，也就是说锅炉整体需要报废，但是部分部件还有使用价值，在这种情况下，可以选择残余价值类型。

【学思践悟】优秀的企业文化是现代企业集团持续稳定发展不竭的动力和灵魂。中国船舶工业集团公司作为特大型军工企业，政治上要保证党中央的方针政策能畅通无阻地执行，经济上要保证国有资产保值增值。建设卓越的军工企业文化，是中国船舶工业集团公司广大干部职工永恒的追求。

企业文化是根植于企业土壤，与企业共生共息的特有的一种产物。中国船舶工业集团公司所属单位大多数是历经了几十年甚至上百年风雨的军工企业。长期的革命传统教育和特别能吃苦、特别能战斗、特别能攻关、特别能奉献的新时期军工精神，铸就了中国船舶工业集团公司企业文化的基础。

资料来源：中国船舶工业集团公司360百科.

项目小结

本项目是机器设备评估业务的重要内容之一，阐述了评估过程中涉及的相关当事人、评估目的、价值类型、评估方法、评估报告等内容。

评估主体在进行评估过程中，要与相关当事人约定评估相关事项，运用自己的权利来履行自己的义务，帮助委托方确定评估目的、价值类型、评估范围。根据评估依据，运用恰当的评估方法，对被评估机器设备进行评估，并撰写评估报告，同时为了保证评估报告的质量，评估机构要做好内部审核，随时接受相关管理部门的外部审核。

本项目框架结构如图6-1所示。

评估主体	谁来评估	资产评估机构及其评估专业人员
评估客体	评估什么	被评估的资产，即评估对象
评估依据	凭什么	法律、法规、经济行为文件、重大合同协议等
评估原则	坚持什么	工作原则、经济技术原则
评估目的	作何用	资产评估结果具体用途
价值类型	质的规定	对资产价值的质的规定
评估方法	特定技术	分析和判断资产价值的手段和途径
评估程序	怎么做	资产评估工作从开始到结束的顺序
评估假设	前提条件	资产评估得以进行的前提条件

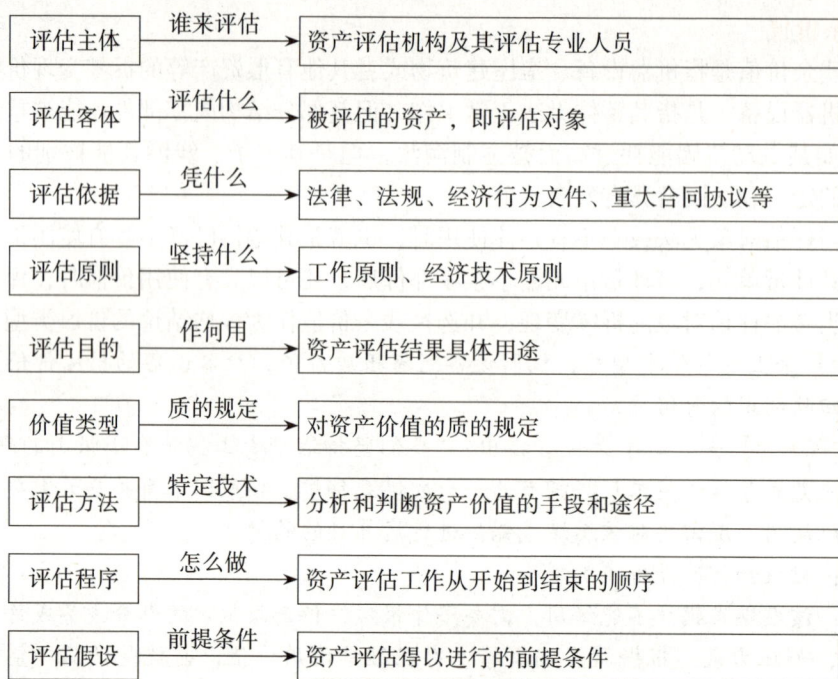

图6-1　本项目框架结构

项目综合实训

一、实训目标

通过对机器设备评估相关事项的实验操作训练，使同学们能够熟练掌握机器设备评估相关事项选择和确定的基本内容和方法，能够独立组织和机器设备相关事项约定工作。

二、实训项目与要求

1.实训组织

（1）实训指导教师将学生分成若干组，每组8人左右，每组指定组长并明确目标和任务；

（2）分组开展业务训练，发挥小组的集体智慧和成员的主观能动性，写出实训过程和结果；

（3）由小组指定成员总结汇报实训活动。

2.实训项目

机器设备评估相关事项的选择与确定的实训。

3.实训要求

熟练掌握机器设备评估相关事项的选择和确定的基本内容和方法。

三、成果与检测

1.同学们自我总结机器设备评估相关事项的选择和确定的基本内容和方法的经验，各组组长组织同学们自评与互评，提出实训建议、成绩。

2. 组长撰写小组实训报告，在班级进行交流汇报，教师汇总实训所取得的成绩和存在的问题，提出今后的改进措施。

3. 根据学生自评、互评情况和组长的建议，确定学生的实训成绩。

项目七

机器设备评估程序

知识目标
1. 掌握机器设备评估程序基本内容；
2. 掌握机器设备评估程序履行要求及目的；
3. 掌握机器设备评估程序主要工作步骤；
4. 掌握机器设备评估程序受限处理的相关内容；
5. 掌握现场调查的内容、手段和方式、现场调查工作受限的处理。

能力目标
1. 会用机器设备评估程序履行要求分析评估案例程序履行情况；
2. 会运用处理机器设备评估程序受限的方法；
3. 会用不同方法进行现场调查分析。

素养目标
1. 树立程序意识，一切按程序、规定执行，用程序、法律来约束自己的行为，尊重权利，尊重法律，尊重程序，追求公正；
2. 培养热爱劳动，注重实践，热爱科学，勇于创新精神；
3. 发展观测、感受、体验、参与社会公共生活的能力，形成同他人交往和沟通的能力。

项目导入

如何评估宏发科技发展公司拥有的大功率电热转换体？

宏发科技发展公司于2010年5月10日自行开发了一项大功率电热转换体及其处理技术，预计该设备可使用10年，使用5年后，准备于2015年5月10日将该设备出售给郊区利都乡镇企业。某资产评估事务所准备接受宏发科技发展公司的委托，那么该事务所的评估专业人员该怎样进行评估？评估专业人员应该了解该大功率电热转换体有何特殊情形？该评估机构是否能拥有大无畏的胆略和气魄："敢为天下先。"不因循守旧，墨守成规，死守教条，在机器设备评估上蹚出一条新的道路来呢？

请思考： 评估专业人员和宏发科技发展公司需要对哪些内容进行沟通？接受委托前需要了解什么？评估时要履行哪些评估程序？

启示： 创新是一个民族的灵魂，是一个国家兴旺发达的不竭动力。创新的品质包括人在世界观、情感态度、心理特征、行为习惯等方面具有独立精神、自信心、好奇心、探索意识、冒险精神等。通过项目导入，使学生在掌握机器设备评估程序的基础上，通过思考案例差异，改进评估程序的固有形式，形成独立思考的能力，促进创造性潜力的发挥。

任务一　认知机器设备评估程序

任务描述

机器设备评估程序是评估机构和评估专业人员在执行评估业务时所履行的系统性工作步骤。机器设备评估程序是评估行为合法的依据，是机器设备评估报告质量的有力保障，也是防范评估风险的重要手段之一。通过对机器设备评估程序的学习，有助于对评估工作过程的全面认识、了解，以便在评估中能认真履行程序，在保证评估质量的前提下，将评估风险降到最低。

相关知识

一、机器设备评估程序的概念和内容

机器设备评估程序是指机器设备评估机构及机器设备评估专业人员执行机器设备评估业务所履行的系统性工作步骤。机器设备评估作为资产评估中专业性强、情况复杂、工作量差异较大的一类，在评估中应该遵循评估程序，分步骤、分阶段实施。机器设备评估程序主要经历三个阶段：机器设备评估准备阶段、机器设备评估实施阶段和机器设备评估完成阶段。具体如下：

（一）机器设备评估准备阶段

机器设备评估准备阶段的主要任务是根据评估项目的情况，在明确机器设备评估业务的基本事项的基础上签订委托合同，并制订设备评估计划。它包括：（1）明确业务基本事项；（2）订立业务委托合同；（3）编制机器设备评估计划。

（二）机器设备评估实施阶段

机器设备评估实施阶段是设备评估工作的核心，在对机器设备进行现场勘查的基础上，收集评估对象的资料，对资料进行整理、分析，形成设备评估技术经济参数，通过合适的评估方法得到评估结论。它包括：（1）进行评估现场调查；（2）收集整理评估资料；（3）评定估算形成结论。

（三）机器设备评估完成阶段

机器设备评估完成阶段的主要任务是撰写、审核、出具评估报告，收集资料形成档案。它包括：（1）编制出具评估报告；（2）整理归集评估档案。

不同的机器设备评估业务的具体工作步骤有差异，但是评估机构和评估专业人员不得随意删减、更改基本评估程序。在具体的评估业务中，如果由于国家法律法规规定、客观条件限制等原因无法按照基本程序进行评估，则需要采取措施来弥补程序缺失，若无法弥补，需要考虑终止评估业务。在履行评估基本程序时，评估机构和评估专业人员要进行资料收集，形成工作底稿和档案。

二、机器设备评估程序执行基本要求

（一）建立健全机器设备评估程序制度

由于机器设备种类繁多，单位价值量大，技术性能、用途差别大，分布在各行各业，使用情况千差万别，评估过程也不尽相同，评估机构和评估专业人员要在机器设备评估基本程序的基础上进一步根据实际评估需求细化评估程序，形成属于自己的机器设备评估程序制度，并不断完善。

（二）对于无法完成的评估程序要作出披露

面对设备放置地点的特殊性、法律保护、商业秘密等情况，评估机构和评估专业人员无法对机器设备履行所有的评估程序的，要与委托方协商相应的弥补措施，如果程序无法弥补，但也不会对评估结果造成重大影响，则要在评估报告中作出披露。如果机器设备评估程序无法履行，也无弥补措施，同时可能对评估结果有重大影响，则评估机构应当终止评估委托合同，并且停止评估工作。

（三）机器设备评估程序的实施要形成底稿和档案

机器设备评估程序的实施是体现评估机构和评估专业人员进行机器设备评估工作的重要证据，评估机构和评估专业人员要不断收集评估程序实施过程中的资料和工作记录，并形成工作底稿和档案，以备上级管理部门查阅核实，同时丰富机构评估资料。

三、机器设备评估程序的重要性

（一）机器设备评估程序是评估行为合法性的重要保证

资产评估法对评估机构和评估专业人员在履行评估程序的业务委托、评估报告的出具、报告的使用等方面提出要求，评估机构和评估专业人员未执行评估程序，将可能导致违反法律而承担相应的法律责任。例如评估专业人员在评估某一设备时，发现该设备存放地点较远，就以委托方提供的资料作为评估依据，而未履行现场调查程序，导致最终评估结果与设备实际市场价相差较大，给委托方造成较大损失，则该评估机构和评估专业人员将要承担法律责任。

(二) 机器设备评估程序是评估业务质量的重要保证

履行机器设备评估程序是保障机器设备评估结论合理的要求。评估机构和评估专业人员必须严格履行评估程序，才能保证评估结论的合理性，有效服务于评估目的。机器设备评估程序可以减小因评估专业人员或者评估机构水平不同而导致的评估结果的差异，从而最大可能地保证机器设备评估质量。

(三) 机器设备评估程序是评估机构和评估专业人员防范风险的重要手段之一

随着评估行业的发展，评估机构和评估专业人员与其他当事人之间就评估服务引起的纠纷和法律诉讼越来越多，由于评估工作的专业性和举证方面存在的巨大困难，所以司法部门更倾向于追究资产评估机构和评估专业人员履行评估程序方面的疏漏和责任。因此，履行机器设备评估程序是评估机构和评估专业人员防范风险的重要手段之一。

(四) 机器设备评估程序是提高行业公信力的重要保障

机器设备评估机构是独立于经济利益双方的第三方，要取得利益双方和社会的信任，提高评估服务公信力，必须履行机器设备评估程序。同时，恰当履行评估程序对于提高评估机构业务水平乃至整个资产评估行业的业务水平具有十分重要的意义。

任务二　明确业务基本事项

任务描述

明确机器设备评估业务基本事项是评估业务得以进行的前提，机器设备评估业务的基本事项包括：明确委托人、产权持有人、其他报告使用人、评估对象、评估目的、价值类型、评估假设等。通过对机器设备评估业务基本事项的学习，有助于对评估工作过程中所涉及的相关人和相关事进行了解，从而保证评估业务顺利进行。

相关知识

一、明确委托人、产权持有人和委托人以外的其他评估报告使用人

(一) 明确委托人、产权持有人的基本情况及两者之间的关系

机器设备评估中，委托人和产权持有人可以是自然人、法人或者其他组织，评估机构和评估专业人员要尽可能全面地了解委托人和产权持有人的基本情况，包括：委托人及产权持有人全称、性质（企业、个人等）、所属行业、拥有的机器设备种类、数量、经营范

围等。

机器设备评估中，委托人和产权持有人可以是同一个主体，也可以是不同主体。当委托人和产权持有人是同一主体时，要着重提出配合提供资料的要求，明确评估责任；当委托人和产权持有人不是同一主体时，要明确两者之间的关系，估计产权持有人配合的可能性和提供资料的全面性，并进一步确定因现场调查等评估程序受限的情况。

（二）明确评估报告使用人

机器设备评估中，委托人是评估报告使用人之一，除此之外，产权持有人、银行、法院及国家其他监督管理部门都有可能成为评估报告使用人。评估机构应要求委托人明确机器设备评估报告的所有使用人和评估报告的使用方式，并且要体现在委托合同中。明确机器设备评估报告的所有使用人和报告使用方式一方面可以使评估机构和评估专业人员更准确地根据报告使用人的需求进行评估；另一方面可以尽最大可能地规避来自报告使用人的风险。

（三）了解委托人与相关当事人之间的关系

评估机构洽谈人员应当清晰了解委托人与产权持有人、委托人与其他评估报告使用人、产权持有人与评估报告使用人之间的关系。

一般情况下，委托人与产权持有人存在某种关系，比如委托人为被评估企业或被评估资产的股东、投资方、融资银行、债权人、管理层等。

当评估业务委托人与评估对象的产权持有人不是同一主体时，了解委托人与相关当事人的关系就非常必要。这通常关系到评估业务有关资料收集与现场调查等工作的配合程度。

如果在委托环节了解到委托人与被评估单位没有投资关系或不是关联方，评估机构洽谈人员就应该考虑是否在委托环节重点提出有关的配合问题，以引起委托人的重视并明确责任。同时，还要评价委托人对被评估单位的协调能力和对评估配合要求的响应能力，避免在委托人配合力度很弱的情况下，评估专业人员不能完成现场调查和资料收集等评估程序，无法形成可靠的评估结论。

因此，第三者委托评估机构对拟评估资产进行评估，一般应事先通知产权持有人、资产管理者或征得资产管理者的同意，这往往是执行评估业务的先决条件。

二、机器设备评估目的

机器设备评估目的应该由委托方提出并确定，但是在实际评估过程中，评估委托方不知道评估目的或者不知道如何表达，评估机构或者评估专业人员可以帮助委托方并与委托方就机器设备评估目的达成明确、清晰的共识，同时尽可能取得评估目的的确定书面证明材料。评估机构洽谈人员应当详细了解委托人具体的评估目的及与评估目的相关的事项，如评估目的的依据、评估目的的相关方、计划实施的经济行为及其对评估目的的要求、经济行为的审批情况、经济行为的进展等，并尽可能从委托人处取得经济行为文件、合同协议、商业计划书等与评估目的相关的资料。

三、评估对象基本状况

评估机构洽谈人员应当与委托人沟通，了解委托人拟委托评估的评估对象和评估范围，并结合评估目的，理解评估对象和评估范围，同时考虑评估对象和评估范围与经济行为的匹配性，对评估对象和评估范围予以界定。评估范围的界定应当服从于评估对象的选择。

在对评估对象和评估范围予以界定后，评估机构洽谈人员还应当对评估对象的基本情况予以初步了解，如企业所属行业、经营范围、资产和财务概况、企业长期股权投资的数量和分布、法律权益、经济状况和实物状况，如设备型号、结构、使用状况、工艺流程、加工范围等。

通过了解，为判断资产评估可能的工作量、复杂程度和评估机构及人员的胜任能力，进行评估服务报价和风险评价提供必要的参考。评估机构洽谈人员凭借对评估目的的把握和专业经验，建议委托人合理确定评估范围，并要求所委托评估资产的评估范围与评估目的相适应。为明确责任，避免日后产生纠纷，应当由委托人（或经其授权的被评估资产产权持有人或被评估企业）就具体评估对象所对应的评估范围明细清单进行确认。

四、价值类型

评估机构和评估专业人员在明确设备评估目的的基础上，根据资产评估准则，确定恰当的价值类型，保证所选价值类型适用于设备评估目的，并与委托人就价值类型达成一致，避免出现歧义和误导。影响价值类型选择的因素有很多，包括机器设备自身的功能、使用方式、市场条件等，但评估目的是根本。

五、评估基准日

评估基准日的选择一般由委托人根据经济行为实现目的等情况来确定，评估机构和评估专业人员根据评估目的，利用专业知识帮助委托人确定评估基准日，并尽可能与评估目的的实现日接近。评估基准日要确定到某一天，否则评估工作会因为资产的价值时刻变动而无法进行。评估基准日可以是过去、现在、将来的一天，评估基准日一经确定，一切取价标准均应为评估基准日这个时点有效的价格标准。

六、机器设备评估受限情况和重要假设

评估机构和评估专业人员在了解评估设备的基本情况时，还应该充分掌握对设备评估有重要影响的受限情况和重要假设，以便对评估风险进行必要的把控，提供更好的专业服务。

七、其他需要明确的基本事项

除以上需要明确的机器设备评估的基本事项外，评估机构和评估专业人员还要对以下其他重要事项进行明确：

（一）评估服务费及支付方式

评估机构和评估专业人员在承接设备评估业务前提出评估收费标准及报价，就评估服务费用和委托方达成一致，并确定支付方式，如一次付款、分阶段付款等。

微课

明确业务基本
事项

（二）评估报告交付日期和交付方式

评估机构和评估专业人员与委托方就评估报告的交付日期和交付方式进行沟通并确定，评估报告交付日不确定为某一天，一般确定为开始现场工作、委托人提供必要资料后的一定期限内。

（三）产权持有人的配合与协助

评估机构和评估专业人员应就评估工作配合、协助等事情与委托方进行沟通，包括落实资产清查申报、提供资料，配合现场及市场调查，协调与相关中介机构的对接和交流等。

任务三　资产评估业务委托合同

任务描述

资产评估业务委托合同是约束委托方和被委托方的行为依据，是评估业务能够完成的重要保障。通过对资产评估业务委托合同的学习，有助于对评估委托合同的意义、内容、订立、终止和解除有全面认识，以便在评估中能根据委托合同认真履行义务，保障权利。

相关知识

一、资产评估业务委托合同的概念

资产评估业务委托合同是指评估机构与委托人订立的，明确评估业务基本事项，约定评估机构和委托人权利、义务、违约责任和争议解决等内容的书面合同。

我国宪法和法律从各个方面规定了公民的权利义务，人们在法律规定的范围以内，有着极为广阔的自由活动天地。根据《资产评估法》的规定，资产评估业务委托合同是由评估机构和委托人签订的，评估人员不得以个人的名义签订合同，评估委托合同属于评估领域的经济合同，具有《民法典》所规定的合同基本属性。

二、机器设备评估业务委托合同的主要内容

法律最主要的精神即强调权利与义务的统一性。公民要正确对待权利义务关系，既要依法行使法律赋予公民的权利，也要履行法律赋予公民的义务，在享有个人所拥有的权利时，不忘记尊重和承认他人的合法权益，不忘履行对国家、对社会、对他人的义务。评估业务委托合同须符合国家相关法律法规和资产评估准则的规定，合同内容要全面、具体、含义清晰，主要包括以下内容：

（1）资产评估机构和委托人的名称、住所、联系人及联系方式。评估机构和委托人是合同签约的主体，应准确列明签约各方的名称或者姓名和住所。

（2）资产评估机构和委托人的其他权利和义务。所有合同均须具备的条款。

（3）评估目的。评估目的说明为什么要进行机器设备评估，评估是为何种经济行为服务的。机器设备评估委托合同载明的评估目的应当表述明确、清晰。

（4）机器设备评估对象和评估范围。评估对象是评估的客体，是评估标的，是当事人权利、义务指向的对象。标的是合同的基础。评估范围是评估对象的具体化。不同的评估对象和评估范围所产生的评估结果不同，其所采用的评估方法也不完全相同，所以，需要在合同中约定评估对象和评估范围。

（5）评估基准日。评估基准日是确定评估对象价值的时点，也是评估结论成立的时点。资产的价值可能随着时间的变化而变化，不同的评估基准日可能产生不同的评估结果。

（6）机器设备评估报告提交期限和方式。

（7）机器设备评估报告使用范围。评估委托合同中要明确写明：机器设备评估报告使用范围，包括机器设备评估报告使用人（委托人、其他约定使用者、法律规定的使用者），机器设备评估报告用途，评估结论的使用时效和报告引用与披露。其目的主要是防止机器设备评估报告被滥用，降低执业风险，加强风险管理。

（8）评估服务费总额或支付标准、计价货币种类、支付时间和方式。评估服务费实行市场调节价，由评估机构和委托人协商确定，可以约定为服务费总额，也可以约定为支付标准（按被评估设备价值的一定比例收取）。明确资产评估服务费未包括的与资产评估服务相关的其他费用的内容及承担方式。

知识链接

协商设备评估
费用及相关
事项考虑因素

（9）签约各方的违约责任、合同履行过程中产生争议时解决的方式和地点。

（10）合同当事人签字或者盖章的时间和地点。

评估服务费是评估机构为委托人提供评估服务收取的费用，实行市场调节价，由评估机构和委托人协商确定。评估服务费既要约定支付额，也要约定支付时间。其中支付额可以约定为服务费总额，也可以约定为支付标准。支付标准通常适用于按提供服务时间收取费用的情形，例如，约定参与资产评估项目的相关级别人员的单位工时收费标准，最后按确认的服务工时结算。协商时主要考虑以下因素：①资产规模和资产分布情况；②评估机构拟投入的人力资源、耗费的工作时间以及不同人力资源的综合成本；③评估业务的难易程度；④评估机构和评估专业人员可能承担的风险和责任；⑤评估机构和评估专业人员的社会信誉和工作水平等。

评估机构可以根据项目特征、委托人信用等因素，约定委托人一次性支付或者分期支付评估服务费。基于投入成本的进度考虑，评估机构可以要求委托人按照评估服务进度，采用分期付款的方式支付评估费。比如可以约定在评估专业人员开始现场调查、提供评估报告征求意见稿、提交正式评估报告等节点，委托人按照一定比例支付评估服务费。

由于资产评估机构及评估专业人员无法左右委托人经济行为的进程，也没有承担保证经济行为按期实现的义务，因此评估服务费的支付不应当与委托人经济行为是否完成相联系。

订立评估委托合同时尚未明确的内容，评估委托合同签约方可以采取订立补充合同或法律允许的其他形式作出后续约定。

三、机器设备评估业务委托合同的订立

机器设备评估业务委托合同由评估机构和评估委托人签订，并在签名盖章后生效。在实际评估中，评估机构或者委托人可以授权内部人员进行合同签订，但是要有对方法人书面委托书方能生效。如果未能及时签订委托合同，评估机构应评价其带来的风险，如：对客户的履约及诚信能力进行必要的风险评价、通过法律允许的必要形式取得客户对其先行开展评估业务的请求或确认依据等，保护自身合法权益。

司法鉴定或其他特殊业务建立评估委托关系所采用的文书并不一定使用资产评估业务委托合同的形式，对此资产评估委托合同准则规定，以其他形式建立委托关系的应符合法律要求。

四、机器设备评估业务委托合同提前终止及解除

《资产评估法》的第十八条和第十九条分别赋予了资产评估机构在法定情形下可以拒绝履行或单方解除资产评估业务委托合同的权利，包括：

（1）委托人和其他相关当事人如果拒绝提供或者不如实提供开展资产评估业务所需的权属证明、财务会计信息或其他相关资料，资产评估机构有权拒绝履行资产评估业务委托合同。

（2）委托人要求出具虚假资产评估报告或者有其他非法干预评估结论情形的，资产评估机构有权单方解除合同。

（3）非资产评估机构及其评估专业人员原因，导致资产评估业务委托合同提前解除的其他情形：①委托人提前终止资产评估业务、解除资产评估业务委托合同；②因委托人或相关当事人原因导致资产评估程序受限，资产评估机构无法履行资产评估业务委托合同，在相关限制无法排除时资产评估机构单方解除资产评估业务委托合同。

（4）合同终止履行、解除时，委托人应该支付评估机构已经开展的评估工作服务费。

任务四　机器设备评估计划

任务描述

机器设备评估计划是指评估机构和评估专业人员为执行机器设备评估业务，拟定的设备评估的工作思路和实施方案。通过对机器设备评估计划的学习，根据评估业务特点学会合理安排评估步骤、评估时间进度、工作人员和技术方案规划，尽可能按照计划执行评估业务，如果有特殊情况，要学会及时调整计划。

相关知识

一、机器设备评估计划的概念

明确了机器设备评估的基本事项，签订委托合同后，为了更加高效、高质量地完成评估项目，评估机构和评估专业人员应该拟订机器设备评估计划，用以指导评估项目的具体实施。机器设备评估计划是指评估机构和评估专业人员为执行机器设备评估业务，拟定的设备评估的工作思路和实施方案，设备评估计划一般应包含评估步骤（主要指现场调查、收集评估资料、评定估算、编制评估报告等）、时间进度、人员安排、技术方案规划。

二、机器设备评估计划的编制

资产评估机构决定受理评估业务之后，评估专业人员即可在了解资产评估业务基本事项的基础上，根据资产评估设备的具体情况编制评估计划，并合理确定评估计划的繁简程度。机器设备评估计划一般在项目正式开展前完成编制。

编制设备评估计划需考虑的主要因素包括：

（1）设备评估目的以及管理部门对设备评估开展过程中的管理规定；

（2）设备评估业务风险、评估项目的规模和复杂程度；

（3）被评估设备所属行业，市场情况等；

（4）评估项目所涉及机器设备的结构、类别、数量及分布状况；

（5）委托人及相关当事人的配合程度；

（6）相关资料收集状况；

（7）委托人、评估对象产权持有人（或被评估单位）过去委托资产评估的情况、诚信状况及其提供资料的可靠性、完整性和相关性；

（8）评估专业人员的专业能力、经验及人员配备情况；

（9）与其他中介机构的合作、配合情况。

三、机器设备评估计划的主要内容

（一）评估实施过程

评估实施过程主要包括：现场调查、评估资料收集、评定估算、编制和出具评估报告。确定具体评估步骤时，应当明确以下因素：

（1）评估项目的背景和相关条件，包括评估目的、评估对象和评估范围、价值类型、评估基准日、本次评估操作的重点和难点、参与本项目的其他中介机构等。

（2）采用的评估方法。

（3）资产清查的工作重点及具体要求，如：现场调查工作目标、现场调查工作总体时间安排、现场调查主要工作内容、现场调查的协调方式等内容。

（4）与参与本项目的审计、律师等其他中介机构的对接安排及注意事项等。

微课

机器设备评估
计划内容

（二）设备评估时间进度安排

明确资产评估实施的时间进度安排，有利于对资产评估工作进度的跟踪，以保证在报告提交期限内提交报告。资产评估专业人员编制资产评估计划时，应当结合评估报告提交期限、评估业务实施的主要过程的具体步骤（现场调查、收集评估资料、评定估算、编制评估报告）、业务实施的重点和难点等来制定评估业务实施的进度安排。

（三）设备评估人员安排

合理的时间和人员安排是评估得以按时高质量完成的重要保障，对设备评估专业人员进行安排时，主要考虑被评估设备总规模、设备的地理分布等，还要考虑评估实施过程和时间要求等。

四、资产评估计划的调整

资产评估项目的执行是一个复杂、动态的过程，如果原编制的评估计划不能适应项目要求，资产评估机构应当对评估计划进行必要的调整。

导致评估计划调整的原因可以归纳为两大类：一类是评估工作本身遇到了障碍，出现了在编制评估计划时没有预料到的操作层面或者技术层面的情况，造成评估工作未能按照原计划推进，需要调整评估计划。如由于前期资料收集不齐全、现场调查受到限制或委托人提供资料不真实，工作推进后发现需要进一步补充资料和增加现场工作时间，造成未能按计划完成进度，这属于操作层面的情况；如果出现了未预料到的资产类型或者业务形态，导致原计划的评估技术思路无法满足需要，从而对评估专业人员和评估重点进行调整，这属于技术层面的情况。另一类通常是由于委托人经济行为涉及的评估对象、评估范围、评估基准日发生变化而导致的评估计划的调整。比如，由于上市公司重大资产重组方案发生改变，导致评估范围出现重大调整，原来的部分标的公司不再纳入重组范围，并且还新增加了部分标的公司。

遇到需要调整评估计划的情况时，资产评估专业人员应尽快与委托人、其他相关当事人进行沟通，根据已确定的方案及时调整评估计划。调整计划时，往往涉及对评估专业人员进行调整、对部分评估工作作出重新安排、对评估技术方案进行修正等。调整计划要兼顾评估效率和工作质量的原则，充分利用已有的工作成果，将评估计划调整导致的成本降低到最低水平。

【注意】机器设备评估计划并不是最终的执行方案，机器设备评估项目执行过程中，往往会出现与计划不同的情况，继续执行原计划，可能影响评估质量甚至不能完成评估，此时，评估机构和评估专业人员应当对评估计划进行必要的调整。

任务五　进行评估现场调查

任务描述

现场调查是了解机器设备实物、产权、维修、保养、技术更新、技术改造等情况的重要手段，也是其他评估程序所不能替代的重要程序。通过对机器设备评估现场调查的学习，掌握现场调查的内容和不同评估方法的适用范围情况，学会如何处理现场调查受限的特殊情形。

相关知识

一、现场调查的重要性和内容

（一）现场调查的重要性

现场调查是了解机器设备实物、产权、维修、保养、技术更新、技术改造等情况的重要手段。评估机构和评估专业人员要对被评估设备的价值进行准确判断，必须以真实、可靠的设备资料为基础，现场调查可以通过法律允许范围内的手段直接获取被评估设备的全面、真实、可靠的资料，为评估资产的准确价值奠定良好的基础。

【注意】现场调查是了解机器设备情况的重要方法，是其他方法不能替代的。

（二）现场调查的内容

1.了解被评估设备的现状

（1）核实设备实物情况，就是了解设备名称、生产厂家、规格型号、安装地点、规定使用年限、购置日期、启用日期、已经使用年限、设备使用状况、设备维修情况等。

（2）核实设备技术状况，主要是对设备的生产工艺、产品进度、废品率和能源消耗情况进行检查，从而判断设备是否存在工艺、技术和功能落后或者不完整的情况。

（3）核实设备数量情况，主要是对实有设备数量、已安装设备数量、未安装设备数量、已使用设备数量、未使用设备数量和融资租入设备数量等进行存在性的核实。

（4）核实设备质量情况，主要是了解设备的制造质量，设备的工作环境、条件对设备使用的影响，设备的附属设备情况。

（5）核实设备的磨损程度，主要是了解和掌握设备的有形磨损，如振动、摩擦造成的表面精度下降，腐蚀、锈蚀造成的设备掉漆、脱皮等。

【提示】机器设备可以通过实地查看、核查合同、盘点、函证等方式核实其存在性，了解设备的现状。

2.了解被评估设备的法律权属

机器设备的法律权属包括所有权、使用权、抵（质）押情况、融资租赁情况。设备的权属状态不同，设备的价值通常也不相同。例如，企业融资租入设备不属于企业所有，但是企业拥有对该设备的使用权，该设备的价值不同于企业拥有的其他同种设备。在现场调查时，评估专业人员应当取得被评估设备的权属证明，例如购买合同、购置发票、付款证明等，同时采用与原件核对、向有关登记管理机构查阅登记记录等方式核实查验权属证明的真实性。

二、现场调查的方式

（一）全面调查

全面调查是指对纳入评估范围的所有机器设备进行逐项调查，包括对设备的实物状况和法律权属资料核实。采用这种方法，评估专业人员要依据委托方提供的资产清单，对所有被评估设备进行逐台的清点、核实。

当存在下列情形时，应当考虑进行全面调查：

（1）评估范围内设备数量少、单台设备的价值量大；

（2）设备存在管理不善等风险，产权持有人或被评估单位提供的相关资料无法反映设备的实际状况，并且从其他途径也无法获取充分、适当的评估证据。

（二）抽样调查

抽样调查是指按一定程序在纳入评估范围的全部设备中抽取部分有代表性的机器设备进行调查，并以此对全部设备作出推断的过程。当无法或不宜对评估范围内所有机器设备进行逐项清查的情况下，可以考虑使用抽样调查，例如当设备数量较多时，可以将设备分成几组，每组设备间的差异性较大，而组内表现出同质性，然后采用抽样调查。采用这种方法，需要充分考虑并估计抽样带来的风险，以及抽样误差对评估结果的影响。机器设备抽样调查的方法有：简单随机抽样、整群抽样、分层抽样、重点抽样等。

【注意】如果采用抽样方式对设备进行调查，则需要在评估报告中进行披露，并说明理由。

三、现场调查工作受限及处理

（一）现场调查工作受限

现场调查是评估机构和评估专业人员获得被评估设备的全面、准确信息的重要手段，但是在实际调查时，经常会因为客观原因无法进行现场调查，为了不影响评估工作正常进行，需要采取弥补措施，保证设备评估程序和方法的合理性。

现场调查受限的原因可以划分为设备自身原因和相关当事人原因。

1.设备自身原因

资产自身原因导致的现场调查受限是指由于机器设备存放地点（如深埋管线、空中架设输配电线路、海上航行的船舶）、法律限制（涉及商业、国家秘密）和其他（技术手段限制、诉讼保全限制）等导致评估专业人员无法采用常规的调查技术手段对设备的数量、质量等进行实地勘查的情形。

2.相关当事人原因

相关当事人原因导致的现场调查受限通常包括委托人或者其他相关当事人不提供设备明细资料、产权持有人或者被评估单位不配合进行现场调查工作等导致的现场调查受限。

（二）现场调查工作受限的处理

（1）应重点考虑以下因素，判断是否继续执行或中止评估业务：①所受限制是否对评估结果合理性或评估目的所对应经济行为构成重大影响；②能否采取必要措施弥补不能实施调查程序的缺失。

（2）满足下列情形之一的终止执行评估业务：①无法采用替代措施对被评估设备进行

勘查核实；②即使履行替代程序，也无法消除其对评估结论产生重大影响的事实。

【注意】如果履行替代程序后，不会导致评估结论受到较大影响，则可以继续执行评估业务，但是需要在评估报告中进行适当披露。

任务六　收集整理评估资料、评定估算形成结论

任务描述

现场调查后，评估主体会收集到很多评估资料，这些资料可能与评估对象有关，也可能无关，如何对这些资料进行整理和辨别真伪呢？通过对机器设备评估的资料收集与整理的学习，掌握资料的分析和整理方法，学会如何检查核验评估资料。根据收集资料情况选择合适的评估方法，确定正确的参数，评定估算形成评估结论。

微课

进行评估现场调查

相关知识

一、收集整理评估资料的内容

由于机器设备评估的专业性，设备种类的多样性，不同评估目的，价值类型的影响，评估项目对评估资料的要求也不同；另外，由于设备的市场状况，信息公开程度存在较大差别，相关资料的可获得程度也不同，所以评估机构和评估专业人员的执业能力在一定程度上体现在收集整理评估资料的能力上。按资料性质分，评估资料可以分为：权属证明材料、会计信息材料、其他评估所需材料；从资料来源分，评估资料可以分为：从市场获得的资料，从相关当事人处获得的资料，从政府、专业数据库等处获得的资料。

【提示】机器设备权属证明材料一般包括：购置合同、购置发票、付款证明、入库证明等；会计信息证明材料一般包括：会计账簿、会计报表、会计凭证等；其他评估所需材料包括：查询记录、询价结果、检查记录、行业资讯、分析资料、鉴定报告、专业报告及政府文件等。

从相关当事人处获取的资料通常包括：机器设备评估申报资料；评估设备权属证明；反映设备状况的资料；设备的历史、预测、财务、审计等资料；相关说明、证明和承诺等。

二、获取机器设备评估资料的来源

在实际评估过程中，机器设备评估资料应该从以下几方面获取：

（一）直接从公开市场独立获取资料

公开市场是评估专业人员获取评估资料的主要来源。在收集市场信息时，应当尽可能

全面，并进行必要的分析调整。市场信息资料包括：设备重置成本、设备价格指数、设备规模经济指数、各类设备交易所公布的交易信息、各类设备市场交易信息等。评估机构应掌握必要的市场信息渠道，在日常工作中收集必要的市场信息，并积累形成自己的市场信息库。

（二）从相关当事人处获取资料

1.设备状况

与设备状况相关的资料，如资产权属证明、反映设备现状的资料等，评估专业人员主要通过现场调查程序取得。

2.设备价值

与设备价值相关的资料，如用于对设备价值进行评定估算的资料（如设备明细资料）、支持设备评估基本假设的资料（持续使用方式、企业经营模式、收益预测等方面的资料）。

3.资料确认

与资料确认关的资料，如应要求委托人或者相关当事人对其提供的评估资料以签字、盖章及法律允许的其他方式等进行确认。

（三）从政府部门、专业机构和其他部门获取信息资料

1.政府部门

从政府部门可以获得宏观经济信息、产业统计数据（如库存、生产情况、需求情况）、市场监管、税务等资料。查看各级政府部门的资料获取企业相关的信息，如各级市场监督管理部门都保存注册公司的基本登记信息。这些信息具有较高的权威性和可信度，但是时效性较差，评估专业人员选用信息要考虑时效性带来的影响。

2.媒体

报刊、网站、专业杂志等媒体的信息不仅包含原始信息，并且通常有一些分析信息，有助于评估专业人员加深对所需信息的理解，并能节约分析时间。对机器设备评估来说，权威的专业杂志具有重要价值，这些杂志上发表的文章专业性突出，披露的信息更详细，分析也较有深度。但媒体报道有一定的倾向性，评估专业人员对相关信息的引用需进行甄别。

3.行业协会、管理机构及其出版物

行业协会、管理机构及其出版物是设备评估信息的重要来源。从行业协会能得到有关产业结构与发展情况、市场竞争情况等信息，还能咨询到有关专家的意见。

4.行业数据库、学术出版物

通过标准索引查询，可以从绝大部分的公共和学术图书馆中查阅，已出版的有关国内外资产评估和经济分析的文章，评估机构要注意平时收集整理相关资料，形成自己的数据库。

三、评估资料的核查验证及核查验证受限的处理

（一）评估资料核查验证的定义

评估资料的核查验证，是指资产评估专业人员依法对资产评估活动中所使用资料的真实性、准确性和完整性，采取各种方式进行必要的、审慎的检查检验，筛选出合格的资料作为评估依据，以保证评估结果的合理性。评估资料的查验既是资产评估法的明确要求，

也是得到科学合理的评估结论必要的评估程序。

（二）各类资料的核查验证重点和方式

对评估资料进行核查验证的方式通常包括观察、询问、书面审查、实地调查、查询、函证、复核等。应根据各类资料的特点，确定核查验证的重点和方式。

机器设备权属证明的核查和验证是通过书面审查、查询、函证、复核等方式进行的；财务会计信息的核查验证主要采用询问、书面审查、实地调查、查询、函证、复核等方式进行；对于其他相关资料的核查验证通过实地调查、查询、询问、书面审查、多渠道复核等方式进行。

【注意】当评估过程中需要引用其他报告中的材料或结论时，需要对被引用报告进行核实查验，主要包括核实报告性质、评估目的、评估基准日与资产评估报告的一致性，确认评估对象和范围的适应性，分析评估参数的匹配性和评估依据的一致性，关注假设前提、结论有效期与评估报告的一致性、分析结论内涵、报告使用限制。

（三）核查验证程序受限的处理方式

对于超出资产评估专业人员专业能力范畴的核查验证事项以及法律法规规定、客观条件限制无法实施核查和验证的事项，应当采取以下应对措施：

（1）对于超出资产评估专业人员专业能力范畴的核查验证事项，委托或要求委托人委托其他专业机构出具意见。

（2）对于因法律法规规定、客观条件限制无法实施核查和验证的事项，应在工作底稿中予以说明，分析其对评估结果的影响程度。如果无法核查验证的资料是评估结论的重要依据，该资料的不确定性将较大程度地影响评估结论的合理性，那么评估机构不得出具资产评估报告。

四、评估资料的分析、整理

评估资料的分析、整理是对资产信息资料的合理性和可靠性的识别过程以及根据需要对收集到的信息进行整理和分类。首先，对失真的材料进行鉴别和剔除；其次，对所收集的评估资料信息、数据的合理性、相关性进行分析，以提高评估资料的可靠性。

评估信息资料一般可以按照可用性原则和加工处理程度划分。

（1）按照可用性原则，评估资料可以划分为可用性评估资料、有参考价值的评估资料、不可用评估资料。可用性评估资料指在某一具体评估项目中可以作为评估依据的资料。有参考价值的评估资料指与评估项目有一定联系、部分可以参考借鉴的资料。不可用评估资料指与评估项目没有直接联系或根本无用的资料。

知识链接

现场调查手段

（2）按照加工处理程度，评估资料可以划分为未经处理的资料和有选择地加工或按一定目的改动过的资料。未经处理的资料，如公司的年度报告、证券交易所的报告或其他出版物的资料等，没有经过中间处理、过滤，来源直接，能客观反映资料的原貌。有选择地加工或按一定目的改动过的资料，如报纸、杂志、行业协会出版物、学术论文和证券分析师的分析报告等，是在更大的信息源中有选择地加工过的，或按一定思想倾向改动过的资料，具有重点突出、容易理解的特征。

五、评估方法的选择

机器设备评估方法主要包括市场法、成本法和收益法三种基本方法。资产评估专业人员应当根据评估目的、评估对象、价值类型、资料收集情况恰当选择评估方法。当被评估机器设备处于持续使用状态、可复制或者可再生、历史资料可利用的情况下，选择使用成本法评估机器设备；当被评估机器设备为国标产品或市场上交易活跃的机器设备，选择使用市场法评估机器设备；当被评估机器设备的获利能力可以确定，并能够确定合理的折现率和受益年限时可以选择使用收益法，单台机器设备一般不具有单独获利能力，所以通常不采用收益法评估，对于生产线、整套设备则可以选择使用收益法进行评估。

六、评定估算形成结论

在选定评估方法之后，资产评估专业人员还需要合理选择技术参数，应用评估模型等，形成初步评估结论，并对形成的初步评估结论进行分析，判断采用该种评估方法形成的评估结论的合理性。成本法应合理确定重置成本、实体性贬值、功能性贬值和经济性贬值；市场法应合理选择可比案例，分析评估对象和可比参照物的相关资料和价值影响因素，通过可比因素的差异调整，得出评估对象的价值；收益法应预测未来收益并合理确定收益期和与收益口径一致的折现率，通过折现计算，得出评估对象的评估值。

在采用成本法和市场法对机器设备进行评估时，评估专业人员需要重点从以下几个方面进行分析：

（1）对采用各种方法评估形成的初步结论进行分析比较；

（2）对所使用评估资料、数据、参数的数量和质量等进行分析；

（3）分析不同方法评估结论的合理性以及不同方法评估结论差异的原因；

（4）综合考虑评估目的、价值类型、评估对象现实状况等因素，确定出最终的评估结论。

任务七　编制出具评估报告和整理归集评估档案

任务描述

评估报告作为机器设备评估的唯一结果，在出具前需要对报告进行内部审核，在坚持评估原则的前提下与委托方就评估结果进行沟通。最后需要对评估过程形成的资料进行归档并保存。通过对编制出具评估报告和整理归集评估档案的学习，掌握评估报告出具前的审核内容，了解整理归集档案的重要意义。

相关知识

一、编制评估报告

（一）编制评估报告及报告内容

资产评估专业人员在履行机器设备评估程序后，应当按照相关法律、行政法规以及资产评估准则的规定，编制评估报告。评估报告的内容包括：标题和文号、目录、声明、摘要、正文、附件。

（二）评估报告的内部审核

评估报告编制完成后，在出具之前评估机构应该对评估报告进行内部审核。评估机构对评估报告的审核应注重审核的质量、内容及效果。

评估机构对评估报告审核的内容主要包括：

（1）对评估程序履行情况的复核；

（2）对评估资料完整性、客观性、适时性的复核；

（3）对评估方法、评估技术思路合理性的复核；

（4）对评估目的、价值类型、评估假设、评估参数以及评估结论在性质和逻辑上一致性的复核；

（5）对计算公式及计算过程正确性的复核；

（6）对技术参数选取合理性的复核；

（7）对计算表格之间链接关系正确性的复核；

（8）采用多种方法进行评估时，对各种评估方法所依据的假设、前提、数据、参数可比性的复核，并对不同评估方法结论合理性以及差异合理性进行复核；

（9）对最终评估结论合理性的复核；

（10）对评估报告合规性的复核。

（三）提交评估报告

按照约定的时间和方式向委托人提交资产评估报告，是评估机构履行评估委托合同约定的责任的要求。

（四）评估报告的外部审核

对于涉及国有资产管理部门、金融企业国有资产管理部门和文化企业国有资产管理部门等国有资产评估项目，在评估机构提交评估报告以后，由国有资产管理部门按照国家有关规定组织专家对资产评估报告进行外部审核。

1.外部审核的内容

（1）资产评估所涉及的经济行为依据是否有理；

（2）评估基准日的选择是否适当，评估基准日的选择是否符合有关评估准则的规定和要求；

（3）设备评估范围与经济行为批准文件确定的设备范围是否一致；

（4）评估方法运用的合理性和评估依据的适当性；

知识链接

评估报告正文内容

（5）企业是否就所提供的资产权属证明文件、财务会计资料及生产经营管理资料的真实性、合法性和完整性作出承诺；

（6）评估程序是否符合相关评估准则的规定；

（7）评估报告是否符合相关准则的规定和要求。

2.外部审核意见的处理

（1）应对外部审核意见进行分析，形成意见回复，并根据需要对评估报告的相关内容进行补充或修改；

（2）评估报告如有修改应按评估机构的内部审核要求履行审核程序，重新出具评估报告，并按规定提交资产评估报告委托人。

二、整理归集评估档案

（一）评估档案的概念和整理归集评估档案的意义

评估档案是指资产评估机构开展资产评估业务形成的，反映资产评估程序实施情况、支持评估结论的工作底稿、资产评估报告及其相关资料。评估档案对评估工作有着非常重要的意义，整理归集评估档案也是资产评估程序中重要的一部分，其意义主要表现在以下几个方面：

（1）是评价、考核资产评估专业人员专业胜任能力和工作业绩的依据；

（2）是判断评估机构和承办评估业务的资产评估专业人员执业责任的重要证据；

（3）是维护评估机构及评估专业人员合法权益的重要依据。

（二）整理归集评估档案的要求和内容

1.整理归集评估档案的要求

资产评估专业人员通常应当在资产评估报告日后90日内，根据《中华人民共和国资产评估法》和资产评估准则对项目评估过程中形成的资料进行整理归集，并与其他相关资料形成评估档案，交由所在资产评估机构妥善管理。重大或者特殊项目的归档时限不晚于评估结论使用有效期届满后30日。

2.整理归集评估档案的内容

档案内容包括：工作底稿、评估报告、其他相关资料。

工作底稿通常包括以下内容：资产评估业务基本事项的记录；资产评估委托合同；资产评估计划；资产评估业务执行过程中重大问题处理记录；资产评估报告的审核意见；现场调查记录与相关资料；收集的评估资料；评定估算过程记录。

【注意】不同的评估项目评估方法不同，调查重点不同，底稿不同，评估专业人员应该根据评估目的和资产状况，合理确定资产的调查量，并编制相应的工作底稿。

工作底稿的整理和评估档案的归集应当符合法律、行政法规和资产评估准则的规定。

【学思践悟】罗俊军，中国资产评估师，北京北方亚事资产评估有限责任公司评估部主任。在河北金牛能源股份有限公司收购寿阳县友众煤业有限公司等多家公司股权项目中，他为了得到第一手评估资料，不怕苦、不怕累，不怕脏，多次进入环境恶劣的煤矿地下井巷，对资产情况进行调查。民营煤矿主为了高评煤矿价值，贿赂不成就威胁。面对这种情况，他不心动不惧怕。

为维护国有资产不流失，面对一些民营煤矿主的威胁利诱，他毫不动摇地坚持一个评估人的道德底线，用过硬的评估报告及一身正气最终赢得了委托方和民营煤矿主的尊重，为维护国有资产不流失做出了贡献，为我们评估人赢得了荣誉。

资料来源：吴跃俊. 第二届全国十佳和优秀青年注册资产评估师评选候选人事迹材料 [EB/OL].〔2023-12-22〕. https://wenku.baidu.com/view/15b05c6600768e9951e79b89680203d8ce2f6a83.html.

项目小结

机器设备评估程序是机器设备评估业务的重要内容之一，它是保证评估质量、提高行业公信力和规避风险的重要内容。本项目阐述了评估专业人员在实施业务中，要履行的程序，主要包括三个阶段：评估准备阶段、评估实施阶段、评估完成阶段。

评估程序具体包括八个步骤：明确业务基本事项；订立业务委托合同；编制设备评估计划；进行评估现场调查；收集整理评估资料；评定估算形成结论；编制出具评估报告；整理归集评估档案。评估专业人员不得随意更改评估程序，在不同的业务中可以将评估程序细化。如果因为客观原因评估程序不能履行，要分情况处理：若评估程序不影响评估结果，则将情况在评估报告中进行披露；若评估程序影响评估结果较大，并且无弥补措施，则要考虑停止评估业务。

本项目框架结构如图7-1所示。

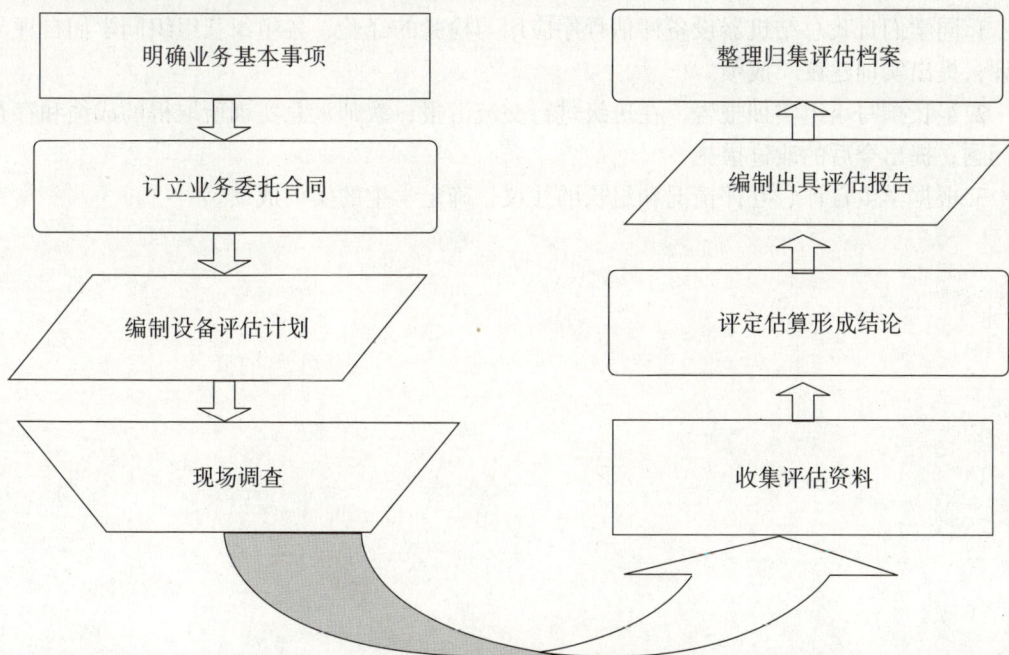

图7-1 本项目框架结构

项目综合实训

一、实训目标

通过对机器设备评估程序的实验操作训练，使同学们能够熟练掌握机器设备评估程序的基本内容，能够独立组织和开展机器设备评估程序的应用和检验工作。

二、实训项目与要求

1.实训组织

（1）实训指导教师将学生分成若干组，每组8人左右，每组指定组长并明确目标和任务；

（2）分组开展业务训练，发挥小组的集体智慧和成员的主观能动性，写出实训过程和结果；

（3）由小组指定成员总结汇报实训活动。

2.实训项目

机器设备评估程序的应用与检验实训。

3.实训要求

熟练掌握机器设备评估程序的基本内容。

三、成果与检测

1.同学们自我总结机器设备评估程序应用与检验的经验，各组组长组织同学们自评与互评，提出实训建议、成绩。

2.组长撰写小组实训报告，在班级进行交流汇报，教师汇总实训所取得的成绩和存在的问题，提出今后的改进措施。

3.根据学生自评、互评情况和组长的建议，确定学生的实训成绩。

项目八
成本法评估机器设备

知识目标
1. 了解机器设备评估成本法的概念；
2. 理解机器设备评估成本法包含的基本要素；
3. 掌握机器设备评估成本法公式及应用前提；
4. 理解机器设备评估成本法中的各种贬值。

能力目标
1. 能熟练掌握成本法在机器设备评估中的应用；
2. 能正确计算机器设备的各种贬值；
3. 能熟知机器设备成本法的应用程序。

素养目标
1. C929大飞机、中国航母等先进装备的制造，扬民族之威，增强民族自信心；
2. 遵守评估职业道德规范，提升评估行业形象。

项目导入

如何评估 B 企业拥有的锻压设备价值

　　B企业因资产重组，拟将锻压车间的2018年8月购置的一台规格型号为J53–300双盘摩擦压力机设备转让，现委托中青资产评估有限公司对该设备的价值进行评估，评估基准日为2023年8月31日。经调查分析，该设备账面原值488 000元，账面净值344 470元，其价格每年比上一年增长5%，评估专业人员勘察估测认为，该设备还能使用12年，又知目前市场上出现了功能更先进的新型设备，并被普遍运用，新型设备与评估对象相比，可节省人员1人，人均年工资水平为50 000元，此外，市场竞争的加剧使该设备开工不足，由此而造成的收益年损失额为2万元（该企业所得税税率为25%，假定折现率为10%）。

　　请思考：机器设备常用的评估方法有哪些？这些评估方法适用的前提条件是什么？应遵循怎样的评估程序？假如你是评估专业人员，对此设备你将采用何种评估方法进行评估，得出科学、合理的评估值？

　　启示：党的二十大报告指出："……载人航天、探月探火、深海深地探测、超级计算机、卫星导航、量子信息、核电技术、新能源技术、大飞机制造、生物医药等取得重大成果，进入创新型国家行列……"这些伟大成就是党和人民一道拼出来、干出来、奋斗出来的，作为评估人，要发现其价值，科学评估其价值，保护其价值。

任务一　成本法的基本原理

任务描述

　　成本法是机器设备评估中最常用的方法，通过估算被评估机器设备的重置成本和各种贬值，然后用重置成本扣减各种贬值来反映机器设备价值。本任务主要介绍成本法适用的基本前提、适用范围、基本要素、评估过程。通过学习，有助于学生全面认识、熟知机器设备评估成本法因素的估测，以便在具体机器设备评估中能正确、科学地选择该方法，客观、公正地评估其价值。

相关知识

一、成本法认知

（一）成本法的概念和基本思路

1.成本法的概念

成本法又称重置成本法，是指通过估测被评估机器设备的重置成本和已存在的各种贬值，并用重置成本扣除各种贬值而得到被评估机器设备价值的一种方法。

成本法是以被评估机器设备的重置成本为基础的评估方法。由于被评估机器设备的再取得成本的有关数据和信息来源较广泛，并且其重置成本与机器设备的现行市价存在着内在联系和替代关系，因而，成本法是评估机器设备最常用、应用最多的方法。

2.成本法的基本思路

成本法的基本思路是重建或重置被评估资产。在条件允许的情形下，任何潜在的投资者在决定投资某项资产时，所愿意支付的价格都不会超过购建该项资产的现行购建成本。成本法是从成本的角度来衡量资产的价值的。如果投资对象并非全新，投资者所愿支付的价格会在投资对象全新的购建成本的基础上扣除各种贬值。

（二）成本法基本公式

成本法是机器设备评估中最常用的方法。其计算公式为：

$$机器设备评估值 = 重置成本 - 实体性贬值 - 功能性贬值 - 经济性贬值$$

或：

$$机器设备评估值 = 重置成本 \times 综合成新率$$

（三）成本法基本要素

根据成本法的基本评估思路和基本计算公式，成本法涉及以下四个基本要素（主要参数），如图8-1所示。

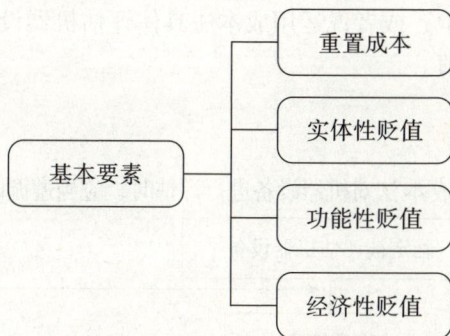

图8-1 成本法的基本要素

1.重置成本

重置成本是机器设备的现行再取得成本。它是一个价格范畴，包含了取得机器设备时所耗费的合理必要费用及合理必要的资金成本和利润。重置成本分为复原重置成本和更新重置成本两种。

（1）复原重置成本是指采用与评估对象相同的材料、建筑或制造标准、设计、规格及技术等，以现时价格水平重新购建与评估对象相同的全新机器设备所发生的费用。

（2）更新重置成本是指采用与评估对象并不完全相同的材料、现代建筑或制造标准、设计、规格和技术等，以现行价格水平购建与评估对象具有同等功能的全新机器设备所需的费用。

知识链接

两种重置成本在运用中应注意的事项

2.实体性贬值

实体性贬值，亦称有形损耗，是指机器设备由于使用及自然力的作用导致其物理性能的损耗或下降而引起的机器设备的价值损失。

3.功能性贬值

功能性贬值是指由于技术进步引起的机器设备功能相对落后而造成的价值损失。它包括由于新工艺、新材料和新技术的采用，而使原有机器设备的建造成本超过现行建造成本的超支额以及原有资产超过体现技术进步的同类机器设备的运营成本的超支额。功能性贬值可以体现在两个方面：一是从运营成本角度看，在产出量相等的情形下，被评估机器设备的运营成本要高于同类技术先进的机器设备。二是从产出能力角度看，在运营成本相类似的情形下，被评估机器设备的产出能力要低于同类技术先进的机器设备。

4.经济性贬值

经济性贬值是指由于外部条件的变化引起机器设备闲置、收益下降等而造成的机器设备价值损失。经济性贬值一般有两种：一是机器设备利用率下降，甚至闲置等；二是机器设备的运营收益减少。

机器设备的价值是一个变量，影响其价值量变化的因素，除了市场价格以外，还有因使用磨损和自然力作用而产生的实体性损耗，因技术进步而产生的功能性损耗，因资产外部环境因素变化而产生的经济性损耗。因此，成本法除计算按照全新状态重新购建机器设备的全部支出及必要合理的利润外，对于损耗造成的价值损失也要考虑。

【提示】机器设备的损耗不同于会计规定的折旧。

在机器设备评估实践中，或者说运用成本法具体评估机器设备价值时，不是所有的机器设备都一定存在三种贬值。

二、成本法的基本步骤

资产评估专业人员运用成本法对机器设备进行评估时，应当遵循以下步骤，如图8-2所示。

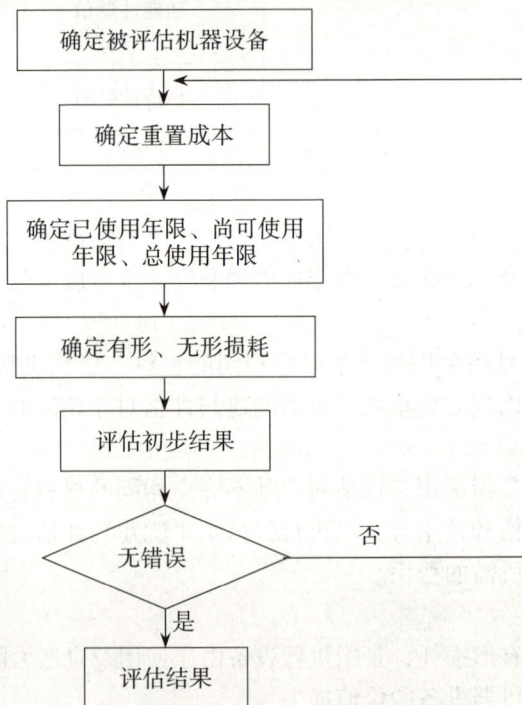

微课

成本法基本
原理

图8-2　成本法的具体步骤

三、成本法的应用前提

（一）运用成本法评估机器设备的前提条件

1.被评估机器设备处于继续使用状态或被假定处于继续使用状态

成本法从再取得机器设备的角度反映其价值，即通过机器设备的重置成本扣减各种贬值来反映其价值。只有当被评估机器设备处于继续使用状态下，再取得被评估机器设备的全部费用才是其价值的构成内容。对于非继续使用前提下的机器设备，如果运用成本法进行评估，需对成本法的基本要素做必要的调整。从相对准确合理、降低风险和提高评估效率的角度，把继续使用作为运用成本法的前提是有积极意义的。

持续使用假设分为现状续用、转用续用和移地续用假设。

2.被评估机器设备必须是可再生、可复制的资产

如果被评估机器设备不具有再生性或可复制性，采用成本法从重建的角度计算成本则不具有理论上和现实上的意义。另外，如果机器设备不可再生，其价值也可能无法通过简单的重置成本来反映。

3.被评估机器设备应当具备可利用的历史资料

成本法的应用是建立在历史资料基础上的，许多信息资料、指标需要通过历史资料获得。同时，现时机器设备应与历史机器设备具有相同性或可比性。

4.被评估机器设备必须是随着时间的推移而具有贬值性的资产

随着时间的推移而增值的机器设备不宜采用成本法进行评估。

（二）运用成本法评估时应注意的事项

1.形成机器设备价值的耗费是必需的

耗费是形成资产价值的基础，但耗费包括有效耗费和无效耗费。采用成本法评估机器设备，首先要确定这些耗费是必需的，而且应体现社会或行业平均水平，而不应是某项机器设备的个别成本耗费。应该按照社会或行业平均水平来确定有效耗费和无效耗费，而且在评估时，应该去掉无效耗费。

2.成本法的运用，应注意最佳使用和快速变现情形

最佳使用是指市场参与者实现一项资产的价值最大化时该资产的用途。如果一项资产在法律允许、经济可行、技术可实现的条件下，有多种使用方式的选择，通常要求采用能使其价值最大化的用途。快速变现假设通常被用于由法院或者债权人等强制要求的情形。在这种情形下，资产变现的时间有限，因此，与正常的市场状况相比，快速变现前提下的资产价值通常较低。在实务中，对该前提下的机器设备进行评估通常会将正常市场条件下的机器设备价值乘以折扣比重，得到被评估机器设备的价值。

3.具有非经营性、专用性等特性的设备应采用成本法

为特殊用途设计的专用设备等因在市场上难以找到可比较的参照对象，并在使用中难以确定其盈利能力，因而既不能用市场法，也不能用收益法来进行评估，只能运用成本法进行评估。

知识链接

影响机器设备评估价值的基本因素

任务二   成本法的运用

任务描述

通过学习机器设备重置成本的构成及估算、机器设备实体性贬值的估算、机器设备功能性及经济性贬值的估算，掌握成本法在机器设备价值评估中的运用。

相关知识

一、机器设备重置成本的估算

机器设备的重置成本是指按现行价格购建与被评估机器设备相同或相似的全新设备所需的成本。

（一）重置成本的构成

机器设备的重置成本包括购置或购建设备所发生的必要的、合理的直接成本、间接成本和资金成本等。其中直接成本包括设备本体重置成本、运杂费、安装调试费、基础费和其他费用；间接成本包括管理费、设计费、工程监理费、保险费等（具体见表8-1）。但由于机器设备的取得方式不同，其成本构成项目也不一致（见表8-2）。

表8-1   机器设备重置成本基本构成项目

项目	内容
直接成本	设备本体的重置成本、设备的运杂费、安装调制费、基础费及其他合理成本
间接成本	管理费用、设计费、工程监理费、保险费等
资金成本	资金占用所发生的资金成本

表8-2   不同来源方式下机器设备重置成本构成项目

取得方式	重置成本构成项目
外购国产设备	设备本体的重置成本；设备运杂费；设备安装调试费；大型设备一定期限内的资金成本；其他费用，如手续费等
自制设备	制造费用；安装调试费；大型自制设备合理的资金成本；合理利润；其他费用
进口设备	离岸价格；境外途中保险费；境外运杂费；进口关税；增值税；银行及其他手续费；国内运杂费；安装调试费；大型进口设备资金成本；其他费用
国产车辆	车辆价格；车辆购置税；国内运杂费；证照费
进口车辆	车辆价格（CIF）；进口关税；消费税；增值税；国内运杂费；证照费
车间、流水线	设备购置费；设备安装费；建筑工程费及其他费用等

《资产评估执业准则——机器设备》要求评估专业人员根据评估对象具体情况、评估目的等条件分析并合理确定重置成本的构成。

【思考】在计算机器设备重置成本时应注意的事项有哪些？

知识链接

直接成本和间接成本

（二）机器设备本体重置成本的估算

机器设备本体重置成本是设备本身的价格，不包括运输、安装等费用。其主要计算方法有直接法、类比—指数估价法、物价指数调整法、综合估价法、重量估价法、重置核算法、统计分析法等七种。

1.直接法

直接法是根据设备市场价格资料、市场交易数据直接确定设备本体重置成本的方法，是一种最简单、有效并且可信的方法，可以通过市场询价或价格资料计算重置成本。获得市场价格的渠道有市场询价和使用价格资料，所以，直接法又称市场途径询价法。

（1）市场询价。有公开市场价格的机器设备，可以通过市场询价来确定设备的现行价格，即评估专业人员直接从市场了解相同产品的现行市场销售价格。

【注意】在具体询价时应注意以下原则：①必须是评估基准日的价格；②必须采用具有权威性的、贸易量大的贸易单位的价格；③尽可能向原设备制造厂家询价。询价和成交价如不一致，不能直接使用询价作为重置成本。

（2）使用价格资料。价格资料是获得机器设备市场价格的重要渠道，包括生产厂家提供的产品目录或价格表、经销商提供的价格目录、报纸杂志上的广告等。

【提示】对于大部分的通用设备，市场价格资料的取得是比较容易的；而非标准、专用设备的价格资料往往很难从市场上直接取得。

【思考】使用价格资料应注意哪些问题？

【学中做8-1】某企业的一台机床设备购建于2016年，账面原值为210 000元，2023年6月10日进行评估，通过市场询价，该设备2023年5月30日的市场价格为180 000元（无折扣、不含其他费用），运杂费为20 000元，安装调试费为3 000元。

请问：该设备的本体重置成本和重置成本分别为多少？

解析：该设备本体重置成本 = 180 000元

该设备重置成本 = 180 000 + 20 000 + 3 000 = 203 000（元）

【学中做8-2】对某企业一台上海产桑塔纳3000型轿车进行评估，经销商提供的价格目录显示，该款轿车的现行市场销售价格为98 000元，车辆购置税为车价的10%，机动车增容费为车价与附加费之和的15%。

请问：该轿车的本体重置成本和重置成本分别为多少？

解析：本体重置成本 = 98 000元

重置成本 = 98 000 + 98 000 × 10% = 107 800（元）

桑塔纳3000型轿车评估价 = 重置成本 ×（1 + 15%）= 123 970（元）

2.类比—指数估价法

类比—指数估价法是根据相似设备的生产能力与价格的比例关系来确定重置成本的方法。对于某些特定的设备，如化工设备、石油设备等，同一系列不同生产能力设备的重置成本变化与生产能力变化呈某种指数关系，可采用此方法估测其重置成本。其计算公式为：

$$\frac{被评估机器设备}{重置成本} = \frac{参照物机器设备}{现行成本} \times \left(\frac{被评估机器设备功能}{参照物机器设备功能}\right)^x$$

式中：x为功能价值指数（或称规模经济效益指数），它是用来反映设备成本与其功能之间指数关系的具体指标，是指数估价法的一个重要参数。当x＝1时，被估设备的生产能力与成本之间呈线性等比关系或近似等比关系；当x≠1时，被估设备的生产能力与成本之间呈非线性关系。

目前，根据行业认可的一些参考资料，指数x的取值范围一般在0.40～1.20。在运用类比—指数估价法估测机器设备重置成本时，应注意尽可能选择所在地点和购建时间与评估对象及评估基准日相同的参照物。

微课

机器设备评估
指数估价法

【学中做8-3】某被评估的化工设备，生产能力为月产30吨化工产品，现在市场上已没有相同生产能力的设备。生产能力为月产50吨的同类型设备，市场价格为160万元。经测算，该类型生产设备的规模经济效益指数为0.7。

要求：计算该设备本体的重置成本。

解析：该设备本体的重置成本 = 160 × (30/50)$^{0.7}$ = 112（万元）

3.物价指数调整法

物价指数调整法是以设备的历史成本为基础，根据同类设备的价格上涨指数，来确定机器设备本体的重置成本的方法。

对于无法取得设备现行购置价格或建造成本，也无法取得同类设备重置成本的，可采用物价指数调整法估测被评估机器设备的重置成本。该方法适用于技术进步速度不快，技术进步因素对设备加工影响不大的设备的重置成本估测。对于二手设备，历史成本是最初使用者的账面原值，而非当前设备使用者的购置成本。物价指数可分为定基物价指数和环比物价指数。

（1）定基物价指数法。定基物价指数是以固定时期为基期的指数，通常用百分比来表示。以100%为基础，当物价指数大于100%时，表明物价上涨；当物价指数在100%以下时，表明物价下跌。采用定基物价指数法计算当前设备本体重置成本的公式为：

$$设备本体重置成本 = 历史成本 \times \frac{当前年份(定基)指数}{购置年份(定基)指数}$$

【学中做8-4】已知某被评估设备购置于2019年12月，原始成本为150 000元（本体成本），从2019年到2023年该类设备各年的定基物价指数分别为：110、115、120、90和125。

要求：计算该设备在2023年12月的本体重置成本。

解析：设备本体重置成本 = 150 000 ×125/110 = 170 454.50（元）

（2）环比物价指数法。环比物价指数是以上期为基期的指数。如果环比期以年为单位，则环比物价指数表示该类产品当年较上年的价格变动幅度（应该是本年相比上年物价的倍数）。该指数通常也用百分比表示。用环比物价指数法计算设备重置成本的公式为：

$$设备本体重置成本 = 原始成本 \times (P_1^0 \times P_2^1 \times \cdots \times P_n^{n-1})$$

【学中做8-5】某公司2021年购置的某设备的历史成本为135 000元，该类设备2021年到2024年环比物价指数见表8-3。

表8-3　　　　　　　　　　　　　　环比物价指数　　　　　　　　　　单位：%

年份	指数
2021	100
2022	103
2023	105
2024	108

要求：计算2024年该设备本体重置成本。

解析：设备本体重置成本 = 135 000 × （100% × 103% × 105% × 108%）

= 157 682.70（元）

【思考】在机器设备评估中，对于一些难以获得市场价格的机器设备，在采用物价指数法时，评估专业人员应注意的事项有哪些？

4.综合估价法

综合估价法是根据设备的主材费用和主要外购件费用与设备成本费用有一定的比例关系，通过确定设备的主材费用和主要外购件费用，计算出设备的完全制造成本，并考虑企业利润、税金和设计费用，确定设备的重置成本的一种方法。其计算公式为：

$$设备本体重置成本 = (\frac{主材费用}{不含主要外购件费用的成本主材费率} + 主要外购件费用) \times$$

$$(1 + 成本利润率) \times (1 + 销售税金率) \times (1 + \frac{非标设备设计费率}{非标设备生产数量})$$

（1）主材费用。主要材料是指在设备中所占的重量和价值比例大的一种或几种材料。按图纸分别计算出各种主材的净消耗量，然后根据各种主材的利用率求出它们的总消耗量，并按材料的不含税市场价格计算每一种主材的材料费用，进行加总即为主材费用。其计算公式为：

$$主材费用 = \sum(\frac{某主材净消耗量}{该主材利用率} \times \frac{含税市场价}{1 + 增值税税率})$$

【学中做8-6】评估某企业自制设备，其中该设备的主材为不锈钢，净消耗量为30吨，评估基准日该种不锈钢的市场含税价格为4 200元/吨，在制造过程中该钢材的利用率约为95%，该设备的主材费率为80%，适用的增值税税率为13%。

要求：计算该设备的主材费用。

解析：主材费用 $= \frac{30}{95\%} \times \frac{4\,200}{1 + 13\%} = 117\,373.08$（元）

（2）主要外购件费用。主要外购件如果价值比重很小，可以综合在成本主材费中考虑，而不再单列为主要外购件。外购件的价格按不含税市场价格计算。其计算公式为：

$$主要外购件费用 = \sum(某主要外购件数量 \times \frac{含税市场价}{1 + 增值税税率})$$

（3）综合税率。综合税率包括增值税税率、城市维护建设税税率和教育费附加率等。其计算公式为：

$$综合税率 = 增值税税率 × （1 + 城市维护建设税税率 + 教育费附加率）$$

该方法只需依据设备的总图，计算出主要材料消耗量，并根据成本主材费率即可估算设备的售价，是机械工业概算中估算通用非标准设备价值时经常使用的方法。

【学中做8-7】现对上海市A机械厂生产的型号规格为6.5T中心支架终焊变位机进行评估，评估基准日为2023年8月31日。评估专业人员通过实地勘查、查阅资料和询问管理人员得知：该设备用来焊接3200上车架，为保证上车架底面的平面度，该工装采用了多支点液压压紧机构，用7个液压缸将工件底面进行刚性固定，同时为保证焊接质量和降低焊工劳动强度，该工装可以180度翻转，使其全部焊缝均能处于水平位置再进行气体保护焊，所以，该设备为非标设备，设计费率17%，生产数量1台。该设备的主材（钢材）净消耗量7.8吨，市价3 900元/吨，（不含税价），材料利用率85%，成本主材费率35%，成本利润率15%；主要外购件费用计算表见表8-4。

表8-4　　　　　　　　　　中心支架终焊变位机主要外购件费用计算表

外购件名称	数量（吨、套）	单价（元）（不含税价）	总价（元）
电机减速机	1	32 400	32 400
轴承	2	650	1 300
液压缸阀	7	13 000	91 000
电控元件	1	16 900	16 900
合计			141 600

要求：计算该设备的本体重置成本。

解析：（1）计算主材费用。

$$主材费用 = \frac{7.8}{85\%} × 3 900 = 35\ 788（元）$$

（2）计算主要外购件费用，见表8-4。

（3）计算综合税率。根据税法的规定，该设备的增值税税率为13%，城市维护建设税税率为7%，教育费附加率为3%。

$$综合税率 = 增值税税率 × （1 + 城市维护建设税税率 + 教育费附加率）$$
$$= 13\% × （1 + 7\% + 3\%） = 14.3\%$$

（4）计算设备本体重置成本。

$$设备本体重置成本 = （\frac{35\ 788}{35\%} + 141\ 600） × （1 + 15\%） × （1 + 14.3\%） × （1 + \frac{17\%}{1}）$$
$$= 375\ 020.70（元）$$

5.重量估价法

该方法用设备的重量乘以综合费率，同时考虑利润来确定设备本体的含税重置成本，并根据设备的复杂系数进行适当调整。综合费率根据相似设备的统计资料确定。其计算公式为：

$$设备重置成本 = 设备净重 × 综合费率 × 调整系数 + 合理利润 + 税费$$

或：　　　$$设备重置成本 = 设备净重 × 综合费率 × （1 + 利润率）× （1 + 综合税率）$$

该方法简单，估计速度快，适用于材料单一、制造简单、技术含量低的设备重置成本的估算，如结构件和比较简单的大型冲压模具等。

6.重置核算法

重置核算法是通过分别测算机器设备的各项成本费用来确定设备本体重置成本的方法。它是利用成本核算的原理，根据机器设备建造时所消耗的材料、工时及其他费用，按现行价格或费用标准计算设备现行的建造费用及安装调试费用，然后加上合理的利息、利润来确定被评估机器设备重置成本的方法。

该方法常用于确定非标准、自制设备的重置成本。

【学中做8-8】某设备系2年前购置，查看历史资料得知：设备购买价220 000元，运杂费10 000元，直接安装成本12 000元；经评估专业人员市场调查得知：同类设备现行市场价格每台200 000元，运杂费12 000元，直接安装成本15 000元，其中材料费5 000元，人工费10 000元。经计算，该项安装工程应承担的企业间接费用为每人工成本2.50元。

要求：估算该设备的重置成本。

解析：直接成本 = 买价 + 运杂费 + 安装成本

$$= 200\ 000 + 12\ 000 + 15\ 000 = 227\ 000（元）$$

间接成本 = 人工成本总额 × 成本分配率 = 10 000 × 2.50 = 25 000（元）

重置成本合计 = 227 000 + 25 000 = 252 000（元）

7.统计分析法

在用成本法对企业多台机器设备进行评估时，为简化评估业务，节省评估时间，可以采用统计分析法确定机器设备的重置成本，运用这种方法的步骤是：

（1）在核实机器设备数量的基础上，把全部机器设备按照适当标准划分为若干类别，如机器设备按有关规定划分为专用设备、通用设备、运输设备、仪器、仪表等。

（2）抽样选择适量的机器设备，应用重置核算法、物价指数法、功能价值法或规模经济效益指数法等方法估算其重置成本。

（3）依据分类抽样机器设备所估算的重置成本与账面历史成本，计算分类机器设备调整系数。其计算公式为：

$$K = R'/R$$

式中：K为机器设备重置成本与历史成本的调整系数；R′为某类抽样机器设备的重置成本；R为某类抽样机器设备的历史成本。

（4）根据调整系数K估算被评估机器设备的重置成本。其计算公式为：

$$被评估机器设备重置成本 = \sum 某类机器设备账面历史成本 × K$$

【提示】某类机器设备账面历史成本可从会计记录中取得。

【学中做8-9】评估机构采用统计分析法对某企业的100台机器设备进行评估，设备账面原值1 000万元。评估时选择10台具有代表性的设备进行了评估，其重置成本为150万元，而该10台设备的账面原值为100万元。

要求：计算设备的调整系数和重置成本。

解析：设备的调整系数 K = 150 ÷ 100 = 1.5

该类设备的重置成本 = 1 000 × 1.5 = 1 500（万元）

【提示】选择设备本体估算方法应遵循的一般规律如图8-3所示。

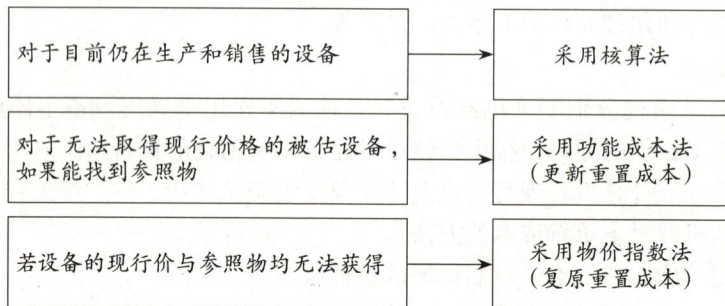

图8-3　设备本体估算方法的一般规律

（三）设备运杂费的估算

1.国产设备运杂费

国产设备运杂费是从生产厂家到安装使用地点所发生的装卸、运输、采购、保管、保险及其他有关费用。其计算方法有：

（1）根据设备的生产地点、使用地点以及重量、体积、运输方式，参照铁路、公路、船运、航空等部门的运输计费标准计算。

（2）按设备原价的一定比率作为运杂费率来计算。其计算公式为：

$$国产设备运杂费 = 国产设备原价 × 国产设备运杂费率$$

2.进口设备国内运杂费

知识链接

港口费内容

进口设备国内运杂费是指进口设备从进口国运抵我国后，从所到达的港口、车站、机场等地将设备运至使用目的地现场所发生的港口费用、装卸费用、运输费用、保管费用、国内运输保险费用等各项运杂费，不包括运输超限设备时发生的特殊措施费。

$$进口设备国内运杂费 = 进口设备到岸价 × 进口设备国内运杂费率$$

（四）设备安装费和基础费的估算

1.设备安装费的估算

设备安装费是指为安装设备而发生的人工费、材料费、机械费及全部取费。有些设备需要通过安装到有一定要求的基础上或支架上才能正常工作。

（1）设备安装工程的范围，见表8-5。

表8-5　　　　　　　　　　　设备安装工程的范围

设备安装工程范围	所有机器设备、电子设备、电气设备的安装工程
	锅炉及其他各种工业锅窑的砌筑工程
	设备附属设施的安装工程，如与设备相连的工作台、梯子的安装工程
	设备附属管线的敷设，如设备工作所需的电力线路，供水、供气管线等
	设备及附属设施、管线的绝缘、防腐、油漆、保温等工程
	为测定安装工作质量进行的单机试运转和系统联动无负荷试运转

（2）设备安装费的计算。设备安装费包括上述工程所发生的所有人工费、材料费、机械费及全部取费。设备安装费可用设备的安装费率计算。

①国产设备安装费的计算公式：

$$国产设备安装费 = 设备原价 \times 设备安装费率$$

式中：设备安装费率按所在行业概算指标中规定的费率计算。

②进口设备安装费的计算公式：

$$进口设备安装费 = 相似国产设备原价 \times 国产设备安装费率$$

或

$$进口设备安装费 = 进口设备到岸价 \times 进口设备安装费率$$

由于进口设备原价较高，进口设备的安装费率一般低于国产设备的安装费率。机械行业建设项目概算指标中规定：进口设备的安装费率可按相同类型国产设备的30%～70%选取，进口设备的机械化、自动化程度越高，取值越低；反之越高。特殊情况，如设备的价格很高，而安装很简单，应低于该指标；如设备的价格很低，而安装较复杂时，应高于该指标。

2.设备基础费的估算

设备基础费是指建造设备基础所发生的人工费、材料费、机械费及全部取费。其中设备基础是指为安装设备而建造的特殊构筑物。有些特殊设备的基础是列入构筑物范围的，不按设备基础计算。

（1）国产设备基础费的计算。国产设备基础费的计算公式为：

$$国产设备基础费 = 国产设备原价 \times 国产设备基础费率$$

式中：设备的基础费率按所在行业颁布的概算指标中规定的标准取值，行业标准中可能不包括特殊设备的基础费率，应自行测算。

（2）进口设备基础费的计算。进口设备基础费的计算公式为：

$$进口设备基础费 = 相似国产设备原价 \times 国产设备基础费率$$

或：

$$进口设备基础费 = 进口设备到岸价 \times 进口设备基础费率$$

进口设备基础费率一般低于国产设备的基础费率。进口设备的机械化、自动化程度越高，取值越低；反之越高。如机械行业建设项目概算指标中规定，进口设备的基础费率可按相同类型国产设备的30%～70%选取。

（五）进口设备从属费用的估算

进口设备从属费用是指设备在国外支付了价款后，从国外运输到我国的海关交完了所有进口的有关费用后可以从海关运走前的全部费用。

进口设备的从属费用包括：国外运费、国外运输保险费、关税、消费税、增值税、银行财务费、外贸手续费，如果是车辆还包括车辆购置附加费等。

（1）国外运费。其可按设备的重量、体积及海运公司的收费标准计算，也可按一定比例计取，取费基数为设备的离岸价。其计算公式为：

$$国外运费（海运费） = 设备离岸价 \times 国外运费率$$

式中：国外运费率远洋一般取值5%～8%，近洋一般取值3%～4%。

（2）国外运输保险费。其取费基数为：设备离岸价 +国外运费，其计算公式为：

$$国外运输保险费 = （设备离岸价 + 国外运费） \times 保险费率$$

保险费率可按保险公司费率表确定，一般在0.4%左右。

（3）关税。其取费基数为设备到岸价（CIF），其计算公式为：

$$关税 = 设备到岸价 \times 关税税率$$

关税税率按国家发布的进口关税税率表计算。

（4）消费税。其计算公式为：

$$消费税 = (\frac{关税完税价 + 关税}{1 - 消费税税率}) \times 消费税税率$$

进口设备除车辆外，一般不征收消费税。

（5）增值税。其计算公式为：

$$增值税 = （关税完税价 + 关税 + 消费税）\times 增值税税率$$

根据相关法规，减免关税，同时减免增值税。

（6）银行财务费。其取费基数为货价的人民币数，其计算公式为：

$$银行财务费 = 设备离岸价 \times 费率$$

我国现行银行财务费率一般为4‰ ~ 5‰。

（7）外贸手续费。外贸手续费也称公司代理手续费，其取费基数为到岸价人民币数，其计算公式为：

$$外贸手续费 = 设备到岸价 \times 外贸手续费率$$

目前，我国进出口公司的代理手续费率一般为1% ~ 1.5%。

（8）车辆购置附加费。其取费基数为：到岸价人民币数 +关税 +消费税 +增值税，其计算公式为：

$$车辆购置附加费 = （到岸价人民币数 + 关税 + 消费税 + 增值税）\times 费率$$

【学中做8-10】某进口设备，评估基准日该类设备的离岸价为1 050万美元，海运费率为5%，保险费率为4‰，关税税率为10%，增值税税率为13%，银行财务费率为0.4%，公司代理手续费率为1%，国内运杂费率为1%，安装费率为0.6%，基础费率为1.4%。基准日美元兑人民币汇率为6.93。

要求：计算该设备的从属费用。

解析：该设备的从属费用计算见表8-6。

从属费用包括：（1）海外运费；（2）国外运输保险费；（3）关税；（4）增值税；（5）银行财务费；（6）公司代理手续费。

表8-6　　　　　　　　　　　进口设备从属费用的计算过程及结果

序号	项目	计费基数	费率	计算公式	金额
1	海外运费	设备离岸价	5%	计费基数×海运费率	52.5万美元
2	国外运输保险费	设备离岸价 +海运费	0.4%	计费基数×保险费率	4.41万美元
3	到岸价外币合计			到岸价 +海外运费 +国外运输保险费	1 106.91万美元
4	到岸价人民币合计	外币额	6.93	计费基数×汇率	7 670.89万元
5	关税	到岸价	10%	到岸价×10%	767.09万元
6	增值税	关税完税价 +关税	13%	（关税完税价 +关税）×13%	1 096.94万元
7	银行财务费	设备离岸价	0.4%	设备离岸价×0.4%	4.2万美元
8	公司代理手续费	到岸价	1%	到岸价×1%	76.71万元
9	设备从属费用合计				2 364.23万元

（六）机器设备重置成本的估算

1.自制机器设备重置成本的估算

自制机器设备是指被评估企业自行研发和制造的设备。其重置成本包括：制造成本、期间费用、合理利润、安装调试费、设计费等。其中制造成本包括直接材料费、直接人工费、车间经费和企业管理费等。

（1）直接材料费。直接材料费包括为制造设备所发生的所有材料、外购件的费用，不包括为制造工具而发生的材料、专用机具和包装材料费用。其计算公式如下：

$$直接材料费 = 材料费 + 外购件费$$

直接材料费的估算步骤如下：

第一步，根据设备图纸确定所消耗材料的种类、数量。

第二步，确定材料利用率，并计算各种材料的实际消耗量。其计算公式如下：

$$材料的实际消耗量 = \frac{材料的净消耗量}{材料利用率}$$

第三步，根据材料的市场单价，确定材料费用。其计算公式如下：

$$材料费 = \sum 材料实际消耗量 \times 材料单价$$

第四步，确定外购配套件的种类和数量。

第五步，根据外购配套件的市场价格确定外购配套件费用。

第六步，计算直接材料费。

（2）直接人工费。直接人工费是指为制造设备而发生的直接生产工人的工时费用总和，包括机工、装配、电工、检验、测试、调试等人工费用，不包括车间辅助工人和车间管理人员的工资。

直接人工费的估算步骤如下：

第一步，根据设备的历史资料或技术资料测定制造该设备各工序、工种所需消耗的时间。

第二步，根据各工种工资定额标准确定直接人工费。其计算公式如下：

$$直接人工费 = \sum 实际工时消耗量 \times 工资定额$$

（3）车间经费。车间经费是指管理车间生产所发生的费用和外协费。其包括租金、能源和工厂的消耗性物资以及间接人工等全部费用的总和。单台设备中的车间经费估算，通常按一定比例间接计入。大多数企业以人工费的一定比例计算，也有的企业按生产工时或机械工时为基础来计算。在这种情况下，被评估设备中应摊入的车间经费与所消耗的人工费有关，人工费越高，摊入的车间经费越高，反之越低。其计算公式如下：

$$车间经费 = 直接人工费 \times 车间经费费率$$

（4）企业管理费。企业管理费是指企业管理部门发生的经营管理人员工资、办公费、差旅费、水电费、折旧费等为组织和管理经营所发生的费用。单台设备中的企业管理费估算，也按人工费的一定比例间接计入。其计算公式如下：

$$企业管理费 = 直接人工费 \times 企业管理费费率$$

【提示】评估时必须把自制设备研发和制造的利润考虑在内，这是自制设备评估的重要特点。

【学中做 8-11】对某企业的一台自制设备进行评估，经核查企业提供的账目得知，该自制设备有关料、工、费等成本要素的核算资料见表 8-7 和表 8-8。经评估专业人员市场调查和测算，现行使用单价：钢材为 1 550 元，铸铁为 580 元，外购件为 2 400 元，水泥为 300 元；每定额工时成本为 6 元，每定额工时分摊的车间经费和企业管理费为 2.50 元。

表 8-7　　　　　　　　　　　　　制造费用核算表

料工费消耗	数量	单价（元）	金额（元）
钢材消耗	24 吨	1 250	30 000
铸铁消耗	25 吨	400	10 000
外购件	10 吨	2 000	20 000
工时消耗	5 000 定额工时	4	20 000
车间经费和企业管理费		2①	10 000
合计			90 000

注：①为每定额工时分摊的费用数。

表 8-8　　　　　　　　　　　　　安装调试费用核算表

料工费消耗	数量	单价（元）	金额（元）
水泥消耗	8 吨	250	2 000
钢材消耗	4 吨	1 250	5 000
工时消耗	500 定额工时	4	2 000
车间经费和企业管理费		2②	1 000
合计			10 000

注：②为每定额工时分摊的费用数。

要求：根据现价和费用标准，以及该自制设备原自制和安装调试的量耗资料，计算重置成本。

解析：重置成本计算如下：

（1）制造费用 = 24 × 1 550 + 25 × 580 + 10 × 2 400 + 5 000 × 6 + 5 000 × 2.50

= 37 200 + 14 500 + 24 000 + 30 000 + 12 500 = 118 200（元）

（2）安装调试费用 = 8 × 300 + 4 × 1 550 + 500 × 6 + 500 × 2.50

= 2 400 + 6 200 + 3 000 + 1 250

= 12 850（元）

（3）经调查分析，该自制设备建造及安装的期间较短，故本次评估不考虑资金成本。该类设备制造企业的平均利润率按 10% 计算，则：

制造利润 = 118 200 × 10% = 11 820（元）

（4）被评估设备重置成本（复原重置成本）= 118 200 + 12 850 + 11 820 = 142 870（元）

【学中做 8-12】沿用【学中做 8-11】的资料，假设自制设备在评估基准日时制造工艺发生变化，由于主材利用率提高，钢材的用量比过去节约 20%，铸铁消耗比过去节约 5%，人工工时节约 10%，其他成本消耗及物价上涨因素不变。

要求：计算该设备的重置成本。

解析：（1）制造费用 $= 24 \times 1\,550 \times (1 - 20\%) + 25 \times 580 \times (1 - 5\%) + 10 \times 2\,400 +$

$$5\,000 \times (1 - 10\%) \times 6 + 5\,000 \times (1 - 10\%) \times 2.50$$

$$= 29\,760 + 13\,775 + 24\,000 + 27\,000 + 11\,250$$

$$= 105\,785（元）$$

（2）安装调试费用 $= 8 \times 300 + 4 \times 1\,550 \times (1 - 20\%) + 500 \times (1 - 10\%) \times 6 + 500 \times$

$$(1 - 10\%) \times 2.50$$

$$= 2\,400 + 4\,960 + 2\,700 + 1\,125$$

$$= 11\,185（元）$$

（3）经调查分析，该自制设备建造及安装的期间较短，故本次评估不考虑资金成本。该类设备制造企业的平均利润率按10%计算，则：

制造利润 $= 105\,785 \times 10\% = 10\,578.50（元）$

（4）被评估设备重置成本（更新重置成本）$= 105\,785 + 11\,185 + 10\,578.50$

$$= 127\,548.50（元）$$

【学中做 8-13】某设备为非标自制设备，购建日期为2015年12月，评估基准日为2023年9月30日。根据设计图纸，该设备主材为钢材，主材的净消耗量为27吨，评估基准日钢材不含税市场价为3 800元/吨，另外，所需主要外购件（电机、泵、阀、风机等）不含税费用为65 000元。主材利用率90%，主材费率55%，成本利润率15%，设计费率16%，产量1台。

要求：计算该设备的重置成本。

解析：根据上述资料，设备的重置成本估算过程如下：

（1）确定设备的主材费用。

$$主材费 = \frac{27}{90\%} \times 3\,800 = 114\,000（元）$$

（2）确定综合税率。目前企业的增值税税率为13%，城市维护建设税税率为7%，教育费附加率为3%。

综合税率 $= 13\% \times (1 + 7\% + 3\%) = 14.3\%$

（3）计算设备重置成本。

$$重置成本 = \left(\frac{114\,000}{55\%} + 65\,000\right) \times (1 + 15\%) \times (1 + 14.3\%) \times \left(1 + \frac{16\%}{1}\right)$$

$$= 415\,151（元）$$

2.进口设备重置成本的估算

（1）可查询到进口设备的现行FOB或CIF。其计算公式如下：

$$\begin{matrix}重置\\成本\end{matrix} = CIF \times \begin{matrix}现行外汇\\汇率\end{matrix} + \begin{matrix}进口\\关税\end{matrix} + \begin{matrix}进口\\增值税\end{matrix} + \begin{matrix}银行及其他\\手续费\end{matrix} + \begin{matrix}国内\\运杂费\end{matrix} + \begin{matrix}安装\\调试费\end{matrix}$$

【学中做 8-14】对某企业一套从美国进口的设备进行评估，评估专业人员经过调查了解到，现在该设备从美国进口的离岸价为68万美元，海运费率为6%，保险费率为4‰，该设备现行进口关税税率为10%，增值税税率为13%，银行财务费率为0.5%，外贸手续费率为1.5%。国内运杂费费率为2.0%，安装费费率为0.8%，基础费费率为1.2%。评估基准日美元同人民币的比价为 1：6.88。

要求：计算该设备的重置成本。

解析：该进口设备重置成本计算如下：

国外运费 = 68×6% = 4.08（万美元）

保险费 = （68 + 4.08）×4‰ = 0.288（万美元）

到岸价（外汇计价）= 68 + 4.08 + 0.288 = 72.368（万美元）

到岸价（人民币计价）= 72.368×6.88 = 497.89（万元人民币）

关税 = 497.89×10% = 49.79（万元人民币）

增值税 = （497.89 + 49.79）×13% = 71.20（万元人民币）

银行财务费 = 68×6.88×0.5% = 2.34（万元人民币）

外贸手续费 = 497.89×1.5% = 7.47（万元人民币）

国内运杂费 = 497.89×2.0% = 9.96（万元人民币）

安装费 = 497.89×0.8% = 3.98（万元人民币）

基础费 = 497.89×1.2% = 5.97（万元人民币）

进口设备重置成本 = 497.89 + 49.79 + 71.20 + 2.34 + 7.47 + 9.96 + 3.98 + 5.97
= 648.60（万元人民币）

（2）无法查询到 FOB 或 CIF，但可获得替代品的 FOB 或 CIF，则可采用功能价值法。需注意的是，所选择的参照物必须是和评估对象功能相同或相似的进口设备；参照物的购建成本或重置成本日期应和评估基准日相一致，否则应通过价格因素和汇率因素将其调整为评估基准日的价格；另外，在计算中还应该注意参照物购建成本或重置成本的构成是否与评估对象重置成本的构成相一致，如果不一致应进行必要的调整。

（3）若上述两个渠道都行不通，可采用物价指数法。对于可以获得进口设备生产国同类资产价格变动指数的，可采用指数调整法估测评估对象的重置成本。该方法的基本思路是以被评估机器设备的账面原值为基础，通过对汇率、价格、关税税率及其他税费率变化因素的调整，来确定被评估进口设备的重置成本。其计算公式如下：

$$
\begin{aligned}
\text{进口设备} \\
\text{重置成本}
\end{aligned}
= \left(
\frac{\text{账面原值中用外币支付的设备部分价值}}{\text{进口时外汇汇率}} \times \text{进口设备生产国同类资产价格指数}
+ \frac{\text{账面原值中用外币支付的境外运费及保险费部分价值}}{\text{进口时外汇汇率}} \times
\right.
$$

$$
\left.
\text{境外运费及保险费价格变动指数} \right) \times \text{评估基准日外汇汇率} \times \left(1 + \text{现行关税税率}\right) \times \left(1 + \text{其他税费率}\right) +
$$

$$
\text{账面原值中用人民币支付的国内运杂费及安装调试费部分价值} \times \left(1 + \text{国内同类资产或费用价格变动指数}\right)
$$

【注意】进口设备运用物价指数法时需注意：

（1）技术已更新的设备不适宜采用物价指数法；

（2）进口部分应采用设备生产国的相关物价指数，国内发生的运输、安装等费用采用国内相关的物价指数；

（3）注意汇率核算时间的选择；

（4）关税税率也应以评估基准日为依据。

【学中做8-15】某企业2010年从美国进口一套设备，账面原值735万元人民币。购建时以外汇支付的部分为500万元，其中设备价款为485万元，境外运输及保险费为15万元，以人民币支付的部分为235万元，其中关税和其他税费225万元，国内运输及安装调试费10万元，进口时美元和人民币的比价为1∶6.77。2023年对该进口设备进行评估，经调查分析可知，该类设备目前在美国市场的销售价格比2010年提高10%，境外运输费及保险费综合比2010年提高5%，2023年美元同人民币的比价为1∶6.87，2023年关税税率为20%，增值税税率为13%，其他费率为1.50%，国内运输费及安装调试费综合比较，2023年比2010年提高6%。

微课

进口设备重置成本的估算

要求：计算该进口设备的重置成本。

解析：进口设备重置成本 $= [\dfrac{485 \times (1 + 10\%)}{6.77} + \dfrac{15 \times (1 + 5\%)}{6.77}] \times 6.87 \times (1 + 20\%) \times (1 + 14.50\%) + 10 \times (1 + 6\%)$

$= 776.42$（万元）

二、机器设备实体性贬值的估算

（一）实体性贬值的概念

实体性贬值是指机器设备由于使用及自然力的作用导致其物理性能的损耗或下降而引起的价值损失。机器设备在使用的过程中，由于零部件受到摩擦、冲击、振动等的作用，使零件或部件产生磨损、疲劳等破坏，其结果是零部件的几何尺寸发生变化，精度降低，寿命缩短。或者机器设备在闲置过程中，由于受自然界中的有害气体、雨水、射线、高温、低温等的侵蚀，也会出现腐蚀、老化、生锈、变质等现象。上述两方面引起的贬值就是实体性贬值，或称物理性贬值，亦称有形损耗，前者称为第一种有形磨损，后者称为第二种有形磨损。

（二）机器设备实体性贬值计算公式

机器设备实体性贬值的计算公式如下：

实体性贬值 = 设备重置成本 × 实体性贬值率

机器设备实体性贬值的程度可以用设备的价值损失与重置成本之比来反映，称为实体性贬值率。其计算公式如下：

实体性贬值率 = 设备的实体性贬值 ÷ 重置成本

全新机器设备的实体性贬值率为零，完全报废的机器设备的实体性贬值率为100%。评估专业人员根据机器设备的状态来判断贬值程度。实体性贬值率的反面是成新率，即：

实体性贬值率 = 1 - 成新率

（三）实体性贬值率（或成新率）的估算

实体性贬值率（或成新率）的估测常采用观察法、使用年限法和修复费用法等三种方法。

1.观察法

观察法是指评估专业人员通过观察，凭借视觉、听觉、触觉，或借助少量的检测工具对被估机器设备各主要部位进行现场勘查，在综合分析机器设备的已使用时间、使用状况、技术状态、维修保养状况、大修技改情况、工作环境和条件等因素的基础上，根据经验对评估对象的状态、损耗程度作出判断的一种方法。运用观察法估测机器设备的成新率，在具体操作中可采用以下两种具体方法：

①直接观测法。该方法是首先确定和划分不同档次的成新率标准，然后根据评估对象实际情况，经观测、分析、判断直接确定被评估机器设备的成新率（见表8-9，美国评估师协会使用的实体性贬值率参考表）。这种方法的特点是相对简便、省时、易行，但主观性强，精确度较差。该方法一般适用于单位价值小，数量多，技术性不是很强的机器设备成新率的确定。

表8-9　　　　　　　　　　　　　　　　实体性贬值率参考表

设备等级	设备状态	贬值率（%）
全新	全新，刚刚安装，尚未使用，资产状态极佳	0
		5
很好	很新，只轻微使用过，无须更换任何部件或进行任何修理	10
		15
良好	半新资产，但经过维修或更新，处于极佳状态	20
		25
		30
		35
一般	旧资产，需要进行某些修理或更换一些零部件，如轴承之类	40
		45
		50
		55
		60
尚可使用	处于可运行状况的旧资产，需要大量维修或更换零部件，如电机	65
		70
		75
		80
不良	需要进行大修理的旧资产，如更换运动机构或主要结构件	85
		90
报废	除了基本材料的废品回收价值外，没有希望以其他方式出售	97.5
		100

【学中做8-16】被评估机器设备于2017年1月1日购进，其购置时成本为100万元。该设备于评估基准日2023年12月31日的全新购置价格为200万元。经过专家鉴定，该设

备由于使用磨损所造成的贬值率为25%。

要求：在不考虑其他因素的条件下，计算该设备的实体性贬值。

解析：实体性贬值＝重置成本×实体性贬值率＝200×25%＝50（万元）

②打分法。打分法又称分部分鉴定法，是按机器设备的构成部分分项，按各项的价值比重或贡献度打分，然后根据对设备各部分实际状况的技术鉴定，通过打分来确定被评估机器设备的成新率。这种方法的特点是使单项设备的成新率的确定定量化，在一定程度上克服了主观随意性，使成新率的确定更加科学合理。

【提示】对于大型设备，为了避免个人主观判断，可采用"德尔菲法"或"模糊综合判断法"作为上述两个方法的补充。

2.使用年限法（寿命比率法）

使用年限法（也称寿命比率法）是指从机器设备使用寿命的角度来估算其贬值的一种方法。这种方法是假设机器设备在整个使用寿命期间，设备的价值与使用寿命是成正比的。设备在使用过程中，物理磨损使得设备的使用寿命逐步消耗，直至寿命耗尽不能使用。因此设备的贬值可以使用寿命的消耗量表示，实体性贬值率就可用寿命消耗量与总使用寿命消耗量之比来表示，也可用设备的已使用年限与总的寿命年限之比来表示，其计算公式为：

$$实体性贬值率 = \frac{可用寿命消耗量}{总使用寿命消耗量} \times 100\%$$

或：

$$实体性贬值率 = \frac{设备的已使用年限}{设备的总使用年限} \times 100\%$$

【提示】上述表达式是计算实体性贬值率的典型算式，设备使用寿命一般用时间单位年限（如汽油机、柴油机、电子设备等）来表示；机器设备使用寿命除了用时间表示外，还有些机器设备的使用寿命是用工作量、使用次数或其他单位来表示的，如模具的使用寿命一般按使用模具的次数来表示、汽车的使用寿命用行驶里程表示。尽管反映寿命的单位不同，但评估实体性贬值率的原理都是一样的。

使用年限法（寿命比率法）的核心是如何计算设备的总使用年限（总使用寿命）、实际已使用年限（已消耗寿命）、尚可使用年限（剩余寿命）。

总使用年限指的是实际已使用年限与尚可使用年限之和。其计算公式为：

总使用年限＝实际已使用年限＋尚可使用年限

实际已使用年限＝名义已使用年限×设备利用率

由于机器设备在使用中负荷程度的影响，必须将设备的名义已使用年限调整为实际已使用年限。

尚可使用年限是根据机器设备的有形损耗因素预计的继续使用年限。名义已使用年限是指机器设备从购进使用到评估时的年限。名义已使用年限可以通过会计记录、资产登记簿、登记卡片查询确定。实际已使用年限是指机器设备在使用中实际损耗的年限。实际已使用年限与名义已使用年限的差异，可以通过机器设备利用率来调整。

设备利用率的计算公式为：

$$设备利用率 = \frac{截至评估日设备累计实际利用时间}{截至评估日设备累计法定利用时间} \times 100\%$$

当设备利用率>1时，表示设备超负荷运转，设备实际已使用年限比名义已使用年限要长；

当设备利用率=1时，表示设备满负荷运转，设备实际已使用年限等于名义已使用年限；

当设备利用率<1时，表示开工不足，设备实际已使用年限小于名义已使用年限。

评估实践中，设备利用率需要根据机器设备开工情形、修理间隔时间、工作班次等进行确定。

【学中做8-17】 某机器设备购建于2016年10月30日，根据其技术经济指标，规定正常使用强度下每天的运转时间为8小时，由于其生产的产品自2016年11月至2021年年末期间在市场上供不应求，因此该企业在此期间一直超负荷使用该设备，每天实际运转时间为10小时，自2022年年初恢复正常使用，预计还能使用6年，评估基准日为2023年10月30日。

要求：计算该设备的实体性贬值率。

解析：（1）根据资料该设备的名义已使用年限为5年。

（2）5年内设备的利用率：

$$设备利用率 = \frac{38 \times 30 \times 10 + 22 \times 30 \times 8}{5 \times 360 \times 8} \times 100\% = 115.83\%$$

（3）设备的实际使用年限：

$$实际已使用年限 = 5 \times 115.83\% = 5.79（年）$$

（4）设备的实体性贬值率：

$$实体性贬值率 = \frac{5.79}{5.79 + 6} \times 100\% = 49.11\%$$

实际评估过程中，由于企业基础管理工作水平不同，再加上设备运转中的复杂性，设备利用率指标往往很难确定。评估专业人员应综合分析设备的运转状态，根据诸如开工情况、大修间隔期、原材料供应情况、电力供应情况、是否季节性生产等各方面因素确定。

【注意】 运用使用年限估测设备实体性贬值率时应注意：设备的总使用年限为正常负荷情况下的使用年限，而非自然使用年限，超负荷运转或负荷不够，都应在自然使用年限上结合生产环境进行科学合理的增减。设备的尚可使用年限为正常负荷下的使用年限。

【学中做8-18】 某汽车按行驶里程设计的总使用寿命为500万千米，截至评估基准日，该车辆已运行30万千米。

要求：计算其实体性贬值率。

解析：$实体性贬值率 = \dfrac{30}{500} \times 100\% = 6\%$

由于机器设备的具体情况不尽相同，如有的机器设备的投资是一次完成的，有的投资可能分次完成，有的可能进行过更新改造和追加投资，因此，应采取不同的方法测算其已使用年限和尚可使用年限。

（1）简单年限法。简单年限法是假定机器设备各部分功能、材料和使用磨损的情况相同，投资是一次完成的，没有更新改造和追加投资等情况的发生，按照相同的寿命设计其使用年限，分析其剩余使用年限，并确定其实体性贬值率。

微课

机器设备使用年限法估算实体性贬值率

知识链接

机器设备的寿命

【学中做8-19】某公司的多刀切片机设计工作量为20万件，经现场勘察分析，预计在正常情况下的工作量为25万件，现该设备已完成工作量为5万件。

要求：计算其贬值率。

解析：贬值率 $= \dfrac{50\,000}{200\,000} \times 100\% = 25\%$

（2）综合年限法。综合年限法是假定一些机器设备由许多机构和系统组成，功能多，动作精度高（我们称之为复杂机器设备），投资是分次完成的，使用中进行过更新改造和追加投资等情况，使得机器设备的不同构成部分的已使用年限和剩余使用年限不尽相同，经综合分析判断，并采用加权平均计算法，确定其实体性贬值率。

由于复杂机器设备各部分功能、材料和使用磨损的情况不同，所以难以按照相同的寿命进行设计。例如，设计师不可能把变速箱的轴承与箱体设计成相同寿命，起重机的钢丝绳的寿命也不可能与金属结构一样，对于使用寿命短的零部件，通常按规定使用时间间隔作为大修间隔，通过大修恢复这部分零部件的功能。

①如果复杂机器设备的各个组成部分的使用寿命不同，且可独立更换，则整个机器设备的实体性贬值率可以加权平均计算，其计算可用公式表示为：

$$\text{实体性贬值率} = \sum(\text{某部件所占成本权重} \times \text{该部件实体性贬值率})$$

②对于经过更新改造、追加投资的设备，可以采用综合年限法来估算设备的实体性贬值率。

$$\text{实体性贬值率} = \frac{\text{加权投资年限}}{\text{加权投资年限} + \text{尚可使用年限}} \times 100\%$$

$$\text{加权投资年限} = \frac{\sum(\text{加权更新成本})}{\sum(\text{更新成本})}$$

$$\text{加权更新成本} = \text{更新使用年限} \times \text{更新成本（重置成本）}$$

【学中做8-20】被评估设备购于2013年10月30日，原始价值5 000 000元，2020年10月30日和2021年10月30日进行两次更新改造，主要是添置一些自动化控制装置，当年投资分别为800 000元和500 000元，2022年10月30日进行一次大修，更换了一些原来的部件，投资额为1 000 000元。假设从2013年至2023年每年的价格上升率为10%，假设该设备将于2033年10月30日报废。评估基准日为2023年10月30日。

要求：计算该设备的综合已使用年限和实体性贬值率。

解析：（1）综合已使用年限（加权投资年限）的确定。

①计算被评估设备的重置成本，见表8-10。

表8-10　　　　　　　　　　被评估设备的重置成本的计算过程

投资日期	投资额（元）	价格变动系数	重置成本（元）
2013-10-30	4 575 900[①]	2.5937	11 868 512
2020-10-30	800 000	1.3310	1 064 800
2021-10-30	500 000	1.2100	605 000
2022-10-30	1 000 000	1.1000	1 100 000
合计	6 875 900		14 638 312

4 575 900[①] = 5 000 000 - 1 000 000 × (1 + 10%) ÷ (1 + 10%)^{10}

②计算加权投资成本，见表8-11。

表8-11　　　　　　　　　　　　加权投资成本的计算过程

重置成本（元）	投资日期	投资年限（年）	加权投资成本（元·年）
11 868 512	2013-10-30	10	118 685 120
1 064 800	2020-10-30	3	3 194 400
605 000	2021-10-30	2	1 210 000
1 100 000	2022-10-30	1	1 100 000
14 638 312	合计		124 189 520

③计算设备的综合已使用年限 = 124 189 520 ÷ 14 638 312 = 8.48（年）

（2）尚可使用年限 = 2033 - 2023 = 10（年）

（3）实体性贬值率 = 8.48 ÷ (8.48 + 10) × 100% = 45.89%

3. 修复费用法

修复费用法又称修复金额法，是指按修复磨损部件所需支付费用来确定机器设备实体性损耗的一种方法。它适用于某些特定结构部件已经被磨损但能够以经济上可行的办法修复的情形，对于机器设备来说，包括主要零部件的更换或者修复、改造费用等。修复费用法确定实体性贬值率的公式为：

$$实体性贬值率 = \frac{修复费用}{重置成本} × 100\%$$

其评估思路是假设设备所发生的实体性损耗是可以补偿的，则设备的实体性贬值就应该等于补偿实体性损耗所发生的费用。所用的补偿手段一般是修理或更换损坏部分。比如，一台机床的电机损坏，如要修复该机床，必须更换电机，如果这台机床不存在其他贬值，则更换电机的费用即为机床的实体性贬值。

【思考】修复费用法在使用时应注意哪些事项？

【学中做8-21】某企业的一台加工炉工作时间是每周7天，每天24小时连续运转。经现场观察并与操作人员和技术人员交谈，了解到这台设备是5年前安装的，现在需要对炉内的耐火材料、一部分管道及外围设备更换。如果更换耐火材料、管道和外围设备，该加工炉就能再运转15年。经与设备维修和技术部门讨论，可知更换耐火材料需投资16万元，更换管道及外围设备需投资8万元。目前该加工炉的重置成本为200万元。

要求：计算该加工炉的实体性贬值率。

解析：采用修复费用法计算该加工炉的实体性贬值率步骤如下：

（1）估测不可修复部分的重置成本。用加工炉的重置成本扣减可修复的实体性损耗得：

200 - 16 - 8 = 176（万元）

（2）计算不可修复部分的损耗率和损耗额：

损耗率 = 5 ÷ (5 + 15) × 100% = 25%

损耗额 = 176 × 25% = 44（万元）

（3）计算实体性贬值率：

实体性贬值 = 16 + 8 + 44 = 68（万元）

实体性贬值 = 68 ÷ 200 × 100% = 34%

三、机器设备功能性贬值的估算

（一）功能性贬值的含义

机器设备的功能性贬值是指由于新技术发展导致的机器设备价值的贬损。无形磨损引起的机器设备价值的损失称为机器设备的功能性贬值。与第一种无形磨损、第二种无形磨损相对应，设备的功能性贬值也包括两个方面：一是超额投资成本造成的功能性贬值；二是超额运营成本造成的功能性贬值。

1.第一种功能性贬值

第一种功能性贬值反映在超额投资成本上，超额投资成本引起的功能性贬值主要是由于技术进步，机器设备在设计、材料、产品工艺、制造方法等方面的变化和改进，使得相同功能的新设备的制造成本比过去降低，表现为新设备的购建成本比老设备便宜，它主要反映为更新重置成本低于复原重置成本，即超额投资成本引起的功能性贬值就是设备的复原重置成本与更新重置成本之间的差额。

例如，某化工设备，复原重置成本为 203 740 元，更新重置成本为 162 046 元，那么超额投资成本引起的功能性贬值为 41 694 元。需要注意的是使用物价指数调整得到的重置成本一般为复原重置成本。物价指数反映的是人工、材料的上涨幅度，不能反映技术进步的因素。

在评估中，如果使用的是复原重置成本，则应该考虑是否存在超额投资成本引起的功能性贬值；如果使用的是更新重置成本，这种贬值因素则已经考虑在内了，则不需要再计算复原重置成本，超额投资成本引起的功能性贬值也不需要计算。

对于大部分通用设备，重置成本一般根据现行市场价格确定，这个价格中已经反映了第一种功能性贬值。如一台电脑，一年前的购置价为 28 000 元，由于技术进步使得电脑的生产成本降低，该电脑现行的市场价格为 22 000 元，如果使用现行市场价格作为重置成本，则不需要再考虑第一种功能性贬值。

2.第二种功能性贬值

第二种功能性贬值反映在超额运营成本上，超额运营成本是由于新技术的发展，使得新设备在运营费用上低于老设备。超额运营成本引起的功能性贬值也就是设备未来超额运营成本的折现值，称为第二种功能性贬值。

分析研究设备的超额运营成本，应考虑下列因素：新设备与老设备相比，生产效率是否提高；新设备与老设备相比，维修保养费用是否降低；新设备与老设备相比，材料消耗是否降低；新设备与老设备相比，能源消耗是否降低；新设备与老设备相比，操作工人数量是否减少等。

如果被评估的机器设备已不生产，而必须用其替代产品的现行市场价格作为评估对象的更新重置成本时，评估专业人员也必须对评估对象和替代产品的运营成本进行比较，以分析是否存在功能性贬值。

（二）功能性贬值的估算

1.第一种功能性贬值（超额投资成本）的计算

新技术、新材料、新工艺不断出现，使得相同功能的设备的建造成本比过去降低，原有设备中就有一部分超额投资得不到社会承认。它主要反映为更新重置成本低于复原重置成本。其计算公式如下：

$$功能性贬值 = 设备复原重置成本 - 设备更新重置成本$$

【学中做8-22】某锅炉设备，2016年10月建造，建筑成本项目及原始造价成本见表8-12。

表8-12　　　　　　　　　　　　　　　　原始成本表

序号	成本项目	原始成本（元）	备注
1	主材	60 000	钢材30吨
2	辅材	12 000	铝、橡胶、聚乙烯、铜等
3	外购件	20 000	电机、阀
4	人工费	40 000	800工时×50元/工时
5	机械费	15 000	150工时×100元/工时
	成本小计	147 000	
6	利润	22 050	15%
7	税金	24 174	14.3%
	含税完全成本价	193 224	

2023年10月5日进行评估。评估专业人员收集到以下资料：

（1）钢材价格上涨了27%，人工费上涨了35%，机械费上涨了17%，辅材现行市价合计为15 000元，电机、阀等外购件现行市场价为28 000元，假设利润、税金水平不变。

（2）制造工艺的进步，导致主材利用率提高，钢材的用量比过去节约了20%，人工工时和机械工时也分别节约15%和8%。

要求：计算该设备超额投资成本引起的功能性贬值。

解析：该设备复原重置成本计算见表8-13。

表8-13　　　　　　　　　　　　　设备复原重置成本计算表

序号	成本项目	原始成本（元）	复原重置成本（元）
1	主材	60 000	76 200（60 000×（1+27%））
2	辅材	12 000	15 000
3	外购件	20 000	28 000
4	人工费	40 000	54 000（40 000×（1+35%））
5	机械费	15 000	17 550（15 000×（1+17%））
	成本小计	147 000	190 750
6	利润	22 050	28 613（190 750×15%）
7	税金	24 174	31 369（190750×（1+15%）×14.3%）
	含税完全成本价	193 224	250 732

钢材价格上涨了27%，人工费上涨了35%，机械费上涨了17%，辅材现行市场合计为15 000元，电机、阀等外购件现行市场价为28 000元。钢材的用量节约了20%，人工工时和机械工时分别节约15%和8%。

该设备更新重置成本计算见表8-14。

表8-14　　　　　　　　　　　更新重置成本计算见表

序号	成本项目	计算过程	更新重置成本（元）
1	主材	30×0.8×2 000×1.27	60 960
2	辅材		15 000
3	外购件		28 000
4	人工费	800×0.85×50×1.35	45 900
5	机械费	150×0.92×100×1.17	16 146
	成本小计		166 006
6	利润		24 901（166 006×15%）
7	税金		27 300（166 006×（1+15%）×14.3%）
	含税完全成本价		218 207

（3）超额投资成本引起的功能性贬值。超额投资成本引起的功能性贬值 = 复原重置成本 − 更新重置成本 = 250 732 − 218 207 = 32 525（元）。

【注意】在评估操作中应注意，如果估测的重置成本是更新重置成本，就不必再去计算设备的复原重置成本，减去更新重置成本得到设备的超额投资成本，此时不需单独计算超额投资成本引起的功能性贬值。因为更新重置成本已把被评估设备价值中所包含的超额投资成本部分剔除了。因此，选择重置成本时，在同时可得复原重置成本和更新重置成本的情况下，应选用更新重置成本。

2.第二种功能性贬值（超额运营成本）的计算步骤

超额运营成本造成的功能性贬值主要是由于新技术的发展，性能更优的设备出现，使得新设备在运营费用上低于原有设备。它表现为设备未来超额运营成本净额的折现值。计算超额运营成本引起的功能性贬值的具体步骤如下：

微课

机器设备经济性贬值的估算

（1）分析比较被估机器设备的超额运营成本因素。重点分析以下几个方面：①操作人员数量；②维修保养费用；③材料、能源和水电消耗；④产量。然后核定参照物与评估对象在产量、成本方面的差异。

（2）计算被估机器设备的年超额运营成本。将参照物的年操作运营成本与评估对象的年操作运营成本比较，得出被估机器设备的年超额运营成本。

（3）计算被估机器设备的年净超额运营成本。将年超额运营成本扣减采用新设备生产的新增利润应缴的所得税，得到被评估设备的年净超额运营成本。

（4）将年净超额运营成本折现。估测被评估设备的剩余寿命，选择合适的折现率，把整个剩余寿命期间的各年净超额运营成本折成现值。其现值和就是功能性贬值额。

【提示】分析研究设备的超额运营成本，应考虑下列因素：新设备与老设备相比，生产效率是否提高，操作工人数量是否减少，维修保养费用是否降低，材料消耗是否降低，能源消耗是否降低等。

【学中做8-23】某厂的一台设备还剩余10年使用寿命，但由于技术进步出现了一种新型设备，其功能相同，但每生产100件产品可节约A材料2千克，预计该厂未来10年内每年生产该产品20万件，A材料的价格将保持20元/千克。（适用的折现率为10%，所得税税率为25%）

要求：根据上述条件确定该设备的功能性贬值。

解析：（1）被评估设备每年超额运营成本 = 2×（200 000÷100）×20 = 80 000（元）

（2）被评估设备每年净超额运营成本 = 80 000×（1 − 25%）= 60 000（元）

（3）评估设备的功能性贬值额 = 60 000×（P/A，10%，10）= 368 674（元）

【提示】估算功能性贬值时，主要根据机器设备的效用、生产加工能力、工耗、物耗、能耗水平等功能方面的差异造成的成本增加或效益降低，相应确定功能性贬值额。同时，还要重视技术进步因素，注意替代设备、替代技术、替代产品的影响以及行业技术装备水平现状和机器设备更新换代速度。

微课
机器设备功能性贬值的估算

四、机器设备经济性贬值的估算

（一）经济性贬值的含义

机器设备的经济性贬值是指因外部因素影响而引起的设备贬值。导致经济性贬值的外部因素主要有：市场竞争的加剧，对产品需求的减少，导致设备开工不足，生产能力相对过剩；原材料、能源等提价，而生产的产品售价没有相应提高；政府有关能源、环境保护的法律、法规的出台，使产品生产成本提高或使设备强制报废，缩短了设备的正常使用寿命；通货膨胀、高利率因素等。其最终表现为设备的利用率下降、闲置、收益减少。

（二）经济性贬值的计算公式

公式一：通过估算生产能力变化来计算。

$$经济性贬值率 = [1 − (\frac{设备的实际生产能力}{设备的设计生产能力})^x]×100\%$$

$$经济性贬值额 = 重置成本×经济性贬值率$$

公式二：利用年收益损失净额本金化来计算。

$$经济性贬值额 = 年收益损失额×（1 − 所得税税率）×（P/A，r，n）$$

式中：（P/A，r，n）是年金现值系数。

（三）不同因素下经济性贬值的估算

1.市场竞争加剧引起的经济性贬值

市场竞争的加剧引起需求量大幅减少导致产品销售数量的减少，使得设备开工不足，生产能力降低，收益减少，造成经济性贬值。

（1）因生产能力降低造成的经济性贬值的估算。

【学中做8-24】对某企业的一条生产线进行评估，该生产线的设计生产能力为每天生产2 000件产品，设备状况良好，技术上也很先进。市场竞争加剧，使该生产线开工不足，每天只生产900件产品（规模经济效益指数取0.7）。经评估，该生产线的重置成本为180万元，实体性贬值为15万元，功能性贬值为10万元。

要求：计算该生产线的经济性贬值额和目前的评估值。

解析：

$$经济性贬值率 = [1 - (\frac{900}{2\,000})^{0.7}] \times 100\% = 42.82\%$$

经济性贬值额 = 180 × 42.82% = 77.08（万元）

评估值 = 180 − 15 − 10 − 77.08 = 77.92（万元）

（2）因收益减少造成的经济性贬值的估算。

【学中做8-25】对某企业的一条生产线进行评估，因市场竞争加剧，该企业生产的产量从原来的每天2 000件减少到900件，假设销售价格为80元/件，销售利润率为12%，被评估生产线尚可继续使用5年，折现率为10%，所得税税率为25%，一年按360天算。

要求：计算被评估生产线的经济性贬值额。

解析：经济性贬值额 = （2 000−900）×360×80×12%×（1−25%）×（P/A，10%，5）
= 10 808 328.96（元）

2.使用寿命缩短引起的经济性贬值

引起机器设备使用寿命缩短的外部因素，主要是国家有关能源、环境保护等方面的法律、法规。近年来，由于环境保护方面的问题日益严重，国家对机器设备的环保要求越来越高，对落后的、高能耗的机器设备施行强制淘汰制度，缩短了机器设备的正常使用寿命。

【学中做8-26】某汽车已使用5年，按目前的技术状态还可以正常使用10年，但由于环保、能源政策的要求，国家新出台的汽车报废政策规定该类汽车的最长使用年限为10年，因此该汽车5年后必须强制报废。

要求：计算该汽车的经济贬值率。

解析：（1）按年限法计算的该汽车不受环保政策影响的贬值率 =5÷（5+10）×100%=33.33%

（2）按年限法计算的该汽车在环保政策影响下的贬值率 = 5÷（5+5）×100% = 50%

（3）在环保政策影响下引起的经济性贬值率 = 50% − 33.33% = 16.67%

3.运营费用提高引起的经济性贬值

引起机器设备运营成本增加的外部因素包括能源成本增加等。其中，国家对超过排放标准排污的企业要征收高额的排污费；设备能耗超过限额的，按超额浪费的能源量加价收费；导致高污染、高能耗的设备，运营费用提高。

【学中做8-27】某企业台车式电阻炉的实际可比单耗为730千瓦小时/吨，政府规定的可比单耗指标为650千瓦小时/吨，如果超过政府规定的耗能，对超限额部分的10%～20%（含）的电费加价2倍收费。该电阻炉年产量为1 500吨，电价为1.2元/千瓦小时。假设该电阻炉还能使用5年，折现率为10%。

要求：计算该电阻炉的经济性贬值。

解析：计算过程如下：

（1）该电阻炉超限额的百分 = （730 − 650）÷650×100% = 12%

（2）每年增加运营成本 ＝（730－650）×1 500×1.2×2＝288 000（元）

（3）经济性贬值（未来5年多支出运营成本）＝288 000×（P/A，10%，5）＝1 093 824（元）

【学中做8-28】某被评估设备购建于2019年6月，账面原值100万元，2022年6月对该设备进行了技术改造。改造费用为10万元，2023年6月30日对该设备进行评估。评估专业人员收集到以下数据：

（1）2019年至2023年该类设备的定基价格指数分别为105%、110%、110%、115%、120%；

（2）被评估设备的月人工成本比同类设备多支出1 000元；

（3）被评估设备所在企业的正常投资报酬率为10%，规模经济效益指数为0.7，企业所得税税率为25%；

（4）经过了解，得知该设备在使用期间因技术改造等原因，其实际利用率为正常利用率的60%，经过评估专业人员鉴定分析认为，被评估设备尚可使用6年，预计评估基准日后其利用率可以达到设计标准的80%。

要求：根据上述条件估算该设备的有关技术经济参数和评估价值。

解析：（1）重置成本 ＝100×120%÷105%＋10×120%÷115%＝124.72（万元）

（2）加权投资年限 ＝4×114.29÷124.72＋1×10.43÷124.72＝3.75（年）

（3）实体性贬值率 ＝3.75÷（3.75＋6）×100%＝38.46%

（4）实体性贬值额 ＝重置成本×实体性贬值率＝124.72×38.46%＝47.97（万元）

（5）计算功能性贬值。

第一步，计算被评估设备的年超额运营成本：1 000×12＝12 000（元）

第二步，计算被评估设备的年净超额运营成本：12 000×（1－25%）＝9 000（元）

第三步，将被评估设备的年净超额运营成本，在其剩余使用年限内折现求和，以确定其功能性贬值额：9 000×（P/A，10%，6）＝9 000×4.3553＝39 197.7（元）＝3.9（万元）

（6）经济性贬值率 ＝$\left[1-(60\%÷80\%)^{0.7}\right]$×100%＝18.24%

（7）经济性贬值额 ＝重置成本×经济性贬值率＝124.72×18.24%＝22.75（万元）

（8）该设备的价值 ＝重置成本－实体性贬值－功能性贬值－经济性贬值
＝124.72－47.97－3.9－22.75＝50.1（万元）

任务三　成本法案例分析

任务描述

成本法作为机器设备评估的主要方法之一，在机器设备评估中得到了广泛运用。通过成本法案例分析，了解机器设备基本情况，熟悉机器设备成本法评估基本流程以及计算原理和公式，学会运用成本法评估机器设备的价值。

● 相关知识 ●●●

一、设备概况

（一）设备基本概况

设备名称：双盘摩擦压力机

规格型号：J53-300

制造厂家：A机械厂

启用年月：2018年8月1日

数量：1台

账面原值：488 000元

账面净值：344 470元

（二）用途及特点

该设备是普通多用途锻压设备，用于B企业（被评估设备所属厂家）锻压车间手术器械成型模锻、挤压、精压、切边、弯曲、校正等作业。

该设备结构紧凑、动力大、刚性强、精度高、万能性强、采用液压操纵装置，可进行单次打击和连续自动打击。

（三）结构及主要技术参数

1.结构

主要包括：机架、滑块、飞轮与主轴（其上安装两个大摩擦轮）四个部分；液压操纵、刹紧、退料及缓冲四个装置；还有电气设备（主电机和油泵电机）。

2.主要技术参数

公称压力：3 000KN

打击能量：2 000KJ

最大行程：400mm

最小封闭高度：300mm

液压系统工作油压：2 Mpa～3 Mpa

二、确定重置价值

（一）确定设备本体（购置）价格

经向原制造厂家——A机械厂询价得知，相同规格型号的J53-300型双盘摩擦压力机价格每年比上一年增长5%，但因为新型设备的出现，该设备已停止生产和销售。运用物价指数法评估基准日该设备本体值为：

$$488\,000 \times (1 + 5\%)^5 = 622\,825.40\,（元）$$

（二）估算重置价值

设备的重置价值一般由设备购置费、运杂费、安装调试费、基础费和其他费用构成。根据机械行业国产设备运杂费及基础费计费标准得知，运杂费率和基础费率按设备原价的6%和5%计算，安装调试费根据厂家收费标准计算（设备原价的3%）。

（1）本体价格 = 622 825.40元

（2）运杂费 = 购置价格×运杂费率 = 622 825.40 × 6% = 37 369.52（元）

（3）基础费 = 购置价格×基础费率 = 622 825.40 × 5% = 31 141.27（元）

（4）安装调试费 = 622 825.40 × 3% = 18 684.76（元）

（5）资金成本：因该机器设备可在不到一个月的时间内完成安装调试工作，故资金成本不计。

重置价值 = 本体价格 + 运杂费 + 基础费 + 安装调试费 + 资金成本

　　　　 = 622 825.40 + 37 369.52 + 31 141.27 + 18 684.76 + 0 = 710 020.95（元）

三、确定成新率

（一）使用年限法计算的成新率

（1）根据厂家对锻压设备设计的寿命，该设备规定使用（经济）年限为17年；

（2）确定已使用（实际）年限为5年（启用日期2018年8月1日——评估基准日2023年8月1日）；

（3）运用使用年限法计算设备的成新率为：

实际成新率 = 尚可使用（经济）年限 ÷ 规定使用（经济）年限 × 100%

　　　　　 = 12 ÷ 17 × 100% = 70.59%

（二）运用观察法确定的成新率

该设备属A机械厂（名优企业）制造，质量优良；5年运行过程正常，作业时间是一日两班倒，利用程度正常；维护保养正常，无修理改造，无机件缺损现象；因在高温、灰尘下作业，有些振动。经现场观测技术鉴定，其成新率为75%。具体鉴定内容见表8-15。

表8-15　　　　　　　该设备主要构件现场勘查综合技术鉴定成新率表

序号	项目	标准权重分值		细目	技术鉴定分值	
		合计分值	细目分值		细目分值	合计分值
1	机架部分	20	8	机身、横梁无变形裂纹	8	14
			4	机身、横梁拉紧螺栓，横梁中部螺母及下部法兰盘均紧固	3	
			6	压力机的四导轨面有轻度磨损	3	
			2	表面漆皮全部脱落	0	
2	滑块、飞轮部分	18	4	螺杆与飞轮切向键链接牢固	4	14
			6	飞轮轮缘摩擦块有中度磨损	4	
			8	螺杆下端踵片与滑块内推力轴承有中度磨损与疲劳点蚀	6	

续表

序号	项目	标准权重分值		细目	技术鉴定分值	
		合计分值	细目分值		细目分值	合计分值
3	主轴部分	10	5	主轴轴承轻度磨损	4	8
			5	主轴上两摩擦轮与飞轮接触处有轻度磨损	4	
4	液压操纵装置	18	2	操纵轻便，灵活可靠	2	14
			7	因该机工作5年，故驱动滑块上下运动与主轴左右运动的油缸与活塞有轻度磨损，溢流阀阀体与阀芯也有磨损	5	
			7	油压系统工作油压尚可保证在2Mpa~3Mpa之间	6	
			2	个别部分管子或管子接头处有渗漏油现象	1	
5	刹紧装置	10	3	制动拉紧钢带上的摩擦带中度磨损	1.5	6
			3	螺杆上的刹紧轮表面中度磨损	1.5	
			4	制紧操纵机构制动板、推动杆及杠杆铰接处轻度磨损	3	
6	退料装置	5	3	两根与滑块连接的拉杆完好	3	5
			2	退料装置座上的顶杆稍有变形，基本完好	2	
7	缓冲装置	4	4	硬质耐油橡胶缓冲圈局部撞击破损，但尚未失效	3	3
8	电气润滑设备	15	7	主电机和油泵电机运转正常，但轴承轻度磨损	5	11
			5	电气元件与接线轻度老化	4	
			3	润滑管道有轻度积污堵塞	2	
9	总计	100				75

（三）确定该设备成新率

成新率 = 使用年限法成新率 × 40% + 现场勘查技术鉴定成新率 × 60%

= 70.59% × 40% + 75% × 60% = 73%

四、确定功能性贬值和经济性贬值

经调查分析确定，目前市场上出现了功能更先进的新型设备，并被普遍运用，新型设备与评估对象相比，可节省人员1人，人均年工资水平为50 000元，此外，市场竞争的加剧，使该设备开工不足，由此而造成的收益年损失额为2万元（该企业所得税税率为25%，假定折现率为10%）。

功能性贬值 = 1 × 50 000 × （1 − 25%） × （P/A，10%，12） = 255 513.75（元）

经济性贬值 = 20 000 × （1 − 25%） × （P/A，10%，12） = 102 205.5（元）

五、确定评估值

评估值 = 710 020.95 × 73% − 255 513.75 − 102 205.5 = 160 596.04（元）

六、案例分析

（1）根据该案例资料，在评估时采用成本法。在评估该设备的购置价格时采用了物价指数法。

（2）被估设备属于国产机器设备，其重置价值通常由购置价格、运杂费、基础费、安装调试费和资金成本五项构成。其费用的测算标准采用行业标准即按设备价格的一定比例作为设备的运杂费率、基础费率、安装费率，以此来计算设备的运杂费、基础费、安装费。

具体的运杂费率由评估专业人员结合费率表和距离（从生产厂家到安装使用地点）、设备的尺寸、重量及相关因素确定。设备的基础是为安装设备而建造的特殊构筑物。设备的基础费是指建造设备基础所发生的人工费、材料费、机械费及全部取费。可以按照设备价格的一定比例作为设备的基础费率，以此来计算设备的基础费。通常，设备的基础费率按设备所在行业颁布的概算指标中规定的标准取值，该案例即是如此。

安装调试费是指设备在安装的过程中所发生的所有人工费、材料费、机械费及全部取费。它可以按设备购置价格的一定比例计算得出，这个比例通常可以按所在行业概算指标中规定的设备安装费率来确定。

（3）成新率是表示设备新旧程度的比率。估测机器设备的成新率通常有三种方法：使用年限法、观测分析法和修复费用法。

其中，技术鉴定法是观测分析法中较为科学的具体方法，主要是根据机器设备的内在技术状态来确定成新率，这比用看外观和访问用户得出的资料来确定成新率更加可靠和准确，所以，取60%比重。该案例是先用使用年限法和技术鉴定法分别得出被评估设备的成新率，再加权平均得出综合成新率。尽管这种加权平均方法的使用、具体权重的确定可能缺乏牢靠的科学依据，但这种方法的使用可以降低成新率出现大的偏差的概率。

（4）该设备已更新换代，而且有新型的设备出现并大量运用，使得评估设备出现功能性贬值。新型设备进入市场，使得市场竞争加剧，设备使用率下降，生产产品减少，使得被评估设备出现经济性贬值。

（5）在计算出设备重置成本、成新率、功能性贬值、经济性贬值后，利用成本法基本计算公式得出该设备的评估值。

【学思践悟】焊接，看似平凡的工艺，却承载着巨大的重要性。在中国焊接界，有一位杰出的焊工，他不仅创造了亚洲第一，还在关键时刻挽救了国家的安全，为中国省下巨额费用，推动了国家的科技进步，他就是潘际銮院士。

潘际銮的职业生涯中，有一次任务尤为重要，那就是中国引进的瓦良格号航母的改造。焊接航母甲板是一项巨大的挑战，但潘际銮再次毫不犹豫地接受了这项任务。他带领团队攻克难关，成功实现了对瓦良格号的改造。外国专家评价，潘际銮和团队的成功工作至少为中国省下了上千亿元人民币，而且使中国航母的水平提前至少10年。

潘际銮院士的故事，如同焊接的火花一般，闪耀在中国科技的天空。他以卓越的焊接技艺，为我国省下了上千亿元的费用，同时也为中国的航母建设贡献了不可估量的力量。

他的坚持、追求卓越的品质，不仅仅是焊接领域所需，更是每一个领域都值得学习的典范。

　　焊接，或许在我们日常生活中不引人注目，但在国家安全和科技进步的道路上，它却是不可或缺的一环。潘际銮院士用自己的实际行动，向我们展示了即使是看似平凡的工艺，也可以创造非凡的成就。他的精神将继续激励着焊接领域的新一代，为中国的科技进步和国家安全作出更多宝贵的贡献。

　　在潘际銮院士的光辉事迹下，我们明白了，无论我们从事何种职业，只要我们坚持专业、追求卓越，都能在自己的领域创造非凡的价值。他是中国最强焊工，也是值得我们每个人学习的楷模。让我们一同向他学习，共同努力，为中国的科技事业和国家安全贡献自己的力量，为中国梦添砖加瓦！

　　资料来源：球球捕捉世界. 中国最强焊工：为我国省下上千亿，让中国航母至少进步10年！［EB/OL］. ［2023-11-07］. https://www.163.com/dy/article/IIUI9AHK05564478.html.

项目小结

　　成本法是机器设备评估的重要方法，在进行机器设备价值评估时主要涉及被评估资产的重置成本、实体性贬值、功能性贬值和经济性贬值四大因素。成本法中的各种具体方法实际上都是在成本法总的评估思路基础上，围绕着上述因素采用不同的方式方法测算形成的。在机器设备评估实务中，人们可能采用不同的具体方式估算成本法中的各个参数以及根据采用不同具体方式估算的各个参数的性质、特点来考虑与成本法中其他参数的相互关系。

　　本项目框架结构如图8-4所示。

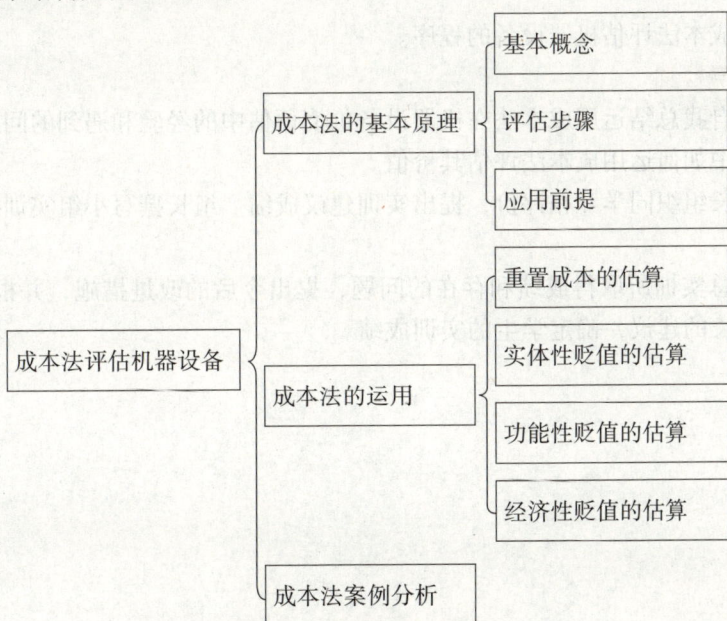

图8-4　本项目框架结构

项目综合实训

一、实训目标

成本法是机器设备评估中最常使用的方法之一，通过对成本法评估机器设备的基本原理学习和实际操作训练，使同学们能够掌握成本法评估机器设备价值的基本知识和技能技巧，能独立运用成本法对机器设备价值进行评估。

二、实训项目与要求

1.实训组织

（1）实训指导教师将学生分组，每组 10 人左右，指定组长负责，明确目标和任务；

（2）分组开展业务训练，发挥小组的集体智慧和成员的主观能动性，写出实训过程和结果；

（3）组长总结汇报实训活动。

2.实训项目

（1）自制机器设备和外购机器设备重置成本的估算；

（2）机器设备实体性贬值、功能性贬值、经济性贬值的估算方法。

3.实训要求

（1）能根据机器设备评估业务判断成本法的适用性；

（2）熟练估算机器设备的重置成本；

（3）正确区分机器设备的实体性贬值、功能性贬值、经济性贬值，并会计算这三种贬值；

（4）遵循成本法评估机器设备的程序。

三、成果与检测

1.同学们自我总结运用成本法在机器设备价值评估中的经验和遇到的问题，并说明在机器设备评估中如何运用成本法评估其价值。

2.各组组长组织同学互相评价，提出实训建议成绩。组长撰写小组实训报告，在班级进行交流汇报。

3.教师汇总实训所取得成绩和存在的问题，提出今后的改进措施，并根据学生自评、互评情况和组长的建议，确定学生的实训成绩。

项目九
市场法评估机器设备

知识目标
1. 了解市场法评估机器设备的概念和评估的特点；
2. 理解市场法评估机器设备的基本步骤；
3. 掌握市场法评估机器设备的基本方法及适用范围。

能力目标
1. 能熟练掌握机器设备评估的市场法；
2. 能正确计算参照物的差异值。

素养目标
1. 树立爱国主义情怀，增强民族自信心；
2. 树立爱岗敬业、精益求精的职业精神，走技能成才、技能报国之路。

项目导入

如何评估长兴公司所拥有的车辆的价值?

长兴汽车租赁公司是一家专业从事汽车租赁服务的公司,拥有奔驰、大众、丰田、本田等多个品牌的轿车、越野车及中巴车共计15辆。现因资产重组,拟对其所拥有的车辆的价值进行评估,评估基准日为2023年8月31日。评估专业人员通过市场调查发现,当地有发达的二手车交易市场,能找到与评估对象相似的参照物。参照物与评估对象有可比较的指标,可以收集到相关的技术参数资料,被评估车辆与参照物的差异因素可以进行量化调整。评估专业人员根据掌握的资料,经调查分析后,决定采用市场法进行评估。

请思考:车辆常用的评估方法有哪些?这些评估方法适用的前提条件是什么?应遵循怎样的评估程序?如果你是评估专业人员,你将如何对二手车进行评估,得出使双方都满意的评估值?

启示:随着机动车的普及和技术的成熟,二手车市场越来越发达。因此,通过数字化手段进行整合和优化,从而准确评估机动车二手车价值,提高交易效率、降低交易成本、提升交易安全性和用户体验,为二手车行业带来更多的商机和市场需求,是评估专业人员将要努力的方向。

任务一　市场法的基本原理

任务描述

市场法是根据公开市场上与评估对象相同或相似的参照物的价格,通过比较分析来确定评估对象价格的一类评估方法。如果参照物与评估对象并不完全相同,需要根据评估对象与参照物之间的差异对价值的影响作出调整。通过对该方法的基本前提、适用范围、比较因素的学习,有助于全面认识市场法,以便在机器设备的评估中能正确、科学地选择该方法。

相关知识

一、基本概念

(一)市场法的含义

1.市场法的概念

市场法是指根据目前公开市场上与评估对象相似的或可比的参照物的价格来确定评估

对象价格的一种方法。如果参照物与评估对象并不完全相同，需要根据评估对象与参照物之间的差异对价值的影响作出调整。

2.市场法的基本思路

市场法是根据替代原则，采用比较和类比的思路及其方法判断资产价格的评估技术规程。因为任何一个正常的投资者在购置某项资产时，他所愿意支付的价格都不会高于市场上具有相同用途的替代品的现行市价。

3.市场法的理论依据

在市场经济条件下，商品（资产）的价格受供求规律的影响。具体说来，当宏观经济中总需求大于总供给时，资产的市场价格会上升；反之，资产的市场价格会下降。

（二）市场法的基本前提

使用市场法的前提条件有公开市场、市场有效、评估对象与市场参照物是相似或可比的等三个基本条件。

1.公开市场

公开市场是一个充分竞争的市场，市场上有自愿的买者和卖者，在交易信息充分交换，或者交易信息公开的前提下，有相对充裕的时间，买卖双方进行平等交易，排除了个别交易的偶然性。市场成交价格基本上可以反映市场行情。

（1）买卖双方都具有各自的动机，是充分自愿的，无任何强迫；

（2）双方都已对标的有充分的了解，并且按照他们的最佳利益决策行事；

（3）在这个开放的市场中，允许一段合理的时间用于披露信息；

（4）价格表示设备交易的正常货币价格，按正常的方式结算，不受特殊的付款方式或销售优惠的影响。

【注意】在公开市场中交易行为发生得越频繁，与被评估资产相同或相似的资产价格越容易获得，按市场行情估测评估资产价值，评估结果会更贴近市场，更容易被资产交易各方接受。

2.市场有效

市场有效的前提是：

（1）市场所提供的信息是真实可靠的；

（2）评估参照物在市场上的交易是活跃的。

对单台设备评估，二手设备交易市场是机器设备评估的重要参照物市场，但是并不能保证这个市场对所有的资产都是可靠的。如果能够确定市场所提供的信息资料真实可信，并且该类资产的交易活跃，那么使用市场比较法将是最为可靠的。例如汽车、普通机械加工设备、建筑机械、工程机械等，它们均存在一个发育完善的市场，是采用此法的最佳例子。"活跃的市场"和"可确认的信息"是两个重要的概念。活跃市场是指类似的资产交易在市场上频繁发生，而不能是有价无市的市场；不是被部分垄断销售商或购买者控制，资产可以在完全自由的市场中进行交易；没有恶意地煽动市场、操纵市场，制造虚假市场现象。

【注意】市场法对于市场上唯一的产品不适用。另外，虽然不是唯一产品但是市场不活跃也不适用市场法，一个不活跃的市场，或可比资产的销售数量有限，都表明需求不足。

3.评估对象与市场参照物是相似或可比的

相似是指评估对象和参照物之间在物理特征、交易特征、市场特征等方面是相似的，如果参照物的特征差异较大可能增大评估误差；可比是指评估对象和参照物之间有共同的特征可以比较，对评估对象和参照物之间的比较是通过比较因素来进行的。

二、评估步骤

第一步，对评估对象进行勘查，获取评估对象的基本资料。评估专业人员通过鉴定被评估机器设备，了解机器设备的基本资料，如机器设备的规格型号、制造厂家、出厂日期、服役年龄、安装情况、随机附件以及机器设备的实体状态等，为选择类似的市场参照物做准备。

第二步，进行市场调查，选取市场参照物。评估专业人员了解了评估对象的基本情况以后，要进行市场调查选取市场参照物。在选择市场参照物时，应注意参照物的时间性、地域性、可比性。从时间上来讲，参照物的交易时间应尽可能接近评估基准日；在地域上，尽可能与评估对象在同一地区；评估对象与参照物具有较强的可比性，实体状态方面比较接近。评估专业人员在进行市场调查时，还需要注意了解交易条件、交易背景等因素。

第三步，确定适当的比较因素，进行差异调整。尽管评估专业人员在选择市场参照物时尽可能做到评估对象与市场参照物比较接近，但是，评估对象与参照物在实体状态、交易时间、交易地点、交易背景上总还存在一定差异。评估专业人员必须对上述影响价值的因素进行分析、比较，确定差异调整量。

第四步，计算评估值。在分析比较的基础上，对参照物的市场交易价格进行修正，确定评估值。

三、比较因素

比较因素，是指可能影响机器设备市场价格的因素。在使用市场法评估的过程中，很重要的一项工作是将参照物与评估对象进行比较。在比较之前，评估专业人员首先要确定哪些因素可能影响机器设备的价值，哪些因素对价值没有影响。比较因素是一个指标体系，它应该是能够全面反映影响价值的因素。不全面的或仅使用个别指标所作出的价值评估是不准确的。一般来讲，设备的比较因素可分为四大类，即个别因素、交易因素、时间因素和地域因素。

（一）个别因素

设备的个别因素一般指反映机器设备在结构、形状、尺寸、性能、生产能力、安装、质量、经济性等方面差异的因素。不同的机器设备，差异因素也不同。在评估中，常用于描述机器设备的指标包括：

（1）设备名称。

（2）设备型号规格。型号规格反映设备类别、特征代号、组别、主参数、设计序号、设计变更和变形产品等方面信息。评估专业人员应该选择相同规格型号的市场参照物。

（3）设备生产能力。评估专业人员应该选择相同或相似生产能力的市场参照物。

（4）设备制造厂家。制造厂家在某种意义上反映了机器设备的制造品质、产品的信誉、售后服务等信息。不同制造厂家生产的机器设备的制造品质不同，市场售价也存在较大差异，评估专业人员应选择同一厂家生产的机器设备作为市场参照物。

（5）设备技术指标。技术指标包括尺寸参数、运动参数、动力参数与机器设备的结构、工艺适应性、精度、使用可靠性和宜人性等，技术指标反映了机器设备的性能，评估专业人员应该选择相同技术指标的市场参照物。

（6）设备附件。相同机器设备的附件可能各不相同，有些机器设备的附件占整体价值量比例较大，评估专业人员应对参照物和评估对象的附件情况进行比较。

（7）设备的出厂日期。评估专业人员应该选择相近出厂日期的市场参照物。

（8）设备的役龄。机器设备的制造年代对售价影响较大，参照物应尽量选择与评估对象同年代制造的。

（9）设备的安装方式。设备的安装方式会对机器设备的售价产生影响。两台相同的机器设备，均拟出售移地使用，其中一台已拆卸完毕并运至买方使用的目的地；另外一台机器设备未拆卸，设备的拆卸、运输费用由买家承担，那么两台机器设备的出售价格是不同的。

（10）设备的实体状态。机器设备的实体状态对售价影响很大。相同制造厂家、相同出厂日期的设备，由于使用环境、负荷、操作人员的水平等因素不同，机器设备的实体状态差异较大。评估专业人员应当对评估对象与参照物的实体状态进行比较。

（二）交易因素

交易因素指交易的动机、背景对价格的影响，不同的交易动机和交易背景都会对设备的出售价格产生影响。如清算、快速变现或带有一定优惠条件的出售，其售价往往低于正常的交易价格。另外，交易数量也是影响设备售价的一个重要因素，大批量的购买价格一般要低于单台购买价格。

（三）时间因素

不同交易时间的市场供求关系、物价水平等都会不同，评估专业人员应选择与评估基准日最接近的交易案例，并对参照物的时间影响因素作出调整。

（四）地域因素

由于不同地区市场供求条件等因素的不同，机器设备的交易价格也受到影响，评估参照物应尽可能与评估对象在同一地区。如评估对象与参照物存在地区差异，则需要作出调整。

任务二　市场法的运用

任务描述 ◗◗◗

市场法比较适用于有成熟的市场、交易比较活跃的机器设备评估，如汽车、飞机、计算机等。通过对市场法具体方法的学习，以便在机器设备价值评估中进行运用。

相关知识 ◗◗◗

运用市场法评估机器设备是通过对市场参照物进行交易价格调整完成的，常用的方法有直接比较法、相似比较法和比率估价法三种。

一、直接比较法

直接比较法是根据与评估对象基本相同的市场参照物，通过直接比较来确定评估对象价值的一种方法。例如，在评估一辆汽车时，如果二手汽车交易市场能够发现与评估对象基本相同的汽车，它们的制造商、型号、年代、附件都相同，只有行驶里程和实体状态方面有些差异，在这种情况下，评估专业人员一般直接将评估对象与市场上正在销售的同样的汽车做比较，以确定评估对象的价格。因为此时评估对象与市场参照物差异小，使用直接比较法评估相对比较简单，对市场的反映也最为客观，能最准确地反映评估对象的价值。

该方法可用公式表示为：

$$V = V' \pm \Delta i$$

式中：V为评估值；V′为参照物的市场价值；Δi为差异调整。

【学中做9-1】 在评估一辆轿车时，评估专业人员从市场上获得的市场参照物在型号、购置年月、行驶里程、发动机、底盘及各主要系统的状况等方面基本相同。区别之处在于：

（1）参照物的左前大灯破损需要更换，更换费用约2 000元；

（2）被评估车辆加装CD音响一套，价值5 000元。

若该参照物的市场售价为120 000元，则：

V = V′ ± Δi = 120 000 + 2 000 + 5 000 = 127 000（元）

【注意】 使用直接比较法的前提是评估对象与市场参照物基本相同，需要调整的项目较少，差异不大，并且差异对价值的影响可以直接确定，否则无法使用直接比较法。如果上例的参照物购置年代不同、型号有差异、行驶里程差别也很大，则不能使用直接比较法。

二、相似比较法

相似比较法是将与评估对象相似的市场参照物作为评估的基础，通过比较分析相似的市场参照物与被评估设备的可比因素差异，并对这些因素逐项作出调整，由此确定被评估机器设备价值的一种方法。这种方法是在无法获得基本相同的市场参照物的情况下，以相似的参照物作为分析调整的基础。对相似设备存在的差异因素的分析、调整过程，相对于直接比较法而言，显得更为重要。这种方法与直接比较法相比更主观，在对比较因素进行分析的基础上，需要做更多的调整。

评估实践中，一般应把握的调整比较原则有：

（1）产品的制造商尽量一致。不同生产厂家生产的相同产品其价格往往是不同的，新产品的价格差异容易确定，二手设备的价格受制造厂家因素的影响，实体状态、使用时间等也对价格产生影响，因此很难通过二手设备交易市场确定这种价格差异。如果必须选择不同厂家生产的设备作为参照物，可以根据新设备的价格差异率调整。

（2）产品的规格型号尽量一致。规格型号是影响价格的重要因素，它对价格的影响也是难以确定调整的。

（3）出厂日期和服役年龄尽量接近。通过二手设备交易市场的成交资料统计，设备的出厂日期是影响设备价格的主要因素。在评估实践中，有时很难找到相同出厂年代和使用年代的设备，但是应尽量接近，出厂年代对价格的影响可以利用统计数据进行调整。

（4）销售时间与评估基准日尽量接近。在二手设备交易市场获取的参照物销售时间应尽量与评估基准日接近。当市场不稳定时，这一点尤为重要。理论上来讲，参照物售价应该是评估基准日的售价，当然这一点较难做到。如果获取的资料不够理想，资产评估专业人员应对其进行调整。

（5）交易位置接近。地理位置可能影响其售价，如果参照物的价格是在二手设备交易市场上当场交易的价格，而评估对象是在交易市场以外的工厂内交易的，在其他条件一样的情况下它们有不同的售价，因为评估对象需要发生部分拆卸和移动成本。

（6）安装方式接近。安装是影响售价的另一因素，单台设备的交易，安装对购买者是没有价值的，并且要为此支付拆卸费用，然后运至新的使用地点。如果参照物的价格是已拆卸完毕的，在交易市场提货的价格，而评估对象是安装在原使用者所在的工厂未进行拆卸的，那么资产评估专业人员需要考虑该因素的影响，从参照物的价格中扣减拆卸设备所要发生的费用。

（7）随机附件、备件完备情况接近。在二手设备交易市场上交易的设备，随机附件、备件完备情况差异较大。有些设备的附件占整机价值量比例很大，评估专业人员应对参照物和评估对象的附件情况进行比较。另外，对一些老设备，易损备件也是影响设备价值的重要因素，因为这些备件可能在市场上难以买到，如果出售方没有足够的备件，设备的售价会大大降低。

（8）实体状态接近。设备的实体状态会影响售价，不同状态资产的售价是不同的。由于设备的使用环境、使用条件各不相同，实体状态一般都有差异，需要对评估对象和市场参照物进行比较调整。这是比较过程中最困难的部分。即使目标资产的状况很清晰，参照物的状况有时也很难取得。如果可能，还要对参照物的状态进行调查。

（9）交易背景相似。应了解参照物的交易背景，以及可能对评估目标价值产生的影响。其具体包括：购买和出售的动机；购买方和出售方是否有关联方关系；购买方是最终用户还是经销商；出售商是原始使用者还是经销商；交易的数量等。上述因素可能对交易价格产生影响，这是比较重要的步骤，特别是对于大型设备而言。

（10）交易方式一致。设备的交易方式包括在二手设备交易市场公开出售、公开拍卖、买卖双方的直接交易等。不同交易方式的价格是不同的，设备的拍卖价格一般会低于二手设备交易市场的价格。如果资产评估专业人员评估的是设备的正常交易价格，则应选择二手设备交易市场作为参照物市场。

（11）尽量选择同一个市场。两个地区的二手设备交易市场，设备的交易价格可能是不同的。评估时应选择评估对象所在地的交易市场作为参照物市场。如果评估对象与参照物不在同一个市场，资产评估专业人员必须清楚了解两个市场的价格差异，并能够作出调整。

【学中做9-2】使用相似比较法对某车床进行评估。

（1）评估专业人员首先对评估对象进行勘查，基本情况如下：

设备名称：普通车床

规格型号：CA6140×1500

制造厂家：A机床厂

出厂日期：2016年2月1日

投入使用时间：2016年2月1日

安装方式：未安装

附件：齐全（包括仿形车削装置、后刀架、快速换刀架、快速移动机构）

实体状态：评估专业人员通过对车床的传动系统、导轨、进给箱、溜板箱、刀架、尾座等部位进行检查、打分，确定其综合分值为6.7分

（2）评估专业人员对二手设备交易市场进行调研，确定了与评估对象较接近的三个市场参照物，具体见表9-1。

表9-1   评估对象与参照物基本情况比较

比较项目	评估对象	参照物A	参照物B	参照物C
名称	普通车床	普通车床	普通车床	普通车床
规格型号	CA6140×1500	CA6140×1500	CA6140×1500	CA6140×1500
制造厂家	A机床厂	A机床厂	B机床厂	B机床厂
出厂日期/役龄	2016年/7年	2015年/8年	2016年/7年	2017年/6年
安装方式	未安装	未安装	未安装	未安装
附件	仿形车削装置、后刀架、快速换刀架、快速移动机构	仿形车削装置、后刀架、快速换刀架、快速移动机构	仿形车削装置、后刀架、快速换刀架、快速移动机构	仿形车削装置、后刀架、快速换刀架、快速移动机构
状况	良好	良好	良好	良好

续表

比较项目	评估对象	参照物A	参照物B	参照物C
实体状态描述	传动系统、导轨、进给箱、溜板箱、刀架、尾座等部位工作正常，无过度磨损现象，综合分值为6.7分	传动系统、导轨、进给箱、溜板箱、刀架、尾座等部位工作正常，无过度磨损现象，综合分值为6.0分	传动系统、导轨、进给箱、溜板箱、刀架、尾座等部位工作正常，无过度磨损现象，综合分值为6.4分	传动系统、导轨、进给箱、溜板箱、刀架、尾座等部位工作正常，无过度磨损现象，综合分值为5.8分
交易市场		评估对象所在地	评估对象所在地	评估对象所在地
市场状况		二手设备交易市场	二手设备交易市场	二手设备交易市场
交易背景及动机	正常交易	正常交易	正常交易	正常交易
交易数量	单台交易	单台交易	单台交易	单台交易
交易日期	2023-03-31	2023-02-10	2023-01-25	2023-03-10
转让价格		30 000元	38 000元	34 000元

（3）确定调整因素，进行差异调整。

①制造厂家调整。在所选择的3个参照物中，参照物A与评估对象的生产厂家相同，参照物B、C为B厂家生产。在新设备交易市场，A、B两个制造商生产某相同产品的价格分别为5.0万元和5.4万元，即B厂家生产的该产品市场价格比A厂家高8%，以此作为被评估旧设备的调整比率。

②出厂年限调整。评估对象出厂年限是7年，参照物A、B、C的出厂年限分别为8年、7年和6年，根据市场同类设备交易价格的统计资料，调整比率应为：A，+4.9%；B，0；C，-7.0%。

③实体状态调整。评估专业人员通过对车床的传动系统、导轨、进给箱、溜板箱、刀架、尾座等部位进行检查、打分，确定评估对象的综合分值为6.7分；三个参照物的综合分值分别为6.0、6.4、5.8。

参照物A的调整比率 =（6.7 - 6.0）÷ 6.0 × 100% = 11.67%

参照物B的调整比率 =（6.7 - 6.4）÷ 6.4 × 100% = 4.69%

参照物C的调整比率 =（6.7 - 5.8）÷ 5.8 × 100% = 15.52%

④计算评估值。

参照物A修正后的价格 = 30 000 × 100% ×（1 + 4.9%）×（1 + 11.67%）
　　　　　　　　 = 35 142.55（元）

参照物B修正后的价格 = 38 000 × 92% ×（1 + 0）×（1 + 4.69%）
　　　　　　　　 = 36 599.62（元）

参照物C修正后的价格 = 34 000 × 92% ×（1 - 7.0%）×（1 + 15.52%）
　　　　　　　　 = 33 605.23（元）

评估对象的评估值 =（35 142.55 + 36 599.62 + 33 605.23）÷ 3
　　　　　　　 = 35 115.80（元）

知识链接

比率估价法

微课

相似比较法

任务三　市场法案例分析

任务描述

市场法作为机器设备评估的主要方法之一，在机器设备评估中得到了广泛运用。通过市场法案例分析，了解机器设备基本情况，熟悉机器设备市场法评估基本流程以及计算原理和公式，学会运用市场法评估机器设备的价值。

相关知识

一、概况介绍

A公司有一台汽车需要进行评估作价。评估基准日为2023年12月31日。评估专业人员根据掌握的资料，经调查分析后，决定采用市场法评估。

所属单位：A公司

车辆名称：哈弗H6，2016款，2.0L，自动，两驱尊贵型

规格型号：CC6460KM621

生产厂家：长城汽车股份有限公司

启用年月：2016年12月

数量：1辆

账面原值：128 000元

账面净值：86 000元

已行驶里程：105 505千米

评估专业人员通过检查、核对车辆原始发票、机动车行驶证和该公司营业执照，确认这辆车的法定权属属于山西A公司。评估专业人员检查了车辆所缴纳的车船税和保险费等发票，确认车辆均可正常使用。

评估专业人员通过市场调查发现，当地有发达的二手车交易市场，能找到与被评估车辆相似的参照物。参照物与被评估车辆有可比较的指标，可以收集到相关的技术参数资料，被评估车辆与参照物的差异因素可以进行量化调整，因此评估专业人员决定采用市场法进行评估。

市场法又称市场价格比较法，是指通过比较被评估车辆与最近售出的类似车辆的异同，并将类似车辆的市场价格进行调整，从而确定被评估车辆价值的一种评估方法。这种方法的基本思路是：通过市场调查选择一个或几个与被评估车辆相同或类似的车辆作为参照物，分析参照物的构造、功能、性能、新旧程度、地区差别、交易条件及成交价格等，并与被评估车辆——对照比较，找出两者的差别及差别所反映的价格上的差额，经过调整，计算出被评估机动车辆的价格。委估车辆技术参数见表9-2。

表9-2 　　　　　　　　　　　　　委估车辆技术参数表

车辆类型	哈弗 H6，2016 款，2.0L，自动，两驱尊贵型	车辆品牌	哈弗
车辆型号	CC6460KM621	车身颜色	黑
车辆识别代号	*************	国产/进口	国产
发动机号	*************	发动机型号	4G63S4M
燃料种类	汽油	排量/功率	1.997L/98KW
制造厂名称	长城汽车股份有限公司	缸数	4
变速器形式	自动变速箱	轮胎数	4
轮胎规格	225/65R17	排放标准	国Ⅳ
轴距	2 680mm	准乘人数	5
外廓尺寸	2 640mm×1 825mm×1 690mm	总质量	1 520kg
额定载重	500kg	使用性质	营运
车辆出厂日期	2016-09-01	转移登记日期	无

二、现场勘查资料

评估专业人员经过现场勘查，对评估对象新旧程度情况进行打分，见表9-3。

表9-3 　　　　　　　　　　　　车辆整体新旧程度情况打分表

项目名称	达标程度	参考标准分	评分
整车（20分）	全新	20	15
	良好	15	
	较差	5	
车架（15分）	全新	15	12
	一般	7	
前后桥（15分）	全新	15	13
	一般	7	
发动机（30分）	全新	30	25
	轻度磨损	25	
	中度磨损	17	
	重度磨损	5	
变速箱（10分）	全新	10	8
	轻度磨损	8	
	中度磨损	6	
	重度磨损	2	
转向及制动系统（10分）	全新	10	8
	轻度磨损	8	
	中度磨损	5	
	重度磨损	2	
合计		100	81

评估专业人员经过现场勘查，对被评估车辆整体性能情况打分，见表9-4。

表9-4　　　　　　　　　　　　　　　车辆整体性能打分表

项目名称	分项指标	评分
动力性能（40分）	最高车速（15分）	13
	最高爬坡度（10分）	8
	加速性能（15分）	13
汽车的燃料经济性（20分）		14
制动性能（20分）		18
排气污染（10分）		7
汽车噪声（10分）		7
合计		80

三、参照物的确定

评估专业人员对大型二手车交易市场进行了调查，找到了三款参照物，其型号均为哈弗H6，确定对比的差异因素分别是交易时间、新旧程度、车辆性能、付款方式、交易地区，见表9-5。

表9-5　　　　　　　　　　　　　　　参照物比较因素情况表

	参照物A	参照物B	参照物C
交易时间	2023-08-31	2023-06-30	2023-01-31
新旧程度（得分）	86	78	80
行驶里程（千米）	94 500	98 500	101 700
车辆性能（得分）	77	84	86
付款方式	一次性	一次性	分6个月支付
交易地区	山西	山西	山西
售价（元）	88 600	87 500	89 400

四、确定修正系数

（一）交易时间修正系数

评估专业人员分析，该系列新车的市场售价平均每个月下降0.5%，故交易时间修正系数分别为：98%、97%、94.5%。

（二）成新率修正系数

评估专业人员根据经验判断，整车的成新率由使用年限法和观察法综合确定。该类型车设计行驶的总里程数为60万千米。使用年限法计算成新率的权重为40%，观察法计算成新率的权重为60%。

评估对象的成新率 = 81% × 60% + （600 000 − 105 505）÷ 600 000 × 40% = 81.6%

参照物A的成新率 = 86% × 60% + （600 000 − 94 500）÷ 600 000 × 40% = 85.3%

参照物B的成新率 = 78% × 60% +（600 000 − 98 500）÷ 600 000 × 40% = 80.2%

参照物C的成新率 = 80% × 60% +（600 000 − 101 700）÷ 600 000 × 40% = 81.2%

参照物的成新率修正系数分别为：81.6%/85.3%、81.6%/80.2%、81.6%/81.2%。

（三）车辆性能修正系数

参照物的性能修正系数分别为：80/77、80/84、80/86。

（四）付款方式修正系数

评估专业人员分析发现，分6个月付款方式预计比一次性付款多10%，故参照物C的付款方式修正系数为：100/110

（五）交易地区修正系数

三个参照物与评估对象均在山西进行交易，故不进行修正。

五、确定评估值

参照物A修正后的价值 $= 88\,600 × 98\% × \dfrac{81.6\%}{85.3\%} × \dfrac{80}{77} × \dfrac{100}{100} = 86\,297.89$（元）

参照物B修正后的价值 $= 87\,500 × 97\% × \dfrac{81.6\%}{80.2\%} × \dfrac{80}{84} × \dfrac{100}{100} = 82\,244.39$（元）

参照物C修正后的价值 $= 89\,400 × 94.5\% × \dfrac{81.6\%}{81.2\%} × \dfrac{80}{86} × \dfrac{100}{110} = 71\,796.34$（元）

评估对象的价值 $=（86\,297.89 + 82\,244.39 + 71\,796.34）÷ 3 = 80\,112.87$（元）

六、案例分析

（1）采用市场法的前提条件。

①需要一个充分发育、活跃的旧机动车交易市场，有充足的参照物。

②参照物与被评估车辆有可比较的指标，技术参数等资料是可收集到的，并且价格影响因素明确、可以量化。

（2）采用市场法进行评估的步骤。

①考察、鉴定被评估车辆。收集被评估车辆的资料，包括车辆的类别、名称、型号等。了解车辆的用途、目前的使用情况，并对车辆的性能、新旧程度等做必要的技术鉴定，以获得被评估车辆的主要参数，为市场数据资料的收集及参照物的选择提供依据。

②选择参照物。按照可比性原则选择参照物，车辆的可比性因素主要包括：类别、型号、用途、结构、性能、新旧程度、成交数量、成交时间、付款方式等。参照物的选择一般应在三个及三个以上。

③对被评估车辆与参照物之间的差异进行比较、量化和调整。

被评估车辆与参照物之间的各种可比因素应尽可能予以量化、调整，具体包括：

a.销售时间差异的量化。选择参照物时，应尽可能选择在评估基准日成交的案例，以便免去销售时间差异导致的量化步骤。

b.车辆性能差异的量化。车辆性能差异的具体表现是车辆运营成本的不同。通过测算超额运营成本的方法可以将性能方面的差异量化。

c.新旧程度差异的量化。被评估车辆与参照物在新旧程度上不一定完全一致，参照物也未必是全新的。这就要求评估专业人员对被评估车辆与参照物的新旧程度的差异进行量化。

d.销售数量、付款方式差异的量化。销售数量的大小、采用何种付款方式均会对车辆的成交单价产生影响。对付款方式差异的调整可通过以下方法：被评估车辆通常是以一次性付款方式为假定前提的，若参照物采用分期付款方式，则可按当期银行利率将各期分期付款额折现累加，即可得到一次性付款总额。

④汇总各因素差异量化值，求出委估车辆的评估值。

（3）采用市场法进行评估，了解市场情况是很重要的。了解要全面，了解的情况越多，评估的准确性越高，这是采用市场法进行评估的关键。

（4）收购二手车的贸易企业一般要建立各类二手车技术、交易参数的数据库，这类数据库可以提高评估效率。

（5）采用市场法进行评估，这种做法本身已包含了车辆的各种贬值因素，包括有形损耗的贬值、功能性贬值和经济性贬值，因而采用市场法进行评估不再专门计算功能性贬值和经济性贬值。

（6）采用市场法进行评估要求评估专业人员经验丰富，熟悉车辆的评估鉴定程序、鉴定方法和市场交易情况。采用市场法进行评估的时间很短，因此，这种方法特别适合于成批收购、鉴定和典当。单件物品在收购估价时，双方还可以讨价还价，达成双方都能接受的交易价格。

【学思践悟】党的十八大以来，中国汽车工业步入高速发展期，市场环境、关键技术水平、产品多样性、基础设施保障等诸多方面都发生着天翻地覆的变化。新能源汽车可以看作实现这一巨变的推动力量。

工信部数据显示，2022年1—7月，我国新能源汽车产销分别完成327.9万辆和319.4万辆，累计推广数量从2012年底的2万辆攀升至1 227万辆，产销量连续7年位居全球第一。回望过去十年，我国新能源汽车产业从早期政策驱动逐步向市场驱动转型，行业内涌现出多家新势力车企、竞争格局迎来转变，新能源汽车关键技术及产业结构持续升级。从小到大、从弱到强，凭借在新能源汽车领域的优势，当前新能源汽车不仅为汽车行业，更为我国经济增长注入了强劲动力。如今，我国正加速向汽车强国迈进，也日益成为引领全球汽车产业转型升级的重要力量。

过去十年，正是基于对发展趋势的正确预判，我国汽车产业特别是新能源汽车在产销量、关键技术水平、配套基础设施等多个领域得以实现大步追赶，跻身世界前列。如今站在新的起点上，中国汽车人有信心、有能力谱写更美的篇章，描绘更壮观的画卷，创造更辉煌的业绩，在建设汽车强国的征程上行稳致远。

资料来源：每日经济新闻. 新能源汽车赛道上演"中国速度"：连续七年全球产销第一，核心技术不断突破［EB/OL］.［2022-09-28］. https://baijiahao. baidu. com/s? id=1745176591407566681&wfr=spider&for=pc.

项目小结

本项目是机器设备评估的重要内容之一，阐述了运用市场法评估机器设备价值的概念、评估思路、理论依据、应用的前提条件、程序及具体的评估方法。

市场法是根据替代原则，采用比较和类比的思路及其方法判断资产价值的评估技术规程。运用市场法进行机器设备价值的评估，关键是如何选择可比的参照物、根据不同种类机器设备的特点选择对资产价值形成影响较大的因素作为对比指标、在参照物与评估对象之间进行比较并将两者的差异进行量化。

本项目框架结构如图9-1所示。

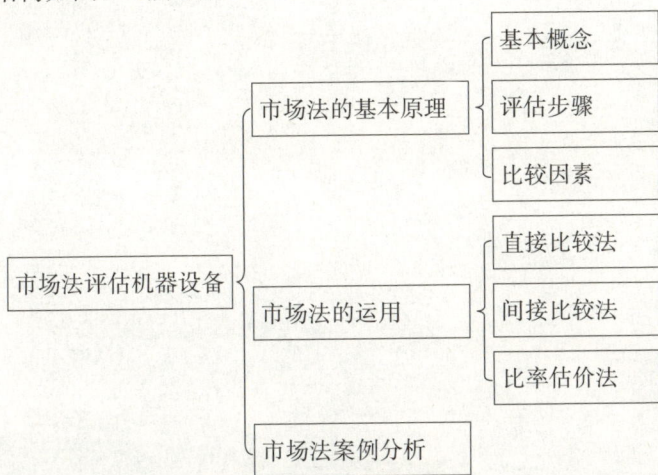

图9-1　本项目框架结构

项目综合实训

一、实训目标

通过运用市场法对机器设备进行评估的实际操作训练，使同学们能够掌握机器设备价值评估的市场法和技能技巧，能独立运用市场法对机器设备价值进行评估。

二、实训项目与要求

1.实训组织

（1）实训指导教师将学生分组，每组10人左右，指定组长负责，明确目标和任务；

（2）分组开展业务训练，发挥小组的集体智慧和成员的主观能动性，写出实训过程和结果；

（3）组长总结汇报实训活动。

2.实训项目

市场法在机器设备价值评估中的应用训练和执行规范的机器设备价值评估程序。

3.实训要求

（1）熟练运用市场法评估机器设备价值；

（2）执行规范的机器设备价值评估程序。

三、成果与检测

1.同学们自我总结运用市场法评估机器设备价值的经验，并说明在机器设备评估中遵循的评估程序。

2.各组组长组织同学互相评价，提出实训建议成绩。组长撰写小组实训报告，在班级进行交流汇报。

3.教师汇总实训所取得成绩和存在的问题，提出今后的改进措施，并根据学生自评、互评情况和组长的建议，确定学生的实训成绩。

项目十

收益法评估机器设备

知识目标	1.了解收益法评估机器设备的概念和评估的特点； 2.理解收益法评估机器设备的基本步骤； 3.掌握收益法评估机器设备的基本方法及适用范围。
能力目标	1.能熟练掌握机器设备评估的收益法； 2.能正确计算机器设备的收益额、折现率和收益期限。
素养目标	1.激发爱国热情，增强民族自豪感，树立为中华民族的伟大复兴而奋斗的信念； 2.树立善于钻研、不畏困难的工匠精神和精益求精的科学探索精神。

项目导入

如何评估R纺织厂的生产线？

R纺织有限公司是一家纺织原料、纺织器材、服装加工公司，因资产重组，需对其所拥有的生产线进行评估作价，评估基准日为2023年9月30日。评估专业人员经过调查发现，该生产线收益可以单独核算，故采用收益法进行评估。

请思考： 成套设备常用的价值评估方法有哪些，这些评估方法适用的前提条件是什么，应遵循怎样的评估程序？如果你是评估专业人员，你将如何对该生产线进行评估，得出使双方都满意的评估值？

启示： 设备评估是一门交叉学科，与许多技术、经济类学科都有密切联系，在进行设备评估时，评估专业人员必须掌握和利用相关的专业知识，通过不断学习拓宽自己的知识领域，秉承客观评估的职业精神，对机器设备的价值进行合理评价。

任务一　收益法的基本原理

任务描述

收益法评估机器设备，是通过预测设备的获利能力，将未来资产带来的净利润或净现金流量按一定的折现率折为现值，作为机器设备的评估价值。通过对该方法的基本前提、基本参数的学习，有助于全面认识收益法，以便在机器设备的评估中能正确、科学地选择该方法。

相关知识

一、基本概念

（一）收益法概述

1.收益法的概念

收益法，是指通过估测被评估资产未来预期收益，并按适宜的折现率折算成现值来确定被评估资产价值的评估方法。收益法基于"现值"规律，即任何资产的价值都等于其预期未来收益的现值之和。

2.收益法的基本思路

收益法的理论依据是效用价值论。一个理智的投资者在购置或投资于某一资产时，他所愿意支付或投资的货币数额不会高于他所购置或投资的资产在未来能给他带来的回报。由于一项长期使用的资产能为其持有人带来的收益是一个连续的过程，因此持有人占用某一项资产，不仅现在能取得一定的收益，而且期望能在将来源源不断地取得这种收益。收益法利用投资回报和收益折现等技术手段，把评估对象的预期产出能力和获利能力作为评估标的来估测评估对象的价值。这是资产售价的最高限价，同时也是买主购买该资产预期获利的最低要求。

3.收益法的计算公式

收益法实际上是在预期收益还原思路下若干具体方法的集合。其基本公式为：

$$P = \sum_{t=1}^{n} \frac{R_t}{(1+r)^t}$$

式中：P为评估值；t为年序号；r为折现率或资本化率；n为收益年期。

(二) 收益法的基本前提

收益法涉及三个基本要素：一是被评估资产的预期收益；二是折现率或资本化率；三是被评估资产取得预期收益的持续时间。因此，能否清晰地把握上述三个要素就成为能否运用收益法的基本前提。

1.被评估资产的未来预期收益可以预测并可以用货币衡量

在资产评估中，预期收益额是指根据投资回报的原理，资产在正常情况下所能得到的归其产权主体的所得额。评估对象的预期收益必须能被较为合理地估测，对未来预期收益预测的准确性，直接影响到被评估资产价值估算的准确性。

2.资产拥有者获得预期收益所承担的风险也可以预测并可以用货币衡量

对于投资者来说，风险大的投资，要求的回报率就高，投资风险小，其回报率也可以相应降低。这就要求评估对象所具有的行业风险、地区风险及企业风险是可以比较和测算的，这是测算折现率或资本化率的基本参数之一。

3.被评估资产预期获利年限可以预测

评估对象获利期限的长短，即评估对象的寿命，直接影响着其价值和评估值。

(三) 运用收益法评估机器设备时应注意的事项

在运用收益法评估机器设备时，需要注意以下三点：

(1) 明确收益法一般适用于具有独立获利能力或者获利能力可量化的机器设备；

(2) 合理确定收益期限、合理量化机器设备的未来收益；

(3) 合理确定折现率。

由于机器设备一般不具备独立获利能力。所以在评估机器设备时，收益法受到很大限制，通常采用成本法和市场法。

二、收益法的基本参数

收益法涉及三个基本参数，具体如下：

(一) 收益额

收益额是运用收益法评估资产价值的基本参数之一。在资产评估中，资产的收益额是指根据投资回报的原理，资产在正常情况下所能得到的归其产权主体的所得额。

因资产种类较多，不同资产的收益额可以表现为净利润、利润总额、现金流量等多种指标，至于选择哪一种指标作为收益额，应根据所评估资产的类型、特点及评估目的来确定，重要的是准确反映资产收益。

（二）折现率或资本化率

从本质上讲，折现率是一种期望投资报酬率，是投资者在投资风险一定的情况下，对投资所期望的回报率。

习惯上，人们将未来有限期预期收益折算成现值的比率称为折现率，而将未来永续性预期收益折算成现值的比率称为资本化率。至于折现率与资本化率在量上是否恒等，主要取决于同一资产在未来长短不同的时期所面临的风险是否相等。折现率和资本化率在本质上是相同的。

折现率就其构成而言，是由无风险报酬率和风险报酬率组成的。无风险报酬率，亦称安全利率，一般参照同期国库券利率确定。风险报酬率是指超过无风险报酬率部分的投资回报率。

（三）收益期限

收益期限是指资产具有获利能力持续的时间，通常以年为时间单位。它由评估专业人员根据被评估资产自身效能及相关条件，以及有关法律、法规、契约、合同等加以测定。

三、收益法的基本步骤

从收益法的概念可以看出，资产未来的预期收益和风险的量化是收益法应用过程中的主要工作。采用收益法进行评估，具体步骤如下：

微课

机器设备评估
收益法

（1）收集或验证与评估对象未来预期收益有关的数据资料，包括资产配置、生产能力、资金条件、经营前景、产品结构、销售状况、历史和未来的财务状况、市场形势与产品竞争、行业水平、所在地区收益状况以及经营风险等；

（2）分析测算被评估资产的未来预期收益；

（3）分析测算折现率或资本化率；

（4）分析测算被评估资产预期收益持续的时间；

（5）用折现率或资本化率将评估对象的未来预期收益折算成现值；

（6）分析确定评估结果。

任务二　收益法的运用

任务描述

在机器设备评估中，收益法主要作为一种补充方法，用于生产线、成套化工设备等具有独立获利能力的机器设备的价值评估。通过对收益法的学习，可以在评估机器设备时正确选择和运用此评估方法。

相关知识

一、自用设备

对于自用设备，收益额可以采用设备在正常情况下的所得额。其计算公式为：

$$P = \sum_{t=1}^{n} \frac{R_t}{(1+r)^t}$$

式中：P为评估值；t为年序号；r为折现率或资本化率；n为收益年期。

【学中做10-1】评估某企业的生产线，经评估专业人员测定，该企业的生产线评估基准日后还可以获利10年，未来5年的预期收益分别为100万元、110万元、120万元、130万元、140万元，并且在第6年之后该企业生产线的收益将保持在150万元不变，资本化率和折现率均为10%。

请问：该企业生产线的评估价值为多少万元？

解析：$P = \dfrac{100}{1+10\%} + \dfrac{110}{(1+10\%)^2} + \dfrac{120}{(1+10\%)^3} + \dfrac{130}{(1+10\%)^4} + \dfrac{140}{(1+10\%)^5} +$

$\qquad \dfrac{150}{10\% \times (1+10\%)^5} \times \left[1 - \dfrac{1}{(1+10\%)^5} \right]$

$\qquad = 800.76(万元)$

二、租赁设备

对于租赁设备，其租金收入就是收益，如果租金收入和资本化率是不变的，则设备估值的计算公式为：

$$P = A \times \frac{1 - (1+r)^{-n}}{r}$$

式中：P为评估值；A为收益年金；n为收益年限；r为资本化率。

用收益法评估租赁设备，首先，要对租赁市场上类似设备的租金水平进行市场调查，分析市场参照物设备的租金收入，经过比较调整后确定机器设备的预期收益，调整的因素一般包括时间、地点、规格和役龄等。其次，根据被评估机器设备的状况，估计其剩余使用寿命，作为确定收益年限的依据。最后，根据类似机器设备的租金及市场售价确定折现率，并根据被评估设备的收益年限，运用上述公式计算评估值。

【学中做10-2】用收益法评估某租赁机器设备。

（1）评估专业人员根据市场调查，确定被评估机器设备的年租金净收入为19 200元。

（2）评估专业人员根据被评估机器设备的现状，确定该租赁设备的收益期为9年。

（3）评估专业人员通过对类似设备交易市场和租赁市场的调查，得到市场数据，具体见表10-1。

由于表中三个市场参照物的使用寿命（即收益期）与评估对象是不同的，因此，不可以将三个市场参照物的投资回收系数做简单算术平均作为评估对象的投资回收系数。查复利系数表得到10年期（见表10-2）和8年期（见表10-3）的数据。

表10-1　　　　　　　　　　　　　市场数据

市场参照物	设备的使用寿命（年）	市场售价（元）	年收入（元）	投资回收系数（%）	资本化率（%）
1	10	44 000	10 500	23.86	20.01
2	10	63 700	16 700	26.22	22.85
3	8	67 500	20 000	29.63	24.48

表10-2　　　　　　　　　　　　10年期投资回收系数

资本化率	投资回收系数
0.2000	0.2385
0.2500	0.2801
0.3000	0.3235

表10-3　　　　　　　　　　　　8年期投资回收系数

资本化率	投资回收系数
0.2000	0.2606
0.2500	0.3004

通过插值法计算可以得到上述三个市场参照物的资本化率分别为20.01%、22.85%和24.48%，其平均值为22.45%，我们以该数值作为被评估机器设备的资本化率。

则该设备的评估值为：

$$P = \frac{A}{r}\left[1 - \frac{1}{(1 + r)^n}\right]$$

$$= \frac{19\,200}{22.45\%} \times \left[1 - \frac{1}{(1 + 22.45\%)^9}\right]$$

$$\approx 71\,700(元)$$

【注意】大部分单项机器设备，一般不具有独立获利能力。因此，单项机器设备通常不采用收益法评估。对于生产线、成套化工设备等具有独立获利能力的机器设备可以使用收益法评估。另外，在使用资产基础法评估整体企业价值时，收益法也经常作为一种补充方法，用来判断机器设备是否存在功能性贬值或经济性贬值。

任务三　收益法案例分析

任务描述

收益法作为机器设备评估的主要方法之一，在机器设备租赁评估中得到了广泛运用。

通过收益法案例分析，了解机器设备基本情况，熟悉机器设备收益法评估基本流程以及计算原理和公式，学会运用收益法评估机器设备的价值。

相关知识

一、概况介绍

B公司有一条压铸自动生产线，主要用于生产交通器材和家电业的金属冲压制品及铆钉、拉钉、螺丝系列产品。评估基准日为2023年12月31日。评估专业人员根据掌握的资料，经调查分析后，决定采用收益法评估。

设备名称：压铸自动生产线

制造厂家：A机械厂

启用日期：2020年12月

账面原值：1 208 400元

账面净值：906 300元

经现场勘察了解，该压铸自动生产线由通用机械改造并加装自动控制系统，专门用于制造收音机盒内部的部件压铸底座。其主要设备包括两台LG压铸机、一台四头加工机、一台工业用洗净机、一台冲床及控制柜、传输装置等。生产线各台设备并不复杂，但由于增加了自动控制系统、传输系统，自动化程度较高。生产线主要设备的生产日期为2020年，现运转情况良好。会计核算采用平均年限法计提折旧，折旧年限为12年，不考虑残值。

评估专业人员了解到，市场上该生产线数量较少，不存在该类压铸自动生产线的交易数据，因此市场法不适用于该生产线的价值评估。评估专业人员对设备的开发设计过程及费用等情况掌握不足，且考虑到整条生产线的售价中包含了无形资产的成本，所以无法使用成本法。评估专业人员已收集到该设备3年的收益数据，且该设备的产品市场较为稳定、成熟，对未来收益数据的估计较为可信，因此可以采用收益法进行评估。

二、收益期限

该生产线已使用3年，考虑到专用设备维护的复杂性及使用强度及环境，估算正常使用条件下其使用年限为8—10年。此外，由于该生产线的产品过于单一，经济寿命受市场因素影响较大，因此确定其收益年限为6年。

三、折现率

评估专业人员通过调查，确定被评估设备的折现率为10%。

四、预期收益

评估专业人员查阅了该公司近3年的财务报表，得到该生产线近3年的财务数据（见表10-4）。

表10-4　　　　　　　　　　　被评估生产线近3年财务数据

年份	销售量（台）	销售单价（元）	销售成本（元）
2021	40 000	100	84
2022	42 000	110	86
2023	41 000	120	88

（一）销售量预测

假设以被评估企业评估基准日前3年的销售量平均数作为预测基数，预测期销售量按预测基数前3年每年递增1%作为预测期当年销售量，预计后3年进入平稳发展阶段，预测销售量保持不变。

（二）销售单价预测

假设以被评估企业评估基准日前3年的销售单价平均数作为预测基数，考虑物价上涨因素，预测期销售单价按预测基数前3年每年递增1%作为预测期当年销售单价，预计后3年进入平稳发展阶段，预测销售单价保持不变。

（三）单位成本预测

假设以被评估企业评估基准日前3年的单位成本平均数作为预测基数，考虑物价上涨因素，预测期单位成本按预测基数前3年每年递增1%作为预测期当年产品的单位成本，预计后3年进入平稳发展阶段，预测单位成本保持不变。

（四）与该生产线相关的税金及附加、期间费用、公允价值变动损益、投资收益、资产减值损失、营业外收支预测

预测未来6年税金及附加占营业收入的0.6%，销售费用占营业收入的5%，管理费用占营业收入的5%，财务费用占营业收入的1.5%，公允价值变动损益、投资收益、资产减值损失、营业外收支均为0。

（五）所得税预测

预测期所得税按利润总额的25%确定。

（六）资本性支出、折旧、利息费用和净营运资本增加额等项目预测

预测该生产线会在使用6年后需要更新部分主要设备，预测在2026年年末会有资本性支出150 000元。该生产线按直线法计提折旧，财务费用（全部为利息费用）占营业收入的1.5%，不考虑净营运资本增加额。

五、确定评估价值

被评估生产线预测未来净现金流量及评估值见表10-5。

表10-5　　　　　　　　　　　估算表　　　　　　　　　　单位：元

项目	2024年	2025年	2026年	2027年	2028年	2029年
一、营业收入	4 600 651	4 693 124	4 787 456	4 787 456	4 787 456	4 787 456
减：营业成本	3 596 873	3 669 170	3 742 920	3 742 920	3 742 920	3 742 920

续表

项目	2024年	2025年	2026年	2027年	2028年	2029年
税金及附加	276 03.91	28 158.74	28 724.74	28 724.74	28 724.74	28 724.74
销售费用	230 032.60	234 656.20	239 372.80	239 372.80	239 372.80	239 372.80
管理费用	230 032.60	234 656.20	239 372.80	239 372.80	239 372.80	239 372.80
财务费用	690 09.77	70 396.86	71 811.84	71 811.84	71 811.84	71 811.84
资产减值损失	0	0	0	0	0	0
加：公允价值变动收益	0	0	0	0	0	0
投资收益	0	0	0	0	0	0
二、营业利润	447 099.1	456 086.0	465 253.8	465 253.8	465 253.8	465 253.8
加：营业外收入	0	0	0	0	0	0
减：营业外支出	0	0	0	0	0	0
三、利润总额	447 099.1	456 086.0	465 253.8	465 253.8	465 253.8	465 253.8
减：所得税费用	111 774.8	114 021.5	116 313.5	116 313.5	116 313.5	116 313.5
四、净利润	335 324.3	342 064.5	348 940.4	348 940.4	348 940.4	348 940.4
加：折旧	100 700	100 700	100 700	100 700	100 700	100 700
税后利息	51 757.33	52 797.65	53 858.88	53 858.88	53 858.88	53 858.88
减：追加资本支出	0	0	150 000	0	0	0
追加营运资本	0	0	0	0	0	0
净现金流量	487 781.7	495 562.1	353 499.2	503 499.2	503 499.2	503 499.2
折现系数	0.909091	0.826446	0.751315	0.683013	0.620921	0.564474
净现金流量折现值	443 437.9	409 555.4	265 589.3	343 896.5	312 633.3	284 212.2
评估值	2 059 324.6					

六、案例分析

（1）收益法的基本程序。

①收集、验证与评估对象未来预期收益有关的数据、资料，包括经营前景、财务状况、市场形势以及经营风险等；

②分析、测算评估对象未来预期收益；

③确定折现率或资本化率；

④分析、测算机器设备未来预期收益持续的时间；

⑤用折现率或资本化率将评估对象未来预期收益折算成现值；

⑥分析确定评估结果。

（2）资产的收益额表现形式有很多，不同种类资产的收益额表现形式不同，需要合理选择收益额的种类。

（3）折现率是一种期望报酬率，是投资者在投资风险一定的情况下，对投资所期望的回报率。

（4）收益期限通常以年为单位，它由评估专业人员根据被评估资产自身效能及相关条件，以及法律、法规、契约、合同等加以测定。

【学思践悟】长江汇入东海的地方，是我国的水路交通枢纽和国际航运干线。每年5月，长江口深水航道进入洪淤季节，上游来沙量明显增多。中交集团所属上海航道局的"新海虎8"轮日夜守护着长江口的"黄金水道"，改善长江口航道流态，保障深水航道安全畅通。操作人员站在"新海虎8"轮的控制台前，借助先进的自动疏浚系统，轮船两侧巨大的"耙"缓缓升起并扎入水中——作为我国自主研发的大型耙吸式挖泥船，"新海虎8"轮采用了国内最大的泥泵变频驱动器、自动疏浚系统等先进装备，是长江口当之无愧的"疏浚猛虎"。"新海虎8"轮等国之重器的惊艳亮相，是我国智能化装备发展的一个缩影。近年来，国资央企加强自主创新，推动"中国制造"向"中国智造"迈进，取得一系列突破性、标志性重大成果。

2023年3月上旬，被誉为中国"争气机"的我国首台全国产化F级50兆瓦重型燃气轮机商业示范机组，在广东清远正式投入商业运行，填补了我国自主燃气轮机应用领域空白；5月28日，国产大型客机C919首航成功，标志着C919"研发、制造、取证、投运"全面贯通，中国民航商业运营国产大飞机正式"起步"；6月4日，拥有我国自主知识产权的110兆瓦级重型燃气轮机——中国航发"太行110"重型燃气轮机在深圳通过产品验证鉴定，填补了国内该功率等级产品空白……走创新之路，向"中国智造"转型，越来越多的国资央企积极融入国际市场，给海外用户带来更多智慧和绿色新体验。

5月9日，中国中铁创新应用绿色理念制造的盾构机"中铁1237号"正式下线。该盾构机2023年8月发运，用于意大利西西里岛高速铁路隧道建设，服务"一带一路"建设。从2008年第一台具有自主知识产权的复合式土压平衡盾构机"中铁1号"下线，打破海外品牌在盾构机领域的垄断地位；到2012年"中铁50号"出口马来西亚，为中国盾构设备走向世界打下了坚实的基础；再到如今绿色盾构机"中铁1237号"下线出口意大利，"中铁盾构"已成为畅销海外的"新国货"。中国盾构装备绽放世界舞台，折射出国资央企走出国门、走向世界的坚定决心与坚实步履。

2023年3月，雅万高铁实现全线轨道铺通，全线铺轨总长度308.3千米，均采用中国生产的500米长钢轨；5月，由中国能建葛洲坝集团投资建设的巴基斯坦苏吉吉纳里水电站实现大坝封顶；同月，由中国船舶大连造船厂制造的M350型FPSO（浮式生产储卸油船）"Bacalhau"号在大连正式交付，将在巴西圣保罗州外海桑托斯盆地开展作业……凭借卓越的产品、过硬的技术、优质的服务，越来越多"中国品牌"享誉海外。

在加快实现高水平科技自立自强的征程上，"中国智造"的硬核实力不断彰显，国资央企探索创新的步伐不停歇。

资料来源：刘羽佳，王希. 从大国重器看"中国智造"创新实力 [EB/OL].［2023-06-26］. http：//www.ccpa.com.cn/site/content/13433.html.

项目小结

本项目是机器设备评估的内容之一，阐述了运用收益法评估机器设备价值的概念、评估思路、理论依据、应用的前提条件、程序及具体的评估方法。

收益法的应用涉及许多经济技术参数，其中最主要的参数有三个：被评估资产的预期收益、折现率或资本化率、被评估资产取得预期收益的持续时间。因此能否清晰把握和深刻理解上述三要素就成为能否运用收益法的基本前提。

本项目框架结构如图10-1所示。

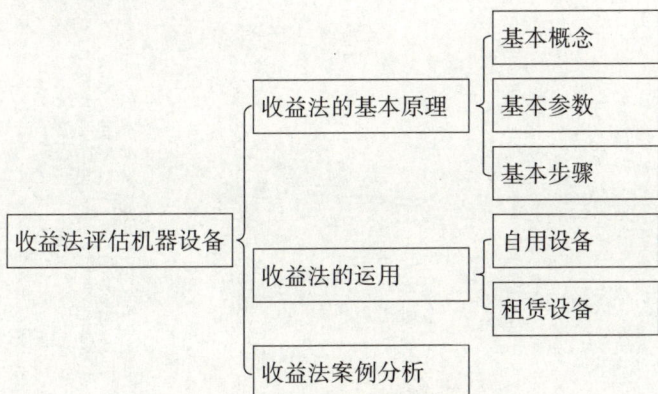

图10-1　本项目框架结构

项目综合实训

一、实训目标

通过运用收益法对机器设备进行评估的实际操作训练，使同学们能够掌握机器设备价值评估的收益法和技能技巧，能独立运用收益法对机器设备价值进行评估。

二、实训项目与要求

1.实训组织

（1）实训指导教师将学生分组，每组10人左右，指定组长负责，明确目标和任务；

（2）分组开展业务训练，发挥小组的集体智慧和成员的主观能动性，写出实训过程和结果；

（3）组长总结汇报实训活动。

2.实训项目

收益法在机器设备价值评估中的应用训练和执行规范的机器设备价值评估程序。

3.实训要求

（1）熟练运用收益法评估机器设备价值；

（2）执行规范的机器设备价值评估程序。

三、成果与检测

1.同学们自我总结运用收益法评估机器设备价值的经验，并说明在机器设备评估中遵循的评估程序。

2.各组组长组织同学互相评价，提出实训建议成绩。组长撰写小组实训报告，在班级进行交流汇报。

3.教师汇总实训所取得成绩和存在的问题，提出今后的改进措施，并根据学生自评、互评情况和组长的建议，确定学生的实训成绩。

项目十一

机器设备评估报告

知识目标	1. 了解机器设备评估报告的概念、作用； 2. 熟悉机器设备评估报告的基本内容； 3. 掌握机器设备评估报告的编制技巧； 4. 掌握机器设备评估工作底稿的编制与归档。
能力目标	1. 掌握机器设备评估报告的制作步骤； 2. 能编制简单的机器设备评估报告； 3. 会将机器设备评估报告及工作底稿归档。
素养目标	1. 树立法治意识、培养职业精神； 2. 树立责任意识，提升行业公信力，增强专业服务能力和水平。

项目导入

认知评估报告

《国际资产评估准则》(IVS)、美国《专业评估执业统一准则》(USPAP) 以及《英国皇家特许测量师学会评估专业准则》(PICS红皮书) 对资产评估报告的规定主要从评估报告的要素和内容进行规范。我国于2017年对《资产评估执业准则——资产评估报告》进行了修订，主要从资产评估报告的基本内容与格式方面，对评估报告的标题、文号、目录、声明、摘要、正文、附件、评估明细表和评估说明等进行了规范。现有A公司拟收购B公司的机器设备和电子设备，需要进行评估作价。评估基准日为2023年11月30日。

请思考： 什么是机器设备评估报告？包括哪些内容？假如你是一名评估专业人员，如何根据掌握的资料计算评估值，编制机器设备评估报告和归档。

启示： 党的二十大报告指出，"全面建设社会主义现代化国家，是一项伟大而艰巨的事业，前途光明，任重道远"。没有规矩，不成方圆。2016年12月份，资产评估法颁布实施，连同其后相继发布的一系列部门规章、行业自律准则，资产评估行业发展走上法治化、规范化道路。有信则立，无信则废，资产评估行业只有以诚信为基石，不断提升公信力，增强专业服务能力和水平，才能更好履行"看门人"职责，在市场经济中进一步大显身手。

任务一   机器设备评估报告基本认知

任务描述

机器设备评估报告既是资产评估机构完成对机器设备作价意见，提交给委托人的出证性的报告，也是评估机构履行评估合同情况的总结和承担法律责任的证明文件。通过对机器设备评估报告的概念、作用、类型的学习，了解评估报告的形式和内容，学会制作评估报告。

相关知识

一、机器设备评估报告的基本概念

根据《资产评估执业准则——资产评估报告》，资产评估报告是指资产评估机构及其资产评估专业人员遵守法律、行政法规和资产评估准则，根据委托履行必要的评估程序后，由资产评估机构对评估对象在评估基准日特定目的下的价值出具的专业报告。

资产评估专业人员应当根据机器设备评估业务的具体情况，提供能够满足委托人和其他评估报告使用人合理需求的评估报告，并在评估报告中提供必要信息，使评估报告使用人能够正确理解和使用评估结论。机器设备评估报告应当按照一定格式和内容进行编写，反映评估目的、假设、程序、标准、依据、方法、结果及适用条件等基本信息。

二、机器设备评估报告书的作用

机器设备评估报告有以下几方面的作用：

（一）机器设备评估报告能对被委托评估的机器设备提供作价意见

机器设备评估报告是经具有资产评估资格的机构根据委托评估机器设备的特点和要求，组织评估师及相应的专业人员组成的评估队伍，遵循评估原则和标准，按照法定的程序，运用科学的方法对被评估机器设备价值进行评定和估算后，通过报告书的形式提出作价意见。该作价意见不代表任何当事人一方的利益，是一种独立的专家估价意见，具有较强的公正性和客观性，因而成为被委托评估机器设备作价的重要参考依据。

（二）机器设备评估报告是反映和体现机器设备评估工作情况，明确委托方、受托方及有关方面责任的依据

机器设备评估报告用文字的形式，对受托机器设备评估业务的目的、背景、范围、依据、程序、方法等过程和评定的结果进行说明和总结，体现了评估机构的工作成果，反映了评估工作的情况。同时，机器设备评估报告也反映和体现受托的机器设备评估机构与执业人员的权利与义务，并以此明确委托方、受托方等有关方面的法律责任。在机器设备评估现场工作完成后，评估机构和评估专业人员就要根据现场工作取得的有关资料和估算数据，撰写评估结果报告，向委托方报告。负责评估项目的评估师也同时在报告书上行使签字的权利，并提出报告使用的范围和评估结果实现的前提等具体条款。当然，机器设备评估报告也是评估机构履行评估协议和向委托方或有关方收取评估费用的依据。

（三）对机器设备评估报告进行审核，是管理部门完善机器设备评估管理的重要手段

机器设备评估报告是机器设备评估工作的总结，也是参与评估工作的人员的劳动结晶。因此，评估报告书的结构、措辞和内容等反映了机器设备评估专业人员的写作水平和业务素质，是评估工作质量的重要反映，是反映评估机构和评估专业人员职业道德、执业能力、评估质量高低和机构内部管理机制完善程度的重要依据。有关管理部门通过审核机器设备评估报告，可以有效地对评估机构的业务开展情况进行监督管理，对评估工作中出现的不足加以完善。

（四）机器设备评估报告是建立评估档案，归集评估档案资料的重要信息来源

评估机构和评估专业人员在完成机器设备评估任务后，都必须按照档案管理的有关规定，将评估过程中收集的资料、工作记录以及有关工作底稿进行归档，以便进行评估档案的管理和使用。由于机器设备评估报告是对整个评估过程的工作总结，其内容包括了评估过程的各个环节和各有关资料的收集和记录，因此，不仅评估报告的底稿是评估档案归集的主要内容，而且撰写机器设备评估报告过程采用的各种数据、各个依据、工作底稿和按机器设备评估报告制度要求形成的有关文字记录等也都是机器设备评估档案的重要信息

来源。

三、机器设备评估报告的类型

机器设备评估报告可以分为以下几个不同的类型：

（一）按法律定位划分

机器设备评估报告可以分为法定评估业务评估报告和非法定评估业务评估报告。

评估机构开展涉及国有资产或者公共利益等事项，法律、行政法规规定需要评估的法定评估业务，所出具的评估报告为法定评估业务评估报告，除此以外开展的评估业务所出具的评估报告为非法定评估业务评估报告。

（二）按评估报告所提供的信息资料的详略程度划分

机器设备评估报告可以分为完备型评估报告、简明型评估报告和限制型评估报告。

完备型评估报告应当包括对解决问题所需要的所有重要信息的完整描述；简明型评估报告应该包含对解决问题具有重要意义的信息的简要说明；当评估报告的预定使用者不包括除评估委托方之外的人员时，可以提供限制型评估报告。

《资产评估执业准则——资产评估报告》规定："资产评估报告的详略程度可以根据评估对象的复杂程度、委托人要求合理确定。"

（三）按评估基准日划分

机器设备评估报告可以分为现时性评估报告、追溯性评估报告和预测性评估报告。

根据资产评估基准日的不同选择，评估报告可以分为评估基准日为现在时点的现时性评估报告，评估基准日为未来时点的预测性评估报告，评估基准日为过去时点的追溯性评估报告。如某法院委托进行司法诉讼评估，法院欲了解诉讼机器设备在三年前某一时点的市场价值，委托评估机构进行评估，此时出具的评估报告即是追溯性评估报告。又如某银行发放抵押贷款，银行欲了解抵押机器设备在两年后某一时点的市场价值，委托评估机构进行评估，此时出具的评估报告即是预测性评估报告。

任务二　机器设备评估报告的基本内容

任务描述

对于机器设备评估来说，不存在没有条件的结论，不存在没有依据的结论，也不存在没有特定目的的结论。通过对评估报告内容的学习，使同学们掌握评估报告的编制，知晓评估报告的运用方式。

相关知识

一、机器设备评估报告的基本内容

无论是专门的机器设备评估报告，还是作为评估报告的一个组成部分，报告的制作都必须符合统一的专业标准。根据《资产评估执业准则——资产评估报告》的规定，机器设备评估报告的基本内容包括：标题及文号；目录；声明；摘要；正文；附件。

（一）标题及文号、目录、声明、摘要

1.标题及文号

机器设备评估报告的封面应当包括标题及文号，标题应当简明清晰，格式要求用"企业名称+经济行为关键词+评估对象+资产评估报告"进行表述，如 A 公司拟 ×× 涉及的 B 公司运输设备资产评估报告。

文号格式要求用包括资产评估机构特征字、种类特征字、年份、报告序号等表述，如 ×× 评报字（20××）第 ×××× 号。

【注意】封面是评估报告的第一项内容，除了填写评估报告标题、文号外还应写明评估机构的名称和出具评估报告的日期。

微课

机器设备评估
报告标题的
规范要求

2.目录

评估报告的次页需要以目录形式列示评估报告的构成内容，目录应按评估报告各个组成部分的前后次序，列出其标题及对应的页码，以便报告使用者检索、阅读。目录包括每一部分的标题和相应页码，一般只列明评估报告的一、二级标题。

3.机器设备评估报告声明的内容

评估声明是告知在机器设备评估过程中必须遵守的法律、法规及工作原则，应当承担的法律责任，以及提醒评估报告使用者关注评估报告特别事项和使用限制等内容。一般置于评估报告目录之后，摘要之前，主要包括下列内容。

（1）评估报告编制依据。评估报告应当声明，本资产评估报告依据财政部发布的资产评估基本准则和中国资产评估协会发布的资产评估执业准则和职业道德准则编制。

（2）使用评估报告的法律责任。评估报告应当明确，委托人或者其他资产评估报告使用人应当按照法律、行政法规规定和资产评估报告载明的使用范围使用资产评估报告；委托人或者其他资产评估报告使用人违反前述规定使用资产评估报告的，资产评估机构及其资产评估专业人员不承担责任。

（3）评估报告使用人的限制。评估报告应当规定，资产评估报告仅供委托人、资产评估委托合同中约定的其他资产评估报告使用人和法律、行政法规规定的资产评估报告使用人使用；除此之外，其他任何机构和个人不能成为资产评估报告的使用人。

（4）评估报告的合理使用。评估报告应当提示，资产评估报告使用人应当正确理解评估结论，评估结论不等同于评估对象可实现价格，评估结论不应当被认为是对评估对象可实现价格的保证。

（5）遵循的评估工作原则。评估报告应当承诺，资产评估机构及其资产评估专业人员

遵守法律、行政法规和资产评估准则，坚持独立、客观、公正的原则，并对所出具的资产评估报告依法承担责任。

（6）评估报告特别事项。评估报告应当提醒，资产评估报告使用人应当关注评估结论成立的假设前提、资产评估报告特别事项说明和使用限制。

（7）其他需要声明的内容。评估机构及评估专业人员可以根据评估委托合同及评估业务的具体情况，确定机器设备评估报告声明的其他内容，并予以表述。

4.机器设备评估报告摘要

机器设备评估报告摘要通常提供机器设备评估业务的主要信息及评估结论，需披露的内容通常包括：（1）评估目的；（2）评估对象和评估范围；（3）价值类型；（4）评估基准日；（5）评估方法；（6）评估结论；（7）使用有效期限；（8）对评估结果产生影响的特别事项等关键内容。

在评估报告正文之前，应以较少的文字简明扼要地将报告的关键内容形成摘要，以便报告的使用者阅读。摘要的内容与评估报告正文有同等法律效力，并需要评估师、评估机构法人、评估机构签字盖章。摘要必须与评估报告一致，不得引起误导，并且要求写明"以上内容摘自资产评估报告书，欲了解本评估报告的全面情况，应认真阅读资产评估报告书全文"。

（二）机器设备评估报告正文

正文是评估报告最重要的组成部分，是评估报告的主体，需详尽披露委托情况、评估基本事项、评估过程、评估结果、使用限制说明等内容。正文前面应当有一段绪言，以公文形式阐述受托评估事项及评估工作情况。绪言应写明该评估报告委托人全称、受托评估事项及评估工作的整体情况。在绪言之后即是评估报告正文的基本内容。根据《资产评估执业准则——资产评估报告》的规定，资产评估报告正文应当包括下列内容。

1.委托方及其他机器设备评估报告使用人

机器设备报告的使用人包括委托人、机器设备评估委托合同中约定的其他报告使用人和法律、行政法规规定的报告使用人。在评估报告中应当阐明委托人和其他评估报告使用人的身份，包括名称或类型。

2.评估目的

机器设备评估特定目的贯穿于机器设备评估的全过程，影响着机器设备评估专业人员对评估对象的界定、价值类型的选择等，是机器设备评估专业人员进行具体机器设备评估时必须首先明确的基本事项。机器设备评估报告载明的评估目的应当唯一，其结论是服务于评估目的的。因此，在评估报告中必须对为什么进行评估作出声明。对评估目的的陈述应写明进行的具体原因，即具体的经济行为。而不是笼统地描述为"本次评估的目的是确定被评估设备的公平市场价值"。另外，在报告中还应简要、准确地说明经济行为是否经过批准，以及批准单位、批准文件、批准日期等。

3.评估对象和评估范围

机器设备评估报告中应当载明评估对象和评估范围，并描述评估对象的基本情况。

《资产评估执业准则——机器设备》规定，机器设备的评估对象分为单台机器设备和机器设备组合对应的全部或者部分权益。报告中一般需要说明所评估机器设备的类型，描述的详细程度要视具体情况而定。如果被评估的机器设备数量较少，则描述可以较详细一些。对于复杂的机器设备要说明被评估的机器设备中是否包含无形资产、基础设施和流动资产。

4.价值类型

机器设备评估报告应当说明选择价值类型的理由，并明确其定义。一般情况下可供选择的价值类型包括市场价值、投资价值、在用价值、清算价值和残余价值等。评估目的是确定资产价值类型的基础，在机器设备的评估报告中，要求价值类型与评估目的相匹配。

5.评估基准日

机器设备评估报告载明的评估基准日应当与机器设备评估委托合同约定的评估基准日保持一致，可以是过去、现在或者未来的时点。评估基准日的选择，在原则上应尽量接近经济行为发生的日期。在评估报告中，评估基准日是非常重要的参数，要以"××××年××月××日"的方式列示。除此之外，还要说明确定评估基准日的理由。

6.评估依据

机器设备评估报告应当说明报告采用的评估依据，包括行为依据、法律法规依据、准则依据、权属依据和取价依据等。

7.评估方法

《资产评估执业准则——机器设备》规定：执行机器设备评估业务，应当根据评估目的、评估对象、价值类型、资料收集等情况，分析成本法、市场法和收益法三种资产评估基本方法的适用性，选择评估方法。因此，机器设备的评估方法包括市场法、收益法和成本法三种基本方法及其衍生方法，在评估报告中应当说明所选用的评估方法及其理由。

8.评估程序实施过程和情况

对评估过程的描述是评估报告的重要部分。机器设备评估报告应当说明机器设备评估程序实施过程中现场调查、收集整理评估资料、评定估算等主要内容，一般包括：

（1）接受项目委托，确定评估目的、评估对象与评估范围、评估基准日，拟订评估计划等过程；

（2）指导被评估单位清查资产、准备评估资料，核实资产与验证资料等过程；

（3）选择评估方法、收集市场信息和估算等过程；

（4）评估结论汇总、评估结论分析、撰写报告和内部审核等过程。

9.评估假设

机器设备评估报告应当披露所使用的机器设备评估假设，根据机器设备的预期用途和评估目的，机器设备的评估假设主要有继续使用或者变现假设、原地使用或者移地使用假设、现行用途使用或者改变用途使用假设，资产评估专业人员应当合理使用评估假设。

10.评估结论

评估结论是对报告主体部分所考虑的具体因素加以分析和归纳而得出的最终结论。在这一部分评估专业人员必须分析各种价值概念对评估对象的适用性，从而得出符合逻辑的最终结论。评估结论以文字和数字形式进行表述，并明确评估结论的使用有效期。评估结论通常是确定的数值。经与委托人沟通，评估结论可以是区间值或者其他形式的专业意见。

11.特别事项说明

机器设备评估报告的特别事项说明包括：

（1）权属等主要资料不完善或者存在瑕疵的情形；

（2）委托人未提供的其他关键资料情况；

（3）未决事项、法律纠纷等不确定因素；

（4）重要的利用专家工作及相关报告情况；

（5）重大期后事项；

（6）评估程序受限的有关情况、评估机构采取的弥补措施及对评估结论影响的情况；

（7）其他需要说明的情况。

12. 机器设备评估报告使用限制说明

机器设备评估报告使用限制说明应当载明下列事项：

（1）适用范围。

（2）委托人或者其他机器设备评估报告使用人未按照法律、行政法规规定和机器设备评估报告载明的使用范围使用机器设备评估报告的，资产评估机构及其资产评估专业人员不承担责任。

（3）除委托人、机器设备评估委托合同中约定的其他机器设备评估报告使用人和法律、行政法规规定的机器设备评估报告使用人之外，其他任何机构和个人不能成为机器设备评估报告的使用人。

（4）机器设备评估报告使用人应当正确理解和使用评估结论。评估结论不等同于评估对象可实现价格，评估结论不应当被认为是对评估对象可实现价格的保证。

13. 机器设备评估报告日

资产评估专业人员应当在评估报告中说明评估报告日。评估报告载明的机器设备评估报告日通常为评估结论形成的日期，这一日期可以不同于评估报告的签署日。

14. 机器设备评估专业人员签名和加盖资产评估机构印章

评估报告编制完成后，应对资产评估专业人员编制的评估报告实施内部审核，至少应由两名承办该业务的资产评估专业人员签名，最后加盖资产评估机构的印章。

（三）评估报告附件

附件是附在评估报告正文后面提供的与评估目的、评估方法、评估结果相关联的文件和资料，主要包括：

（1）评估对象所涉及的主要权属证明资料。评估对象所涉及的主要权属证明资料包括：交通运输设备的行驶证及相关权属证明、重大机器设备的购置发票等。

（2）委托人和其他相关当事人的承诺函。资产评估专业人员在撰写评估报告时应当收集到针对本次评估项目的委托人和其他相关当事人的承诺函。

（3）资产评估机构及签名资产评估专业人员的备案文件或者资格证明文件。

（4）资产评估汇总表或明细表。为了让委托人和其他评估报告使用人能够更好地了解委托评估资产的构成及具体情况，资产评估专业人员应当以报告附件的形式提供资产评估汇总表或明细表（见表11-1）。

表11-1　　　　　　　　　　　　　机器设备评估明细表

评估基准日：

被评估单位：　　　　　　　　　　　　　　　　　　　　　金额单位：

序号	设备名称	规格型号	生产厂家	购置日期	启用日期	账面原值	账面净值	评估值	增值率

（5）资产账面价值与评估结论存在较大差异的说明。

二、机器设备评估报告的编制步骤

机器设备评估报告的编制是评估机构完成评估工作的最后一道工序，也是机器设备评估工作中的一个重要环节。编制机器设备评估报告主要有以下几个步骤：

（一）整理工作底稿和归集有关资料

机器设备评估现场工作结束后，有关评估专业人员必须着手对现场工作底稿进行整理，按机器设备的性质进行分类。同时对有关询证函、被评估机器设备背景材料、技术鉴定情况和价值取证等有关资料进行归集和登记。对现场未予确定的事项，还须进一步落实和查核。这些现场工作底稿和有关资料都是编制机器设备评估报告的基础。

（二）评估明细表的数字汇总

在完成现场工作底稿和有关资料的归集任务后，评估专业人员应着手评估明细表的数字汇总。明细表的数字汇总应根据明细表的不同级次先进行明细表汇总，然后分类汇总，再进行机器设备最终的汇总。

（三）评估初步数据的分析和讨论

在完成评估明细表的数字汇总，得出初步的评估数据后，应召集参与评估工作过程的有关人员，对评估报告的初步数据结论进行分析和讨论，比较各有关评估数据，复核记录估算结果的工作底稿，对存在不合理的部分评估数据进行调整。

（四）编写评估报告书

由具体参加评估过程的各组负责人员草拟各自负责评估部分机器设备的评估说明，同时由全面负责、熟悉本项目评估具体情况的人员提交草拟的机器设备评估报告书。然后，将评估基本情况和评估报告书初稿的初步结论与委托方交换意见，听取委托方的反馈意见后，对评估报告中存在的疏忽、遗漏和错误之处进行修正，待修改完毕即可撰写机器设备评估正式报告书。

（五）机器设备评估报告的签发和送交

评估机构撰写机器设备评估正式报告书后，经审核无误，按以下程序进行签名盖章：先由负责该项目的资产评估师签名盖章（两名或两名以上），再送复核人审核签名盖章，最后送评估机构负责人审定签名盖章并加盖机构公章。

三、机器设备评估报告编制要求

（一）陈述的内容应当清晰、准确，不得有误导性的表述

微课

机器设备评估
报告的编制
要求

资产评估专业人员应当以清楚和准确的方式进行表述，而不致引起报告使用人的误解，评估报告不得存在歧义或误导性陈述。由于评估报告将提供给委托人、评估委托合同中约定的其他评估报告使用人和法律、行政法规规定的使用人使用，除委托人以外，其他评估报告使用人可能没有机会与资产评估专业人员进行充分沟通，而仅能依赖评估报告中的文字性表述来理解和使用评估结论，所以资产评估专业人员必须特别注意评估报告的表述方式，不应引起使用者的误解。同时，评估报告作为一个具有法律意义的文件，用语必须清晰、准确，不应有意或无意地使用存在歧义或误导性的表述。

（二）应当提供必要信息，使资产评估报告使用人能够正确理解和使用评估结论

资产评估专业人员应当根据每一个评估项目的具体情况和委托方的合理要求，确定评估报告中所提供信息的范围和程度，使评估报告使用人能够正确理解和使用报告的结论。判定一份评估报告是否提供了必要的信息，要看评估报告使用人（可能具有评估专业知识，也可能不懂评估专业知识）在阅读评估报告后能否对评估结论有正确的理解。这虽然是一个原则性的外部标准，但对于评估报告是一个合理的要求。只有这样，才能体现资产评估专业人员是否尽到了勤勉尽责的义务。

（三）详略程度可以根据评估对象的复杂程度、委托人的要求合理确定

资产评估报告的详略程度是以评估报告中提供的必要信息为前提的。委托人和其他评估报告使用人是评估报告的服务对象，因此评估报告内容的详略程度要考虑报告使用人的合理需求。作为理性的评估报告使用人，可能要求资产评估专业人员在评估报告中不仅提供评估结论，还要提供形成评估结论的详细过程，或者要求在评估报告中对某些方面提供更为详细的说明。因此，资产评估报告的详略程度应当根据评估对象的复杂程度、委托人的合理需求来确定。

（四）评估程序受限对评估报告出具的影响

评估报告是在履行评估程序的基础上完成的。现实工作中，资产的特殊性、客观条件限制等原因，使得评估程序的履行可能存在障碍，需要资产评估专业人员采取相关的替代程序。因法律法规规定、客观条件限制，无法或者不能完全履行资产评估基本程序，经采取措施弥补程序缺失，且未对评估结论产生重大影响的，可以出具资产评估报告，但应当在资产评估报告中说明资产评估程序受限情况、处理方式及其对评估结论的影响。如果程序受限对评估结论产生重大影响或者无法判断其影响程度的，不应出具资产评估报告。

（五）签字印章要求

资产评估报告应当由至少两名承办该项业务的资产评估专业人员签名并加盖资产评估机构印章。法定评估业务的资产评估报告应当由至少两名承办该项业务的资产评估师签名并加盖资产评估机构印章。

（六）语言及汇率要求

资产评估报告应当使用中文撰写。需要同时出具中外文资产评估报告的，以中文资产评估报告为准。

资产评估报告一般以人民币为计量币种，使用其他币种计量的，应当注明该币种在评估基准日与人民币的汇率。

（七）评估结论的使用有效期

评估结论反映评估基准日的价值判断，仅在评估基准日成立，所以资产评估报告应当明确评估结论的使用有效期。超过有效期限，评估基准日的评估结论很可能不能反映经济行为发生日的评估结论。

在基准日后的某个时期经济行为发生时，市场环境或资产状况未发生较大变化，评估结论在此期间有效，一旦市场价格标准或资产状况出现较大变动，则评估结论失效。对于现时性资产评估业务，通常只有当评估基准日与经济行为实现日相距不超过一年时，才可以使用资产评估报告。当然，有时评估基准日至经济行为发生日尽管不到一年，但市场条件或资产状况发生了重大变化，评估报告的结论不能反映经济行为实现日价值，这时也应该重新评估。

四、机器设备评估报告的运用

（一）委托人和其他报告使用人对机器设备评估报告的使用

一般来说，委托人根据评估目的、机器设备评估报告披露和机器设备评估委托合同约定，对机器设备评估报告的利用主要体现在以下方面：

1.作为产权交易定价的基础材料

企业联营、股份经营、中外合资等情况下的机器设备评估资料可作为确定机器设备交易谈判底价的参考依据，或作为各方确定投资比例、出资价格的证明材料。

2.作为进行会计记录的依据

对于为满足会计核算需要进行的机器设备价值评估，评估报告及各类明细评估表格中的有关数据，可作为会计进行账簿登记的依据。

3.作为法庭辩论和裁决时确认财产价格的举证材料

对于发生经济纠纷时的机器设备评估，其评估结果可作为法庭作出裁决的证明材料。

4.作为支付评估费用的依据

当委托人收到机器设备评估报告及约定的其他材料，也就是说机器设备评估报告等约定材料已经按照机器设备评估委托合同的约定出具、提交时，委托人应以此为依据同受托的评估机构结清评估费用。

（二）资产评估行政管理部门和行业自律组织对机器设备评估报告的运用

资产评估行政管理部门和行业自律组织通过对资产评估机构出具的机器设备评估报告及有关资料的运用，一方面能大体了解资产评估机构从事资产评估工作的业务能力和组织管理水平；另一方面可据此对资产评估机构和承办项目的资产评估专业人员的执业质量进行评价。

（三）其他部门对机器设备评估报告的利用

除资产评估行政管理部门和行业自律组织可用机器设备评估报告外，其他管理部门在履行职责时也可能需要利用机器设备评估报告，主要包括证券监督管理部门、国有资产管理部门、银行保险监督管理部门、市场监督管理部门，以及税务、金融和法院等有关部门。

【注意】评估机构及其评估专业人员在出具并提交评估报告后，应当对评估报告的使用者进行指引，提示评估报告使用者注意以下问题：（1）正确理解评估报告的内容；（2）评估报告有限定的使用者；（3）评估报告有特定的评估目的；（4）评估结果的有效期限；（5）合理运用评估结果；（6）关注评估报告中的特别事项说明。

任务三　机器设备评估档案

任务描述

评估工作底稿是资产评估专业人员在执行评估业务过程中形成的，反映评估程序实施情况、支持评估结论的工作记录和相关资料。评估工作底稿是判断一个评估项目是否执行了这些基本程序的主要依据，应反映资产评估专业人员实施现场调查、评定估算等评估程序，支持评估结论。通过对评估档案分类、编制、归集和管理的学习，有助于全面认识、了解评估档案，以便在具体评估业务中能正确、科学地对评估档案进行归集和管理。

相关知识

一、机器设备评估档案概述

（一）机器设备评估档案的概念

机器设备评估档案，是指资产评估机构开展机器设备评估业务形成的，反映机器设备评估程序实施情况、支持评估结论的工作底稿、机器设备评估报告及其他相关资料。纳入机器设备评估档案的机器设备评估报告应当包括初步机器设备评估报告和正式机器设备评估报告。

机器设备评估档案的具体内容包括：向委托人出具的机器设备评估报告（包括附件）、工作底稿的内容、评估机构及其专业人员认为有必要保存的其他评估资料。

机器设备评估工作底稿是资产评估专业人员在执行机器设备评估业务过程中形成的，反映机器设备评估程序实施情况、支持评估结论的工作记录和相关资料。

（二）工作底稿的分类
1.按工作底稿的内容分类
工作底稿按其内容，可以分为管理类工作底稿和操作类工作底稿。

管理类工作底稿是指在执行机器设备评估业务过程中，为受理、计划、控制和管理机器设备评估业务所形成的工作记录及相关资料。

操作类工作底稿是指在履行现场调查、收集评估资料和评定估算程序时所形成的工作记录及相关资料。

2.按工作底稿的载体分类
工作底稿按其载体，可以分为纸质文档、电子文档或者其他介质形式的文档。

机器设备评估委托合同、机器设备评估报告应当形成纸质文档。评估明细表、评估说明可以是纸质文档、电子文档或者其他介质形式的文档。

同时以纸质和其他介质形式保存的文档，其内容应当相互匹配，不一致的以纸质文档为准。

资产评估机构及其资产评估专业人员应当根据机器设备评估业务具体情况和工作底稿介质的物理化特性谨慎选择工作底稿的介质形式，并在评估项目归档目录中按照评估准则要求注明文档的介质形式。

二、工作底稿的编制要求
（一）应当遵守法律、行政法规和资产评估准则
机器设备评估工作底稿的编制，一方面，应当遵守工作底稿编制和管理涉及的法律、行政法规，如《档案法》《资产评估法》《国有资产评估管理办法》《国有资产评估管理若干问题的规定》等；另一方面，应当遵守相关资产评估准则对编制和管理工作底稿的规范要求，如《资产评估基本准则》《资产评估执业准则——资产评估程序》《资产评估执业准则——资产评估档案》等。

（二）应当反映机器设备评估程序实施情况，支持评估结论
根据《资产评估基本准则》，工作底稿应当真实完整、重点突出、记录清晰，能够反映机器设备评估程序实施情况、支持评估结论。

1.工作底稿必须如实反映和记录评估全过程
在评估程序实施的各个阶段，如订立评估业务委托合同，编制资产评估计划，进行评估现场调查，收集整理评估资料，评定估算形成结论，编制出具评估报告等各阶段，都应当将工作过程如实记录和反映在工作底稿中。

2.工作底稿必须支持评估结论
工作底稿是用来反映评估过程有关资料、数据内容的记录，是为最终完成评估业务服务的，其目的是支持评估结论。与评估报告有关或支持评估结论的所有资料均应当形成相应的工作底稿。

（三）应当真实完整、重点突出、记录清晰
1.工作底稿应当真实、完整地反映评估全过程
一是要求工作底稿反映的内容和情况应当是实际存在和实际发生的，强调评估委托事项、评估对象、评估程序实施过程的真实性。二是工作底稿所反映的评估内容是完整的。

不仅要求工作底稿内容真实，而且要求全面反映评估程序实施过程，不能遗漏。如评估对象的现场调查和评定估算等都应有真实、完整的记录。

2.工作底稿必须重点突出

工作底稿应当真实、完整，并不是说非重点机器设备的现场调查、评定估算不可以简略。一家企业，可能有几千项设备，采用成本法评估时，不可能、也不必要对数量巨大的同类设备逐一进行现场勘查，摘抄每台设备的名称、规格型号、生产厂家、技术参数，查看每台设备的使用情况、维护保养等情况。

3.工作底稿必须记录清晰

一是记录内容要清晰，使审核人员、工作底稿使用者通过查阅对评估过程的描述，对评估过程有清晰的认识。二是记录字迹要清晰。

（四）委托人和其他相关当事人提供的档案应由提供方确认

对所提供资料确认实际上是责任划分问题，提供资料的一方，原则上应当对资料的真实性、完整性、合法性负责。资产评估专业人员收集委托人和相关当事人提供的重要资料作为工作底稿，应当由提供方对相关资料进行确认，确认方式包括但不限于签字、盖章、法律允许的其他方式。

（五）工作底稿中应当反映内部审核过程

工作底稿一般是评估项目组的成员在评估时编制的，由于种种原因，编制人可能产生差错、遗漏等问题，因此，在工作底稿的编制过程中，需要经过必要的审核程序，包括对文字、数字、计算过程等内容的审核。

（六）应当编制目录和索引号

细化的工作底稿种类繁多，不编制索引号和页码将很难查找，利用交叉索引和备注说明等形式能完整地反映工作底稿间的钩稽关系并避免重复。资产评估专业人员应当根据评估业务特点和工作底稿类别，编制工作底稿目录，建立必要的索引号，以反映工作底稿间的钩稽关系。

三、机器设备评估档案的归集和管理

机器设备评估业务完成后，资产评估专业人员应将工作底稿与评估报告等归集形成评估档案后及时向档案管理人员移交，并由所在资产评估机构按照国家有关法律、法规及评估准则的规定妥善管理。

（一）机器设备评估档案的归集期限

资产评估专业人员通常应当在机器设备评估报告日后90日内将工作底稿、机器设备评估报告及其他相关资料归集形成机器设备评估档案，并在归档目录中注明文档介质形式。重大或者特殊项目的归档时限为评估结论使用有效期届满后30日内，并由所在资产评估机构按照国家有关法律、行政法规和相关资产评估准则的规定妥善管理。

（二）机器设备评估档案的保管期限

根据《资产评估法》的规定，一般评估业务的评估档案保存期限不少于15年，法定评估业务的评估档案保管期限不少于30年。评估档案的保存期限，自资产评估报告日起算。

（三）机器设备评估档案的保密与查阅

机器设备评估档案涉及客户的商业秘密时，评估机构、资产评估专业人员有责任为客户保密。机器设备评估档案的管理应当严格执行保密制度。除下列情形外，资产评估档案不得对外提供：（1）国家机关依法调阅的；（2）资产评估协会依法依规调阅的；（3）其他依法依规查阅的。本机构评估专业人员需要查阅评估档案，应按规定办理借阅手续。

任务四 机器设备评估报告案例

任务描述

A公司拟收购B公司的机器设备，需要进行评估作价，现委托中青资产评估有限公司进行评估。评估基准日为2022年11月30日。评估专业人员根据掌握的资料，经调查分析后，决定采用成本法进行评估。通过对该案例学习，使学生掌握机器设备评估报告的编制方法。

相关知识

本报告依据中国资产评估准则编制

A公司拟收购涉及的B公司机器设备资产评估报告

中评报字（2022）第3-215号

（共1册，第1册）

山西中青资产评估有限公司

2022年12月31日

目 录

声　明

（1）本资产评估报告依据财政部发布的资产评估基本准则和中国资产评估协会发布的资产评估执业准则和职业道德准则编制。

（2）委托人或者其他资产评估报告使用人应当按照法律、行政法规规定和资产评估报告载明的使用范围使用资产评估报告；委托人或者其他资产评估报告使用人违反前述规定使用资产评估报告的，资产评估机构及其资产评估专业人员不承担责任。

（3）资产评估报告仅供委托人、资产评估委托合同中约定的其他资产评估报告使用人和法律、行政法规规定的资产评估报告使用人使用；除此之外，其他任何机构和个人不能成为资产评估报告的使用人。

（4）资产评估报告使用人应当正确理解评估结论，评估结论不等同于评估对象可实现价格，评估结论不应当被认为是对评估对象可实现价格的保证。

（5）资产评估机构及其资产评估专业人员遵守法律、行政法规和资产评估准则，坚持独立、客观、公正的原则，并对所出具的资产评估报告依法承担责任。

（6）资产评估报告使用人应当关注评估结论成立的假设前提、资产评估报告特别事项说明和使用限制。

A公司拟收购涉及的B公司机器设备资产评估报告
摘要

中评报字（2022）第3-215号

因A公司拟对B公司进行资产收购所涉及的B公司的机器设备评估事宜，山西中青资产评估有限公司接受A公司的委托，对A公司拟进行资产收购事宜所涉及的B公司的机器设备市场价值进行了评估，为A公司收购B公司资产涉及的机器设备价值提供参考依据。

资产评估专业人员根据国家相关法律、法规和资产评估准则，本着客观、独立、公正、科学的原则，履行了必要的评估程序、运用成本法对B公司部分机器设备和电子设备价值进行了评估，确定其价值为市场价值，评估基准日为于2022年11月30日。得出的评估结果是22 472 241.00人民币元。

本评估结果是在本评估报告书所列的各项前提假设及限制条件下成立的，提请报告使用者关注"特别事项说明"对评估结果的影响。本评估结果有效使用期限为一年，即自2022年11月30日起至2023年11月29日止。

重要提示，以上内容摘自资产评估报告书，欲了解本评估项目的全面情况，应认真阅读资产评估报告书全文。

A公司拟收购涉及的B公司机器设备资产评估报告

中评报字（2022）第3-215号

A公司：

本公司接受贵公司的委托，根据国家有关资产评估的规定，本着客观，独立、公正、科学的原则，按照公认的资产评估方法，对贵公司拟进行资产收购（机器设备）事宜所涉及的B公司的设备在2022年11月30日的市场价值进行了评估，被评估单位对其所提供资料的真实性、合法性、完整性承担责任，资产评估师是在遵守相关法律、法规和资产评估准则的基础上对评估对象价值进行估算并发表专业意见。本公司评估人员按照必要的评估程序对委托评估的资产实施了实地查勘、市场调查与询证，对委估资产在评估基准日2022年11月30日所表现的市场价值作出了公允反映。现将评估过程报告如下：

一、委托人及其他资产评估报告使用人

（一）委托人概况

名称：A公司

注册号：000000204（4-1）

住所：山西省太原市

法定代表人姓名：王×

注册资本：3 510万元

实收资本：3 510万元

公司类型：有限责任公司

成立日期：2004年10月31日

经营范围：本企业自产产品和技术出口及本企业生产所需的原辅材料、仪器仪表、机械设备、零配件和技术进出口。

（二）被评估单位概况

名称：B公司

注册号：3022600023

住所：山西省太原市

法定代表人姓名：李×

注册资本：5 600万元

实收资本：5 600万元

公司类型：有限责任公司

成立日期：2000年6月30日

经营范围：纺织、服装、制造、加工、纺织原料、纺织器材、五金交电、建筑材料批发、零售、仓储运输、外贸自营进出口。

（三）评估报告使用者

本次评估报告的使用者为A公司和评估委托合同中约定的其他使用人和相关主管审核机构。

除国家法律、法规另有规定外，任何未经评估机构和委托方确认的机构或个人不能由于得到评估报告而成为评估报告使用者。

二、评估目的

本次评估目的是为 A 公司拟进行资产收购事宜所涉及的 B 公司的机器设备于 2022 年 11 月 30 日的市场价值提供价值参考意见。

三、评估对象和评估范围

本次评估对象：B 公司的部分机器设备和电子设备，存放在 B 公司的仓库内。

本次评估范围：委托人委托评估的机器设备和电子设备（详见评估明细表）。

金额单位：人民币元

编号	科目名称	账面价值	
		原值	净值
1	固定资产——机器设备	21 162 330.25	3 716 240.30
2	固定资产——电子设备	13 276 184.24	1 723 912.50
合计		34 438 514.49	5 440 152.80

委托评估的评估对象和评估范围与经济行为涉及的评估对象和评估范围是一致的。具体评估范围以企业申报的资产评估明细表为准。

四、价值类型

本次评估选取的价值类型为市场价值。

市场价值是指自愿买方和自愿卖方在各自理性行事且未受到任何强迫的情况下，评估对象在评估基准日进行正常公平交易的价值估计数额。

五、评估基准日

本项目评估基准日为 2022 年 11 月 30 日。

评估基准日是委托人根据本次评估的特定目的而确定的。

由于资产评估结果是对某一时点的资产状况提出的公允价值结论，故本次评估以评估基准日有效的价格标准为取价标准。评估基准日是评估结论成立的重要条件之一，如果评估基准日发生改变，评估结论将发生变化。

六、评估依据

（一）行为依据

1.委托人与受托人签署的资产评估业务约定书；

2.A 公司关于收购 B 公司的股东会决议。

（二）法规依据

1.《资产评估法》；

2.《资产评估基本准则》（财资〔2017〕43 号）；

3.《资产评估执业准则——资产评估报告》（中评协〔2018〕35 号）；

4.《资产评估执业准则——资产评估方法》（中评协〔2019〕35 号）；

5.《资产评估执业准则——机器设备》（中评协〔2017〕39 号）；

6.有关部门制定的法律、法规、标准。

（三）权属依据

1.被评估单位提交的发票等资料；

2.固定资产台账等。

（四）取价依据

本公司收集的有关询价资料和参数资料。

七、评估方法

本次评估设备采用成本法进行。

根据《资产评估执业准则——机器设备》的规定，执行机器设备评估业务，应当根据评估目的、评估对象、价值类型、资料收集等情况，分析成本法、市场法和收益法三种资产评估基本方法的适用性，选择评估方法。

（一）市场法适用性分析

市场法是根据公开市场上与评估对象相似的或可比的参照物的价格来确定评估对象价格的，如果参照物与评估对象并不完全相同，需要根据评估对象与参照物之间的差异对价值的影响作出调整，市场法比较适用于有成熟的市场、交易比较活跃的机器设备评估。本次评估对象大多数为专业生产设备，目前在国内市场上的交易较少，因此很难在国内收集到类似交易案例，所以不宜采用市场法进行评估。

（二）收益法适用性分析

利用收益法评估机器设备是通过预测机器设备的获利能力，将未来资产带来利润或净现金流按一定的折现率折为现值，作为被评估机器设备的价值。使用收益法的前提条件是要能够确定被评估机器设备的获利能力、净利润或净现金流，并能够确定资产合理的折现率。但是大部分单项机器设备不具有独立获利能力。由于本次评估对象大多数为单项机器设备，因此不宜采用收益法进行评估。

（三）成本法适用性分析

成本法是用现时条件下重新购置或建造一个全新状态的被评估资产所需的全部成本，减去被评估资产已经发生的实体性贬值、功能性贬值和经济性贬值，以得到的差额作为被评估资产的评估值，也可估算被评估资产与其全新状态相比有几成新，即求出成新率，然后用全部成本与成新率相乘，得到的乘积即为评估值。

综上所述，本次评估主要采用成本法进行评估，经综合分析后确定资产评估价值。

（四）评估方法的选择

本次评估采用成本法进行评估。

成本法是通过估算被评估资产的重置成本和资产实体性贬值、功能性贬值、经济性贬值，将重置成本扣减各种贬值得到的差额作为资产评估价值的一种方法。

成本法的计算公式如下：

$$V = C \times q$$

其中：V = 待估资产市场价值；

C = 待估资产重置成本；

q = 待估资产综合成新率。

（1）重置成本的确定

重置成本包括购置或购建设备所发生的必要的、合理的成本、利润和相关税费等。

（2）综合成新率的确定

首先，通过对照设备铭牌技术参数，根据设计使用年限、已使用年限和剩余使用年限，测算出设备的年限成新率；

其次，通过现场设备勘查，全面了解设备的原始制造质量、运行现状、使用维修保养情况以及现时同类设备的性能更新、技术进步影响因素，综合考虑设备的实体性贬值、功能性贬值和可能存在的经济性贬值，确定其现场勘查成新率。

最后，对年限成新率和现场勘查成新率分别赋予权重后确定综合成新率。

（3）评估值的确定

评估值 = 待估资产重置成本 × 综合成新率

综上所述，根据评估对象、价值类型、资产特点、业务经营特点及资料收集情况等相关条件，在对三种资产评估方法的适用性进行分析后，确定本次评估采用成本法对B公司的机器设备、电子设备进行评估。

八、评估程序实施过程和情况

山西中青资产评估有限公司接受A公司委托，对B公司的设备进行了评估。我公司于2022年12月10日确定了评估方案，评估工作于2022年12月11日正式开始，2022年12月14日现场工作结束，2022年12月30日出具正式报告。整个评估工作分为四个阶段。

1.评估前期准备

本阶段的主要工作是：根据评估工作的需要，向资产占有方布置评估准备工作，并对资产占有方有关人员进行辅导，由资产占有方填报资产评估报告申报表。评估人员协助资产占有方进行资产申报工作，同时收集资产评估所需的各种文件资料，制订资产评估工作计划。

2.现场清查核实

根据资产评估的有关规定，对资产范围内的资产进行了产权清查核实和价值评估，具体步骤如下：

（1）听取资产占有方对企业情况、待评估资产历史和现状的介绍；

（2）根据资产占有方申报的资产内容，评估人员到现场对实物资产进行逐项勘查；

（3）根据资产的实际状况和特点，以及取得的相关资料和会计准则的要求，确定资产的评估方法；

（4）查阅产权证明文件、设备购置合同以及相关凭证；

（5）开展市场调研、询价工作；

（6）对资产占有方的资产进行价值评估测算。

3.进行资产评估汇总分析

根据对各类资产的初步评估结果，进行汇总分析工作，在确认评估工作中没有发生重复和遗漏的情况下，根据汇总分析情况对资产评估结果进行修改、校对与必要的调整和完善。经三级审核后形成正式评估报告。

4.提交报告

根据评估工作应遵循的原则，向委托人提交资产评估报告书初稿，对委托人提出的意见进行判断和修改后，本公司于2022年12月30日出具正式评估报告。

九、评估假设

（一）评估假设

1.除本报告中另有陈述、描述和考虑外，所有被评估资产的取得、使用等均被假设符合国家法律、法规和规范性文件的规定。

2.假设被评估公司所有经营活动均能按照有关法律、法规和相关行业标准及安全生产经营的有关规定进行。

3.本次评估以本资产评估报告所列明的特定评估目的为前提。

4.本次评估的各项资产均以评估基准日的实际存量为前提，假定评估对象在评估基准日的状况与完成实地勘察之日的状况一致。有关资产的现行市价以评估基准日的国内有效价格为依据。

5.本次评估均以被评估资产现有用途不变且资产占有方合法及持续经营为前提。

6.除本评估报告中另有声明、描述和考虑外，我们未考虑下列因素对评估结论的任何影响：

（1）已有或可能存在的抵押、按揭、担保等他项权利或产权瑕疵或其他对产权的任何限制因素；

（2）未来经济环境、市场环境、社会环境等因素的变化；

（3）各类资产目前的或既定的用途、目的和使用方式、规模、频率、环境等情况的改变，或被评估企业有关与被评估资产直接或间接的任何策略、管理、运营、营销、计划或安排等发生变化；

（4）特殊的交易方可能追加或减少付出的价格；

（5）出现战争、自然灾害和其他不可抗力因素；

（6）被评估企业未列报或未向我们作出说明而可能影响我们对被评估资产价值分析的负债/资产、或有负债/或有资产，或者其他相关权利/或有权利和义务/或有义务等；

（7）债权债务实现的时间。

7.除在本报告中另有说明外，以下情况均被假设处在正常状态下：

（1）所有实物资产的内部结构、性能、品质、性状、功能等均被假设是正常的；

（2）所有被评估资产均被假设是符合法律或专业规范等要求而被记录、保管、存放等，因而资产是处在安全、经济、可靠的环境之下的，其可能存在或不存在的危险因子均未列于评估师的考察范围，其对评估价值的不利或有利影响均未考虑。

尽管我们实施的评估程序已经包括了对被评估资产的查看，这种查看工作仅限于对被评估资产可见部分的观察，以及对相关管理、使用、维护记录的抽查和有限了解等。评估师并不具备了解任何实体资产内部结构、物质性状、安全可靠等专业知识的能力，也没有资格对这些内容进行检测、检验或表达意见。

（二）使用前提

1.评估报告中所列示的任一评估值，脱离本次评估范围单独使用或其他的任何组合使用都将使评估值无效。

2.对各类资产的数量，我们进行了抽查核实，并在此基础上进行评估。

就所有由我们此次评估资产的数量而言，被评估企业管理层均认为于评估基准日是实际存在并归被评估企业所有，同时向我们作出了承诺，我们相信这些承诺，但对其可靠性并不能作出保证。如果资产的实际数量与本报告所载资产数量不相符，评估价值将会发生变化。

十、评估结论

本公司认为，除本报告所载明的特别事项说明外，在资产现有用途或既定用途不变，并持续经营使用和本报告载明的评估目的、价值前提及假设条件下，本次评估对象在评估基准日2022年11月30日的评估结果如下：

纳入本次资产评估范围的B公司机器设备于2022年11月30日的评估值为22 472 241.00人民币元。其账面原值为34 438 514.49人民币元，增值额−11 966 273.49人民币元，增值率−34.75%。账面净值5 440 152.80人民币元，增值额17 032 088.20人民币元，增值率313%。

十一、特别事项说明

本报告所列评估结果仅反映评估对象在本次评估目的、价值定义、评估假设及限制条件下，根据有关经济原则确定的市场价值。本公司认为，下列事项可能影响评估结论，但在目前情况下本公司无法估计其对评估结果的影响程度，谨提请本报告使用人和阅读人应予以特别关注：

1.在评估基准日至本报告出具期间，国家宏观经济政策及市场基本情况未发生任何重大变化。但本公司不能预计评估报告出具后的政策与市场变化对评估结果的影响。

2.遵守相关法律、法规和资产评估准则，对评估对象价值进行估算并发表意见，是资产评估师的责任；提供必要的资料并保证所提供资料的真实性、完整性，恰当使用评估报告是委托人和相关当事人的责任。

3.资产评估师执行资产评估业务的目的是对评估对象价值进行估算，发表专业意见，并不承担相关当事人决策的责任。评估结论不应当被认为是对评估对象可实现价格的保证。

4.资产评估师对评估对象的法律权属状况给了必要的关注，但不对评估对象的法律权属作任何形式的保证。由于评估对象产权关系引起的一切纠纷与本公司和执行评估业务的评估师无关。

5.本评估报告结论是对2022年11月30日这一基准日所评估资产价值的客观公允反映。本公司对评估基准日以后所评估资产价值发生的重大变化不负任何责任。

6.本评估机构没有接受进行结构性测试和检验设施的要求，因此对资产内部有无缺损不能确定。

7.本次评估结论是反映评估对象在本次评估目的下，根据公开市场的原则确定的现行公允市价，未考虑将来可能承担的抵押、担保事宜，以及特殊的交易方可能追加付出的价格等对评估价格的影响；亦未考虑资产所欠付的税项，以及如果该等资产出售，应承担的费用和税项等可能影响其价值的任何限制。同时，本报告也未考虑国家宏观经济政策发生变化以及遇有自然力和其他不可抗力对资产价格的影响。

8.在评估基准日后，评估结论有效期内，若资产数量及作价标准发生变化时，应按以下原则处理，不能直接使用评估结论：

（1）资产数量发生变化时，应根据原评估方法对资产额进行调整；

（2）资产价格发生较大波动时，并对评估结论产生明显影响时，委托人应及时聘请有资格的评估机构重新评估。

9.对于评估中可能存在的影响评估结果的其他事项，委托人及被评估单位在进行评估时未作特别说明，在评估人员根据专业经验一般不能获悉的情况下，评估机构及评估人员不承担相关责任。

10.本报告含有若干备查文件，备查文件构成本报告的重要组成部分，与本报告书正文同时使用方为有效。

十二、资产评估报告使用限制说明

1.本评估报告只能用于评估报告载明的评估目的和用途。

2.本评估报告只能由评估报告载明的评估报告使用者使用。

3.本评估报告的有关附件为本报告的重要组成部分，与本报告的正文具有同等法律效力。

4.本评估结论仅供委托人和评估委托合同约定的其他使用人为本报告评估目的使用和送交财产评估主管机关审查使用。评估报告书的使用权归委托人所有，未经委托人许可，评估机构不得随意向他人提供或公开。

5.本评估报告的签字资产评估师已对评估对象的法律权属给予了合理关注，本报告中对评估对象法律权属的陈述不代表评估师对评估对象的法律权属提供保证或鉴证意见，仅对其价值进行评估，不对其产权负责，也不对第三方负责，如有利用其风险自担，与本公司和评估人员无关。

6.评估结论是本公司出具的，受本公司评估人员和资产评估师的技术能力的影响。

7.本公司不对委托人和评估委托合同约定的其他使用人运用本报告于本目的以外的经济行为所产生的后果负责，因评估报告使用不当所致后果与签字资产评估师及其所在评估机构无关。

8.评估结果有效期。

按照有关资产评估现行规定，本评估结论有效使用期限为一年，即自2022年11月30日起至2023年11月29日止。

十三、资产评估报告日

本评估报告提出日期为2022年12月31日。

十四、资产评估专业人员签名和资产评估机构印章

山西中青资产评估有限公司（盖章）

资产评估师：（签字）

资产评估师：（签字）

二○二二年十二月三十一日

附件：

1.机器设备的购置发票。

2.委托人和其他相关当事人的承诺函。

3.资产评估机构及签名资产评估专业人员的备案文件。

4.资产评估明细表。

5.资产账面价值与评估结论存在较大差异的说明。

【学思践悟】为把资产评估行业监管制度优势更好地转化为治理效能，促进资产评估行业持续健康发展，2021年2月，财政部办公厅印发《加强资产评估行业联合监管若干措施》（财办监〔2021〕7号），建立了资产评估行业行政监管和行业自律相结合的联合监管机制，明确了行业监管的"六个统一""三个并重""一查双罚"等基本原则，实现了行政监管与行业自律的协同配合、相互促进。2021年6月至8月，财政部监督评价局与中评协联合组织7家财政部监管局，对15家证券评估机构进行了检查，共抽查资产评估报告262份。

现场检查结束后，财政部监督评价局、中评协根据《资产评估行业财政监督管理办法》（财政部令第97号）规定，对部分涉嫌构成重大遗漏的资产评估报告的问题组织了专业技术论证，确保检查发现问题定性准确、处理适当，并按照"一查双罚"原则，分别对检查中发现的问题进行了行政处罚和自律惩戒。

（一）山东久丰土地房地产资产评估咨询有限公司出具的某公司股东全部权益价值资产评估报告，存在未按评估报告中列明的指引实施评估程序、计算模型中未考虑部分重要参数、营业外收支净额应用错误导致评估结果差异巨大、现场调查不规范等问题。根据《资产评估行业财政监督管理办法》，上述事项构成重大遗漏。财政部依法给予山东久丰土地房地产资产评估咨询有限公司警告、责令停业三个月的行政处罚；给予签字资产评估师都业忠、李兆伦警告、责令停止从业六个月的行政处罚。

（二）四川大友房地产土地资产评估有限公司出具的某公司2项注册商标所有权市场价值评估报告，存在运用收益法进行商标资产评估时折现系数计算错误导致评估值高估、未剔除与评估商标没有关联的拆迁安置收入导致评估值高估等问题。根据《资产评估行业财政监督管理办法》，上述事项构成重大遗漏。财政部依法给予签字资产评估师李停梅、

王琴警告的行政处罚。

资料来源：财政部．财政部关于2021年度资产评估机构联合检查情况的公告［EB/OL］．［2022-11-23］．http：//jdjc.mof.gov.cn/jianchagonggao/202211/t20221123_3852923.htm.

项目小结

本项目主要介绍了机器设备评估报告的撰写及档案的归档等问题，是机器设备评估最终的结论，是必不可少的一部分内容。通过本项目的学习，使同学们学会机器设备评估报告的编制，及如何对档案进行归档等技能。

机器设备评估报告是机器设备评估过程的反映和总结。机器设备评估报告必须规范，按照资产评估理论和规律，机器设备评估报告合格的标准是：清楚地表达评估结论。根据上述标准，规范机器设备评估报告内容的要素，使委托人及其他报告使用人能合理利用评估报告。

本项目框架结构如图11-1所示。

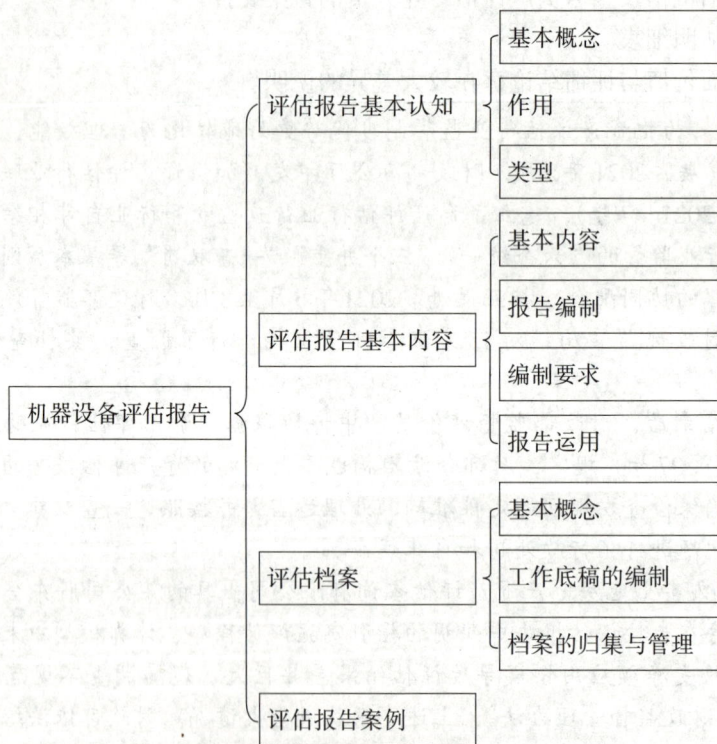

图11-1　本项目框架结构

项目综合实训

一、实训目标

通过撰写机器设备评估报告的实际操作训练，使同学们能够掌握机器设备价值评估报告撰写的技能技巧，能独立进行机器设备评估报告的撰写，并能对工作底稿分类归档。

二、实训项目与要求

1.实训组织

（1）实训指导教师将学生分组，每组 10 人左右，指定组长负责，明确目标和任务；

（2）分组开展业务训练，发挥小组的集体智慧和成员的主观能动性，写出实训过程和结果；

（3）组长总结汇报实训活动。

2.实训项目

（1）机器设备评估报告正文的撰写；

（2）工作底稿分类归档。

3.实训要求

（1）熟练进行机器设备评估报告的撰写；

（2）规范执行机器设备评估报告撰写程序；

（3）熟知工作底稿的编制要求。

三、成果检测

1.同学们自我总结机器设备评估报告撰写的经验，并说明在机器设备评估报告撰写中遵循的程序。

2.各组组长组织同学互相评价，提出实训建议成绩。组长撰写小组实训报告，在班级进行交流汇报。

3.教师汇总实训所取得成绩和存在的问题，提出今后的改进措施，并根据学生自评、互评情况和组长的建议，确定学生的实训成绩。

参考文献

[1] 中国资产评估协会. 资产评估实务（一）[M]. 北京：中国财政经济出版社，2023.

[2] 中国资产评估协会. 资产评估实务（二）[M]. 北京：中国财政经济出版社，2023.

[3] 中国资产评估协会. 中国资产评估准则：2017 [M]. 北京：经济科学出版社，2017.

[4] 中国资产评估协会. 机电设备评估 [M]. 北京：中国财政经济出版社，2017.

[5] 王江萍. 机械设备故障诊断技术及应用 [M]. 西安：西北工业大学出版社. 2001.

[6] 李丹明. 机电设备评估基础 [M]. 北京：中国书籍出版社，2017.

[7] 杨志明. 机器设备评估 [M]. 北京：中国人民大学出版社，2002.

[8] 刘然，成文，费娥. 机电设备评估基础项目化教程 [M]. 北京：清华大学出版社，2018.

[9] 刘淑琴. 资产评估实务 [M]. 成都：西南财经大学出版社，2015.

[10] 中国资产评估协会. 资产评估基础 [M]. 北京：中国财政经济出版社，2019.

[11] 刘玉平. 资产评估教程 [M]. 3版. 北京：中国财政经济出版社，2019.

[12] 兰颖文. 资产评估教程 [M]. 北京：人民邮电出版社，2010.

[13] 于艳芳，宋凤轩. 资产评估理论与实务 [M]. 北京：人民邮电出版社，2013.

[14] 郭昱. 资产评估模拟实验案例 [M]. 上海：立信会计出版社，2017.

[15] 阿利柯. 机器设备价值评估 [M]. 管维立，庞海涛，张建平，等译. 北京：中国劳动出版社，1991.

[16] 何一舟，李霞. 市场法在机器设备价值评估中的应用 [J]. 课程教育研究，2016（13）：238.

[17] 宋夏云，金佳儿. 进口大型机器设备的价值评估方法研究 [J]. 财务与会计，2019（1）：43-46.

微课索引

为了便于学生自主学习，我们针对重点难点制作了38个微课，并以二维码的形式添加在本书中，用手机扫描二维码即可直接观看，括号内标注了二维码的具体页码。